应用型本科物流管理专业精品系列规划教材

采购与供应管理

主　编　朱　岩　陈　冲
参　编　栾秀云　吴美丽
　　　　孙文海　赵丹丹

北京理工大学出版社
BEIJING INSTITUTE OF TECHNOLOGY PRESS

内容简介

本书对采购与供应管理关键活动的流程和方法进行了全面的阐述和分析。本书共12章，主要介绍采购与供应概述、采购组织、采购战略管理、采购与库存控制、采购价格与采购成本、采购谈判与合同、采购质量控制、招标采购、精益采购、采购绩效评估、供应商开发与选择、供应商绩效与关系管理。本书注重基本概念与基本理论的阐述，结合大量案例讲解采购与供应管理的原理与方法，使读者能够快速掌握所学知识。

本书可作为本专科院校物流管理专业学生教材，也可作为自修和其他课程的参考书。

版权专有　侵权必究

图书在版编目（CIP）数据

采购与供应管理/朱岩，陈冲主编.—北京：北京理工大学出版社，2019.1（2019.2重印）

ISBN 978-7-5682-6506-5

Ⅰ.①采…　Ⅱ.①朱…②陈…　Ⅲ.①采购管理②物资供应–物资管理　Ⅳ.①F253②F252.2

中国版本图书馆 CIP 数据核字（2018）第 272064 号

出版发行 /	北京理工大学出版社有限责任公司
社　　址 /	北京市海淀区中关村南大街5号
邮　　编 /	100081
电　　话 /	（010）68914775（总编室）
	（010）82562903（教材售后服务热线）
	（010）68948351（其他图书服务热线）
网　　址 /	http：//www.bitpress.com.cn
经　　销 /	全国各地新华书店
印　　刷 /	河北鸿祥信彩印刷有限公司
开　　本 /	787毫米×1092毫米　1/16
印　　张 /	16.5
字　　数 /	440千字
版　　次 /	2019年1月第1版　2019年2月第2次印刷
定　　价 /	43.00元

责任编辑 / 王晓莉
文案编辑 / 赵　轩
责任校对 / 周瑞红
责任印制 / 李志强

图书出现印装质量问题，请拨打售后服务热线，本社负责调换

前言

在经济全球化的趋势下，技术变革加速，市场需求越来越多样化，市场竞争越来越激烈，企业面临的采购环境更加复杂。同时，随着信息全球化和大数据时代的到来，企业拥有更充分的采购信息和数据、更合理的采购思维和模式。供应链管理的全面发展，对采购管理提出了更高的要求——要适应更快的市场反应速度要求、控制成本的要求、提高产品质量的要求、供应链战略管理的要求。因此，很多企业都需要采购与供应管理这门学科指导管理者处理企业的采购管理事务。在任何一家企业中，从业务层面上分析，采购部门的职责不仅是保障生产运营，还包括保障产品质量和降低成本、组织供应商的早期参与、供应商的质量控制及供应商的绩效管理等。从战略的层面上看，企业之间的竞争已经转变为供应链之间的竞争，与供应商的战略合作关系构建直接决定了企业的核心竞争力。因此，无论是企业的采购人员，还是企业的各部门管理人员，包括企业的高层管理者，都需要掌握和具备采购管理知识。同时采购管理人才的匮乏也要求将采购管理作为各个层次高校学生的教学课程。本书注重开阔读者的视野，培养其分析问题的能力，提高在实际采购中的应用能力，书中大量的案例及习题与思考题，能帮助读者加深对知识的理解，提高采购管理能力。

本书由辽宁石油化工大学朱岩负责全书的统稿和修改工作，陈冲辅助全书的统稿、修改以及校对工作。具体编写人员及分工如下：第1章、第2章和第4章由辽宁石油化工大学陈冲编写，第3章和第8章由辽宁石油化工大学吴美丽编写，第5章和第10章由辽宁石油化工大学孙文海编写，第6章由辽宁石油化工大学栾秀云编写，第7章和第9章由辽宁石油化工大学赵丹丹编写，第11章和第12章由辽宁石油化工大学朱岩编写。北京理工大学出版社陈鹏编辑对本书的出版给予了大力支持与帮助。

本书引用了许多企业采购与供应管理方面的成功与失败案例，这些案例大多数来自互联网和相关教材与专著，并标明了出处，由于受到篇幅限制，部分案例有所修改和删减。在此一并表示衷心感谢！

在本书的编写过程中，参阅了大量的文献和研究资料，已在参考文献中列出。由于时间紧迫，加之水平有限，书中不足之处敬请广大读者和同行专家学者批评指正。

编　者

目 录

第1章　采购与供应概述 ……………………………………………………… (1)

　1.1　采购与供应的概念 ………………………………………………………… (2)
　1.2　采购的分类 ………………………………………………………………… (2)
　1.3　采购与供应的作用 ………………………………………………………… (5)
　1.4　采购与供应管理的特性 …………………………………………………… (6)
　1.5　采购与供应管理的内容 …………………………………………………… (7)

第2章　采购组织 ……………………………………………………………… (11)

　2.1　采购组织结构 ……………………………………………………………… (12)
　2.2　采购团队 …………………………………………………………………… (14)
　2.3　集中采购与分散采购 ……………………………………………………… (15)
　2.4　联合采购 …………………………………………………………………… (16)

第3章　采购战略管理 ………………………………………………………… (21)

　3.1　采购战略概述 ……………………………………………………………… (22)
　3.2　采购战略制定过程 ………………………………………………………… (25)
　3.3　采购计划的制订 …………………………………………………………… (29)
　3.4　采购预算的编制 …………………………………………………………… (35)

第4章　采购与库存控制 ……………………………………………………… (44)

　4.1　库存控制概述 ……………………………………………………………… (45)
　4.2　经济订货批量 ……………………………………………………………… (48)

4.3　价格折扣 …………………………………………………………… (49)
　　4.4　独立需求下的采购决策 …………………………………………… (51)
　　4.5　相关需求下的采购决策 …………………………………………… (59)

第5章　采购价格与采购成本 …………………………………………… (65)

　　5.1　采购价格与供货商定价机制 ……………………………………… (66)
　　5.2　采购定价的策略 …………………………………………………… (68)
　　5.3　采购成本的含义 …………………………………………………… (71)
　　5.4　采购成本控制 ……………………………………………………… (72)
　　5.5　成本管理方法 ……………………………………………………… (77)

第6章　采购谈判与合同 …………………………………………………… (81)

　　6.1　采购谈判概述 ……………………………………………………… (82)
　　6.2　采购谈判的原则和影响因素 ……………………………………… (85)
　　6.3　采购谈判的程序 …………………………………………………… (86)
　　6.4　采购合同管理 ……………………………………………………… (98)

第7章　采购质量控制 ……………………………………………………… (108)

　　7.1　采购需求及描述 …………………………………………………… (109)
　　7.2　采购质量管理 ……………………………………………………… (114)
　　7.3　采购产品的质量检验 ……………………………………………… (120)
　　7.4　采购产品的质量控制 ……………………………………………… (125)
　　7.5　供应商的质量管理 ………………………………………………… (133)

第8章　招标采购 …………………………………………………………… (142)

　　8.1　招标采购的主要方式与特征 ……………………………………… (143)
　　8.2　招标采购的一般程序 ……………………………………………… (146)
　　8.3　招标采购准备 ……………………………………………………… (149)
　　8.4　投标、评标的程序及方法 ………………………………………… (152)
　　8.5　招标中的常见问题及其解决方法 ………………………………… (155)

第9章　精益采购 …………………………………………………………… (160)

　　9.1　精益生产 …………………………………………………………… (161)
　　9.2　精益采购 …………………………………………………………… (174)

9.3　精益采购的实施 ………………………………………………………………（179）
　　9.4　精益采购的风险分析 …………………………………………………………（184）
　　9.5　对传统精益采购的批判与改进 ………………………………………………（185）

第 10 章　采购绩效评估 ………………………………………………………………（190）

　　10.1　采购绩效标准与指标 …………………………………………………………（191）
　　10.2　采购绩效测评 …………………………………………………………………（194）
　　10.3　提高采购绩效的途径 …………………………………………………………（198）

第 11 章　供应商开发与选择 …………………………………………………………（201）

　　11.1　供应商管理的含义与意义 ……………………………………………………（202）
　　11.2　供应市场分析 …………………………………………………………………（203）
　　11.3　供应商的开发 …………………………………………………………………（206）
　　11.4　供应商的选择 …………………………………………………………………（211）
　　11.5　供应商的认证 …………………………………………………………………（218）

第 12 章　供应商绩效与关系管理 ……………………………………………………（224）

　　12.1　供应商绩效管理 ………………………………………………………………（225）
　　12.2　供应商关系管理 ………………………………………………………………（237）

参考文献 ………………………………………………………………………………（254）

第1章 采购与供应概述

★ 学习目标

1. 掌握采购与供应的概念。
2. 掌握采购的分类。
3. 了解采购与供应的作用。
4. 了解采购与供应管理的内容。

★ 教学要求

教学重点：采购与供应的概念；采购的分类；采购的地位与作用。
教学难点：采购的重要性；采购模式。

★ 引入案例

沃尔玛全球采购业务外包

沃尔玛在中国的业务主要分为两个部分，一部分是零售体系，即大卖场；另一部分是采购体系，也就是沃尔玛的"全球采办"。但现如今，大卖场发展得红红火火，"全球采办"却成了"烫手的山芋"。中国香港利丰集团与美国沃尔玛签订了一系列采购安排协议，成为其采购代理。沃尔玛将采购业务委托给第三方来经营，在凸显利丰集团作为全球采购商实力的同时，也在向市场表明，在现代流通体系构建中代理商的价值。

沃尔玛采购业务外包只是企业采购外包的一角，众多的大型企业越来越多地将采购业务外包给专业的第三方代理机构，采购业务从企业内部的单一职能演变为专业的独立机构，充分说明了采购业务在经济全球化背景下的快速发展。

（资料改编自：http://www.chinadmd.com）

1.1 采购与供应的概念

1.1.1 采购的概念

采购是指个人或企业在一定的条件下从供应市场获取产品或服务作为自己的资源,以满足自身需要或保证企业生产及经营活动正常开展的一项经济活动。本书所述的采购是指企业的采购行为。

常见的采购形式分为日常采购、采购外包、战略采购三种。日常采购是采购人员根据确定的供应协议和条款,以及企业的物料需求时间计划,以采购订单的形式向供应方发出需求信息,并安排和跟踪整个物流过程,确保物料按时到达企业,以支持企业的正常运营的过程。

采购外包是企业在聚力自身核心竞争力的同时,将全部或部分的采购业务活动外包给专业采购服务供应商,专业采购服务供应商可以通过自身更具专业的分析和市场信息捕捉能力,来辅助企业管理人员进行总体成本控制,降低采购环节在企业运作中的成本支出。

战略采购有别于常规采购,注重的是"最低总成本",而常规采购注重的是"单一最低采购价格"。战略采购用于系统地评估一个企业的购买需求及确认内部和外部机会,从而减少采购的总成本,其优点在于充分平衡企业内外部优势,以降低整体成本为宗旨,涵盖整个采购流程,实现从需求描述直至付款的全程管理。

1.1.2 供应的概念

本书所述的供应主要是针对企业内部需求的供给,即在企业生产经营需要时,按照需要的数量和质量提供生产需要的资源,以满足企业生产运营和市场的需要。

供应其实是采购业务的后续和延伸,许多企业为了提升生产效率,将采购功能延伸到生产边缘,即将原材料验收入库后,根据生产计划,将生产所需要的资源,交付到生产线旁,这样做既减少了车间待加工零部件的库存,同时为生产现场提供了便利,还能够提高流动资金的周转率。

既然供应是采购的后续和延伸,那么采购就是供应的前提和基础。采购所面向的对象来自企业外部,即形形色色的供应商,供应商要从供应链上游获取资源;供应的业务对象是面向内部的,即企业内部的生产或其他职能部门供应所需要的资源。

1.2 采购的分类

1.2.1 按采购方法分类

1. 订货点采购

订货点采购是根据需求的变化和订货提前期的大小,精确确定订货点、订货批量或订货周期、最高库存水准等,建立起连续的订货启动、操作机制和库存控制机制,达到既满足需求又使库存总成本最小的目的。但是由于市场的随机因素较多,该方法具有库存量大、市场响应不灵敏的缺陷。

2. 相关需求采购

相关需求采购主要应用于生产企业,是指生产企业根据主生产计划和主产品的结构以及库存情况逐步推导出生产主产品所需要的零部件、原材料等的生产计划和采购计划的过程。这个采购计划规定了采购的品种、数量、采购时间，比较精细、严格。相关需求采购也是以需求分析为依据、以满足库存为目的，但其市场响应灵敏度及库存水平比订货点采购有所提高。

3. JIT 采购

JIT 采购也称准时化采购，是一种完全以满足需求为依据的采购方法。要求供应商恰好在用户需要时，将合适品种、合适数量的产品送到用户需求的地点。它以需求为依据，通过改变采购过程和采购方式，使它们完全适合于需求的品种、时间和数量，做到既灵敏响应需求，又形成近乎零库存。JIT 采购是一种比较科学、比较理想的采购模式。

4. 供应链采购

供应链采购是一种供应链机制下的采购模式。在供应链机制下，采购不再由采购者操作，而是由供应商操作。采购者把自己的需求信息及库存信息向供应商连续及时地传递，供应商则根据自己产品的消耗情况及时不断地、小批量地补充库存，保证既满足采购者的需要，又使其总库存量最小。供应链采购对信息系统、供应商操作水平的要求比较高。

5. 电子采购

电子采购也就是网上采购，是在电子商务环境下的采购模式。其基本特点是在网上寻找供应商、寻找品种，网上洽谈贸易，网上订货甚至网上支付货款，但是在网下送货、进货。该模式的优点是，扩大了采购市场的范围、缩短了供需距离、简化了采购手续、减少了采购时间，即减少了采购成本、提高了工作效率，是一种很有前途的采购模式。但是它依赖于电子商务的发展和物流配送水平的提高，而这两者的提高取决于整个国民经济水平和科技进步水平的不断提高。

1.2.2 按采购主体分类

1. 政府采购

政府采购不是以营利为目的，它行使着管理人的职能。政府采购的资金来自税收、捐赠等财政收入，因此政府采购职能就成为一个受管制而透明度高的过程，它会受到无数法律、规则、条例、司法或行政决定，以及政策和程序的限定和控制。

2. 非政府采购

非政府采购是以营利为目的，因此就没有很多限制因素，如私营企业的采购部门可以随意将投标机会限制在少数几个供应商之间。

政府采购和非政府采购有一些显著区别，主要体现在以下几个方面：第一，政府采购所支出的资金是公共资金，而不是公司业主或公司法人的资金，因此只能按法律的规定开支。为此，要实施严格的预算限制和公共审计程序。第二，政府采购和分配的物品是为了供购买部门或机关使用，通常不是用于制造或转售，因此政府从事和管理采购职能的人员没有公司雇员需要营利的动机。第三，政府采购程序是严格规定的。公共采购和采购物资的管理者必须在严格的法律和管理条例的限制下操作，与私营企业的采购相比，政府采购没有多少灵活性。因此，在公共领域，创新相当缓慢。第四，政府采购过程是公开的，所做的任何事情都要做记录，没有秘密可言，并且政府官员、管理者受到公众和新闻媒体的监督，渎职、失误都要被曝光。在私营领域，管理当局没有必要透露采购的要求、规格、来源、招标条款或支付的价款，而且只有发生重大的失误或欺诈时才被曝光，其他全部内部处理。第五，政府具有很大的采购力，可以左右市场。这些条件使政府采购人员具有相当大的影响力，有可能滥用职权，而非政府企业的采购人员则很少有这种影响力。

1.2.3 按采购价格分类

1. 招标采购

招标采购是指通过面向社会招标采购的一种行为。在招标采购中,其最大的特征就是其"公开性"。凡是符合资质规定的供应商都有权参加投标。招标采购的优点:一是有利于做到采购工作的"公开、公正、公平";二是有利于形成符合市场的真实价格;三是有利于提高采购物资的质量;四是有利于采购方建立供应商的信息资源库,增大选择范围;五是有利于降低采购成本。招标采购的缺点:一是采购费用较高;二是容易出现供应商合谋或者"抢标",即过度压低价格而中标,出现偷工减料、以次充好,影响产品质量;三是采购程序复杂,应变性差;四是如果底价泄露易带来巨大风险。

2. 询价采购

询价采购是指询价小组(由采购人的代表和有关专家共3人以上的奇数组成,其中专家的人数不得少于成员总数的2/3)根据采购需求,从符合相应资格条件的供应商名单中确定不少于3家的供应商向其发出询价单让其报价,由供应商一次报出不得更改的价格,然后询价小组在报价的基础上进行比较,并确定最优供应商的一种采购方式,也就是通常所说的货比三家。它是一种相对简单而又快速的采购方式。政府采购法规定实行询价采购方式的政府采购项目,应符合采购的货物规格、标准,并且现货货源充足且价格变化幅度小。

3. 定价采购

定价采购是指购买的物料数量巨大,并非一两家厂商所能全部提供,如铁路的枕木、烟草专卖的烟叶,或当市面上该项物料匮乏时,则可预定价格以现款收购。

4. 比价采购

比价采购是指在买方市场条件下,在选定两家以上供应商的基础上,由供应商分开报价,最后选择报价最低的企业为供应商的一种采购方式。实质上这是一种使供应商在有限条件下的招标采购。比价采购作为一种采购制度,包含招标采购,从严格的法律意义上讲,比价采购在签订合同之前的全部操作过程一般不承担法律责任,要约和承诺在签订合同之前的全部操作过程一般也不承担法律责任,因为这些过程是买卖双方的自主企业行为。

这种采购方式的优点体现在以下几个方面:一是节省采购的时间和费用;二是采购的公开性和透明性较高;三是采购过程比较规范。

当然,这种采购方式也有不足之处,表现在:一是在供应商有限情况下,可能出现轮流坐庄的现象;二是可能会出现恶性抢标;三是由于供应品种规格上的差异,可能影响生产效率的提高,并加大消耗。

5. 议价采购

议价采购是指由买卖双方直接讨价还价实现交易的一种采购行为。议价采购一般不进行公开竞标,仅向固定的供应商直接采购。议价采购一般分两步进行:第一步由采购商向供应商分发询价表,邀请供应商报价;第二步如果供应商报价基本达到预期价格标准,即可签订采购合同,完成采购活动。议价采购主要适用于需求量大、质量稳定、定期供应的大宗物资的采购。

议价采购可以节省采购费用和采购时间,并且它的灵活性很大,可依据环境变化,对采购规格、数量及价格做灵活的调整。这样有利于和供应商建立互惠关系,稳定供需关系。当然它也存在缺点,主要是议价采购往往价格较高,并且由于缺乏公开性,所以信息不对称,这就容易形成不公平竞争。因此,在议价采购中应准确掌握供应商的信息,以保证企业在采购中处于有利地位。

6. 公开市场采购

公开市场采购又称为竞争价格采购,适用于采购次数频繁、需要每日进货的食品原料。公开市场采购是采购部门通过电话联系或商函,或通过与供货单位直接洽商,取得所需食品原料的报价,一般每种原料至少应取得一个供货单位的报价,分别登记在采购申请单上,经过比质比价,选择最好的供货单位。

1.2.4 按采购时间分类

按采购时间,采购可分为长期固定性采购与非固定性采购、计划性采购与紧急采购、预购与现购。长期固定性采购是指采购行为长期而固定的采购;非固定性采购是指采购行为非固定性,需要时就进行的采购。计划性采购是指根据材料计划或采购计划的采购行为;紧急采购是指物料急用时毫无计划性的紧急采购行为。预购是指先将物料买进而后付款的采购行为;现购是指以现金购买物料的采购行为。

1.2.5 按采购订约方式分类

按采购订约方式,采购可分为订约采购、口头或电话采购、书信或电报采购以及试探性订单采购。订约采购是指买卖双方根据订约而进行采购的行为。口头或电话采购是指买卖双方不经过订约而是以口头或电话的洽谈方式而进行采购的行为。书信或电报采购是指买卖双方借助书信或电报的往还而进行采购的行为。试探性订单采购是指买卖双方在洽谈采购事项时因某种缘故不敢下大量订单,先以试探方式下少量订单,待试探性订单采购进行顺利时,然后才下大量订单的行为。

1.3 采购与供应的作用

1.3.1 保障供应

企业所需要的所有物资均来自采购。无论是生产型的企业,还是流通型的企业,离开采购都无法运行。在生产型的企业,采购提供了原材料、零部件、电力、水力、土地、房屋、机械设备等一切生产所必需的资源。对于流通型的企业,所有销售的物资均来自采购,采购中断意味着销售的中断。企业的采购工作的好坏,直接关系到企业能否正常生产出产品,能否顺利地将产品交付给客户。

1.3.2 质量控制

产品质量是企业的生命线,无论是生产型还是流通型企业,采购绝对是控制质量的第一道关口。

一提到质量控制,人们往往会把它和生产联系在一起,认为生产技术是决定产品质量的最重要的因素。拥有好的生产技术和过硬的生产条件的确可以制造出质量更优的产品,但是如果采购的材料本身有问题,再好的技术和设备也不可能生产出质量过硬的产品。

一台电视机的色彩不好,人们首先指责的是电视机的品牌,而不会去想显像管是哪一家企业生产的。在加工过程中,一个铸件出现砂眼、气孔,会造成大量工时浪费。一种塑料零配件很快老化褪色，会使产品黯然失色。ISO 9000把采购质量放在极其重要的位置，提出一系列质量保证措施的要求，说明采购作业是把好产品质量的第一关。

采购过程中哪怕是一个小的疏忽也可能给企业带来不小的麻烦，有时甚至会决定一个企业的存亡。

1.3.3 成本控制

产品的成本在很大程度上决定了其自身的竞争力，为此许多企业都在不遗余力地控制自己的生产成本，如精减工人数量、购买更先进的机器。然而，产品的最终成本的构成除了生产本身外，更多的来自企业的采购行为。企业所需要的所有资源基本上全部来自采购，无论是机器还是材料，都需要通过采购来实现。企业若是能够在采购环节节约更多，在生产阶段就不会有更多的压力。

在产品成本中，原材料和采购件占的比重最大，对制造业来讲，占产品成本的50%~90%，多数在60%~70%。因此，降低采购费用是提高企业利润的一项重要措施。采购作业管理的目标就是用较低的采购成本、较少的库存保证生产活动不间断地均衡运行。

一般情况下，制造业的采购材料费至少要占到销售成本的50%。因此，现代管理非常重视采购管理，在ERP系统中它是一个重要的核心业务工作流程，把它作为信息集成的一个重要的组成部分，无论是制造流程还是供销流程都需要同采购流程集成。在经济全球化的环境下，采购作业是一个面向全球的业务。

1.3.4 协调供需

供应链是由多个企业根据供需关系连接起来的网状结构。在众多供需环节中，承担供需双方连接职能的正是采购部门。采购工作将供需双方连接在一起，供需双方能否顺利合作，很大程度上取决于需求方的采购组织。供应链运行是否顺畅，也取决于采购部门工作是否到位。若采购部门未能及时解决供需双方出现的问题，轻则影响企业的生产运营，重则可能导致整个供应链的瘫痪。

企业生产能力的发挥，在一定程度上也受采购供应的制约。采购前期在整个产品生产周期中往往占了很大的比例，实现按期交货满足客户需求，第一个保证的环节就是采购作业，它直接关系计划的如期执行。采购作业实质上是企业能力的外延，如果外延的能力不能保证需求，销售计划是无法完成的，销售人员在承诺交付条件之前，除了了解企业生产能力的可行性外，还必须了解供应的可行性。这就需要依靠ERP系统来提供相关的信息。

从供应链管理的角度来看，由于采购周期一般比较长，不确定因素较多，供应商毕竟不是企业自身，对需求变化的应变能力和响应速度相对较为迟缓，很可能形成供应链的薄弱环节，影响整个供应链的竞争力。

1.4 采购与供应管理的特性

1.4.1 采购从原材料采购转变为战略资源选择或获取

资源寻求的区域从较小的地理范围扩展到全球范围，赋予采购在全球范围寻求资源优化配置的更加重要的责任；大量非核心业务外包，也使得企业对外部资源的依赖度增加，进而使得采购职能更加重要。采购绩效的优劣直接关系企业从外部整合资源的交易成本的大小，进而影响企业资源配置战略的制定。

1.4.2 采购成本控制具有战略意义

全球网络化制造和传统的制造模式相比，纵向集成度相对较低。与较高的纵向集成度相比，全球网络化制造的原材料成本在总成本中占比重相对较大，这是因为有些加工环节已经剥离到原材料供应商一端，企业内的工艺环节缩短，相应地，企业内增加值缩小，在这种情况下，采购成本的降低就具有重要的战略意义。

1.4.3 采购利润杠杆作用日益凸显

在企业销售的产品和服务的价格中，原材料成本比重和利润率是不同的，这就使得原材料成本降低的幅度与其带来的利润率增加的幅度不同。这种变化幅度的差异称为采购利润杠杆效应。在市场竞争越来越激烈的当今，开拓市场份额和提高价格已经变得越来越困难，利用采购控制成本从而提高效益成为越来越多的企业的战略选择。

1.4.4 采购观念的变化

著名管理学家、哈佛商学院教授西奥多·莱维特（Theodore Levitt）于20世纪80年代曾经说过这样一句非常经典并被广泛引用的话："People don't want to buy a quarter-inch drill. They want a quarter-inch hole!"（"人们其实不想买一个四分之一英寸的钻头。他们只想要一个四分之一英寸的洞！"）这句话之所以被广泛引用，是因为它揭示了这样一个事实，就是人们选择商品或服务不是看重商品本身，而是看重商品带来的效用。这个观点其实也适合现代企业对生产资源的态度，即对于非战略性的非关键资源，"只求所用，不求所有"。这正是许多国际化企业（如戴尔）目前的资源观。这些企业摆脱了大量的非核心业务所需的非核心资源，将大量非核心业务外包，通过外包，获得更大的效率和效果。

1.5 采购与供应管理的内容

采购与供应管理涉及企业供应的方方面面。一方面，采购与供应管理需要对企业内部的采购业务进行管理；另一方面，企业需要在战略层面上对企业采购业务进行整体把握。一般来说，企业的采购与供应管理涉及以下几方面内容。

(1) 采购数量与时机。由于受到库存、资金、销售、市场等因素的制约，企业有时很难决定采购数量到底是多少，以及最佳的采购时机是什么。企业需要一系列的方法提供支撑，这些方法能够帮助企业的决策者做出采购数量和采购时机的决定。

(2) 供应商管理。决策者一旦选错了供应商，后续的合作将变得非常可怕。在供应商管理中，不但要懂得如何挑选最合适的供应商，还要懂得如何与供应商相处、合作、解决冲突，甚至要对供应商进行惩罚和激励。

(3) 采购成本管理。企业产品成本中大概有70%来自采购，专业高效的采购成本管理将帮助企业获得战略性竞争优势。但采购成本控制绝不只是简单的削减成本，而是一个系统工程。单纯地削减采购成本同样会给公司带来很多风险，如质量风险、及时供货风险、技术风险等。为此，需要从整体上了解采购成本的构成以及成本控制的科学方法。

（4）采购谈判与合同。谈判是降低采购成本的有效途径，但绝不是唯一目的。采购产品的质量、送货时机、售后服务、采购风险、纠纷处理等，均需要通过采购谈判协商。谈判的最终结果要写入采购合同，采购管理人员需要清楚合同的基本构成与签订程序，同时要掌握基本的合同管理的相关法律和经验。

（5）采购质量控制。采购质量的高低不仅关系到社会再生产过程是否顺利，而且影响着企业全面质量水平的提高。要保证采购的物资质量是可靠的，一方面需要质量检验和质量控制，另一方面需要对供应商的质量进行深入的管理。

（6）电子采购。当今的时代是信息时代，采购越来越多采用电子形式。电子采购不仅给人们带来了便利，但同时也存在风险。

（7）精益采购。建立在精益生产基础上的精益采购是一种需要高精度操作的采购形式。在精益生产模式下，精益采购与普通模式下的采购存在着很大的差别。

（8）招标采购。对于价格较高和技术复杂的采购，招标采购是经常使用的一种方法。招标文件的编制和招标程序的执行是采购人员需要掌握的基本常识，同时还要通晓招标采购的有关法律常识。

本章小结

采购与供应具有不同的概念，却是相辅相成的。采购是供应的前提，供应是采购的延续。

采购可以从采购方法、采购主体、采购价格、采购时间、采购订约方式等角度进行分类。

采购与供应的基本作用是保障企业的正常运行，除此之外，采购与供应还承担了成本管理、质量控制和协调供需等基本功能。

采购与供应管理不同于单一的采购管理，具有战略性、杠杆作用、观念转变等特性。

采购与供应管理涉及的业务繁多，包含了从需求产生到最后交付货物等一系列流程。

案例分析

爱立信的采购失误

2000年3月17日晚上8点，美国新墨西哥州电闪雷鸣，大雨滂沱。雷电引起电压陡然增高，不知从哪里迸出的火花点燃了飞利浦公司第22号芯片厂的车间，工人们虽然奋力扑灭了大火，但火灾仍然带来了巨大的损失：塑料晶体格被扔得满地都是；足够生产数千个手机的8排晶元被烧得粘在电炉上，车间里烟雾弥漫；烟尘落到了要求非常严格的净化间，破坏了正在准备生产的数百万个芯片。芯片是移动电话的核心部件，突然间的一场大火使处理无线电信号的RPC芯片一下子失去了来源。面对如此重大的变故，飞利浦公司需要花几周的时间才能使工厂恢复到正常生产水平。为了满足供应客户的芯片需要，恢复生产的速度是关键。飞利浦公司的主管决定最先满足大客户诺基亚公司和爱立信公司的需求。诺基亚公司和爱立信公司一共购买的芯片占该芯片厂总芯片的40%，此外还有30多家小工厂也从这家芯片厂订货。

就是这场持续了10分钟的火灾居然影响到了万里之外的位于欧洲的世界上两个最大的移动电话生产商。

在火灾发生后的几天内,诺基亚公司的官员在芬兰就发现订货数量上不去,似乎感到事情有一点不对劲。3月20日诺基亚公司接到来自飞利浦公司的通知,飞利浦公司尽量把事情淡化,只是简单地说火灾导致某些晶元出了问题,只需要一个星期就能恢复生产。这个信息传到高亨(负责诺基亚零部件供应的管理者)那里,高亨决定派两位诺基亚公司工程师到飞利浦公司的工厂去看看。但是飞利浦公司怕造成误会,婉言拒绝了诺基亚公司的要求。高亨随即就把飞利浦公司供应的这几种芯片列在了特别需要监控的名单上,这种情况在诺基亚公司每年会出现十几次,当时也没有人太在意。在随后的一个星期里,诺基亚公司开始每天询问飞利浦公司工厂恢复的情况,而得到的答复都是含糊其词。此情况迅速反映到诺基亚公司高层,诺基亚公司手机分部总裁马蒂·奥拉库塔(Matti Alahuta)在赫尔辛基会见飞利浦公司有关管理者时,把原来的议题抛在一边,专门谈火灾问题。他还特别强调一句话:"现在是我们需要下很大的决心来处理这个问题的时候了。"一位曾经在场的飞利浦公司管理者回忆说,可以很明显地看出来,诺基亚方面非常生气,这种感觉就好像是在"生死之间做选择一样"。

3月31日,也就是火灾发生两个星期以后,飞利浦公司正式通知诺基亚公司,可能需要更多的时间才能恢复生产。高亨听到这个消息后,就不停地用计算器算来算去。他发现这可能影响到诺基亚公司400万部手机的生产,这个数字足以影响整个诺基亚公司5%的销售额,而且当时手机市场的需求非常旺盛。高亨发现由飞利浦公司生产的5种芯片当中,有一种在世界各地都能找到供应商,但是其他4种芯片只有飞利浦公司和飞利浦公司的一家承包商生产。在得到这个坏消息几小时之后,高亨召集了中国、芬兰和美国诺基亚分公司负责采购的服务工程师、芯片设计师和高层经理共同商讨怎样处理这个棘手的问题。高亨专门飞到飞利浦公司总部,十分激动地对飞利浦公司的首席执行官科尔·本斯特(Cor Boonstra)说:"诺基亚公司非常非常需要那些芯片,诺基亚公司不能接受目前的这种状况,即使是掘地三尺也要找出一个方案来。"经过高亨的不懈努力,他们找到了日本和美国的供应商,承担生产几百万个芯片的任务,从接单到生产只有5天准备时间。诺基亚公司还要求飞利浦公司把工厂的生产计划全部拿出来,尽一切努力寻找可以挖掘的潜力,并要求飞利浦公司改变生产计划。飞利浦公司迅速见缝插针,安排了1 000万个ASIC芯片,生产该芯片的飞利浦工厂一家在荷兰,另一家在上海。为了应急,诺基亚公司还迅速改变了芯片的设计,以便寻找其他的芯片制造厂生产。诺基亚公司还专门设计了一个快速生产方案,准备一旦飞利浦公司新墨西哥州的工厂恢复正常以后,就可快速地生产芯片,把火灾造成的数百万个芯片的损失补回来。

与诺基亚公司形成鲜明对照的是,爱立信公司反应要迟缓得多,表现出对问题的发生准备不足。爱立信公司几乎是和诺基亚公司同时收到火灾消息,但是爱立信公司投资关系部门的经理说,当时对爱立信公司来说,火灾就是火灾,没有人想到它会带来这么大的危害。当火灾发生时,很多高级经理们刚刚坐上新的位置,还不熟悉火灾会造成多大的影响,也没有什么应急措施。

2000年7月,爱立信公司第一次公布火灾带来的损失时,股价在几小时内便跌了14%。此后,股价继续下跌不止。这时,爱立信公司才开始全面调整零部件的采购方式,包括确保关键零部件由多家供应商提供。

爱立信公司突然发现,生产跟不上了,几个非常重要的零件一下子断了来源。火灾后遗症在2001年1月26日达到了高潮,飞利浦公司的官员说:实在没有办法生产爱立信公司所急需的芯片,"已经尽了最大努力"。而在20世纪90年代中期,爱立信公司为了节省成本简化了供应链,基本上排除了后备供应商。当时,爱立信公司只有飞利浦公司一家供应商提供这种无线电频率芯片,没有其他公司生产可替代的芯片。在市场需求最旺盛时,爱立信公司由于短缺数百万个芯片，一种非常重要的新型手机无法推出，眼睁睁地失去了市场。面对如此局面，爱立信公司只得宣布退出移动电话生产市场。

诺基亚公司的努力没有白费，手机生产赶上了市场需求的高潮，生产按期完成。利用火灾给爱立信公司带来的困难，诺基亚公司奠定了在欧洲市场的主导地位，扩大了在全球手机市场的市场份额。当时，诺基亚公司的市场份额已经达到30%，而一年以前还只是27%，爱立信公司的市场份额为9%，一年以前则是17%。从一定意义上讲，正是这场危机使诺基亚公司从爱立信公司的手中抢夺了3%的市场份额。

2001年4月1日，爱立信公司宣布将停止生产手机，并将手机业务外包给了一家新加坡的制造公司Flextronics。消息传出后，全世界为之震惊。一家生产了100多年电话机的企业，终于不再制造任何手机了。

"齐二药"的倒闭

2006年4月，广州市中山大学第三附属医院连续发生15起因使用"齐二药"生产的"亮菌甲素注射液"导致患者肾功能衰竭的重大事件，造成13名患者死亡，引起全国广泛关注。

2005年9月，"齐二药"违反相关规定，采购物料时没有对供货方进行实地考察，也未要求供货方提供原料、辅料样品进行检验，购进一批假冒"丙二醇"的"二甘醇"；发现药品原料密度超标，也没有进一步检测，直接非法出具了合格的化验单。2006年3月28日，该公司用假"丙二醇"辅料生产了大批规格为10 mL/5 mg、批号为06030501的"亮菌甲素注射液"并投入市场使用，导致了13人死亡的严重后果。

齐齐哈尔第二制药厂的有关责任人受到应有的法律惩罚，而这座拥有三十多年历史的制药厂也以倒闭告终。

思考：通过上述案例，分析采购对企业生产经营管理有哪些重要作用？

习题与思考题

1. 简述采购与供应的区别。
2. 简述采购与供应的联系。
3. 采购的类别有哪些？
4. 采购的重要性如何体现？
5. 想要把采购工作做好，需要在哪些方面付出努力？

第 2 章

采购组织

★学习目标

1. 掌握采购组织结构。
2. 掌握采购团队。
3. 掌握集中采购与分散采购。

★教学要求

教学重点：采购组织结构；集中与分散采购的区别。
教学难点：采购组织结构的分类。

★引入案例

通信公司的采购组织架构

某公司属于集团性质，通信产品制造业，生产物料大多以电子料为主，外协大多以金属原材料机加工为主，MRO 则为生产辅料、设备及包含其余一切公司用度杂项。其采购管理分两块：供应商管理和采购执行。

供应商管理下设三类职位：供应商开发工程师（SDE）、供应商质量工程师（SQE）和成本管理员。供应商开发工程师主要负责供应商开发、审批、档案管理、样品认证跟踪。供应商质量工程师则负责供应商质量问题处理、跟进、质量审核及考核工作。成本管理员负责招标、份额分配、价格谈判、新物料价格核准等工作，但其成员往往由供应商开发人员兼任。

采购执行由采购员组成，按物料分类，负责外购生产物料的一个组，负责 MRO 的一个组，负责外协的一个组。采购执行组的职责被简化，基本上变成下单、跟单、对账、结算，至于供应中出现的任何关于供应商的问题都将由供管组负责解决，如供方涨价、货源不足、质量问题、新样品试用等，当然，对于一般供货送货问题，采购员在跟单时会进行沟通解决。

在此架构下，出现了一些混乱和职责不清的状况，如采购执行组的人不参与供方开发，常常抱怨供应商开发组开发的供应商不好用，交货服务不及时等。而供应商开发组的人也不了解日常供货的问题及供方的表现，当初开发决策与供应商实际绩效关联不大。供应商半年考核也是供管组的人坐下来召集关联部门用一些数据来评定，往往流于形式。

（资料来源：http://www.360doc.com）

当许多公司的采购组织结构设计出现问题时，带来的不仅是沟通不畅，还可能引起部门矛盾与扯皮的现象，影响公司的采购业务执行。

采购工作的第一步就是要将人力物力资源进行整合，构建有效的采购组织。高效的组织机构，能够使采购及其管理活动更加顺畅。优秀的采购团队，是完成采购任务的基础力量。

2.1 采购组织结构

组织采购的方式有很多，常见的有以下几种。

（1）根据最终产品进行组织。企业会根据自己生产的最终产品将需要采购的原材料、零部件等，进行分类，组成若干采购团队，每个团队负责相关产品的物资采购。

（2）根据原材料分类进行组织。每个团队负责一类原材料的采购，如木材、钢材、塑料、特定的零部件。而其他原材料则由另外的团队负责采购。因为涉及的物资品种少，这类组织的采购更专业化。

（3）根据价值分类进行组织。高级采购人员负责高价值产品的采购，初级采购人员负责次要产品的采购。高级采购员和初级采购员的区别，主要是采购经验不同，职位高低不同。

2.1.1 部门组织

采购部门的组织，取决于工作人员的数量、采购物资和服务的数量以及种类、部门领导的能力和权威、部门员工的能力、采购职能对企业运作的重要性等因素。

图2-1是一个典型的小型部门采购组织结构。在这种结构中，员工数量较少，负责的内容却很多，几乎包括了所有的采购相关的活动。

图2-1 小型部门采购组织结构

图2-2描述了在中型部门里的一种采购组织结构。在这种结构中，责任的划分更为复杂，一般来说，首席采购人员负责采购决策，并对整个采购部门进行有效管理。组织内部分工合作，每一个采购员只负责自己的工作。例如，一个采购员负责原材料，一个采购员负责零部件，另一个采购员负责电子产品。这样做可以使采购更加专业化。另外的好处是，如果其中一个采购员不在时，其他采购员能接替他的工作。所以在这种结构中，要求采购员不仅熟悉自己负责产品的业务，同时也要熟悉其他产品的业务。

在更大的组织结构中（图2-3），由于采购的物资数量以及品种众多，采购管理与控制将变得更为复杂，采购功能会被划分得更为详细。

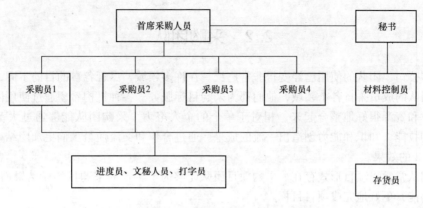

图 2-2 中型采购部门结构

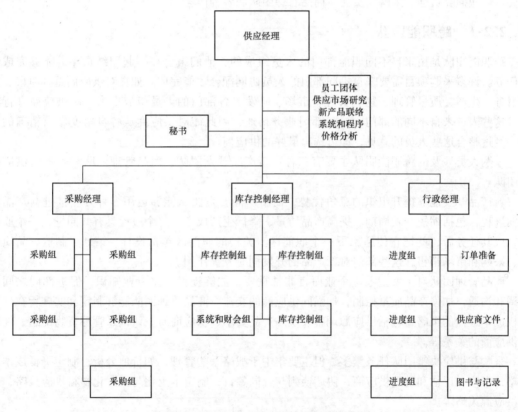

图 2-3 大型单一工厂企业的采购部门结构

2.1.2 支持团队

采购的组织工作仅仅考虑采购部门是无法正常完成的，相关的支持服务对采购人员也非常重要。在大的组织中，如成本分析师、经济学家、法律顾问，以及其他专家组成的服务团队，和采购部门一起协同合作，才能达到组织目标。在当前情况下，信息系统也成为采购组织的重要支持。

2.2 采购团队

在许多公司，团队的使用已经变得非常广泛。在许多领域，尽管各自的目的不同，但都在使用团队。团队的成员来自各个领域，他们都为采购目标服务。各种机构希望通过使用团队，将各领域的人才和资源很好地整合起来。相对于单个的个人努力，采购团队能够通过大范围地使用团队成员的技能、知识和能力创造出一流的成果。通过合作和交流使员工们更加团结一致，产生1加1大于2的效果。

采购团队常常以项目形式存在。采购项目团队能够为了特定的采购目的或结果而团结一致，发挥各自潜能，更好地完成项目目标。

人们开始尝试组建各式各样的采购团队，包括跨职能团队、供应商团队、顾客团队、工程委员会、供应商委员会、采购委员会、商品管理团队和各种协会。

2.2.1 跨职能团队

跨职能团队是由来自不同职能部门的人员组成的，他们组合在一起团结奋斗，能够完成特殊任务。许多采购项目需要来自不同部门的人员协同配合才能完成。如在对供应商选择阶段，需要财务、生产、质量管理、物料管理、市场、研发等各部门的人员组成专家，对供应商进行评估。这些人员来自不同的部门，对各部门业务精通，因此能对供应商从各自角度做出精确的判断。经过整合这些人员的意见，即可选出最好的供应商。

采购人员涉及的跨职能团队主要有三种：新产品开发团队、商品管理团队和采购与供应决策团队。

新产品开发能够提升组织的竞争优势，而新产品开发团队能够运用多种方法推进新产品的开发进程，包括缩短开发周期、提高产品质量、降低生产成本。整个过程具有共同性，一个职能区完成其任务后，就把它传递给下一个职能区。关键的职能区包括设计、策划、制造、品质检验、采购和市场销售，这些部门对新产品的开发同时发挥作用。

商品管理团队对于大型零售企业而言非常重要，能够提供很多专业知识，促进部门之间的协调和沟通，加强产品质量控制，加强同供应商的交流。商品管理团队能够制定和实施旨在使所有权成本最低的策略，包括供应源调整、统一产品要求、供应商质量认证、管理货物配送、处理与供应商的关系等。

采购与供应决策团队任务繁多，但主要集中于战略采购管理，如价值分析，制定降低成本的策略，考察、评估和挑选供应商，协调谈判与合同签订，制定本土化与国际化物料供应策略，确定供应源策略等。

跨职能团队既能发挥各部门人员的专业优势，在很大程度上可促进部门间的协调，避免部门间的利益冲突，提高内部人员的满意度，又能发挥相互牵制与监督作用，提高采购效率和透明度，尽可能避免采购黑洞与腐败问题。

2.2.2 有供应商参与的团队

有时需要将供应商纳入跨职能团队。例如，可以让有供应商参与的采购团队去开发与提高供应商的能力。不过，让有供应商参与的采购团队去评估供应商是非常不明智的。

在产品设计阶段，让供应商加入跨职能团队，可以让产品的设计更高效，更符合采购方的期望，然而供应商参与跨职能团队的最大障碍就是保密性，尤其是涉及新产品设计，一些公司要求供应商签署保密协议,用于减小这种障碍对团队效率的潜在影响。

2.2.3 供应商委员会

一些办公室会成立供应商委员会,这是一种管理他们与供应商关系的方式。供应商委员会通常由多个供应商的高级主管组成,还包含采购公司的高级管理人员。供应商委员会每年定期或不定期召开会议,用以发展与供应商的关系,对处理采购部门的采购事宜加强交流。供应商委员会允许供应商积极参加采购部门的采购管理活动,与采购员进行有效讨论与交流,在成本、质量、交货等方面达成具有竞争性的目标。

2.2.4 采购委员会

采购委员会一般由公司的高级采购人员组成,建立的初衷就是为了促进公司与工厂之间的协调。委员会的目标就是要适当地管理与采购有关的部门,并促进其稳步前进。委员会的功能主要体现在协调方面。采购及其管理活动,会涉及企业众多部门,经常牵扯到部门利益,委员会的作用是想方设法协调部门间的利益,使其达到平衡,成功实现目标。

2.3 集中采购与分散采购

2.3.1 集中采购的优点与缺点

1. 集中采购的优点

大多数组织使用集中采购的一个重要原因,就是能够获得大量的价格折扣。将全部的订单交给同一个供应商,不仅能够获得价格折扣,还能使供应商感受到采购方对其足够重视,有利于战略伙伴关系的形成。

集中采购可以使大量物资采购由少量的人来完成。相对分散采购,这大大节省了人力成本。

由于少量的采购人员需要完成大量物资的采购,这促进了采购的专业化发展。采购人员在相同的时间可以获得大量的采购经验,提升采购技能,促进采购的深入发展。

大量物资的采购,需要对物资进行集中管理。对于管理者来说,在掌握了大量物资数据的基础上,可以实现对物质的全方位管理,如在掌握全公司所有物资信息之后,可以实现更好的库存控制。

2. 集中采购的缺点

大量物资集中到一个采购部门,一方面需要增加人手,另一方面增加了程序的复杂性。企业需要将底层的采购需求收集上来,并加以整理分析,然后进行批量采购。这就使本来就复杂的采购业务变得更加难以管理,甚至有时会产生信息失真。底层的采购需求者,往往会虚报需求数量与周期,从而为自己部门争取利益。这会使上层的采购者获取不真实的需求信息,做出错误的采购决策,影响采购绩效。

集中采购带来的另外一个问题就是采购的反应变得迟钝。由于需要底层向上汇报采购需求,甚至可能多层申报,这增加了信息在部门间的传递时间,从而增加了决策时间。这样做的后果是采购回来的物资往往是滞后的。这使得无法与真正的需求对上节拍。

2.3.2 分散采购的优点与缺点

1. 分散采购的优点

对于本地的采购人员来说，分散采购使他们更清楚本地供应商的实际情况，更清楚本地部门的实际需求。而在本地之外的管理者，根本无法掌握比本地人员更多的信息。

由于无须将采购需求信息上报，分散采购大大缩短了决策时间。本地部门的决策者，可以以最快的时间做出判断，在最合适的时间购买最合适数量的产品。

当本地采购者与供应商出现问题时，由于分散采购无须上层的干预，采购员直接可以与运营部门和供应商进行有效协调与沟通。

2. 分散采购的缺点

由于每个分公司或者部门都拥有自己的采购部门和采购人员，这在总量上来说，分散采购会比集中采购所产生的采购人员数量要多。这会在人力成本上占不到优势。

分散采购的最大缺点是失去数量折扣，这对很多公司来说，是很大的损失。

分散采购管理分散，导致监管不力，使得各分公司或分部门的采购工作绩效不一致，甚至出现严重的采购问题。如双汇公司由于监管不力，其部分子公司因为利益驱使，在猪肉采购中购买了含有瘦肉精的猪肉，使企业蒙受巨大损失。

2.4 联合采购

联合采购一般是多个企业因为有相同的采购需求，因而形成采购联盟的一种采购模式，是委托专业的采购服务机构进行的采购活动，一般是由企业、政府、个体工商户实行区域联合集中采购，使得不同地区的零散项目集合起来，形成大规模采购，以此提高规模经济效益、降低采购成本。

联合采购作为一种新型采购模式，在欧美等国家已经被广泛使用。例如，美国福特、通用、克莱斯勒三大汽车公司曾宣布高达2 400亿美元的庞大联合全球采购计划；美国第二大零售商标靶与欧洲最大零售商家乐福联手进行了800亿美元的采购计划；美国BP、美孚等石油石化公司组成联合采购体，甚至对办公用的杯子也进行了联合采购。

2.4.1 联合采购组织

企业间采购联盟的组织形式一般有两种：大型企业联合采购组织和中小型企业联合采购组织。

1. 大型企业联合采购组织

大型企业之间进行整合并寻求供应商建立采购联盟，其组织模式大致包括以下几种。

(1) 组建采购战略联盟。一些跨国公司为充分利用规模效应，降低采购成本，提高企业的经济效益，正在向采购战略联盟发展。采购战略联盟是指两个或两个以上的企业出于对世界市场的了解和企业自身经营目标的考虑，采取一种长期性联合与合作的采购模式，如雷诺与日产建立的全球联合采购中心。

(2) 合并通用材料的采购。这种组织模式使具有相同需求的企业或相互竞争的企业，通过合并通用材料的采购数量来提升议价能力而获得低价优惠，从而实现双赢。这些企业合作范围遍布全球，联合的准则是通过联合采购使联合体的整体采购成本低于原各方单独采购成本之和。

2. 中小型企业联合采购组织

中小型企业联合采购组织包括行业协会领头组建的中小型企业联合采购模式、多家中小型企业以结盟方式共同组建的中小型企业联合采购模式和第三方运营的中小型企业联合采购模式。

（1）行业协会领头组建的中小型企业联合采购模式。行业协会是一个非营利组织，具有很强的专业性，且为中小型企业所信任。行业协会组建的中小型企业联合采购是十分可行的。

（2）多家中小型企业以结盟方式共同组建的中小型企业联合采购模式。这种模式随意性较大，自发组织具有不稳定性。通过联盟采购的实施管理和控制可在一定程度上保证中小型企业的利益。

（3）第三方运营的中小型企业联合采购模式。这种模式是中小型企业把自己的采购业务外包给第三方。采购业务如采购、运输、谈判等，都需要通过第三方来完成。第三方通过赚取差价或佣金获取利润。第三方采购组织具有一定的专业性，掌握最新的采购信息，不断提高采购质量，为中小型企业提供专业服务。

2.4.2 联合采购的特点

联合采购在实际操作中为企业降低了采购成本，提高了采购质量，与此同时，联合采购在管理和控制上也存在一些需要解决的问题。

1. 联合采购的优点

联合采购可以节省前期投入，帮助企业降低成本；增强议价能力，降低采购价格；规范企业采购行为，对商业贿赂有一定程度的抑制作用；建立战略合作关系，共享库存资源，减少运输费用；建立框架协议，简化采购行政管理，降低交易与签约成本；可以弥补一些企业的不足，如购买性支出有限、采购范围窄、采购规模小、采购经验少，以创造规模效益；在联合采购中，各成员带来不同的专业技能、知识与关系网络，对于特定品类的采购来说，是有益无害的。

2. 联合采购的缺点

联合采购成员间的沟通协调不一定那么好，采购时机与条件未必能符合个别的需求；联合采购的手续较复杂，前期需要耗费大量成本与精力进行准备；大型的联合采购容易造成联合垄断，容易出现恶意压价等行为；联合采购的谈判和决策过程耗时长，效率不高；联合采购成员没有义务按照商定规格进行采购；订单大，中小型企业无法获取；容易压制创新。

本章小结

采购组织是对采购组织结构和采购组织方式的统称，采购的实施需要人来参与并实现，因此，对采购组织的管理实际上就是对采购人员的组织和采购团队的管理。

集中采购和分散采购是两种不同的采购组织方式。集中采购需要大量人力，权力集中；分散采购需要少量人力，权力分散，各有利弊。

联合采购可以为企业提供采购的规模优势，为采购方提高议价能力，从而降低采购成本，提高产品竞争力。

案例分析

荷兰大学的采购部门

2018年4月份，由于死亡与私人原因，荷兰大学的采购部门的14名员工中，已失去了3名，采购部门主管吉姆·海伍德把这些意料之外的人事变动看作一个困扰他多时的问题:"我们是否应该重组部门结构,如果应该,又该怎么办?"

荷兰大学是一家有3 000名员工与35 000名学生的公立教育机构,其主要从事学科的本科与研究生教育,大学每年的总开支约5亿美元,而采购占1.2亿美元。近年来学校所面临的主要挑战是人们对大学教育的需求日益增长,而与此同时许多教学员工却已接近退休年龄,并且很难以可接受的成本找到替代者。尤其近年来政府已缩减了对学校的拨款,并下达了任务,在接下来的5年,学费要增长2%,这就使得大学要自己获得其主要收入的绝大部分。

采购部门在网上这样陈述其使命:我们的目标就是要满足你的需要,我们想在持续的基础上,在准确的时间以准确的价格向你提供准确的商品与服务。要完成这个目标,采购部门要做的是:①采购商品与服务。如计算机与商业产品、实验设备、影印机、家具以及旅游。②管理供应中心。在需要时它能将货物大批量的存储起来,进行再分配。③负责确保经济实效的商品服务运送。④保留一份库存盘存目录。⑤管理废弃物处理。

图2-4是采购部门组织结构,低级采购人员的限制是一笔采购只能达到2 000美元,高级采购人员的限制是2 500美元,而采购经理的限制是5 000美元。吉姆注意到,目前的部门结构是最近4年调整的结果,而这也是部门4年来一直进行的工作。除了其日常任务,部门还不得不进行软件系统的连续引进工作,这项持续的工作也使吉姆无法承担日常以外的责任,包括对部门组织结构的系统修订。

6年前,即在大学财务服务部门工作了17年后,吉姆被指派到采购主管的岗位。作为采购主管,他依然要向与他关系很好的财务服务主管汇报工作。当吉姆接收采购部门之时,情况比较混乱。前任主管退休后高级主管已经在部门里表露出对其不信任,并且采购代理也强力抵制任何提高部门效率的变化,而且这时,部门成员分为两派。

吉姆来了之后,他的目标包括缩减中层管理人员,即采购经理;引进在线采购系统;进行一定程度的部门整合;建立评估绩效的计算机评估系统。吉姆已达到了其目标的大部分。到2017年1月份为止,通过大学内部的让渡、早退、损耗,采购经理的数量已经从6个缩减到2个,员工总数已经从6年来的20个缩减到14个。业务流程软件包也被应用,支持近来的工作程序,然而尽管如此,使软件包发挥最大功效的措施却没有实行,而且所有员工的立场都统一了,最终,吉姆引进了采购研究中心的计算机评估系统。

2018年4月底,吉姆面对这种境况:4月一个采购经理过世,而且一个高级采购人员在其丈夫被调走之后也离开了,一个低级采购人员在其丈夫退休后也离开了。吉姆已找到了替代高级采购人员岗位的人选,但他只有在5月后才能到岗,他还没有决定怎样保留这两个空位置。目前员工已缩减至只剩10个。高级采购研究中心显示,6年来采购部门的费用已有显著提高。例如,每个全职员工的总年薪为5万美元,超出了计算机评估系统所确定的3万美元的标准,类似地,高级采购研究中心也指出,部门的许多其他方面的平均业绩表现水平较低。如每个员工的供应商数量与周转时间,在过去4年连续超负荷工作后,现在仍有机会重新评估各部门,并使其承担日常以外的责任。在许多事项中,吉姆重新评估其目标与他的重组:"首先,我要考虑我部门的人。我需要找到一种提高我的雇员的职业水平的方式。他们与我一起工作了一段时间,我知道他们在做什么,并得到了认可。其次,我依然看好本部门的价值追加与提高。因为之前我们做了许多工作没能提高我们的效率,在此我们不得不做出反应:近段时间开支节省2%,以后要达到3%~5%。"

为了分享这些目标并得到项目投入,吉姆也和上司见了面。他还会见了另外3个高级采购人员,他们既是单独的,又是一个小团体。另外,他还举行了一个所有员工都参加的会议。

在这个会议中许多问题凸显出来。吉姆和采购经理感到他们必须做大量的督查管理工作。许多

第 2 章 采购组织

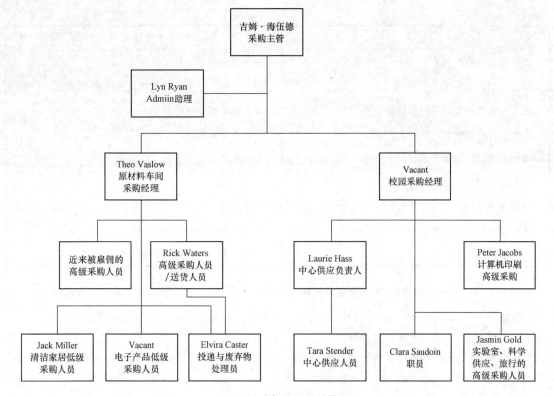

图 2-4 采购部门组织结构图

员工在公司已经待了十多年,一般来说员工的忠诚对他们的集体与工作很重要。吉姆认为其员工表现良好,他们已经尽了最大的努力使部门运转,尤其是在引进软件系统最繁忙的那段时间。然而一些低级管理人员指出,他们很失望,因为缺乏晋升机会,而与此同时高级采购人员的工资却上涨了25%。

会议之后,为了达到其目标,吉姆列出了一个任务列表,见表 2-1。吉姆认为到目前为止,其目标与任务表已经完成了,但他仍不确定如何来贯彻执行。他考虑部门结构调整在何种程度上能体现任务列表中的事项。

到 2018 年 9 月底,采购部门将面临业务流程应用软件包价格的提升,而且他们不得不准备 2019 年就要开始的以网络为基础的采购程序。吉姆说:"像往年一样,困难很多,在采用新系统时,我们不得不努力工作以照常运行。"

表 2-1 采购部门的任务列表

目标	期望结果
减少报告资料	解放人力,降低成本
分析采购数据	最大化采购效率
分析核心物资的数据	最大化采购效益
检查供应主管卷宗	因提早支付节省开支
减少表格	节约成本

续表

目标	期望结果
提高威信与精简体系	确保各部门的职能
培训大学的新员工	通过采购程序充分利用其他部门的资源
通过一体化高度开发网站软件方法	节省成本并加速进程
培训采购流程软件的采购人员	提高人事效率
增加系统合同的数目	节约成本
检查以前的合同系统	节约成本
使采购程序标准化	取得一致
通过非采购活动分化采购	提高日程运作水平
重写工作记录	反映以前的变化；获得提升

(资料来源:《采购与供应管理》，米歇尔等著)

思考：
1. 如果采购部门结构重组，其结果是什么？
2. 如果想改变采购部门结构，应该做哪些工作？

习题与思考题

1. 简述集中采购的优点。
2. 简述集中采购的缺点。
3. 简述分散采购的优点。
4. 简述分散采购的缺点。
5. 采购部门为什么需要团队？

第3章

采购战略管理

★学习目标

1. 了解采购战略的供应环境。
2. 熟悉采购战略构成要素。
3. 掌握采购商品的象限分区模型及几种主要的采购战略。
4. 了解采购计划的目的及其影响因素。
5. 了解采购预算的作用及采购预算编制的原则。
6. 掌握采购计划编制程序及采购预算编制的方法。

★教学要求

教学重点：采购商品的象限分区模型；几种主要的采购战略；采购计划编制程序；采购预算编制的方法。

教学难点：采购商品的象限分区模型；采购计划编制程序；采购预算编制的方法。

★引入案例

苏宁易购的采购战略

苏宁易购是苏宁云商集团股份有限公司旗下新一代B2C网上购物平台，正式上线后，自主采购、独立运营，现已覆盖传统家电、3C电器、日用百货等品类。苏宁易购强化虚拟网络与实体店面的同步发展，不断提升网络市场份额，2011年实现销售收入59亿元，跻身国内电子商务前三名。到2020年，苏宁易购计划实现3 000亿元的销售规模，成为我国领先的B2C平台之一。

（1）苏宁易购采购战略目标。

①降低采购成本，提高企业整体效益。

②与供应商协商，以便保护商品价格及公司成本结构。

③提高公司规模及影响力，增加市场份额。

④加强对供应商的控制力。

⑤提高集中管理水平，降低法律风险。

⑥加强采购监督，保证采购质量，提高采购效率。

(2) 苏宁易购的采购战略。

①以统购分销为主，自主采购为辅。统购是指公司统一向供应商订购商品，分销有两种方法：一种是由公司统一向供应商采购商品，然后根据各子公司的要货计划由公司向各子公司销售。另一种是由公司统一与供应商签订购货计划，各子公司提出要货计划，经公司批准后，由供应商直接向各子公司销售。自主采购是指各子公司根据所处地区的实际销售情况，提出产品采购计划，报经公司批准后，自主向供应商采购货物。

②大规模统一采购，获得较低采购成本。对于公司的货物需求，经过合理安排，由公司进行统一采购，如此可大幅度降低其间的人力、物力成本。

③赊购或授信额度的零售导向。公司买断供应商的商品，同时公司在与供应商签订购销合同或协议等中规定：公司对于残次品、滞销商品及其他不能正常销售的商品享有退货的权利。供应商为了维护其产品价格的市场秩序，规定产品的最高和最低指导销售价。

④市场扩张战略。增加综合家用电器产品的经销种类，扩大公司市场规模和机会；加大连锁店的发展速度和整合力度，集约和扩大连锁销售规模。

⑤后向一体化战略。获得供货方公司的所有权或增强对其的控制力度，除此之外，苏宁易购可以直接进入制造业，还可以通过贴牌、控股、合资等方式进入制造业。

(资料来源：https：//baike.baidu.com/item/苏宁易购/201200? fr=aladdin，节选)

3.1　采购战略概述

在目前的企业采购中，采购的战略地位并没有得到重视。大多数企业采用的一般采购流程是生产部门根据生产需要填写申购单，然后由行政部门审批，再交给采购部门。采购部门的责任就是根据申购单上填写的内容找到供应商。日常工作中采购部门的任务就是等待生产部门和其他物资需求部门的申购单，然后到市场上去寻找。目前的市场对于大部分商品来说是买方市场，因而从常规状态下来看，采购部门的工作非常轻松，所以在国内很多公司，对于采购部门的重视程度远不如销售等其他部门，重视采购战略的企业很少。

采购的作用真的如此不重要吗？其实不然，虽然采购成本在不同行业中的比例是不同的，但总体来说，采购成本是非常高的。根据有关数据统计，降低1%的采购成本相当于增加10%的销售额。把销售额增加10%，对于一个成熟的市场来说，是很难的，但把采购成本降低1%，对于目前社会平均采购水平来说，确实是非常容易做到的。这就要求企业把采购管理提升到战略的高度，制定对应的采购战略。

3.1.1　采购战略的概念

随着全球供应管理领域问题的出现，以及最高管理部门对较大采购利益效应的认识不断加深，近年来越来越多的主要采购主管参与到公司采购战略决策中。采购战略在企业的战略中扮演着越来越重要的角色。究竟什么是采购战略呢？具体地说，采购战略就是采购管理部门为实现企业的整体战略目标，在充分分析供应环境的基础上，确定采购管理目标，制定采购战略规划，并组织实施的一个动态管理过程。

图3-1用双箭头形象地表示了采购目标、采购战略、企业目标、企业战略之间的关系。有效

的采购战略目标之一就是将企业目标与采购目标联系起来，通过采购目标的实现更好地落实企业目标。因此，采购部门要参与企业战略制定工作，一方面保证采购战略成为企业战略的有机组成部分，另一方面保证采购战略切实体现出供应方面存在的机会和问题，从而使包含采购战略的企业战略更加切实和有效。采购战略为企业战略的实现提供保障，主要体现在成功的采购战略可以帮助企业与供应商之间建立合作伙伴关系，在自己不用直接投资的前提下，充分利用采购商的能力为自己开发生产专用产品，既节约资金、降低风险，又以最快的速度形成生产能力，保证企业目标的实现。

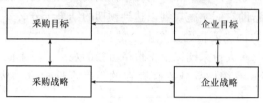

图 3-1　采购战略与企业战略的关系

3.1.2　采购战略的必要性

采购战略的必要性有以下三点。

（1）建立企业新的利润增长点。公司的根本目标是追求利润最大化。增加利润的方法，一是增加销售额，二是降低成本。对于企业而言，当销售额达到一定水平后再通过提高销售额来挖掘利润是非常困难的，相比之下，通过对采购管理的深入研究，制定并实施合理的采购战略，将会为企业节约很大的采购成本，从而间接地创造新的利润增长点。

（2）保证企业资产收益率。作为衡量企业运作业绩的标准，资产收益率越来越受到重视。在很多制造行业，成本越来越透明，企业利润逐渐突破以往最低水平。原材料成本基本占总产品成本的 70%~80%，所以如果企业采用合理的采购战略，会在很大程度上降低企业的运行成本，这也就意味着在原先资产的基础上增加了利润，提高了资产收益率。

（3）帮助占领市场。企业采用合理采购战略，可以保证企业获取一条具有高运作效率、强竞争力的采购供应链。目前许多生产企业往往迫于市场的压力，根据市场对产品的价格要求，采用先制定市场销售价格，然后采用倒推成本的方式制定采购价格。如果企业采用合理采购战略，就会有能力以最优的原料采购价格来应对这种来自成本的压力。另外，相比以往，目前新产品的产品周期相对缩短了许多，这就要求企业要具有快速的市场反应能力。市场反应能力受采购链反应力的影响，采购链的反应力又受采购成本战略的影响。所以说采购战略的合理选择与使用可以帮助企业尽快占领市场，获得竞争优势。

3.1.3　采购战略构成要素

采购战略要素包括采购什么、质量如何、采购多少、谁负责采购、何时采购、什么价格采购、何地采购、如何采购以及为什么采购等问题的决定。

（1）采购什么。在这方面企业要解决的最基本问题是自制或外购的问题。具有强大采购实力的企业可能倾向于采取外购战略。采购企业可以大量采购制成品并贴上"自己的标签"。采取该战略是因为采购企业通过大量采购获得价格上的优惠，或者是采购企业规模大，具有扶持该产品的能力。例如，一家规模很大的个人计算机采购企业可与供应商（制造商）达成协议，以它自己的品牌购买并销售同一批计算机。虽然这不是典型战略，但它有带来收益的可能性，善于开拓性工作的采购部门会考虑这类战略。

另一个问题是,该企业是采购市场上易得的标准部件还是根据特定需要来采购。标准部件在市场容易采购到,但它们不能带来竞争优势。与此相反,符合特定需要的部件在市场上不易采购,但它们可使该企业的制成品更具竞争力。

(2) 质量如何。在这方面主要涉及产品获得的项目或服务。许多企业已认识到稳定的制成品质量对保持或扩大市场份额绝对必要。为达到这一点,供应商必须提供质量更稳定的原料和零部件,这也会使采购企业的生产成本和厂内质量控制费用明显下降。因此,让供应商更多地了解采购企业的质量要求并帮助它们实施规划以达到预期的结果十分必要。

(3) 采购多少。在这方面主要指的是企业全部及每次采购的数量。一般来说,采购数量较小已成趋势,这与以往的每次大量采购以获得价格折扣的观点截然不同。理想的情况是,采购企业与供应商力图查明并消除系统中导致库存存在的不确定性根源,从而减少整个系统中的库存量。

(4) 谁负责采购。在这方面主要指的是负责采购工作和采购决策的主体。其涉及的内容包括供应职能应该集中在最高管理部门还是交由采购部门来履行,采购人员应具有怎样的素质,最高管理部门在多大程度上参与整个采购过程。

(5) 何时采购。何时采购与采购多少这两个问题是紧密联系的,并要在现有采购和将来采购之间做出选择。关键的战略问题是期货购买和库存政策。在商品方面,存在进入期货市场利用套期保值的机会。

(6) 什么价格采购。这里所讲的价格不是传统意义上购买商品或服务所花费的采购成本,而是广义上的成本。价格战略实施的关键是:企业是打算支付高价从而获得供应商的额外服务和其他承诺,还是打算制定与市场价格一致的标准价格或者以低价取得成本优势?这往往取决于企业制定了怎样的采购策略。一般来说,企业总是希望以最小的代价获得所需的商品或服务。

(7) 何地采购。在哪里采购要考虑的问题包括当地、外地、国内还是国际采购,单一供应源还是多供应源采购,选择销售额大的还是销售额小的供应商,以及供应商证书和供应商所有权。

(8) 如何采购。在如何采购方面面临着大量选择,包括系统和程序选择、计算机使用、各种团队组建、谈判、竞争性要价、总括订单与开口订单拟定、团队或个体采购、长期或短期合同、采购道德规范承诺、主动或被动采购、采购调查与价值分析、质量保证规划以及供应基地削减等。

(9) 为什么采购。这个因素是用来解释为什么企业选择了这样的而不是那样的战略。采取某个采购战略通常的原因是使采购的目标保持一致性,即采购的目标与企业的战略目标相一致。其他原因还包括目前的市场情况以及对未来市场情况的预期。此外,采取某些战略还可能有采购部门内外部结合的原因,如一个实力强的工程技术部门除按自身的工程要求进行采购外,还可以提出与供应商联合收购等战略,为企业采购规划提供指导性建议。其他还有环境保护、政府规章和管理、产品责任等方面的因素可能促使企业采取某些战略。

3.1.4 采购战略制定原则

制定采购战略具有以下几个方面的原则。

(1) 总购置成本最低。总购置成本最低是采购战略的基本出发点。总购置成本不仅是简单的价格,还承担着将采购的作用上升为全面成本管理的责任,它是企业购置原料和服务所支付的实际总价,包括安装费用、税、存货成本、运输成本、检验费、修复或调整费用等。低价格可能导致高的总购置成本,却更容易被忽视,总成本最优被许多企业的管理人员误解为以价格最低购买,很少考虑使用成本、管理成本和其他无形成本。采购决策影响着后续的运输、调配、维护、调换乃至产品的更新换代,因此必须有总体成本考虑的远见,必须对整个采购流程中所涉及的关键成本和其他相关的长期潜在成本进行评估。

(2) 建立双赢关系。不同企业有不同的采购方法,企业的采购手段和企业管理层的思路与文化风格是密切相关的,有的企业倾向于良好合作关系的承诺,有的倾向于竞争性定价的承诺。战略采购过程不是零和博弈,一方获利一方失利,战略采购的谈判应该是一个商业协商的过程,而不是利用采购杠杆压制供应商进行价格妥协,而应当是基于对原材料市场的充分了解和企业自身长远规划的双赢沟通。

(3) 建立采购能力。双赢采购的关键不完全是一套采购的技能,而是范围更广泛的一套组织能力:总成本建模、创建采购战略、建立并维持供应商关系、整合供应商、利用供应商创新、发展全球供应基地。很少有企业同时具备了以上六种能力,但至少应当具备以下三种能力:总成本建模能力,它为整个采购流程提供了基础;创建采购战略能力,它推动了从战术的采购观点向战略观点的重要转换;建立并维持供应商关系能力,它注重的是双赢采购模式的合作部分。

(4) 制衡是双方合作的基础。企业和供应商本身存在一个相互比较、相互选择的过程,双方都有其议价优势,如果对供应商所处行业、业务战略、运作模式、竞争优势、稳定长期经营状况等有充分的了解和认识,就可以帮助企业本身发现机会,在双赢的合作中找到平衡。现在,越来越多的企业在关注自身所在行业发展的同时,开始关注第三方服务供应商相关行业的发展,考虑如何利用供应商的技能来降低成本、增强自己的市场竞争力和满足客户。

3.2 采购战略制定过程

企业想要全面降低采购成本,首先要对采购战略进行合理规划。制定采购战略规划的内容包括全面分析供应环境,明确采购目标,并在此基础上确定采购战略,这些都是降低采购成本的前提条件。现代企业的生产经营活动日益受到环境的作用和影响,供应管理活动也不例外,既受到供应环境的影响,也受到企业内部部门间的协调配合程度的制约。所以,企业要制定采购策略,首先必须全面、客观地分析供应环境的变化。

3.2.1 全面分析供应环境

供应环境分析,就是对各种与供应有关的环境因素进行全面分析和预测,目的在于为供应决策提供客观依据。供应环境主要包括供应商环境分析和企业内部环境分析。

(1) 供应商环境分析。供应商环境分析包括供应商因素和供应商面对的行业环境因素。供应商因素包括供应商的财务状况、产品开发能力、生产能力、工艺水平、质量体系、交货周期及准时率、成本结构与价格等;供应商面对的行业环境因素包括该行业的供求状况、行业效率、行业增长率、行业生产与库存量、行业集中度、供应商的数量与分布等。

(2) 企业内部环境分析。企业内部环境分析主要包括领导对采购工作的重视程度和各部门对采购工作的支持度。领导对采购工作的重视程度,关系到企业的高层领导是否认识到采购管理对产品质量和价格的贡献以及对企业利润的贡献,在企业流程重组中将采购管理放在什么位置。各部门对采购工作的支持度是非常重要的内部环境因素,如销售部门是否及时提供顾客订单调整情况和顾客反馈信息,财务部门是否有充足的资金保证,设计部门提供产品设计、变更、原材料的及时程度,人力资源部门是否提供合适采购管理人员的激励机制、薪酬水平和培训机会等。

3.2.2 确定采购战略目标

采购战略目标是采购管理部门的经营管理活动在一定时期内要达到的具体目标。采购的具体目标主要有以下几点。

（1）降低成本。企业应致力于成为行业中的低成本生产者，而采购成本占生产成本的比例不容忽视，通过降低采购成本可以使生产成本有明显的下降。例如，定下本年度目标时，明确要降低物料成本的15%。

（2）促进研发。只有保持旺盛的研发能力，才能使企业的产品始终拥有竞争力。高效的采购战略可以通过帮助企业外包非核心竞争力的活动，缩短产品开发的周期，有利于企业推出新的产品或者服务。

（3）减少供应商总数。供应商的数量会影响采购的效益。供应商数量太多，会增加采购批次，降低单次采购的数量，造成采购产品单位价格的上升，损害企业的利益。因此，企业要力求适当地减少供应商的数量，恰当制订采购的计划。

（4）保证供应。采购来的原材料等产品，最终会投入企业的运营过程中。因此，采购的目标之一就是保证能够从最好地满足具体需求的供应商那里得到持续的供应，同时，不断提高服务和产品的质量。

3.2.3 战略定位及主要采购战略

1. 战略定位

制定采购战略，就是要充分理解与企业目标相关的采购需求，对不同的商品进行不同的战略定位。商品战略定位一般是通过商品采购象限分区的战略分析工具来完成的，如图3-2所示。供应组合分析的前提是将每次采购或每组采购按给定的评价标准划分到对应的象限。一般划分成四个象限：集中采购商品区、正常采购商品区、瓶颈商品区和战略商品区。

图3-2 采购商品象限分区模型

（1）集中采购商品区。象限Ⅰ是集中采购商品区。该象限的特点是供应商多，采购价值高。该象限具有大量有能力供应商品和服务的厂家，并且企业对该类商品和服务的需求量也比较大，对企业利润影响明显。该类产品和服务属于一些基本采购，需要支出较多的资金，如包装材料、基本制造品、涂料等。通常，企业的不同部门都具有购买这些商品或物品的要求。由于在该类产品或服务的竞争中品牌之间的差异很小，供应商通常试图通过提供相关的增值服务来获得采购者的青睐，如24小时订货、免费送货等。

一般情况下是由一个企业的中级管理人员做出这类商品和服务的采购决策。对于集中采购商品,由于供应充足,其主要着眼点是想方设法降低采购成本、追求最低价格。通常可采取两种做法,一种是将不同时期或不同单位的同类产品集中起来统一同供应商谈判;另一种是采用招标的方式寻求不同的供应商参与竞价。需要注意的是,在追求价格的同时要保证质量和供应的可靠性,一般情况下这类商品不宜签订长期合同,并且采购时要密切关注供应市场的价格走向与趋势。所以面对这一象限,企业应该着重做好以下工作:

① 寻求备选商品或供应商。
② 在供应商之间调整订购量。
③ 优化订单数。
④ 设定目标价格。
⑤ 联合集中采购。

(2) 正常采购商品区。象限Ⅱ是正常采购商品区。该象限的特点是供应商多,供应价值低。该象限具有大量有能力提供产品和服务的供应商,但这类产品和服务对企业利润影响不明显。该类产品或服务属于常规的项目,不直接增加最终产品的附加价值,成本一般比较低,而且万一供应中断给公司造成的潜在威胁也不大。

一般情况下由一个企业的下层人员(如采购人员)做出该类商品和服务的采购决策。企业应考虑对该区域的商品进行系统化采购,从而减少供应商,提高工作效率,提高标准化程度。正常采购商品只占总价值的20%以下。在这些商品的采购上,要提高行政效率,采用程序化、规范化和系统化的工作作业方式等。因此,面对该类象限的产品和服务,企业要着重做好以下工作:

① 开展联合集中采购。
② 按商品大类或商品群采购。
③ 制定有效的作业程序。
④ 采用网络采购方式。

(3) 瓶颈商品区。象限Ⅲ是瓶颈商品区。该象限的特点是供应商少,采购价值小。该类物品通常在某一地区只有极少数的供应商(因为需求少、利润低),而且产品价值很低。虽然不少供应商有能力制造并供应商品,但搜索和比较供应替代品所花费的高昂成本通常将远远超过这些物品本身的价值。一般情况下,这些物品的成本在采购成本中的比例相对比较低,但需要花费大量的时间才能够获得。许多物品具有标准的质量和技术要求,因此从一家供应商更换到另一家的"更换成本"是很高的。获取这种物品主要应该考虑为获得这些商品所花费的精力和交易费用。该象限的典型物品包括办公用品的供应、维护、修理和操作(MRO)服务的供应,以及人们偶然需要使用的物品。

一般情况下是由一个企业的部门主管做出这类商品或服务的采购决策。对该象限商品企业应重点考虑保证供应,从而确保供应的连续性。瓶颈区采购商品的策略主要是要让供应商能确保产品供应,必要时甚至可提高一些价格或增加一些成本,通过风险分析制订应急计划,同时与相应的供应商改善关系(最好是转变为合作伙伴关系),以确保供应。因此,对于该象限的产品采购,企业要着重做好以下工作:

① 进行供应风险的分析。
② 排出供应商优先次序。
③ 准备应急措施与方案。
④ 寻求备选商品和供应商。
⑤ 建立适当库存。

（4）战略商品区。象限Ⅳ是战略商品区。该象限的特点是供应商少，供应价值大。该象限所包括的产品和服务对于企业的生存和发展十分重要，而且只有少数几家供应商有能力供应。战略型的商品或服务能保证企业产品在市场中的竞争优势。这类商品或服务会给公司带来风险，同时也具有很大的价值。由于供应商的数量很少，更改供应商的难度相当大。这样的商品往往是独有的或者是定制化的，或者是采用了尚不成熟的技术，如CPU、生物医药、新化学产品、发动机等。

一般情况下是由一个企业的高层管理人员做出该类商品和服务的采购决策。对于战略采购品，首要的策略则是要寻求到可靠的供应商，发展同他们的伙伴关系，通过双方的共同努力去改进商品质量。通过提高交货补货的可靠性与及时性，降低成本，并组织供应商早期参与本企业的产品或业务开发。因此，面对该象限，企业要着重完成以下一些任务：

①分析供应综合成本。
②谨慎选择供应商。
③制定滚动性的采购订单。
④有效控制订单变化。
⑤对供应商实施考评。

通过将所需采购的商品或服务准确地划分到四个象限中，可以使采购人员更加清晰地理解不同商品对企业的战略重要性。首先需要界定什么是最佳的采购战略，在将商品或服务归类到四个象限的过程中，此项任务的内涵将趋于明朗化。

位于战略商品区和集中采购商品区的商品或服务将可能为采购企业提供最佳的绩效改善机会。既然如此，买方绝大部分精力资源都应投入其中。然而，企业为了维持运作仍然需要采购低价值、非关键性的产品或服务。战略制定过程中必须按步骤，采用对瓶颈区商品和正常采购区商品进行管理的战略，保障采购的资源能够满足提供增值商品或服务的需要。

一旦商品被归并到这四种类型中的任何一个，战略制定人员就必须对商品的历史状况密切关注、掌握，并使之与企业的整体战略的目标相匹配，目的就是要发现企业在过去处理此种商品的过程中存在的问题，识别潜在的问题和机会以及未来的发展方向，如技术、成本和质量改善等。

2. 主要的采购战略

前面部分介绍了采购战略的概念以及制定等，同时在采购战略的实施过程中企业要根据采购活动的需要"量体裁衣"地采用各种不同的采购战略。

（1）集中采购。通过采购量的集中可以提高议价能力，降低单位采购成本。许多国内企业纷纷建立集中采购部门或货源事业部，对集团的生产性原料或非生产性物品进行集中采购规划和管理，一定程度上减少了采购物品的差异性，提高了采购服务的标准化，减少了后期管理的工作量。但集中采购也增加了采购部门与业务部门之间的沟通和协调的难度，增加了后期调配的难度。这种战略对于地区采购物品差异性较大的企业来说适用性较小。

（2）扩大供应范围。通过扩大供应商选择范围，引入更多的竞争，可以降低采购成本。跨国企业纷纷涉足中国，将中国作为原料采购中心和制造中心，这就是一个例证。但对于某些企业或服务机构的核心生产对原料或产品的需要来说，这些企业往往会选择与少数战略和合作伙伴建立长久关系，在保护核心技术的专有性的同时，也便于共同进行新产品、服务的开发和改良。

（3）优化采购流程和方式。在对影响采购成本的采购量和供应商数量这两个硬性因素进行优化后，进一步将成本降低空间转向软的管理优化方面。例如，通过招投标方式引入竞争，充分发挥公开招标中供应商之间的博弈机制,科学公正地选择最符合自身成本和利益需求的供应商;通过电子化采购方式降低采购处理费用;通过科学的经济批量计算合理安排采购频率和批量,降低采购费用和仓储成本;对供应商提供的服务和原料进行有选择的购买。事实上供应商提供的任何服务都是有价格的,以直接或间接的形式包含在价格中,所以企业可以将其细分,选择所需的原材料及配套服务,降低整体采购成本。

(4) 供应库优化。供应库优化是确定保留适当数量的供应商和对供应商进行重新组合的过程。供应库优化往往意味着剔除那些能力不符合要求或是业务量很少的供应商,以使供应商的数量保持适当的规模。它的实质是要求企业分析某种所需采购的商品、当前或将来需要的供应商数量。但过度的供应简化可能会使企业将来被迫增加供应商。

(5) 长期供应商关系。长期供应商关系是指在未来的一段时间内(如3年或更长时间)选择关键供应商,并与选定的关键供应商进行紧密合作的一种关系。通常情况下,随着企业的不断发展和与供应商合作的不断加深,长期供应商的重要程度不断上升,并且大多数情况下都是通过签订长期合同的形式来形成的。采购人员需要实现从传统的短期方法向基于供应商管理的方法的根本性转变。要与有良好绩效的或者具有特殊技术的供应商形成长期关系。前面采购商品分区中的战略商品区就是由少数几家供应商负责供应关键的或者具有较大价值的商品或服务,这种情况就比较适合建立长期的供应商关系。更长期的关系可能包括合作进行产品开发,共同承担开发成本和分享技术专利等。

(6) 原材料/产品/服务的标准化。在产品/服务设计阶段就充分考虑未来采购、制造、储运等环节的运作成本,提高原料、工艺和服务的标准化程度,减少差异性带来的后续成本。这是技术含量很高的一种做法,是整体供应链优化的充分体现,但技术可行性往往是一大障碍。

(7) 全球采购。全球的资源都可以纳入公司战略决策的考虑范围。全球采购要求采购部门将全世界看作是零部件、服务、产成品的潜在供应源。它通常用于评价一个新市场或者与那些可能有助于使公司具有竞争力的供应商进行沟通联络。虽然现实中全球采购在大多数行业中都受到某种程度的限制或者由于企业自身的原因没能力进行,但越来越多的公司开始将全球看作其供应市场和供应资源的来源地。

全球采购的主要目标就是要实现成本与质量的快速和大范围的改善。全球采购同样需要接近产品和生产技术,增加可能供应源的数量,满足双边贸易的要求,开拓国外市场的机会。由于这种战略为某种产品在全球范围内寻找最佳供应商,因此它并不与供应库优化战略相矛盾。有些公司的采购部门实行全球采购,以便将更强的竞争引入国内供应商中。

3.3 采购计划的制订

3.3.1 采购计划的概念

计划是指管理人员为实现企业目标而对未来行动所做的综合的统筹安排。采购计划是指企业管理人员在了解市场供求情况,在认识企业生产经营活动过程中和掌握物料消耗规律的基础上对计划期内物料采购管理活动所做的预见性的安排和部署。

采购计划有广义和狭义之分。广义的采购计划是指为了保证供应各项生产经营活动的物料需要量而编制的各种采购计划的总称。狭义的采购计划是指每个年度的采购计划,即对企业计划年度内生产经营活动所需采购物料的数量和采购的时间等所做的安排和部署。成功的采购业务取决于采购前期准备工作的质量,而高质量的准备阶段要求制订周密的采购计划。采购计划是对未来行动的安排,它包括明确企业的目标和考核指标、实现目标的手段选择、战略制定以及进度安排等。采购计划是一项基本的、先导性的管理活动,它先于组织、领导和控制工作,在某种程度上是通过企业的生产和营销,完成对战略目标的支持和保障。采购计划的主要内容包括采购对象(货物、工程或服务)、采购规模(数量)、采购预算、采购方式、采购周期(包括时间、进度表)、采购文件等。

采购计划可以从不同的角度进行分类。

(1) 按计划期的长短分类,可以把采购计划分为年度物料采购计划、季度物料采购计划、月度物料采购计划等。

(2) 按物料的使用方向分类,可以把采购计划分为生产用物料采购计划、维修用物料采购计划、基本建设用物料采购计划、技术改造措施用物料采购计划、科研用物料采购计划、企业管理用物料采购计划。

(3) 按自然属性分类,可以把采购计划分为金属物料采购计划、机电产品物料采购计划、非金属物料采购计划等。

3.3.2 采购计划的作用及目的

制订采购计划是企业整个采购工作的第一步。采购计划是企业根据市场变化的需要,通过各种渠道和方式,向工业生产部门及其他物资企业购进生产资料以保证计划期内生产正常进行的一种经营业务计划。正确地编制企业物资采购计划,对于加强物资管理、保证生产所需、促进物资节约、降低产品成本、加速资金周转,都有着重要的作用,具体表现如下:

(1) 可以有效地规避风险,减少损失。采购计划是面向未来的,企业在编制采购计划时,已经对未来因素进行了深入的分析和预测,做到有备无患,既保证企业正常经营需要的物料,又降低了库存水平,减少了风险。

(2) 为企业组织采购提供了依据。采购计划具体安排了采购物料的活动,企业管理者按照这个安排组织采购就有了依据。

(3) 有利于资源的合理配置,以取得最佳的经济效益。采购计划选择最优化的采购决策与实施计划,对未来物料供应进行科学筹划,有利于合理利用资金,最大限度地发挥各种资源的作用,以获得最佳效益。

企业的经营需购入物料,然后经加工制成或组合装配成产品,再通过销售获取利润。其中,如何获取足够数量的物料,即是采购计划的重点所在。因此,采购计划是在某一特定的时期内,维持正常的产销活动,确定应在何时购入何种物料,以及订购的数量是多少的估计作业。制订采购计划的目的如下:

(1) 预估物料需用的数量与时间,防止因供应中断而影响产销活动。

(2) 避免物料储存过多,以防资金积压和占用空间。

(3) 配合公司生产计划和资金调度。

(4) 使采购部门事先准备,选择有利时机购入物料。

(5) 确立物料耗用标准,以便控制物料成本。

3.3.3 影响采购计划的因素

采购计划的制订是在充分分析企业内外环境的基础上进行的,因此制订采购计划首先要确定影响采购计划的主要因素,然后决定如何编制计划。在实际工作中,影响采购计划的主要因素有采购环境、年度生产计划、用料清单、存量管制卡、物料标准成本的设定、生产效率、价格预期等。

1. 采购环境

采购活动发生在一个具有许多变化因素的环境中,这些因素包括外界不可控因素和内部可控因素。外界不可控因素有国内外经济发展状况、人口增长、政治体制、文化及社会环境、法律法规、技术发展、竞争者状况等;内部可控因素有财务状况、技术水准、厂房设备、原料零件供应情况、人力资源及企业声誉等。这些因素的变化都会对企业的采购计划和预算产生一定影响。以纺织企业的棉花采购为例,由于受供求关系、国际市场变化,以及棉花收获的季节性等因素影响,其市场价格往往波动很大,这就造成了棉花采购成本的差价比较大。为了节省成本,棉花的采购除了要按照订单要求满足必要的生产外,还要根据棉花市场的价格波动情况,选择恰当的采购时机进行采购。这确实就要求采购人员能够预测到环境的变化,并提前做出反应。

2. 年度生产计划

一般而言,生产计划受销售计划的影响,若销售计划过于乐观,那么产量会变成存货,造成企业的财务负债;反之,若销售计划过度保守,将使产量不足以供应顾客所需,丧失了创造利润的机会。在实际工作中,经常因为企业销售人员对市场的需求量估算失当,造成生产计划朝令夕改,也使得采购计划常常调整修正,物料供需长期处于失衡状况。

3. 用料清单

在企业中,特别是在高新技术企业中,产品工程经常发生变更,但用料清单难以做出及时的反应与修订,以至于根据产量计算出来的物料需求数量与实际的使用量和规格不符,造成采购数量过高或过低,物料规格过时或不易购得的状况。因此要保持采购计划的准确性,必须依赖并维持最新、最准确的用料清单。

4. 存量管制卡

因采购数量是生产需求数量中扣除掉库存数量后的数量,采购计划准确与否,与存量管制卡记载的正确性有关。库存物料是否全为优良品,以及存量管制卡数量和实际物料数量是否一致,都会影响采购计划的准确性。例如,若存量管制卡上数量与仓库架台上的数量不符,或存量中并非皆为规格合格的物料,则仓储的数量将与实际上可取用的数量不相同,在这种情况下采购计划的制订可能不准确。

5. 物料标准成本的设定

在编制采购预算时,因为不容易预测将来拟采购物料的价格,所以多用标准成本替代。如果标准成本的设定没有以过去的采购资料作为依据,也没有工程人员严密精确地计算其原料、人工及制造费用等组合的总成本,则难以保证其准确性。因此,标准成本与实际购入价格的差额,是采购预算正确性的评估指标之一。

6. 生产效率

生产效率的高低将使预算的物料需求量与实际的耗用量产生误差。如果产品的生产效率降低了,就会提高原料的单位耗用量,从而使采购计划中的数量不能满足生产的需要。过低的生产率,也会导致频繁修改作业,从而使得零部件的损耗超出正常需用量。所以,当生产效率有降低趋势时,采购计划必须计算额外的耗用量,才不会发生原物料的短缺现象。

7. 价格预期

在编制采购预算时,常需要对物料价格跌涨幅度、市场繁荣幅度,乃至汇率变动等因素多加预测,甚至可以考虑将这些列为调整预测的因素。但因为个人主观的判定与事实的演变带有差距,也可能会造成采购计划的偏差。

由于影响采购计划的因素很多,故采购计划拟订后,必须经常与产销部门保持联系,并针对现实情况做出必要的调整与修订,才能实现维持正常产销活动的目标。

3.3.4 采购计划编制程序

采购计划的制订需要具有丰富的采购计划经验、采购经验、开发经验、生产经验等复合知识的人才能担任,并且要和其他部门协作进行。采购计划环节是整个采购运作的第一步,它包含两部分内容:采购计划的制订和采购订单计划的制订。这两部分要做到充分的综合平衡,才能保证物料的正常供应。目前公认的采购计划主要环节有准备认证计划、评估认证需求、计算认证容量、制订认证计划、准备订单计划、评估订单需求、计算订单容量和制订订单计划。下面详细阐述这八个环节。

1. 准备认证计划

准备认证计划是采购计划的第一步,也是非常重要的一步。要准备认证计划就要做好以下四个方面的工作:

(1) 接收开发部门的开发批量需求。开发批量需求通常有两种情形:一种情形是在以前或者是目前的采购环境中就能够找到的物料供应,如以前接触的供应商的供应范围比较大,企业就可以从这些供应商的供应范围中找到企业需要的批量物料需求;另一种情形是企业需要采购的是新物料,在原来形成的采购环境下不能提供,需要企业的采购部门寻求新物料的供应商。

(2) 接收余量需求。接收余量需求也有两种情况,一种是随着企业规模的扩大,采购需求量不断扩大,旧的采购环境容量不足以支持企业的物料需求;另一种是采购环境的容量有下降趋势,从而导致物料采购环境容量缩小。这两种情况会产生余量需求,这就需要对采购环境进行扩容。

(3) 准备认证环境资料。通常来讲,采购环境的内容包括认证环境和订单环境两个部分。认证过程本身是对供应商样件的小批量试制过程,这个过程需要强有力的技术力量支持,有时甚至需要与供应商一起开发;订单过程是供应商规模化的生产过程,其突出表现就是自动化机器流水作业及稳定的生产,技术工艺已经固化,所以订单容量的技术支持难度比起认证容量要小得多。因此,可以看出认证容量和订单容量是两个完全不同的概念,企业须分清这两个概念。

(4) 准备认证计划。制订认证计划也就是把认证计划需要的材料准备好,主要内容包括认证计划说明书(物料项目名称、需求数量、认证周期等),同时附有开发批量需求计划、余量需求计划、认证环境计划等。

2. 评估认证需求

在做了一些准备认证计划的工作后,就要对这些准备的计划进行分析和评估。分析和评估的内容包括分析开发批量需求、分析余量需求、确定认证需求。

(1) 分析开发批量需求。要做好开发批量需求的分析,既要分析量上的需求,也要掌握物料的技术特征等信息。计划人员应对开发物料需求做详细分析,必要时还应与开发人员、认证人员一起研究开发物料的技术特征,按已有的采购环境及认证计划经验进行分类。

(2) 分析余量需求。首先应对余量需求进行分类。对于因市场需求造成的,可通过市场及生产需求计划得到各种物料的需求量及时间;对于因供应商萎缩造成的,可通过分析现实采购环境的总体订单量与原订单量之间的差别得到。这两种情况的余量相加即可得到余量需求总量。

(3) 确定认证需求。认证需求是指通过认证手段,获得具有一定订单容量的采购环境。可根据开发批量需求及余量需求的分析结果来确定。

3. 计算认证容量

计算认证容量是采购计划的第三步,包括分析项目认证资料、计算总体认证容量、计算承接认证容量、确定剩余认证容量。

(1) 分析项目认证资料。不同的认证项目的过程及周期是千差万别的,机械、电子、软件、设备、生活日常用品等物料项目的加工过程各种各样,非常复杂。作为从事某行业的实体来说,需要认证的物料项目可能是千种物料中的某几种,熟练分析几种物料的认证资料是可能的,但是对于规模比较大的企业,分析上千种甚至上万种物料的难度则要大得多。

(2) 计算总体认证容量。在采购环境中,供应商订单容量与认证容量是两个不同的概念,有时可以互相借用,但绝不是等同的。一般在认证供应商时,要求供应商提供一定的资源用于支持认证操作,或者只做认证项目。总之,在供应商认证合同中,应说明认证容量与订单容量的比例,防止供应商只做批量订单,不做样件认证。计算采购环境的总体认证容量的方法是把采购环境中所有的供应商的认证容量叠加,对有些供应商的认证容量需要乘以适当系数。

(3) 计算承接认证容量。供应商的承接认证容量等于当前供应商正在履行认证的合同量。一般认为认证容量的计算是一个相当复杂的过程,各种各样物料项目的认证周期也是不一样的,一般是要求计算某一时间段的承接认证量。最恰当、最及时的处理方法是借助电子信息系统,模拟显示供应商已承接认证量,以便认证计划决策使用。

(4) 确定剩余认证容量。某一物料所有供应商群体的剩余认证容量的总和,称为该物料的"剩余认证容量"。计算公式为:

$$物料剩余认证容量 = 物料供应商群体总体认证容量 - 承接认证量$$

采购环境中的认证容量不仅是采购环境的指标,也是企业不断创新、维持持续发展的动力源。源源不断的新产品问世是认证容量价值的体现。

4. 制订认证计划

制订认证计划是采购计划的第四步,包括对比需求与容量、综合平衡、确定余量认证计划、制订认证计划四个方面的内容。

(1) 对比需求与容量。认证需求与供应商对应的认证容量之间一般都会存在差异,如果认证需求量小于认证容量,则直接按照认证需求制订认证计划;如果认证需求大大超出认证容量,就要进行认证综合平衡,对于剩余认证需要制订采购环境外的认证计划。

(2) 综合平衡。综合平衡就是指从全局出发,综合考虑生产、认证容量、物料生命周期等要素,判断认证需求的可行性,通过调整认证计划来尽可能地满足认证需求,并计算认证容量不能满足的剩余认证需求,这部分剩余认证需求需要到企业采购环境之外的社会供应群体中寻找容量。

(3) 确定余量认证计划。确定余量认证计划是指对于采购环境不能满足的剩余认证需求,应提交采购认证人员分析并提出对策,与之一起确认采购环境之外的供应商认证计划。

(4) 制订认证计划。制订认证计划是认证的主要目的,只要制订好认证计划,就能根据该认证计划做好订单计划。其中认证物料的数量和开始认证时间的计算方法如下:

$$认证物料的数量 = 开发样件需求数量 + 检验测试需求数量 + 机动数量 + 样品数量$$
$$开始认证时间 = 要求认证结束时间 - 认证周期 - 缓冲时间$$

5. 准备订单计划

在制订认证计划后,就要准备订单计划。准备订单计划主要包括接收市场需求、接收生产需求、准备订单环境资料、制订订单计划说明书四个方面的内容。

(1) 接收市场需求。要想制订比较正确的订单计划,首先必须熟知市场需求计划或者市场销售计划。市场需求的进一步分解便得到生产需求计划。企业的年度销售计划一般在上一年的年末制订,并报送至各个相关部门,同时下发到销售部门、计划部门、采购部门,以便指导全年的供应链运转。根据年度计划制订季度、月度市场销售需求计划。

(2) 接收生产需求。生产需求对采购来说可以称为生产物料需求。生产物料需求的时间是根据生产计划而生产的,通常生产物料需求计划是订单计划的主要来源。为了利于理解生产物料需求,采购人员需要深入熟知生产计划以及工艺常识。

(3) 准备订单环境资料。准备订单环境资料是准备订单计划中一个非常重要的内容。订单环境是在订单物料的认证计划完毕后形成的,它一般使用信息系统管理。订单人员根据生产需求的物料项目,从信息系统中查询了解该物料的采购环境参数及描述。订单环境资料主要包括订单物流的供应商信息、供应商分摊比例信息、订单周期信息等。

(4) 制订订单计划说明书。订单计划说明书包括物料名称、需求数量、到货日期等,并附有市场需求计划、生产需求计划、订单环境等资料。

6. 评估订单需求

评估订单需求是采购计划中非常重要的一个环节,只有准确地评估订单需求,才能为计算订单容量提供参考依据,以便制订出好的订单计划。它主要包括以下三个方面的内容:分析生产需求、分析市场需求、确定订单需求。

(1) 分析生产需求。分析生产需求是评估订单需求首先要做的工作。要分析生产需求,首先需要分析生产需求的产生过程,其次需要分析生产需求量和要货时间。这里通过一个简单例子做一说明:某企业根据计划大纲对零部件的清单进行检查,得到某组成部件的毛需求量。第一周,库存量是 100 件,毛需求量是 50 件,那么剩下的现有库存量 = 现有库存量(100)- 毛需求量(50)= 50(件)。第三周预计入库 150 件,毛需求量 80 件,那么新的现有库存量 = 原有库存(50)+ 入库(150)- 毛需求量(80)= 120(件)。每周都有不同的毛需求量和入库量,这样就产生了不同的毛需求量,对企业不同时期产生不同生产需求进行分析是很有必要的。

(2) 分析市场需求。制订订单计划要考虑企业的生产需求、企业的市场战略、企业潜在的市场需求、市场要货计划的可信度等。因此,企业必须仔细分析市场签订合同的数量、还没有签订合同的数量(包括没有及时交货的合同)等一系列数据,同时研究其变化趋势,全面考虑要货计划的规范性和严谨性,同时参照相关的历史数据,找出问题所在。只有这样,企业才能对市场需求有一个全面的了解,才能制订出一个满足企业远期发展与近期实际需求的订单计划。

(3) 确定订单需求。根据对生产需求和对市场需求的分析结果,企业可以确定订单需求。通常来说,订单需求数量关系的含义是通过订单操作手段,在未来指定的时间内,将指定数量的合格物料采购入库。

7. 计算订单容量

只有计算好订单容量,经过综合平衡,才能制订出正确的订单计划。计算订单容量主要有以下四个方面的内容:分析项目供应资料、计算总体订单容量、计算承接订单容量、确定剩余订单容量。

(1) 分析项目供应资料。在采购过程中,物料和项目都是整个采购工作的操作对象。对于采购工作来讲,所要采购物料的供应商信息是非常重要的。如果没有供应商供应物料,那么无论是生产需求还是紧急的市场需求,一切都无从谈起。可见,有供应商的物料是满足生产需求和满足紧急市场需求的必要条件。例如,某企业需设计一家练歌房的隔音系统,隔音玻璃是完成该系统的关键材料,经过项目认证人员的考察,这种材料被垄断在少数供应商的手中。在这种情况下,企业的计划人员就应充分利用这些情报,在下达订单计划时就会有的放矢了。

(2) 计算总体订单容量。总体订单容量是多方面内容的组合，但是一般只研究两方面内容：一方面是可供给的物料数量，另一方面是可供给物料的交货时间。举一个例子来说明这两方面的结合情况：供应商华泰公司在 12 月 31 日之前可供应 5 万个特种按钮（A 型 3 万个，B 型 2 万个），供应商鸿运公司在 12 月 31 日之前可供应 8 万个特种按钮（A 型 4 万个，B 型 4 万个），那么 12 月 31 日之前 A 型和 B 型两种特种按钮的总体订单容量为 13 万个，B 型特种按钮的总体订单容量为 6 万个。

(3) 计算承接订单容量。承接订单容量是指某供应商在指定的时间内已经签下的订单量。但是，承接订单量的计算过程较为复杂，这里还是以一个例子来说明：供应商华泰公司在本月 28 日之前可以供给 3 万个特种按钮（A 型 1.5 万个，B 型 1.5 万个），若是已经承接 A 型特种按钮 1.5 万个，B 型 1 万个，那么对 A 型和 B 型物料已承运的订单就比较清楚（A 型 1.5 万个 + B 型 1 万个 = 2.5 万个）。

(4) 确定剩余订单容量。剩余订单容量是某物料所有供应商群体的剩余订单容量的总和，其计算公式如下：

物料剩余订单容量 = 物料供应商群体总体订单容量 – 已承接订单量

8. 制订订单计划

制订订单计划是采购计划的最后一个环节，包括对比需求与容量、综合平衡、确定余量认证计划、制订订单计划。

(1) 对比需求与容量。制订订单计划的首要环节是对比需求与容量。如果经过对比发现需求小于容量，即无论需求多大，容量总能满足需求，则企业要根据物料需求制订订单计划；如果供应商的容量小于企业的物料需求，则要求企业根据容量制订合适的物料需求计划，这样就产生了剩余物料需求，需要对剩余物料需求重新制订认证计划。

(2) 综合平衡。综合平衡是指综合考虑市场、生产、订单容量等要素，分析物料订单需求的可行性，必要时调整订单计划，计算容量不能满足的剩余订单需求。

(3) 确定余量认证计划。对于余量小于需求时产生的剩余需求，要提交给认证计划制订者处理，并确定能否按照物料需求规定的时间及数量交货。为了保证物料及时供应，此时可以简化认证程序，并由具有丰富经验的认证计划人员进行操作。

(4) 制订订单计划。制订订单计划是采购计划的最后一个环节，订单计划做好之后，就可按照计划进行采购工作了。一份订单包含的内容有下单数量和下单时间两方面，计算公式如下：

下单数量 = 生产需求量 – 现有库存量 + 安全库存量
下单时间 = 要求到货时间 – 认证周期 – 订单周期 – 缓冲时间

3.4 采购预算的编制

编制采购计划是采购员工作的起点，其重点在于确定在何时采购多少物料。采购计划用金额来表示就是采购预算。采购预算是指导和控制采购过程的"生命线"，是开启采购管理的钥匙。采购计划包含预算工作，预算为采购计划提供支持，预算正确与否，关系到采购计划能否成功实施，本节从采购预算编制的原则、采购预算编制的流程、采购预算编制的方法和采购预算编制中应避免的问题等方面介绍采购预算的内容。

3.4.1 采购预算的概念

所谓采购预算就是一种用数量来表示的计划，是将企业未来一定时期内经营决策的目标通过有关数据系统地反映出来，是经营决策具体化、数量化的表现。一个采购预算就是一种定量计划，用来帮助协调和控制给定时期内资源的获得、配置和使用。编制采购预算可以看成是将构成组织机构的各种利益整合成一个所有各方都同意的计划，并在试图达到目标的过程中，说明计划是可行的。采购预算包含的内容不仅是预测，还涉及有计划地巧妙处理所有变量，这些变量决定着公司未来努力达到某一有利地位的绩效。

采购预算的时间范围要与企业的计划期保持一致，绝不能过长或过短，这是因为长于计划期的预算期是没有实际意义的，只会浪费人力、物力和财力，而过短的预算期又不能保证计划的顺利执行。一般有两种基本的采购预算形式：长期预算和短期预算。长期预算是指预算期间超过一年的预算，是制订公司战略性计划过程中的一个关键内容。短期预算主要是指预算期间在一年以内的预算，又称年度预算。时间的长短将两者明显区分，这提出了一个问题，即预算使用者要受到常规会计年度的适当影响，对每家公司最具意义的预算期应被采纳。例如，某种产品的生命周期从其引入期到淘汰期，从很多方面来说，与其说是日历区间不如说是自然预算期，因为它在统一的基础上将销售、生产和财务计划联系在一起。实际的预算期选择在很大程度上取决于公司准确预测的能力。典型的预算是以年度为基础来编制的，然而往往由于报告、时间安排和控制的原因，这一时间跨度又被分解为更小的时间间隔（如在生产和销售活动中，按照半年、季度、月份甚至是星期来做预算）。

3.4.2 采购预算的作用

采购预算是采购行为计划的量化，这种量化有助于企业管理者协调、贯彻计划，是一种重要的管理工具。一般来说，采购预算具有以下主要作用：

（1）保障企业战略计划和作业计划的执行，确保企业组织目标一致。通过编制采购预算，企业采购部门和其他职能部门在计划期间的工作被分别定出了目标，也明确了部门和个人的责、权、利，使个人的利益与企业的经济效益挂钩，促使企业采购部门的员工努力去完成采购目标，从而保证企业战略计划和作业计划的实现。

（2）协调企业各部门之间的合作经营。采购预算使各部门工作有机地结合在一起，各部门通过执行预算，明确各自所处的地位和作用，协调各自的工作步伐，从全局出发，统筹兼顾、全面安排，争取全局计划的最优化。

（3）在企业各部门之间合理安排有限的资源，保证资源分配的效率性。企业所拥有的资源是有限的，通过编制采购预算和其作业计划期内日常发生的各项经营性活动的预算，能够充分考虑各部门的资源需求，合理安排，保证资源能够得到充分利用，实现以最小的投入取得尽可能多的经济效益的目标。

（4）对企业物流成本进行控制、监督。预算是分析、控制各项经济活动的尺度，各部门通过认真地编制切实可行的预算，并用其控制各项经济活动，就可以避免不必要的开支，降低物流成本，保证预定目标的顺利完成。

3.4.3 采购预算编制的原则

采购预算即采购计划以金额来表达的形式，它的编制必须以整个企业的预算制度为基础，并遵循一定的原则。

(1) 实事求是地编制采购预算。编制采购预算应该本着实事求是的原则,一般以企业所确定的经营目标为前提,不要盲目哄抬目标值。要先确定销售预算,再确定生产计划,然后制订采购计划。不要为了贪图低价,盲目扩大采购量,从而造成了产品的积压。

(2) 积极稳妥、留有余地编制采购预算。积极稳妥是指不要盲目抬高采购目标,也不要消极压低采购目标。既要保证采购预算指标的先进性,又要保证采购预算指标的可操作性,充分发挥采购预算指标的指导和控制作用。另外,为了适应市场的千变万化,采购预算应该留有余地,具有一定的发展空间,以避免发生意外时处于被动,影响企业正常的生产经营。

(3) 比质比价编制采购预算。企业在编制采购预算时,应广泛收集采购物料的质量、价格等市场信息,掌握主要物料采购信息的变化,要根据市场信息对比质量和价格确定所要采购的物料。除了仅有唯一的供应商或者企业有特殊的生产经营要求等情况,企业主要物料的采购都应当选择两个以上的供货单位,从质量、价格和信誉等方面择优安排。企业主要物料以及有特殊要求的物料的采购,应该审查供应商的资格。对于已经确定的供应商,应当及时掌握其质量、价格、信誉等方面的变化情况,以便及时做出调整。企业大宗原料和燃料的采购、基建或技术改造项目所用的主要物料以及其他金额较大的物资的采购等,具备招标条件的,应尽量安排招标采购。

3.4.4 采购预算编制的流程

以制造业为例,通常是根据年度经营计划确定业务部门的营销计划,然后制订生产计划。生产计划的预算分为采购预算、直接人工预算及制造费用预算。由此可见,采购预算是采购部门为配合年度的销售预测或生产数量,对需求的原料、零件等的数量和成本所做的详细的估计。所以采购预算的编制,必须以<u>企业整体预算制度</u>为依据。采购预算的编制有一定的流程,如图3-3所示。

采购预算编制应从采购目标的审查开始,接下来是确定满足这些目标所需的资源,然后据此制订计划或预算。采购预算编制一般包括以下几个步骤:

(1) 审查企业的长期计划和目标。采购部门作为企业的一个部门,在预算编制上要结合企业的发展计划,从企业总体的发展目标出发,确保采购和企业发展之间的协调和统一。

(2) 制订明确的工作计划。采购经理必须了解本部门的各项业务活动,明确它们的特性和范围,制订出详细的工作计划表。

(3) 确定所需的各种资源。有了详细的工作计划表,采购经理要对业务支出做出切合实际的估计,确定为实现目标所需要的人力、物力和财力资源。

(4) 确定准确的预算数据。准确的预算数据是企业编制预算的难点之一。目前企业普遍的做法是将目标与历史数据相结合来确定预算数据,即对过去历史数据和未来目标逐项分析,使收入和成本费用等各项预算切实地合理可行。有经验的预算人员也会通过以往的经验做出比较准确的判断。

(5) 汇总编制总预算。对各部门预算草案进行审核、归集、调整、汇总来编制总预算。

(6) 修改预算。由于预算总是或多或少地与实际有所差异,因此必须根据实际情况选定一个偏差范围。偏差范围的确定可以根据行业平均水平,也可以根据企业的经验数据。设定了偏差范围以后,采购经理应比较实际支出和预算的差距,以便控制业务的进展。如果得出与估计值的差异达到或超过了容许的范围,就有必要对具体的预算提出建议或做出必要的修订。

(7) 提交预算。将编制好的预算提交企业负责人批准。

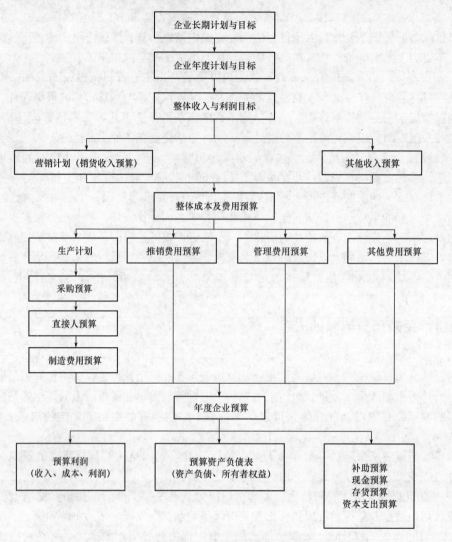

图 3-3 采购预算编制流程

3.4.5 采购预算编制的方法

传统采购预算的编制是将本期应购数量乘以各项物料的购入价格，或者按照物料需求计划的采购数量乘以标准成本，即获得采购金额预算。为了使预算更具有灵活性和适应性，更好地应对意料之外可能发生的不可控事件，在编制预算过程中，企业应采取合理的预算形式。这里主要介绍弹性预算法、概率预算法和零基预算法等编制预算的方法。

1. 弹性预算法

弹性预算也称为变动预算，它是根据计划期内可能发生的多种业务量，分别确定与各种业务量水平相适应的费用数额，从而形成适用于不同生产经营活动水平的费用预算。

由于弹性预算是以多种可能的业务量水平为基础而编制的一种预算，即使企业在计划期内的实际业务发生了一定的波动，也能找出与实际业务量相适应的预算数据，从而具有更大的适用性和实用性。

在编制弹性预算时，首先，要确定在计划期内业务量的可能变化范围。在具体编制工作中，对一般企业，其变化范围可以确定为企业正常生产能力的 70%~110%，在预计的业务量上下各浮动 5% 或 10%，也可分别取计划期内预计的最高业务量和最低业务量为其上限和下限；其次，将计划期内的费用划分为变动费用部分和固定费用部分，在编制弹性预算时，对变动部分费用，要按不同的业务量水平分别进行预算，而固定部分费用在相关范围内不随业务量的变动而变动，因而不需要按业务量的变动来进行调整。

弹性预算法一般用于编制弹性成本预算和弹性利润预算。弹性利润预算法是对计划期内各种可能的销售收入所能实现的利润所做的预算，它以弹性成本预算为基础。

2. 概率预算法

在编制预算过程中，涉及的变量较多，如业务量、价格、成本等。

企业管理者很难在编制预算时就十分精确地预见到这些因素在将来会发生的变化和变化的程度，而只能估计它们发生变化的可能性，即概率，近似地判断出各种概率下相关因素的变化趋势、范围和结果，然后对各种变量进行调整，计算其可能的大小。这种利用概率（即可能性的大小）来编制的预算，即为概率预算。概率预算必须根据不同的情况来编制，大体上可分为两种情况：一种是成本变动不受销售变动的影响，此时，只要利用各自的概率分别计算销售收入、变动成本、固定成本的期望值，即可直接计算利润的期望值；另一种是成本变动与销售变动有直接联系，此时，需要用联合概率的方式来计算利润的期望值。

3. 零基预算法

零基预算法是指在编制预算时，对于所有的预算项目均以零为起点，不考虑以往的实际情况，而完全根据未来一定期间生产经营活动的需要和每项业务的轻重缓急，从根本上来研究、分析每项预算是否有必要支出和支出数额为多少的一种预算编制方法。它是由美国彼得·派尔（Peter Pyhrr）于 20 世纪 60 年代提出的，目前已被西方国家广泛采用。传统的预算编制方法，是在上期预算执行结果的基础上，考虑到计划期的实际情况，适当加以调整，从而确定出它们在计划期内应增加或减少的数额。这种预算往往使原来不合理的费用开支继续存在下去，造成预算的浪费或是预算的不足。零基预算的编制方法与传统的预算编制方法截然不同。在这种方法下，确定任何一项预算，完全不考虑前期的实际水平，只考虑该项目本身在计划期内的重要程度，其具体数字的确定始终以零为起点。

零基预算的编制方法，大致上可以分为以下三步：

（1）提出预算目标。企业内部各有关部门，根据本企业计划期内的总体目标和本部门应完成的具体工作任务，提出必须安排的预算项目，以及以零为基础而确定的具体经费数据。

（2）展开成本—收益分析。组成由企业的主要负责人、总会计师等人员参与的预算委员会，负责对各部门提出的方案进行成本—收益分析，对所提出的每一个预算项目所需要的经费和所能获得的收益进行计算、对比，以其计算和对比的结果来衡量和评价各预算项目的经济效益，然后列出所有项目的先后次序和轻重缓急。

（3）分配资金，落实预算。按照上一步骤所确定的先后次序和轻重缓急，结合计划期内可动用的资金来源，分配资金，落实预算。

零基预算不受以前预算框架的限制，以零为基础来观察和分析一切费用和开支项目，确定预算金额，能促进各级管理人员精打细算、量力而行，把有限的资金切实用到最需要的地方，提高企业整体的经济效益。但该预算编制方法要求一切支出均以零为起点来进行分析、研究，因而工作量太大。而且，把许多不同性质的业务按照其重要性排出次序表，是不容易办到的，而且不可避免地会带来某些主观随意性。同时高层管理人员往往只对增量部分进行认真分析和权衡，据以判定其开支的合理性和优先次序。因此，在实际预算中，可以隔若干年进行一次零基预算，以后几年内则略做适当调整，这样，既可简化预算编制的工作量，又能适当控制费用的产生。目前，我国大多数企业的费用开支浪费很大，因此在做预算时，可以考虑使用这种方法。

3.4.6 采购预算编制中应避免的问题

采购预算编制中应避免的问题有以下几个方面：

（1）避免预算过于烦琐。采购预算作为一种采购管理控制的手段，应尽量具体化、数量化，以确保其可操作性，但这并不意味着对企业未来采购活动中的每一个细节都做出细致的规定。如果对极细微的支出也做了琐碎的规定，可能就会致使各职能部门缺乏应有的自由，还会造成预算的烦琐，加大了员工的工作量，从而会影响企业运行的效率。所以，预算不可能也不应太详尽，也不是越细越好，而应抓住预算中的关键环节予以列述，以免主次难辨，轻重不分。

（2）避免预算目标与企业目标不协调。在编制预算时，由于没有恰当地掌握预算控制，以及为采购部门设立的预算标准没有很好地体现企业目标的要求，或者是企业环境变化导致了预算目标与企业目标的脱离，采购部门主管可能只热衷于使本部门的采购活动严格按预算的规定进行，却忘记了最重要的是实现企业的目标。因此，为了防止采购预算与企业目标冲突，一方面应使预算更好地体现计划的要求；另一方面应当适当掌握预算控制的度，使预算具有一定的灵活性。

（3）避免一成不变。采购预算同采购计划一样，不能一成不变，在预算执行过程中，要对预算进行定期检查，如果企业面临的采购环境或企业自身已经发生重大的变化，就应当及时根据实际情况进行修改或调整，以达到预期的目标。

本章小结

采购战略就是采购管理部门为实现企业的整体战略目标，在充分分析供应环境的基础上，确定采购管理目标，制定采购战略规划，并组织实施的一个动态管理过程。

采购战略要素包括采购什么、质量如何、采购多少、谁负责采购、何时采购、什么价格采购、何地采购、如何采购以及为什么采购等问题的决定。

制定采购战略，就是要充分理解与企业目标相关的采购需求，对不同的商品进行不同的战略定位。供应组合分析的前提是将每次采购或每组采购按给定的评价标准划分到对应的象限。一般划分成四个象限：集中采购商品区、正常采购商品区、瓶颈商品区和战略商品区。

计划是指管理人员为实现组织目标而对未来行动所做的综合的统筹安排。采购计划是指企业管理人员在了解市场供求情况，认识企业生产经营活动过程中和掌握物料消耗规律的基础上对计划期内物料采购管理活动所做的预见性的安排和部署。它包括两方面的内容：一是采购计划的制订；二是采购订单的制订。采购计划有广义和狭义之分。广义的采购计划是指为了保证供应各项生产经营活动的物料需要量而编制的各种采购计划的总称。狭义的采购计划是指每个年度的采购计划，即对企业计划年度内生产经营活动所需采购物料的数量和采购的时间等所做的安排和部署。

在实际工作中，影响采购计划的主要因素有采购环境、年度生产计划、用料清单、存量管制卡、物料标准成本的设定、生产效率、价格预期等。

目前公认的采购计划主要环节有准备认证计划、评估认证需求、计算认证容量、制订认证计划、准备订单计划、评估订单需求、计算订单容量和制订订单计划。

所谓采购预算就是一种用数量来表示的计划，是将企业未来一定时期内经营决策的目标通过有关数据系统地反映出来,是经营决策具体化、数量化的表现。

常见预算方法有弹性预算法、概率预算法和零基预算法。弹性预算也称为变动预算,它是根据计划期内可能发生的多种业务量,分别确定与各种业务量水平相适应的费用数额,从而形成适用于不同生产经营活动水平的费用预算。利用概率(即可能性的大小)来编制的预算,即为概率预算。零基预算法是指在编制预算时,对于所有的预算项目均以零为起点,不考虑以往的实际情况,而完全根据未来一定期间生产经营活动的需要和每项业务的轻重缓急,从根本上来研究、分析每项预算是否有必要支出和支出数额为多少的一种预算编制方法。

案例分析

国际工程项目采购战略

近几年来,国际承包工程市场正处于一个快速发展的时期。据统计预测,在未来数年全球建筑业投资规模将以超过5%的速度增长。国际承包工程市场的快速增长主要是由于国际工程项目投资的明显增加,特别是得益于美国市场的复苏和中东及亚洲市场的兴起。

国际工程项目的采购有许多独特性。项目采购的金额通常都比较大,而且采购占总投资的比重也比较大,另外与整个项目性能相关的关键设备材料都采用进口。据行业统计会议上交流和披露的信息,一个总投资额为10亿元、项目地点在中国的国际工程项目,设备材料的采购金额通常在6.5亿~7亿元,占项目总预算的65%~70%。而这些设备材料的进口采购与国内采购的比例一般为5:1。除了这些特点以外,它的复杂性和系统性与一般贸易和生产物资采购具有明显的不同。

第一,国际工程项目采购的业务活动面较广,包括项目开发、招投标、工程建设等,也需要如项目计划、国际贸易、财务分析、适用法律等相关的专业知识。采购的实施和绩效与宏观环境休戚相关。宏观环境是指影响和改变国际工程公司采购模式的外部因素,包括国家宏观经济政策的变化、国家财政金融政策的调整、市场利率及汇率的波动和走势等各种因素,一个好的项目采购模式应当充分利用外部市场环境为项目整体带来利益。

第二,国际工程项目采购的相关利益方众多。为充分利用外部市场环境,项目采购的相关利益方需要组织和设置相对应的内部环境,具体是指在采购中采取的相应组织政策、方式和程序,即实施采购的过程和程序。在一个采购合同中,买方最多可包括最终用户、采购方、合同执行方。另外,还有相关的运输方、法定监督检查方、独立监督检查方(第三方检验),各方的职责各不相同,为完成一个订单需要诸多协调,目的就是在利用各方专业的同时实现最佳的性价比。

第三,国际工程项目采购的种类繁多,包括工程项目所需要的机器、设备、电气、仪控、钢结构、管道和阀门等。而且,这些设备材料的使用工况都是十分特殊的,它们的采购依据都是经过流程计算和单元设计后所形成的技术文件,因此主要设备材料都是定制的。即便是一些相对通用的仪控和电气,其本身的技术标准也都是非常严格的。基于此,这些设备材料合格的提供商全球也只有寥寥数家,绝大多数都是总部位于德国、美国和日本的跨国公司。

同时,随着中国经济的快速发展和工程项目的迅猛增长,许多国际工程公司都把中国作为主要的目标市场之一,通过在中国投资设立子公司,并与国内的工程公司合作甚至建立采购战略同盟,将中国市场纳入自己的全球战略网络,以获得和保持在中国市场的核心竞争能力和持续的竞争优势。

(1)核心利益相关方介绍。用户是一家大型的合资企业,注册地在中国上海,经国家发改委批准在中国境内投资总计30亿美元建设一套年产100万吨的石化项目,项目享受国家规定的产业扶持政策。

总承包方为一家国际著名的工程公司，总部设在德国，在中国境内有一家注册为生产型企业的全资的子公司，负责中国境内的采购和项目执行，具备一般纳税人资格，能开具一般增值税发票。

分包方为国内一家工程公司，原为一家专业设计院，经改制而成立公司，公司性质为工程公司，不具备一般纳税人资格。对中国的设计规范非常了解，与国际工程公司合作有一定的经验，与国内的建筑公司和设计院有良好的合作基础。

(2) 采购的组织政策。由于我国的政策、法律、法规及相关制度本身不尽合理和完善，它们之间也缺乏内在的联结和协调，这就给这些国际工程公司带来了许多额外的困难和障碍；而反过来看，如何充分掌握、理解并利用好这些政策环境的差异，特别是充分享受国家为鼓励某些产业发展的特殊政策，以获得额外的营业利润，就显得十分重要。因此，要充分考量政策环境并实现"趋利避害"，就要求在项目开始前进行周全的战略规划考虑。

(3) 采购的方式和程序。在此项目的采购活动中，从用户的角度来讲，其采购范围包括该项目的设计（E）、设备材料采购（P）及施工（C），也就是该国际工程公司的工作范围。在设计中，包括基础设计（含流程计算和单元计算）和详细设计；采购按供应商国别分为进口和国产两部分，而国产部分按是否享受国家返税政策分为返税设备材料和征税设备材料。

(4) 采购战略的评价。从上述采购模式的设置和采购方式的安排，不难看出事前的精心设计，在这个设计过程中，充分体现了这一跨国公司在执行某一国际工程项目时如何分解相应的采购活动，以便用户和自身实现双赢的合作效果；用户花最少的钱获得最好性能的装置；实施全球采购战略以使自身获得项目承包的最大利润；等等。

①充分利用国家的产业政策，主要是税收政策。依据国家鼓励和扶持的产业，对进口设备免征关税和增值税的政策，以及按《外商投资企业采购国产设备退税管理试行办法》，以用户的名义直接下达订单。按进口设备材料的关税和增值税约合30%的税率及国产设备材料17%的返税来计算，以用户直接下达订单的方式节约了5.418亿美元。

②大规模统一采购，增大设备材料采购的比重。该项目投资中，设备材料的金额占75%，其实这个刻意倾斜基于该国际工程公司具有自己的核心技术，设备材料制造商要么是自己的下属生产厂商，要么就是结成战略伙伴关系的制造商，通过统一采购，可大幅度降低其间的人力、物力成本。

③将部分服务分包给国内的工程公司。将10%左右的采购量，即详细设计及施工、调试及安装等服务分包给国内的工程公司，提供的主要是劳务，国际工程公司与它们合作的目的就是充分利用其在国内市场的经验和国内比较廉价的劳动力，降低了项目运行的风险。采购金额的90%掌握在国际工程公司和它的中国子公司手里，在保证项目质量、安全和交货期的同时，也最大限度地减少了核心技术的外溢。

④建立全球采购。全球的资源都可以纳入国际工程公司战略决策的考虑范围。全球采购要求国际工程公司采购部门将全世界看作是零部件、服务、产成品的潜在供应源。主要目标就是要实现成本与质量的快速和大范围的改善。这种战略为国际工程公司在全球范围内寻找最佳供应商，以便将更强的竞争引入国内供应商中。

当然，这些采购战略的设立，对国际工程公司的技术开发和本土化进程、采购系统的标准化和供应链管理水平、项目的管理和组织协调能力以及国际汇率政策的把握和调整都提出了相当高的要求，没有相应的作业基础平台和相关领域的丰富经验是不容易实现的。

思考：
1. 国际工程项目的采购特点是什么？
2. 结合案例，试分析国际工程项目可采用的采购战略。

习题与思考题

1. 简述采购战略制定的必要性。
2. 采购战略制定的原则有哪些？
3. 请用简图绘出采购商品象限分区模型。
4. 列举采购战略应当关注的重点内容。
5. 简述影响采购计划的因素有哪些。
6. 简述采购认证制定的程序。
7. 简述采购预算编制的流程。
8. 简述采购预算的三种方法。

第4章

采购与库存控制

★学习目标

1. 了解采购决策与库存的关系,熟悉库存控制的意义,掌握库存成本的构成。
2. 掌握不同假设下的经济订货批量模型、独立需求下的采购决策模型及大量购买折扣模式下采购决策方法。
3. 掌握相关需求下的 MRP 采购计划制订方法。

★教学要求

教学重点:采购预测;经济订货批量;定量模型;定期模型;MRP。
教学难点:经济订货批量;定量模型;定期模型;MRP。

★引入案例

张先生经营着一家小型超市,超市经营各类生活用品,品种繁多,所有货物的采购决策权掌握在张先生一人手中。

方便面是这家小型超市的必备货物,某品牌刚刚推出一款新品方便面,售卖一个月以来受到客户欢迎和好评。此款方便面的采购价格是 4 元/桶,出售价格是 4.5 元/桶,每一桶可以赚 0.5 元,上个月每周可以卖出 50 桶。现有的供货商每周配送 2 次,每次 25 桶。现在供货商提出如果一次性订购 500 桶,而且付全款,可以以 3.5 元/桶的优惠价格供货,供货频率为每两周配送一次,每次 100 桶。如果你是张先生,是继续保持原有订货策略呢,还是同意供应商新的供货方案?

采购决策者需要面临几个重要问题——需要采购什么?何时采购?每次采购多少?一般人的反应也许是,"需要时就买,需要多少就购买多少"。仅仅这样一个简单的回答还不够,还有许多因素会对决策产生重大影响,如采购的数量影响到了采购的价格、运输成本和库存成本。合理的采购数量和时间决策一方面能够提高组织的运行效率,减少组织运行中的活动时间;另一方面能够在确保采购对象按时以最经济的批量到达的同时,优化协调资源的流通,消除系统中的浪费。一般来说,有的采购是为了保持一定水平的库存,有的采购是为了保障生产和运营。在任何情况下,采购人员必须在物资耗尽之前做出采购决定。因此,采购者必须知道,提前多长时间采购是合理的。另外还要知道,每次采购多少是合适的。因此,采购管理者必须尽量准确地了解采购需求,有些采购需求通过生产计划或销售计划能够得到信息,有些采购需求则需要预测未来的需求、采购提前期、采购的价格和其他各种费用,但是这些都很难准确预测。另外,采购管理者还要通过采购活动准确地控制库存,以使库存保持在一个合理的水平——既要保证正常供应,又不能给企业带来太大的负担。

4.1 库存控制概述

4.1.1 库存

库存(Inventory),可以是仓库中存放的货物,也可以是在运输途中的货物,还可以是生产现场存放的货物。一般来说,库存是指为了满足未来需要而暂时闲置的资源。

库存的存在,最基本的作用是满足生产的需求,保障生产不中断,使生产顺利进行。生产所需的各种原材料和零部件,需要在生产发生之前提前购买,这样库存就产生了。

库存不能太多,但是也不能太少。如何控制和管理库存,就成为一个复杂的问题。通常使用库存计划控制和生产计划控制的部分功能来计算需要的数量以及何时需要,以便满足生产的需要。库存计划控制是指系统地决定和规划何种物品需要保有库存及其库存数量的方针和程序。对于每一个库存项目,需要事先决定需求量的大小、下一步进货的订购时间以及应该订购的数量。生产计划控制是指系统地确定和调整生产所需零件及材料的需求量的方针和程序。对于每一项需求项目,需要决定需求量的大小、订购时间和订购的数量。

库存经常会发生数量、种类、存放地点与需求不匹配。随着经济的变化,某一期间的稀缺物品在另一个期间可能变得非常丰富。由于库存的存储成本很高,许多企业正在逐步地减少库存。如日本的汽车企业,认为库存是影响企业成本的重要因素,将库存视为一项巨大的浪费,由此产生了"零库存"理念。然而,库存作为企业生存的一种必要支持,在许多领域仍然存在,甚至大量存在。库存的控制一直是企业管理的重要内容。

库存可以根据 ABC 法(如图 4-1 所示)、持有物资的性质、使用的频率等方面进行分类。

4.1.2 库存分类

库存种类繁多,每一种都拥有其特性。

(1)在途或在制品库存:处于运输以及停放在相邻两个工作区或相邻两个组织之间的库存。在途库存的大小取决于运输时间以及该期间内平均需求。

(2)周转库存:为满足日常生产经营需要而保有的库存。周转库存的大小与采购量直接有关。企业为了降低物流成本或生产成本,需要批量采购、批量运输和批量生产,这样便形成了周期性的周转库存,这种库存随着每天的消耗而减少,当降低到一定水平时需要补充库存。

(3)缓冲库存:用于调节需求与供应的不均衡、生产速度与供应的不均衡以及各个生产阶段产出的不均衡而设置的库存。为防止市场短缺,企业会提前购买大量物资。还有的企业,为了

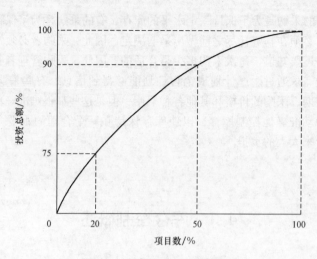

图 4-1 库存的 ABC 分类图解

投机而设置大量的库存。

(4) 安全库存：为了防止不确定因素的发生（如供货时间延迟、库存消耗速度突然加快等）而设置的库存。安全库存的大小与库存安全系数或库存服务水平有关。从经济性的角度来看，库存安全系数应确定在一个合适的水平上。例如，国内为了预防灾荒、战争等不确定因素的发生而进行的粮食储备、钢材储备、麻袋储备等，就是一种安全库存。

4.1.3 库存形态

库存也可以根据形态来分类，事实上，这种分类非常普遍，人们普遍认为库存形态有五种：原材料、外购件和包装材料库存，在制品库存，产成品库存，转售物品库存，残次品和废料库存。尽管残次品和废料也属于库存范畴，但并不在讨论范围内。

制造企业的原材料、外购件、包装材料库存，是制造过程的基本物资。经过加工以后，就转化成了在制品库存，等到生产过程完全结束，它们又变成了产成品库存。

转售物品库存主要是指那些用来转手出售，但是不是自己生产的产品库存。

4.1.4 库存成本

库存在企业的生产经营中发挥着重要作用，库存数量的多少反映企业的管理水平。在大多数情况下，制造型企业通过原材料、外购件、半成品等库存保障生产运行，流通型企业通过库存满足销售需求。

(1) 企业保有适当数量库存的目的。

①维持良好的客户服务水平。无论是制造型企业还是流通型企业，接受订单后能够按照计划生产或及时发货，并保证不缺货是体现客户服务水平的一个重要方面。如果能够精确地知道产品需求，将有可能使生产的产品恰好满足需求，但是很难做到产品的预测需求量与实际需求量完全一致，不能做到完全准确地预测数量，所以必须保持安全库存或缓冲量以防需求的变化。

②调节供需矛盾。库存起到缓冲的作用。当市场行情出现变化，供给量大于需求量时，供方暂时滞销的产品就通过库存进行保存。当供给量小于需求量时，有些需求方因无法满足需求而影响正常的生产或销售，为避免产生这样的缺货成本，需求方一般会在供应充足时提前存货，以避免影响正常的生产运营并产生不必要的成本。

③合理利用人员与设备。一方面，在库存充足的情况下，可以更合理地利用企业的各种资源，可以通过批量生产达到降低单位成本的目的；相反，如果原料或零部件不足，甚至出现缺货，会导致人员和设备不能保持合理的负荷，资源不能优化利用。另一方面，企业需要保持一定数量的库存以保持生产或销售的柔性。

④投机。通过预测价格变化，提前储备库存。投机性库存是指为了避免因物价上涨造成的损失或者为了从商品价格上涨中获利而建立的库存，具有投机性质，如一些矿产品或农牧产品等。企业进行投机性库存，对需要经常性地大量使用的、价格易于波动的物料，在价低时大量购进而实现可观的节约，或对预计以后将要涨价的物料进行额外数量的采购，会给企业带来意外盈利。维持投机性库存的战略被称为"预先购买"。

⑤保障供应。库存能保证供应及时和货物充足，保证企业生产经营的连续性。无论是制造型企业还是流通型企业，在不能准确预测需求的前提下，充足的库存可以保证企业避免停工和缺货。

对于任何一种库存，持有它的成本必然远远低于不持有的成本。库存成本是真实存在的，却往往不易准确量化。若想准确地计量库存成本，还需要对构成库存成本的内容进行详细分析。

(2) 库存成本的构成。

①存储成本。

存储成本包括基础设施的成本、库房租金或建设成本、库存处理设备的成本、人工成本、保险费用、物资损耗、丢失、废弃、税费、利息损失、投资或机会成本等。

计算库存成本的方法有好几种，基本要素包括资本成本、库存服务成本、存储空间费用、库存风险成本。

若能估算出存储成本在库存总值中的比例，库存的年存储成本一般表示如下：

年存储成本 = 年库存价值 × 库存存储成本占库存价值的百分比

平均库存价值 = 平均库存单位数 × 物料单位成本

$$CC = Q/2 \times C \times I$$

式中　CC——年存储成本；

　　　Q——物料订货或交付数量；

　　　C——物料交付的单位成本；

　　　I——物料在库存存储成本占库存价值的百分比。

②订货成本。订货成本是指在订货过程中发生的，有关管理、行政、电话、邮件、传真、会计、运输、检验检疫、接收等成本。只要有一次订货，这些成本就要发生一次，如果有两次订货，这些成本就要发生两次。所以，如果能够将采购进行合并，订货成本的节省将会是可观的数字。也有一些方法可以降低成本，如使用电子订货系统，可以降低订单处理成本。使用第三方物流，在一定程度上可以降低运输成本。

③缺货成本。当库存物资不够充足时，可能会因为货物短缺而带来麻烦。由于库存不足，至少会丧失本次销售的机会，还可能会对未来产生影响，永久地失去这个顾客。还可能因为物资短缺，被迫改变方针和政策而导致多余费用的支出，如因材料欠缺，企业不得不改变生产计划，有些生产需要提前，工人需要加班加点；有些生产需要推后，工人需要停工休息，机器面临闲置，给企业带来不必要的损失。有时企业因为库存中物资不足，甚至可能使用不太合适或成本更高的零部件或物料。许多企业在面临库存不足问题时，往往采用紧急采购的方法来快速获取物资，由于时间有限，不得不采用快速运输、降低采购标准与谈判条件等来实现物资的快速补充。当因为缺货无法正常交货时，企业还需要支付赔偿金，不仅损失了有形的资金，无形的信誉也受到了影响。

缺货给顾客带来的影响是多种多样的，但在卖方市场中不会像买方市场那样轻易地失去不满意的顾客。每个顾客对缺货的反应不尽相同，所以缺货成本有时只是简单的估计，并不能准确计量。但是许多人认为，缺货成本是真实存在的，并且它的成本比存储成本还要大。因此，缺货成本与库存、延期交付以及数量不足都有很大关系。

4.1.5 库存控制

如果市场环境与生产环境是稳定的，库存对于组织来说是完全没有必要的。试想如果顾客每天购买商品的数量永远是稳定不变的，企业生产永远不会延迟，也不会产生不良品，供应商永远可以准时地将采购物品送到，那么还需要库存做什么呢？如此库存就真成了摆设。人们完全可以"零库存"运作，每天采购固定数量的物品，这些物资马上进入生产流程，刚生产出来就进入销售系统，一个不剩地卖掉。然而这种理想的状态只能是一种假设，现实的情况恰恰相反。供应商不可能永远准时地将货物送到，送来的货物也不可能永远保证没有质量问题；生产者不可能不出生产故障和生产问题，生产的产品不可能永远没有质量问题；购买者不可能每天都购买相同数量的产品，因此生产出来的产品可能不够卖，也可能卖不完。现实的情况就是，企业很难在没有库存的情况下运作。

但是库存既然有，就需要管理和控制。库存控制的最大难题就是如何确定和保证库存的合理数量。库存太多，不仅会产生存储成本，有些情况还可能带来风险，一些案例表明，库存物资可能会在存储期间发生贬值，或者滞销。而库存太少，又会产生缺货成本，这些成本需要在存储成本和缺货成本之间寻找平衡，这种平衡需要对库存数量进行严格的计算与控制。这些控制一般包括：库存应保持在什么水平？下一次补充库存在何时？每次补充库存多少货物？

4.2 经济订货批量

企业在进行订货决策时需要预测一定时间内的销售量，从而制订生产计划，根据生产计划制订采购计划。采购的数量是重要的决策内容，决定采购数量的首要依据是使总采购成本最小。

经济订货批量（Economic Order Quantity，EOQ）是通过平衡采购进货成本和保管仓储成本核算，以实现总库存成本最低的最佳订货量。经济订货批量是一个用于提供订单决策的独立需求库存系统。购买物资时，采用最佳订货量可以使采购的总成本最低，采购是最划算的。经济订货批量要解决的是库存控制中补充存货时应该购买多少批量的问题。以总成本最低为原则，可以进一步讨论如何确定经济订货批量。

购买物资时，需要考虑的因素有购买价格、存储成本和缺货成本，这三种成本构成了采购总成本。需要解决的问题是如何使总成本控制在最低水平，并且找到总成本最低时的订货批量即可。为了更好地解释最佳订货批量的产生，需要借助数学模型的帮助。为了简化实际情况，EOQ 基本模型需要做一些假设，下面介绍在基本假设下的不允许缺货、瞬间到货的库存控制模型。

假设：

（1）企业能够及时补充存货；

（2）能集中（瞬间）到货；

（3）允许缺货；

(4) 需求量稳定，并能够预测；
(5) 存货单价不变。

在这种假设下，采购的决策者需要知道每一次采购货物的数量维持在什么水平才是最优的。衡量采购决策是否合理的一个标志就是如何用最小的成本完成采购任务。采购总成本包括购买成本、订货成本、库存持有成本，采购的决策就是要使得这三种成本的总和最小。

(1) 购买成本。若年需求量为 D，单位货物的购买价格为 U，则总购买成本为 $D \times U$。

(2) 订货成本。若年需求量为 D，每次订货量为 Q，则年订货次数为 D/Q。若每次订货费用为 K，则年订货成本 = 每次订货费用 × 年订货次数，即 $K \times D/Q$。

(3) 库存持有成本。年平均库存持有成本 = 年平均库存量 × 年单位库存持有成本。由于假设需求是稳定的，因此库存从 Q 下降到零，仓库的年平均库存量为 $Q/2$。C 为年单位持有成本，则年平均库存持有成本 = $C \times Q/2$。

(4) 采购总成本。$TC = D \times U + K \times D/Q + C \times Q/2$。

采购总成本是关于采购量 Q 的二次函数，其最小值出现在一阶导数为零的时刻。通过计算，容易得出当 $Q = \sqrt{\dfrac{2DK}{C}}$ 时，总采购成本最低，数学描述如下：

$$\min{}_{TC} = DC + \frac{D}{Q}K + \frac{1}{2}QC$$

$$EOQ = \sqrt{\frac{2DK}{C}}$$

为更好地说明模型的使用，请看下例。

示例：某企业需要订购一种原料，年需求量为 1 000 吨，产品的单位价格为 100 元/吨，每次订货费用为 40 元，每吨原料的年库存持有成本为 20 元，现在需要决定每次采购多少最佳？多久采购一次？

解：根据以上问题可知，需求量 D 为 1 000 吨，单位价格 U 为 100 元/吨，订货费用 K = 40 元/次，单位存储费用为 20 元/（吨·年），为此，最佳的订货量的求解过程如下：

$$EOQ = \sqrt{\frac{2DK}{C}} = \sqrt{\frac{2 \times 1\,000 \times 40}{20}} = \sqrt{4\,000} = 63.25\ （吨）$$

最佳订货次数求解过程如下：

$$\frac{D}{Q} = \frac{1\,000}{63.25} = 15.8\ （次）$$

即每年要订货至少 16 次，则最佳的订货周期为 1/16 年，也就是 3/4 个月，换算成 3 周。

由此可知，此种原料的最佳订货量为 63.25 吨，最佳订货的周期约为 3 周。

基本经济订货批量模型的假设比较苛刻，为了与实际更为接近，模型还会对假设进行的条件有所放宽，如果有兴趣可以参阅专门讨论库存管理的书籍。

4.3 价格折扣

经济订货批量模型只能解决采购商品价格稳定时的问题，当供应商针对不同采购量给予不同采购价格时，经济订货批量模型就没有了用武之地。为了解决价格折扣问题，需要把经济订货批量模型和总成本一同考虑。下面以一个例子来说明这个问题。

示例：某家具制造厂生产家具需要采购某型号螺钉，每年的需求量约为732箱。此种螺钉的订货成本是每次45元，储存成本是每年每箱15元，供应商给出了一系列的价格折扣，具体价格见表4-1。

表4-1 折扣价格表

订货范围/箱	单价/（元·箱$^{-1}$）
1~49	22
50~79	20
80~99	18
100以上	17

请问，这家工厂的最佳采购量应该是多少？

解：

$$\min TC_{17} = DU + \frac{D}{Q}K + \frac{1}{2}QC$$

$$= 732 \times 17 + \frac{732}{100} \times 45 + \frac{1}{2} \times 100 \times 15$$

$$= 13\,523.4（元）$$

因为经济订货批量的结果是 $Q = \sqrt{\frac{2DK}{C}}$，最佳的经济订货批量只与需求量（D）、订货成本（K）、存储成本（C）3个变量有关，而与价格无关，所以可以直接求得最佳经济订货批量 $Q = \sqrt{\frac{2DK}{C}} = \sqrt{\frac{2 \times 732 \times 45}{15}} = 66.27$（箱），所以最合适的订货量就是一次订购约66箱。但是这样会产生一个疑问，如果购买66箱，供应商会把价格定在20元每箱，而采购者不知道其他价格情况下总成本是否会更低。因此，需要逐一验证不同价格情况下的最佳经济订货批量。因此，在存在价格折扣情况下的最佳订货量的求解如下。

首先在不考虑价格的情况下计算最佳经济订货批量：

$$Q = \sqrt{\frac{2DK}{C}} = \sqrt{\frac{2 \times 732 \times 45}{15}} = 66.27（箱）$$

此时的单价为20元，计算最佳经济订货批量下的最佳成本：

$$\min TC_{20} = DU + \frac{D}{Q}K + \frac{1}{2}QC$$

$$= 732 \times 20 + \frac{732}{66} \times 45 + \frac{1}{2} \times 66 \times 15$$

$$= 15\,634.09（元）$$

然后，计算价格更低情况下的总订货成本：

$$\min TC_{18} = DU + \frac{D}{Q}K + \frac{1}{2}QC$$

$$= 732 \times 18 + \frac{732}{80} \times 45 + \frac{1}{2} \times 80 \times 15$$

$$= 14\,187.75（元）$$

经过计算，发现价格为17元时购买100箱总成本最低，因此最佳的订货批量为每次订购100箱。

4.4 独立需求下的采购决策

独立需求是与相关需求相对的一种需求,是指客户对企业最终产品的直接需求,例如,企业最终的产成品、对外销售的零配件等。企业的独立需求采购是指企业购买来自外部供应商所提供的产品,此种情况下的采购决策主要是决定在何时购买多少产品。

4.4.1 采购预测

采购预测是指企业的决策者在商品采购市场上调查取得的资料的基础上,经过分析研究,并运用科学的方法来测算未来一定时期内,商品市场的供求及其变化趋势,从而为商品采购决策和制订商品采购计划提供科学的依据,实现销售利润等一系列目标的过程。

在企业生产流程中,时间主要耗费在采购时间和产品生产制作时间上,这直接影响着企业商品的生产周期和流动资金量。由于在一定时间和技术条件下商品的生产时间是一个相对确定的量,因此采购时间和采购量也就成为决定商品流通、资金回流的关键所在。众所周知,采购量决定库存量,而采购量的过多或过少必然导致库存的堆积、资金停滞或者库存不足,影响生产,拖延交货时间。无论哪一种情况都将导致企业的损失。因此,科学合理的采购预测具有重要的意义。

采购预测的理论和方法很多,按客观因素分为定性方法和定量方法,其中定量方法又分为时间序列法、季节性预测法和因果分析法。其中,常用的几种包括时间序列法中的移动平均法、指数平滑法和因果分析法中的线性回归分析。下面重点介绍移动平均法。

当时间序列的数值由于受周期变动和不规则变动的影响,起伏较大,不易显示出发展趋势时,可用移动平均法,消除这些因素的影响,分析、预测序列的长期趋势。移动平均法还分为简单移动平均值法和加权移动平均值法,下面通过例子分别说明。

1. 简单移动平均值法

设时间序列为 $y_1, y_2, y_3 \cdots, y_T, \cdots$,简单移动平均法公式为如下:

$$M_t^{(1)} = \frac{y_t + y_{t-1} + y_{t-2} + \cdots + y_{t-N+1}}{N} = M_{t-1}^{(1)} + \frac{y_t - y_{t-N}}{N} \quad (t > N)$$

式中,$M_t^{(1)}$ 为第 t 周期的一次移动平均数;y_t 为第 t 周期的观测值;N 为移动平均的项数,即求每一移动平均数使用的观察值的个数。

此公式表明:当 t 向前移动一个时期,就增加一个新近数据,去掉一个远期数据,得到一个新的平均数。由于它不断地"吐故纳新",逐期向前移动,所以称为移动平均法。

简单移动平均值法可以平滑数据,消除周期变动和不规则变动的影响,使得长期趋势显示出来,因而可以用于预测。其预测公式如下:

$$\hat{y}_{t+1} = M_t^{(1)}$$

即以第 t 周期的一次移动平均值作为第 $t+1$ 周期的预测值。

示例:某公司某产品前 15 周的销售量见表 4-2,为准确进行产品采购,需要对下一周产品销量进行预测。

表 4-2　周销售量

周数	1	2	3	4	5	6	7	8	9	10	11	12	13	14	15
销量/吨	40	42	41	42	40	42	43	41	40	44	41	42	42	45	41

解：选取 $n=3$，再逐个计算移动平均值，得到表 4-3 的数据。

表 4-3　一次移动平均值

周数	1	2	3	4	5	6	7	8	9	10	11	12	13	14	15
销量/吨	40	42	41	42	40	42	43	41	40	44	41	42	42	45	41
$M_1^{(1)}$			41	41.7	41	41.3	41.7	42	41.3	41.7	41.7	49	41.7	43	42.7

表 4-3 中，$M_1^{(1)}$ 所在行就是一次移动平均值，销量和一次移动平均值的变化如图 4-2 所示。

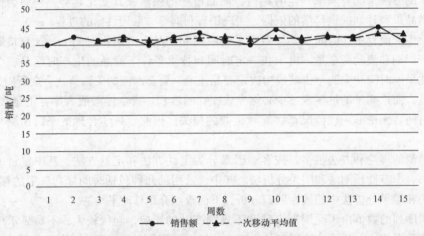

图 4-2　销量以及一次移动平均值的变化

从图 4-2 中可以看出，销量呈现明显的水平型，可以直接使用一次移动平均值对下一周的销量进行预测，即下一周的销量为 42.7 吨。

简单移动平均法只适用于短期预测，在大多数情况下只用于以月或周为单位的近期预测。此方法的优点是处理数据简单，缺点是在处理水平型历史数据时才有效，每计算一次移动平均值需要最近的 n 个观测值。而在现实生活中，历史数据的类型远比水平型复杂，这就大大限制了简单移动平均法的应用范围。

简单移动平均法的另一个主要用途是对原始数据进行预处理，以消除数据中的异常因素或除去数据中的周期变动成分。

2. 加权移动平均值法

当时间序列没有明显的趋势变动时，使用一次移动平均法就能够准确地反映实际情况，直接以第 t 周期的一次移动平均值就可预测第 $t+1$ 周期的值。但当时间序列出现线性变动趋势时，以一次移动平均值来预测就会出现滞后偏差。因此，需要进行修正，修正的方法是在一次移动平均值的基础上再做二次移动平均值，利用移动平均值滞后偏差的规律找出曲线的发展方向和发展趋势，然后再建立直线趋势的预测模型。

一次移动平均数为 $M_t^{(1)}$，二次移动平均数为 $M_t^{(2)}$ 的计算公式为：

$$M_t^{(2)} = \frac{M_t^{(1)} + M_{t-1}^{(1)} + \cdots + M_{t-N+1}^{(1)}}{N} = M_{t-1}^2 + \frac{M_t^{(1)} - M_{t-N}^{(1)}}{N}$$

时间序列 $y_1, y_2, \cdots, y_t, \cdots$ 从某时期开始具有直线趋势，且认为未来时期也按此直线趋势变化，则可设此直线趋势预测模型为：

$$\hat{y}_{t+T} = a_t + b_t T$$

式中，t 为当前时期数；T 为由当前时期数 t 到预测期的时期数，即 t 以后模型外推的时间；$\hat{y}_{t+T}$ 为第 $t+T$ 期的预测值；a_t 为截距；b_t 为斜率。a_t、b_t 又称为平滑系数。

根据移动平均值可得截距 a_t 和斜率 b_t 的计算公式如下：

$$a_t = 2M_t^{(1)} - M_t^{(2)}$$

$$b_t = \frac{2}{N-1}(M_t^{(1)} - M_t^{(2)})$$

下面通过示例来说明加权移动平均法的使用。

示例：已知某商场 1997—2007 年的年销售额，见表 4-4，试预测 2018 年该商场的年销售额。

表 4-4 1997—2007 年的年销售额

年份	销售额/万元	年份	销售额/万元
1997	33	2008	75
1998	40	2009	74
1999	47	2010	78
2000	52	2011	83
2001	50	2012	85
2002	57	2013	86
2003	56	2014	91
2004	62	2015	95
2005	68	2016	100
2006	69	2017	106
2007	70		

解：选取 $N=5$，计算出一次移动平均值，见表 4-5，销售额和一次移动平均值的变化，如图 4-3 所示。

表 4-5 一次移动平均值

年份	销售额/万元	一次移动平均值/万元
1997	33	—
1998	40	—
1999	47	—
2000	52	—
2001	50	44.4
2002	57	49.2
2003	56	52.4
2004	62	55.4
2005	68	58.6

续表

年份	销售额/万元	一次移动平均值/万元
2006	69	62.4
2007	70	65
2008	75	68.8
2009	74	71.2
2010	78	73.2
2011	83	76
2012	85	79
2013	86	81.2
2014	91	84.6
2015	95	88
2016	100	91.4
2017	106	95.6

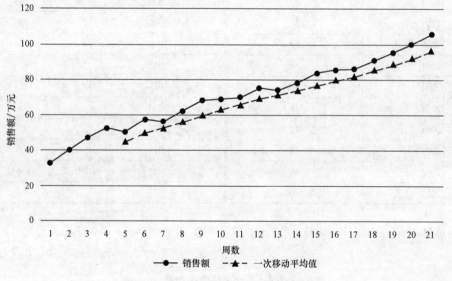

图 4-3 销售额和一次移动平均值的变化

从图 4-3 可以看出，该商场的年销售额具有明显的线性增长趋势。因此要进行预测，还必须先做二次移动平均值，再建立直线趋势的预测模型。趋势移动平均法需要用到二次移动平均值，按照公式继续计算出二次移动平均值，最终计算结果见表 4-6，销售额、一次和二次移动平均值的变化，如图 4-4 所示。

表 4-6 二次移动平均值

年份	销售额/万元	一次移动平均值/万元	二次移动平均值/万元
1997	33	—	—
1998	40	—	—

续表

年份	销售额/万元	一次移动平均值/万元	二次移动平均值/万元
1999	47	—	—
2000	52	—	—
2001	50	44.4	—
2002	57	49.2	—
2003	56	52.4	—
2004	62	55.4	—
2005	68	58.6	52
2006	69	62.4	55.6
2007	70	65	58.76
2008	75	68.8	62.04
2009	74	71.2	65.2
2010	78	73.2	68.12
2011	83	76	70.84
2012	85	79	73.64
2013	86	81.2	76.12
2014	91	84.6	78.8
2015	95	88	81.76
2016	100	91.4	84.84
2017	106	95.6	88.16

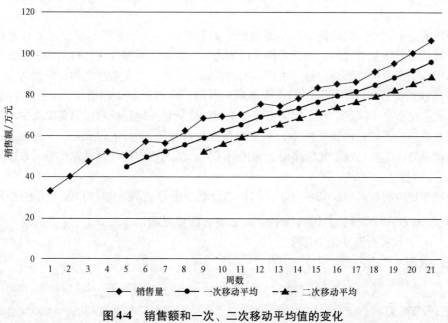

图 4-4 销售额和一次、二次移动平均值的变化

再利用前面所讲的截距和斜率计算公式可得:

$$a_{21} = 2M_{21}^{(1)} - M_{21}^{(2)} = 2 \times 95.6 - 88.16 = 103.04$$

$$b_{21} = \frac{2}{N-1}(M_{21}^{(1)} - M_{21}^{(2)}) = \frac{2}{5-1}(95.6 - 88.16) = 3.72$$

$$y = 103.04 + 3.72T$$

于是可得: $\widehat{y}_{2018} = \widehat{y}_{21+1} = 103.04 + 3.72 \times 1 = 106.76$ (万元)

4.4.2 定量模型

定量订货法是指当库存量下降到预定的最低库存量(订货点)时,按规定(一般以经济批量为标准)进行订货补充的一种库存控制方法。如图 4-5 所示。

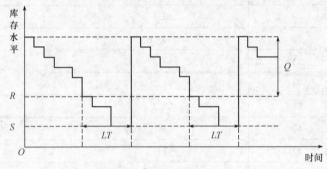

图 4-5 定量订货法模型

当库存量下降到订货点时,即按预先确定的订购量发出订货单,经过交货周期(订货至到货间隔时间),库存量继续下降,到达安全库存量时,收到订货,库存水平上升。

该方法主要靠控制订货点和订货批量两个参数来控制订货,达到既最好地满足库存需求,又能达到使总费用最低的目的。订货批量在前面已经介绍过,这里不再重复,主要介绍订货点的确定方法。

库存里的物资随着时间的流逝在不断降低,如果等到库存量下降到零时再去订货就会来不及,因为订货也是需要时间的,即提前期不可能为零,为此,需要提前进行采购。最简单的解决方案就是库存中留下的货物正好够一个提前期内的需求即可。假设前置期内需求量为 Q,那么当库存下降到 Q 时就开始订货,经过一个提前期的时间,货物正好全部消耗,新的货物也正好到来。但是此方法有一个问题,就是无法保证提前留好的货物一定正好可以满足未来的消耗。如果下一个提前期内的需求量比预期的多,那么库存内的物资就不够用,所以还要多准备一些库存才行,这样就要在库存还剩下比较多时就要进行采购。那么主要的问题就是库存可以多留些,但是留多少合适呢?

假设提前期内的需求服从某种分布,如正态分布,用 Q 代表一单位产品计量的订货点库存量;用 $\overline{d}$ 代表每天平均需求量;用 $\overline{LT}$ 代表以天计量的订货提前期;用 σ_d 表示提前期内每天需求的标准差, σ_t 表示提前期变化的标准差。

订货点的计算公式:

$$Q = \overline{LT} \cdot \overline{d} + \alpha \cdot \sqrt{\overline{LT} \cdot \sigma_d^2 + \overline{d}^2 \cdot \sigma_t^2} \tag{4-1}$$

式中,α 表示安全系数,安全系数越高,订货点越高;反之,安全系数越低,订货点越低。

下面通过示例说明订货点方法的运用。

示例：某公司某种原材料每天的需求量和提前期均不确定，原材料每天平均消耗量40个，变动标准差为8个，平均的提前期为6天，提前期的标准差为2天，需求量与提前期均服从正态分布，公司希望原材料尽量不要缺货，将不缺货的概率控制在95%以内，此种原材料的订货点库存水平为多少？

解：通过表4-7可查得$\alpha=1.645$，不难看出，此例中$\bar{d}=40$个，$\sigma_d=8$个，$\overline{LT}=6$天，$\sigma_t=2$天。

表4-7 安全系数表

服务水平	安全系数	服务水平	安全系数
1	3.9	0.92	1.41
0.999	3.1	0.91	1.34
0.998	2.88	0.90	1.28
0.99	2.33	0.85	1.03
0.98	2.05	0.80	0.84
0.97	1.88	0.75	0.67
0.96	1.75	0.7	0.52
0.95	1.645	0.6	0.25
0.94	1.545	小于0.5	0
0.93	1.48		

$$Q = \overline{LT} \cdot \bar{d} + \alpha \cdot \sqrt{\overline{LT} \cdot \sigma_d^2 + \bar{d}^2 \cdot \sigma_t^2} = 6 \times 40 + 1.645 \times \sqrt{6 \times 8^2 + 40^2 \times 2^2} = 375.49 \text{（个）}$$

所以，该公司此种原材料的订货点为375.49，即库存量下降到375.49个时开始订购下一批货物。

在式（4-1）中，$\alpha \cdot \sqrt{\overline{LT} \cdot \sigma_d^2 + \bar{d}^2 \cdot \sigma_t^2}$ 称为安全库存，其大小与安全系数、提前期、需求3个因素有关。安全库存是指提前期内的需求并不能用平均数来代表，需要在平均数之上再增加一些库存，以保证需求变多时也有足够的库存应对，又增加了的这些库存，就是安全库存。安全库存的安全系数α的取值虽然可通过查表获得，但是要清楚其含义。希望库存内的物资足够多，能更好地应对未来一个提前期的需求，就需要把安全库存调高，通过将安全系数变大就可实现。相反，如果并不需要太多的库存来保证安全，就将安全系数降低即可。α调整到多高，由库存能满足客户需求的概率呈现，因此，表中的服务水平指的是当需求产生时，能够以既定的概率满足需求即可。

式（4-1）是将提前期和需求看作是随机变量得到的结果，现实中还存在其他情况。

提前期是指从决策采购开始一直到货物入库这段时间，在一些场合可能是不变的常数。此时式（4-1）演变为新的表达方式：

$$Q = LT \cdot \bar{d} + \alpha \cdot \sigma_d \sqrt{LT} \tag{4-2}$$

同样，需求量在某些情况下也可能是不变的常数，此时式（4-1）演变为：

$$Q = \overline{LT} \cdot d + \alpha \cdot d \cdot \sigma_t \tag{4-3}$$

当需求量和提前期均为常数时，式（4-1）变为：

$$Q = LT \cdot d \tag{4-4}$$

在定量模型下，订货时点由订货点确定，订货量则由经济订货批量决定。下面通过示例来说明定量模型的使用。

示例:某超市对历史数据进行统计,得出某型号电磁炉的需求日均20台,方差为4台,此种商品采购提前期平均为7日,方差为5日,每次采购电磁炉的费用为500元,每台电磁炉的存储费用为12元,超市希望出现缺货的概率不能大于5%,该超市该种产品该如何确定采购策略?

解:从示例中可以得到 $\bar{d}=20$ 台,$\sigma_d=4$,$\overline{LT}=7$ 天,$\sigma_t=5$ 个,$\alpha=1.645$

将上述数值代入式(4-1)

$$Q = \overline{LT} \cdot \bar{d} + \alpha \cdot \sqrt{\overline{LT} \cdot \sigma_d^2 + \bar{d}^2 \cdot \sigma_t^2} = 7 \times 20 + 1.645 \cdot \sqrt{7 \times 4^2 + 20^2 \times 5^2} = 305.42 \text{(台)}$$

$$EOQ = \sqrt{\frac{2DK}{C}} = \sqrt{\frac{2 \times 20 \times 500}{12}} = 40.83 \text{(台)}$$

因此,此款电磁炉的采购策略是当库存下降到305台时,开始下一次采购,采购数量为41台。

4.4.3 定期模型

定期订货法是按预先确定的订货时间间隔按期进行订货,以补充库存的一种库存控制方法。其决策思路是:每隔一个固定的时间周期检查库存项目的储备量,根据盘点结果与预定的目标库存水平的差额确定每次订购批量。

定期订货法与定量订货法比较,其订货周期固定,对于订货的管理变得相对容易很多。尤其是企业内部订货产品种类很多、数量很大时,定量订货法需要大量精力进行库存监控,大大提高了管理难度。定期订货法将订货周期固定,订货时间一到,马上查看库存,根据库存量和目标库存水平确定当前订购量即可。为此,这类订货系统的决策变量应是检查时间周期 T、目标库存水平 Q_{max}。

订货周期一般根据经验确定,主要考虑制订生产计划的周期时间,常以月或季度作为库存检查周期,但也可以借用经济订货批量的计算公式确定对库存成本最有利的订货周期:

$$订货周期 = 1/订货次数 = Q/D$$

目标库存水平是指每次订货后库存货物要达到的最大值,也就是库存设置一个最高量,每次采购的目标都要达到这个最高库存量。目标库存量的确定,十分类似于定量订货法的原理。在定量订货法中,要满足的是在采购提前期内留够足量的库存以供使用即可,在定期订货法中,要做的是在采购提前期和订货周期这两个时间周期内,应该有足够的货物用来满足消耗,其原理如图4-6所示。在 $LT+T$ 的时间周期内,只有一次采购订货机会,因此,现有的库存与订货数量之和应该能够满足 $LT+T$ 时间周期内的物资消耗。

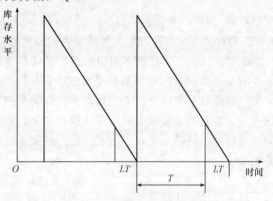

图4-6 定期订货法模型

假设提前期内的需求服从某种分布,如正态分布,用 Q 代表一单位产品计量的订货点库存量;用 d 代表每天平均需求量;用 LT 代表以天计量的订货提前期;T 代表固定时间间隔的订货周期;用 σ_d 表示提前期内每天需求的标准差,σ_{t+T} 表示提前期变化的标准差。

目标库存量的计算公式如下:

$$Q_{max} = (\overline{LT} + T) \bar{R} + \alpha \cdot \sigma_{T+TL} \tag{4-5}$$

Q_{max} 即为目标库存量。在求得目标库存量后,只需要用目标库存减去现有库存,即可得出本次需要订货数量。即：

$$Q = Q_{max} - I \tag{4-6}$$

式中，I 为订货时库存剩余量。

在实际情况中，定期订货法也有多种变化形式，可与定量订货法结合使用，如当到订货周期时，检查库存，当库存高于定量订货法的订货点 R 时，不发出订货；当库存低于定量订货法的订货点 R 时，才发出订货，订货量仍然要满足目标库存量 Q_{max}。

定期订货法一般适用于采购品种较多的低价值物品，即所谓的 C 类物资。这类物资不需要做重点监控，只需到时间购买即可。由于品种较多，采用定期订货法可以大大降低采购管理难度。

4.5 相关需求下的采购决策

4.5.1 相关需求的概念

当对一项物料的需求与对其他物料项目或最终产品的需求有关时，称为非独立需求（或相关需求）。例如，用户对企业产成品的需求一旦确定，与该产品有关的零部件、原材料的需求就随之确定，对这些零部件、原材料的需求就是相关需求。对于具体的物料项目，有时可能既有独立需求又有非独立需求。

独立需求下的采购决策，借助于预测、定量模型、定期模型的方法可以求解采购时机与采购数量，相关需求下的采购决策则要依据独立需求下计算出来的产成品数量来进行推算。同时由于还要考虑库存已有产品的数量和采购提前期等因素，相关需求下的采购决策并不是简单的零部件和产成品的倍数关系，需要综合考虑多方面的因素加以推断。

4.5.2 相关需求的特点

（1）需求量与需求时间确定。产品中各种物料的需求取决于产品的需求量。因为，一台产品中用什么零部件、用多少都是在产品设计中规定好的。故当产品生产计划确定之后，构成产品的物料的需要量也随之确定，并可以直接从产品的计划产量计算出来。如一辆汽车有 4 只轮胎，生产 100 辆汽车就需要 400 只轮胎。另外，零部件的工艺路线和制造工时也都是在设计阶段确定了的。当产品的交货日期确定以后，就可根据零件的工艺路线和制造工时，由产品的交货期推算出零件的需要时间，甚至它们在各生产阶段的投入出产时间，从零件的需要时间可推算出毛坯或材料的供应时间。零部件等物料与产品之间在需求上的这种相关关系是相关性需求的基本特点。

（2）需求成批并分时段，即呈现出离散性。装配型产品生产的间断性，决定了对它们零部件需求的成批性和分时性，即每隔一段时间出产一批，形成分批分时段出产的特点，呈现出离散性。它们的生产或采购批量按实际需求量确定。独立性需求一般零星、分散地发生，被假设为连续性变化。它们的需求量只能按平均需求量加以估算。

（3）百分之百的保证供应。对物料的需求是从产品出产计划提出的。而要完成一批产品，必须供应它所需要的全部物料。因此，为保证产品计划的完成，必须按计划的时间要求，百分之百地供应其所需要的全部物料。而且，这种保证不是靠加大库存量和储备高额的保险储备量，而是靠周密的计划和控制。独立性需求则不必要也不可能百分之百地保证供应,一般按规定的服务水平(小于100%)来满足对它的需求。

4.5.3 相关需求下采购时机与采购数量

下面借助 MRP 来进行相关需求下采购时机与采购数量的推导。

物料需求计划(Material Requirement Planning,MRP),即指根据产品结构各层次物品的从属和数量关系,以每个物品为计划对象,以完工时期为时间基准倒排计划,按提前期长短区别各个物品下达计划时间的先后顺序,是一种工业制造企业内物资计划管理模式。MRP 是根据市场需求预测和顾客订单制订产品的生产计划,然后基于产品生成进度计划,组成产品的材料结构表和库存状况,通过计算机计算所需物料的需求量和需求时间,从而确定材料的加工进度和订货日程的一种实用技术。

MRP 主要内容包括客户需求管理、产品生产计划、原材料计划以及库存记录。其中客户需求管理包括客户订单管理及销售预测,将实际的客户订单数与科学的客户需求预测相结合即能得出客户需要什么以及需求多少。

MRP 是一种推式体系,根据预测和客户订单安排生产计划。因此,MRP 基于天生不精确的预测建立计划,"推动"物料经过生产流程。也就是说,传统 MRP 方法依靠物料运动经过功能导向的工作中心或生产线(而非精益单元),这种方法是为最大化效率和大批量生产来降低单位成本而设计。计划、调度并管理生产以满足实际和预测的需求组合。生产订单出自主生产计划(MPS)然后经由 MRP 计划出的订单被"推"向工厂车间及库存。

1. MRP 的特点

(1)需求的相关性:在流通企业中,各种需求往往是独立的。在生产系统中,需求具有相关性。例如,根据订单确定了所需产品的数量后,由新产品结构文件即可推算出各种零部件和原材料的数量,这种根据逻辑关系推算出来的物料数量称为相关需求。不仅品种数量有相关性,需求时间与生产工艺过程的决定也是相关的。

(2)需求的确定性:MRP 的需求都是根据主产品进度计划、产品结构文件和库存文件精确计算出来的,品种、数量和需求时间都有严格要求,不可改变。

(3)计划的复杂性:MRP 要根据主产品的生产计划、产品结构文件、库存文件、生产时间和采购时间,把主产品的所有零部件需要数量、时间、先后关系等准确计算出来。当产品结构复杂,零部件数量特别多时,其计算工作量非常庞大,人力根本不能胜任,必须依靠计算机实施这项工程。

2. MRP 的计算

MRP 系统由输入、输出和处理三个主要功能构成。其中,系统的输入要素主要包括库存文件、主产品计划、产品结构文件、产品提前期,输出结果有物料的毛需求量、净需求量、订单计划。

产品结构文件(Bill of Materials,BOM)也称为物料清单,是 MRP 的核心文件,它在物料分解与产品计划过程中占有重要的地位,是物料计划的控制文件,也是制造企业的核心文件。

以桌子产品为例,其产品结构文件中,各物料处于不同层次,采用层次码表示。桌子成品的层次码为最高层,用 0 层表示;桌面、桌腿为第 2 层;桌面框架、桌面芯板为第 3 层。有时一种原料同时在不同的部件上使用,为了计算机处理方便,把同一种原料集中表示在它们的最低层次上,即采用低层码,提高计算机的运行效率。

库存文件是系统中剩余物料的统称。系统运行初期的库存数量是静态的数据,当系统运行后,库存数据随着推导不断变化。MRP 系统中,所有物料的需求依赖库存,只有库存中有物料,生产才能进行。

产品的提前期一方面是指产成品或者需要自制的零件从开始生产到生产完毕所经历的时间长度，另一方面是指从外部采购的原材料或零部件从开始下达订单到采购入库的时间长度。

在某一时刻需要交付的产品或零部件数量即为毛需求量。

当现库存数量不能满足需求时产生净需求。

$$净需求量 = 毛需求量 - 现有库存量$$

当净需求为正时，就需要接收一个订货量，以弥补净需求。计划接收订货量取决于订货批量的考虑，如果采用逐批订货的方式，则计划接收订货量就是净需求量。

计划发出订货量与计划接收订货量相等，但是时间上提前一个时间段，即订货提前期。订货日期是计划接收订货日期减去订货提前期。

一般来说，MRP的制订是遵照先通过主生产计划导出有关物料的需求量与需求时间，再根据物料的提前期确定投产或订货时间的计算思路。其基本计算步骤如下：

（1）计算物料的毛需求量。根据主生产计划、物料清单得到第一层级物料品目的毛需求量，再通过第一层级物料品目计算出下一层级物料品目的毛需求量，依次一直往下展开计算，直到最低层级原材料毛坯或采购件为止。

（2）净需求量计算。根据毛需求量、可用库存量等计算出每种物料的净需求量。

（3）批量计算。由相关计划人员对物料生产做出批量策略决定，不管采用何种批量规则或不采用批量规则，净需求量计算后都应该表明是否有批量要求。

（4）安全库存量、废品率和损耗率等的计算。由相关计划人员来规划是否要对每个物料的净需求量做这三项计算。

（5）下达计划订单。通过以上计算，根据提前期生成MRP计划订单。所生成的计划订单，要通过能力资源平衡确认后，才能开始正式下达计划订单。

下面通过示例说明MRP的计算过程。

示例：某工厂生产的主产品为A，主产品的生产计划见表4-8，主产品A的结构文件如图4-7所示，一个A由2个B和1个C生产，一个B由1个D和1个C生产，所有产品和零部件的生产提前期为1周，库存初期拥有40个A，60个B，50个C，10个D，主产品A的安全库存为10个，试确定此工厂主产品A的采购决策。

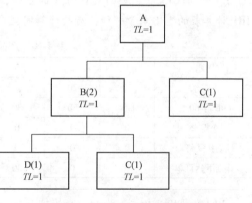

图4-7 主产品A的结构文件

表4-8 主产品A的生产计划

周期	1	2	3	4	5	6	7	8
产量	25	15	20	0	60	0	15	0

解：首先，绘制主产品A的MRP计算表格，见表4-9。

表4-9 主产品A的MRP计算表

周期	1	2	3	4	5	6	7	8
毛需求	25	15	20	0	60	0	15	0

续表

库存40	15	0	-20	-20	-80	-80	-95	-95
净需求	0	0	20	0	60	0	15	0
计划接收订单	0	10	20	0	60	0	15	0
计划下达订单	10	20	0	60	0	15	0	0

在表4-9中,把主产品A的主生产计划写到毛需求行,把库存40写到库存行,然后依次推算库存剩余量,为计算方便,用前一期的库存量减去后一期的毛需求量,将结果写到库存行。净需求即为真正需要生产的数量,如果库存为正数或0,代表不需要生产,如果库存为负数,这意味着缺货,要及时生产。净需求的计算方法为,当库存大于或等于零时,净需求为零;当库存第一次出现负数时,净需求为库存的相反数,剩余的净需求为用前一期的库存减去后一期的库存即可。计划接收订单代表着当时必须接收已经生产完成产品的数量,是指必须拿到手的产品数量。计划接收订单数量的计算为:从左到右检查净需求量,当净需求为0且当期库存大于安全库存时,计划接收订单为0;当净需求为0且第一次出现当期库存小于安全库存时,计划接收订单为安全库存量;当净需求为0且不是第一次出现当期库存小于安全库存时,计划接收订单为0;当净需求大于0时,计划接收订单为净需求量。计划下达订单是指在某一时刻需要下达的订单数量,由于主产品A的提前期为一周期,所以其数值等于后一个周期的计划接收订单数量,即前一个周期下达的订单在后一个周期即可生产完毕投入使用。

B为中间制品,需要的数量为A的2倍,因此将主产品A的订单数量的2倍填到产品B的MRP计算表的毛需求量一行,后续计算同主产品A,结果见表4-10。

表4-10 产品B的MRP计算表

周期	1	2	3	4	5	6	7	8
毛需求	10	20	0	60	0	15	0	0
库存60	50	30	30	-30	-30	-45	-45	-45
净需求	0	0	0	30	0	15	0	0
计划接受订单	0	0	0	30	0	15	0	0
计划下达订单	0	0	30	0	15	0	0	0

D的数量和B相同,为此,直接把B的计划下达订单数量填写到D的MRP计算表毛需求行进行计算,结果见表4-11。

表4-11 产品D的MRP计算表

周期	1	2	3	4	5	6	7	8
毛需求	0	0	30	0	15	0	0	0
库存10	10	10	-20	-20	-35	-35	-35	-35
净需求	0	0	20	0	15	0	0	0
计划接受订单	0	0	20	0	15	0	0	0
计划下达订单	0	20	0	15	0	0	0	0

C的数量来自A和B两部分,最终C的毛需求量为10、20、30、60、15、15、0、0。填入表格并计算,结果见表4-12。

第4章 采购与库存控制

表 4-12 C 产品的 MRP 计算表

周期	1	2	3	4	5	6	7	8
毛需求	10	20	30	60	15	15	0	0
库存 50	40	20	-10	-70	-85	-100	-100	-100
净需求	0	0	0	60	15	15	0	0
计划接收订单	0	0	10	60	15	15	0	0
计划下达订单	0	10	60	15	15	0	0	0

由于 B 为中间产品，自行加工，因此无须采购，C 和 D 不是中间产品，需要外部采购，从表中即可看出这两种物资的采购时机和采购数量。

本章小结

库存占用企业资源，同时又是企业供应的基本保障，库存控制成为企业管理的难点。

库存可以分为在制品库存、在途库存、周转库存、安全库存等类别。库存的控制实际上就是对采购的控制。

采购预测是采购数量和采购时机决策的前提，通过移动平均法和指数平滑法可以对短期内的采购需求量进行预测。为了准确地对采购数量进行决策，采用经济订货批量是比较科学的做法，其基本思想是以总成本最小为前提，计算最合理的采购数量。

定量模型的基本原理是时刻检查现有库存，当库存下降到订货点时开始采购，采购批量为经济订货批量。这种方法对于重要的物资十分适用。定期模型的基本原理是采购周期确定，通过设定最高采购额来决定采购数量。从操作上来看，定期模型法更简单，定量模型法更精细。

案例分析

安德森公司的库存问题

安德森公司是一家位于美国宾夕法尼亚州专门从事组装高压清洗系统的公司，其产品从小型便携式高压洗衣机到可用于冬季户外设备的大型扫雪设备一应俱全，并出售这些产品的维修部件。客户包括 GE、Ford、克莱斯勒、壳牌石油公司等著名企业。该公司另外的一块主要业务是装配投币式自动洗车系统。近年来，安德森公司开始陷入了财务危机，在过去的四年，已有三年亏损。一年的营业额是 124 万美元，而亏损额却达到 18 万美元。库存水平一直在上升，现已达到 12.4 万美元。由于该公司近年来连续亏损，为偿还债务不得不出售了原用于生产扩展用的土地。

该公司管理层包括总裁、销售经理、制造经理、总会计师和采购经理等，共 23 人。制造经理是组装班长、仓库领班和质量工程师的直接领导者。

库存中的物料大部分是经常使用、销售量较大、需求也很稳定的高压洗车维修部件，如纸巾、去污剂、浓缩蜡等。其他一些用于洗车和扫雪设备装配的部件，也有准确的订单，在产品组装前就能事先确定。

由于维修部件销量大，通常由两个人负责仓库管理工作，一人是仓库领班，负责向制造经理汇报工作；另一人是领班的助手。两人共同掌握客户订单；许多客户直接向他们订购自己所需的零部件和其他物品。当他们接到客户订货电话,就由联邦快递当天送货。

仓库中,各种零部件按供应商不同进行分类摆放。供应商数量不多,每个供应商都能供应许多种不同的零部件。例如,由电动机制造商 Brown 公司提供的用于组装各种洗车高压泵和发动机的各种电动机就都摆放在同一个地方。

组装车间也有部分库存,主要是日常使用的低价值物品,如螺母、螺钉、螺杆、垫圈等。购买这些物料的费用一年花费不了多少,但组装车间却经常发生缺少某种这类基本物料的情况,使得生产线不得不停工而遭到损失。

为了防止缺货,只要仓库领班、采购经理或者制造经理其中任何一人发现库存很低,就由他们下订单补充库存。此外,只要任何时候有人(包括客户或组装部门员工)需要某项物料,而这种物料有缺货,就会下订单补充库存。供应商送货情况还是比较好的,因为公司是从批发商处而不是制造商处直接进货,所以只要发现某种零部件缺货,通常在两三天内就能够及时补货。

对于库存记录,每次销售的销货单上通常都标明了卖给客户的零部件号码和数量。但关于车间所需物品的情况,没有任何文件记录。如果组装车间发现需要的物料用完了,他们就会派人到仓库去领。上一年,仓库物料共有 973 个不同编号,采购金额达 32 万美元。尽管公司未使用计算机,但对上一年购买的各部件花费金额也有准确的记录。记录表明,其中购买的 179 种编号的零部件共花费了 22 万美元。

思考:

如果你是这家公司的顾问,请分析一下库存控制存在的问题并提出改进建议。

习题与思考题

1. A 公司以单价 10 元每年购入某种产品 8 000 件。每次订货费用为 30 元,资金年利息率为 12%,单位维持库存费按所库存货物价值的 18% 计算。若每次订货的提前期为两周,试求经济订货批量、最低年总成本、年订购次数和订货点。

2. 某贸易公司每年以每单位 30 元的价格采购 6 000 个单位的某产品,处理订单和组织送货的费用为 125 元,每个单位存储成本为 6 元,求这种产品的最佳订货策略。

3. 某企业过去 16 个月的历史销售数据见表 4-13,请使用移动平均值法预测下个月的销量。

表 4-13 某企业过去 16 个月的历史销售数据

月份	销量	月份	销量
1	32	9	69
2	41	10	76
3	48	11	79
4	53	12	84
5	51	13	86
6	50	14	87
7	58	15	92
8	64	16	95

第5章

采购价格与采购成本

★ 学习目标

1. 了解采购成本的构成,掌握采购成本的控制方法。
2. 了解企业采购成本控制的现状,熟悉采购成本的控制策略。

★ 教学要求

教学重点:采购成本的控制方法。
教学难点:采购成本控制的策略。

★ 引入案例

某生产婴儿食品的大型公司,过去每年花在采购方面的开支接近8亿美元。由于处在一个高利润的行业,因此该公司对采购成本的管理并不重视,而且这种详细的审查在一个蒸蒸日上的经济环境中显得也没什么必要。然而,当经济开始低迷、市场增长减慢时,该公司终于意识到,它现在不得不花更大的力气以求保住利润了。由于过去几年的采购过程未经严格的管理,因此现在看来,采购方面无疑是挖掘潜力的首要方向了。

该公司首先从保养、维修及运营成本入手,很快做出决定:请专家制定了一套电子采购策略。这一做法有助于通过集中购买及消除大量的企业一般行政管理费用来达到节省开支的目的。然而在最后的分析中,节省的效果却并未达到该公司的预期。

为了寻求更佳的节省效果,该公司开始转向其主要商品,如原料、纸盒、罐头及标签。该公司分析了可能影响到采购成本的所有因素,包括市场预测、运输、产品规格的地区差异、谈判技巧及与供应商关系等。通过深入的调查,一些问题开始浮出水面。结果显示,在材料设计、公司使用的供应商数量和类型、谈判技巧以及运输方面均存在着相当明显的缺陷。该公司采购的谈判效率极低。

(1) 该公司几乎从不将自己的采购成本与竞争对手的采购成本进行比较。
(2) 该公司缺乏将营销及采购部门制度化地集合在一起的机制。
(3) 该公司节省成本的机制不灵活。

即使当采购经理发现了节省成本的机会（可能需要改变机器规格或操作流程），他们也很难让整个企业切实地实施自己的想法。任何一次对系统的调整所耗去的时间都会比实际需要的长得多。

（资料来源：http://www.doc88.com/p-191 574 082 764.html，节选）

控制采购成本对一个企业的经营业绩至关重要。企业的材料成本占生产成本的比例一般为20%~30%，有的高达50%以上。企业的采购成本控制是一个不断降低产品成本、增加利润的重要和直接的手段，控制好采购成本直接关乎企业产品成本的控制、利润的高低和竞争能力的强弱。

5.1 采购价格与供货商定价机制

5.1.1 采购价格分析

采购人员要想知道供应商的实际成本结构并不容易，而了解供应商的价格影响因素及定价方式无疑有助于供应商的成本结构分析。要真正掌握成本结构分析方法并据此来判断供应价格的合理性，还必须了解国际通行的工业企业成本结构。反映企业成本结构最直接的工具是财务损益表，它包括产品销售收入、产品销售成本、产品销售毛利、销售费用、管理费用、财务费用、产品销售利润、所得税、净利润等主要项目，其计算方法如下：

产品销售收入 - 产品销售成本 = 产品销售毛利

产品销售毛利 - （销售费用 + 管理费用 + 财务费用） = 产品销售利润

产品销售利润 - 所得税 = 净利润

产品销售毛利与产品销售收入之比是反映企业盈利能力的一项重要指标，称为毛利率；销售费用包括市场营销、广告及销售部门的固定资产折旧等；管理费用则包括企业内所有管理人员的工资、部门费、固定资产折旧、能耗等；财务费用包括利息、汇兑收支等。产品销售利润是反映企业生产经营好坏的财务指标。

盈亏平衡分析又称为量本利分析或保本分析，它通过分析生产成本、销售利润和生产量之间的关系来了解盈亏变化并据此确定产品的开发及生产经营方案。生产成本（包括工厂成本和销售费用）可分为固定成本和可变成本。可变成本是随着产品的产量增减而相应提高或降低的费用，包括原材料、能耗等；而固定成本则在一定时期内保持稳定，不随产品产量的增减而变化，包括管理费用、设备折旧等。

根据量本利之间的关系，有：

销售收入 S = 产品的产量 Q × 产品的单价 P

生产成本 C = 固定费用 F + 可变费用 V

= 固定费用 F + 产品的产量 Q × 单位产品的可变费用 C_v

当盈亏达到平衡，即销售收入等于生产成本或单价等于单位产品成本时，有：

$$S_0 = Q_0 P = F + Q_0 C_0$$

从而有保本产量 Q_0 和保本收入 S_0：

$$Q_0 = F / (P - C_0)$$
$$S_0 = F / (1 - C_0/P)$$

式中　$P - C_0$——单位产品销售收入扣除可变费用后的剩余，称为边际贡献或毛利；

$1 - C_0/P$——单位产品销售收入可帮助企业吸收固定费用，实现企业利润的系数，称为边际贡献率或毛利率。

产品的单价应该大于成本（单位固定费用摊销与单位产品可变费用之和）。在产品的成本构成中，固定成本比例越高，价格的弹性就越大，随市场季节变化及原材料的供应而变化波动也就越强烈。

对于可变成本比例较高的产品则要下力气改善供应商，促进其管理水平的提高并降低管理费用。

5.1.2 供应商定价机制

确定最优的采购价格是采购管理的一项重要工作，采购价格的高低直接关系到企业最终产品或服务价格的高低。因此，在确保满足其他条件的情况下，争取最低的采购价格是采购人员最重要的工作。

1. 供应商价格的影响因素

所谓供应商价格是指供应商对自己的产品提出的销售价格。影响供应商价格的因素主要有成本结构和市场结构两个方面。成本结构是影响供应商价格的内在因素，受生产要素的成本，如原材料、劳动力价格、产品技术要求、产品质量要求、生产技术水平等影响；市场结构则是影响供应商价格的外在因素，包括经济、社会政治及技术发展水平等，具体有宏观经济条件、供应市场的竞争情况、技术发展水平及法规制约等。市场结构对供应商价格的影响直接表现为供求关系。市场结构同时又会强烈影响成本结构。反过来，供应商自己的成本结构往往不会对市场结构产生影响。现把这些影响因素简要分述如下。

（1）供应商成本的高低。这是影响采购价格的最根本、最直接的因素，供应商进行生产，其目的是获得一定利润，否则生产无法继续。因此，采购价格一般在供应商成本之上，两者之差即为供应商获得的利润，供应商成本是采购价格的底线。一些采购人员认为，采购价格的高低全凭双方谈判的结果，可以随心所欲地确定，其实这种想法是完全错误的。尽管经过谈判后供应商大幅降价的情况时常出现，但这只是因为供应商报价中水分太多的缘故，而不是谈判决定价格。

（2）规格与品质。采购方对采购品的规格要求越复杂，采购价格就越高。价格的高低与采购品的品质也有很大的关系。如果采购品的品质一般或质量低下，供应商会主动降低价格，以求赶快脱手，有时甚至会贿赂采购人员。采购人员应首先确保采购物品能满足本企业的需要，质量能满足产品的设计要求，千万不要只追求价格最低，而忽略了质量。

（3）采购数量多少。如果采购数量大，采购方就会享受供应商的数量折扣。从而降低采购价格，因此大批量、集中采购是降低采购价格的有效途径。

（4）交货条件。交货条件也是影响采购价格非常重要的因素，交货条件主要包括运输方式、交货期的缓急等。如果货物由采购方来承运，则供应商就会降低价格，反之就会提高价格。有时为了争取提前获得所需货物，采购方会适当提高价格。

（5）付款条件。在付款条件上，供应商一般都规定有现金折扣、期限折扣，以鼓励采购方能提前用现金付款。

（6）采购物品的供需关系。当企业需采购的物品为紧俏商品时，则供应商处于主动地位，它会趁机抬高价格；当企业需采购的物品供过于求时，则采购方处于主动地位，可以获得最优的价格。

（7）生产季节与采购时机。当企业处于生产的旺季时，对原材料需求紧急，因此不得不承受更高的价格。避免这种情况的最好办法是提前做好生产计划，并根据生产计划制订出相应的采购计划，为生产旺季的到来提前做好准备。

（8）供应市场中竞争对手的数量。供应商毫无例外地会参考竞争对手的价位来确定自己的价格，除非其处于垄断地位。

（9）客户与供应商的关系。与供应商关系好的客户通常都能拿到好的价格，有些产品的供应价格几乎全部取决于成本结构（如塑胶件），而另外一些产品的供应价格，则几乎全部依赖于市场（如短期内的铜等原材料）。对于后类产品单个供应商处于完全竞争的市场，对产品价格的影响无能为力。当然不少产品的供应价格既受市场结构影响，同时供应商又能通过成本结构来进行控制。

2. 供应商的定价方法

供应商定价有3种方法，即成本导向定价法（Cost-Based Pricing）、需求导向定价法（也称为市场导向定价法，Market-Based Pricing）和竞争导向定价法（Competition-Based Pricing）。成本导向定价法是以产品成本（包括销售成本）为基础确定供应价格；市场导向定价法则是随行就市的方法，即以市场价格作为自己的产品价格；而竞争导向定价法则是结合市场因素及成本因素一起考虑来确定自己的产品价格，是最常见的方法。供应商在确定其产品价格时通常会考虑到供应市场的供求关系，再结合自己的成本结构做出最后决定。供应商的定价方法又可以细分为成本加成定价法、目标利润定价法、采购商理解价值定价法、竞争定价法以及投标定价法。

（1）成本加成定价法。这是供应商最常用的定价法，它以成本为依据在产品单位成本的基础上加上一定比例的利润。该方法的特点是成本与价格直接挂钩，但它忽视市场竞争的影响，也不考虑采购商（或客户）的需要。由于其简单、直接，又能保证供应商获取一定比例的利润，因而许多供应商都倾向于使用这种定价方法。实际上由于市场竞争日趋激烈，这种方法只有在卖方市场或供不应求的情况下才真正行得通。

（2）目标利润定价法。这是一种以利润为依据制订卖价的方法。其基本思路是供应商依据固定成本、可变成本以及预计的卖价，通过盈亏平衡分析算出保本产量或销售量，根据目标利润算出保本销售量以外的销售量，然后分析在此预计的卖价下能否达到总销售量。若不能达到则调整价格重新计算，直到在制订的价格下可实现的销售量能满足利润目标为止。

（3）采购商理解价值定价法。这是一种以市场的承受力以及采购商对产品价值的理解程度作为定价的基本依据，常用于消费品尤其是名牌产品，有时也适用于工业产品如设备的备件等。

（4）竞争定价法。这种方法最常用于寡头垄断市场。寡头垄断市场一般存在于具有明显规模经济性的行业，如较成熟市场经济国家的钢铁、铝、水泥、石油化工以及汽车、家用电器等，其中少数占有很大市场份额的企业是市场价格的主导，而其余的小企业只能随市场价格跟风。寡头垄断企业之间存在着很强的相互依存性及激烈的竞争，某企业产品价格的制订必须考虑到竞争对手的反应。

（5）投标定价法。这种公开招标竞争定价的方法最常用于拍卖行、政府采购，也用于工业企业，如建筑承包、大型设备制造，以及非生产用原材料（如办公用品、服务等）的大宗采购，一般由采购商公开招标，参与投标的企业事先根据招标公告的内容密封报价、参与竞争。密封报价是由各供应商根据竞争对手可能提出的价格以及自身所期望的利润而定，通常中标者是报价最低的供应商。

5.2 采购定价的策略

5.2.1 采购价格的控制

降低采购成本的关键也是控制采购价格。控制采购价格、降低采购成本，主要从以下几方面做起。

（1）实施全方位、开放型的采购订货方式。在市场经济条件下，除了部分物资独家经营外，大部分物资是多家经营。渠道选择好了，就可能为企业增加效益，起到事半功倍的作用。反之，渠道选择错误或不合适，就可能后患无穷，给企业造成不可估量的损失。由于实际情况的复杂性，各供货单位的具体情况不同，量化衡量每一个供货单位是否符合一定的标准是有困难的。因此，只能从本企业出发，经过定性、定量分析，进行综合比较，选择对本企业最有利的供货单位。在选择供货渠道时，要遵循一定的标准，通常采购渠道选择的方法如下：

①直观判断法。它是指通过市场调查征询意见，根据掌握的情况，综合分析判断选择供货单位的一种方法。这种方法一般适用于资料齐全的、企业比较熟悉的和好的供货单位。

②综合测评法。它是按标准对供货单位打分，然后进行综合测评、选优的方法。测评的方法有很多种，企业要根据自身的需要，有侧重地制订方法。这种方法适用于同类物资供货单位多的情况。例如，在贯彻 ISO 9000 标准中，为满足质量保证体系的需要，在其他条件符合要求的情况下重点对供货单位产品质量方面进行评测；如果在质量适中的情况下，要求价格低、费用省，就重点对成本和费用进行测评；如果要全面掌握供货单位情况，可列出所有标准，全面测评，最后从中选出最优的。

（2）开辟降低供货成本的新途径。长期以来，在物资采购管理上形成了供应物资质量越高越好、数量越多越好、时间越早越好、价格要求不严的传统思路。随着我国市场经济的建立和发展，物资采购已面向市场。在形成买方市场的同时，也出现了物资质量良莠不齐、价格高低不一以及竞争无序的现象。物资采购对企业经济效益的影响越来越大，要求物资采购不仅要保证质量，及时供应，而且要低价。为降低采购成本，必须货比三家，比质量、比价格、比差距、比售后服务等，更重要的是要具体化、程序化、制度化和规范化。在降低采购成本方面，实行以下几种方法有比较显著的效果：

①比价采购。选择 3 个以上厂家进行报价，通过货比三家，在保证供货质量、数量、时间和售后服务的前提条件下，选择综合价格最低的厂家，即物美价廉的厂家作为订货对象。采用比价采购，由于密封报价，减少了报价的泄密机会，促进了供应商之间的竞争，使企业获得优势地位，坐收"渔翁之利"。但是需要强调的是，比价采购不是吃百家饭，为了使材料的采购有质量保证，避免采购市场出现"柠檬市场"现象。比价采购应与定点供应相结合，对消耗使用有一定规律，用量达到一定数量的材料进行定点供应，保证相对稳定的供需关系，这不仅有助于加强与供应商的友好合作关系，而且可以大大地节约企业的交易费用。同时，企业也要定期对供货质量、价格进行综合考评，达不到标准的取消定点供货资格。

②压价采购。利用买方市场的优势，在供货标准不变的条件下，迫使原供货渠道降低价格供应，以达到降低进货成本的目的。但是，采购部门也不能盲目降低采购成本，否则会导致所购的物资质量无法保证，供应商不可避免地延迟交货或根本不能完成供货等后果，使企业为此付出高昂代价。因此，无论是卖方市场，还是买方市场，企业都应与供应商建立互惠互利的关系，只有双方利益都得到保障，才能最终保证自己的利益。

③招标采购。按照《中华人民共和国招标投标法》关于招标采购的有关规定，组织物资采购的招投标，通过多次报价，当众开标，评标专家综合评价后选择价格、性能比最优的投标方中标。实际上招标采购也是比价采购的一种，只不过该形式更为透明和规范。采用公开招标的方式可以利用竞标人的竞争心理，使竞标人之间压价，企业可以从中选出价格最低的供应商。

（3）选择先进的技术，实现采购过程的专业化分工。企业应实现采购过程的专业化，将采购的物流环节交由专业化的部门或第三方物流企业来完成，采用条码技术、GPS 技术、GIS 技术、射频技术等先进技术，以最大限度地降低运费。

5.2.2 定价策略

1. 依产品生命周期而定

采购项目在其产品生命周期的过程中，可以分为以下4个时期，各有其适用的手法。

（1）导入期。即新技术的制样或产品开发阶段。供应商早期参与、价值分析法、目标成本法以及为便利采购而设计都是可以利用的手法。

（2）成长期。这一时期新技术正式产品化量产上市，且产品被市场广泛接受。采购可以利用需要量大幅成长的优势，进行杠杆采购获得成效。

（3）成熟期。这是生产或技术达到稳定的阶段，产品已稳定地供应到市场上。在价值过程标准化的运作过程中，可以更进一步地找出不必要的成本，以达到节省成本的目的。

（4）衰退期。此时产品或技术即将过时或即将衰退，并有替代产品出现，因为需要量已在缩减中，此时再大张旗鼓降低采购价格已无多大意义。

2. 依采购特性及与供应商的关系来定

图5-1描述了根据采购特性及与供应商关系来确定采购价格策略的矩阵。

图5-1 采购价格策略矩阵

（1）影响性较小的采购。影响性较小的采购部分，其金额虽然不高，但是也必须确认所取得的价格与一般市售价格比较是属于公平合理的价格。采购人员切记，勿让花费在价格分析上的成本高于采购的实际金额。

策略：采用快速、低成本的结构分析方法。

①比较分析各供应商报价。

②比较目录或市场价格。

③比较过去的采购价格记录。

④比较类似产品采购的价格。

（2）杠杆采购。杠杆采购指的是长期持续性的随机采购，但企业不愿意与供应商维持比较密切的合作关系。这可能是对价格的波动特别敏感或是产品上市的寿命非常短所导致，使得采购不得不随时寻找价格最低的供应商。因此，采购人员需要花费较多时间来进行价格上的分析。

策略：采用价格分析并以成本分析为辅助工具。

①价值分析。

②分析供应商提供的成本结构。

③进行成本估算。

④计算整体拥有成本。

(3) 重要计划的采购。重要计划的采购包括一次性或非经常性的花费，通常采购金额都相当大，如主要机器设备、资讯系统或厂房设施等。

策略：采用成本分析为主要方法。

①计算整体拥有成本。

②分析整个供应链的成本结构。

③一旦重要计划的采购变成重复性的例行采购，则必须考虑使用策略性采购中所提的方法。

(4) 策略性采购。策略性采购代表非常重要的持续性采购，采购人员比较希望与供应商建立长期或者联盟性质的关系。公司应该花较多时间在成本与价格分析上，这是因为所收到的效益会比较大。

策略：采用成本分析为主要方法。

①分析供应商伙伴的详细成本资料，并找出可能改善的部分。

②计算整体拥有成本。

③分析整个供应链的成本结构。

④使用目标成本法。

⑤让供应商早期参与新产品开发。

由于实际采购情况的区分并不是那么明确，采购人员通常需要使用一种以上的手法，通过组合使用来达到降低成本的目的。

5.3　采购成本的含义

采购成本又称为战略采购成本，是除采购直接成本之外考虑到原材料或零部件在本企业产品的全部生命周期过程中所发生的成本。它包括采购在市场调研、自制或采购决策、产品预开发与开发中供应商的参与、供应商交货、库存、生产、出货测试、售后服务等整体供应链中各环节所产生的费用对成本的影响。概括起来是指在本公司产品的市场研究、开发、生产与售后服务各阶段，因供应商的参与或提供的产品（或服务）所导致的成本，它包括供应商的参与或提供的产品（或服务）没有达到最高水平而造成的二次成本或损失。作为采购人员，其最终目的不仅是要以最低的成本及时采购到质量最好的原材料或零部件，而且在本公司产品的全部生命周期过程中，即产品的市场研究、开发、生产与售后服务的各个环节，都要将最好的供应商最有效地利用起来，以降低整体采购成本。

按功能来划分，采购成本发生在以下的过程中：开发过程、采购过程、企划过程、质量过程、服务过程。

(1) 在开发过程中，因供应商介入或选择可能发生的成本。

①原材料或零部件对产品的规格与技术水平的影响。

②供应商技术水平及参与本公司产品开发的程度。

③对供应商技术水平的审核。

④原材料或零部件的合格及认可过程。

⑤原材料或零部件的开发周期对本公司产品的开发周期影响。

⑥原材料或零部件及其工装（如模具）等不合格对本公司产品开发的影响等。

(2) 采购过程中可能发生的成本。

①原材料或零部件采购费用。
②市场调研与供应商考察、审核费用。
③下单、跟货等行政费用。
④文件处理及行政错误费用。
⑤付款条件所导致的汇率、利息等费用。
⑥原材料运输、保险等费用。
(3) 企划（包括生产）过程中可能发生的成本。
①收货、发货（至生产使用点）费用。
②安全库存仓储费、库存利息费。
③不合格来料滞仓费、退货发生的费用、包装运输费用。
④交货不及时对本公司生产的影响及对仓管等工作的影响所带来的费用。
⑤生产过程中的原材料或零部件库存所带来的费用。
⑥企划与生产过程中涉及原材料或零部件的行政费用等。
(4) 质量过程中可能发生的成本。
①供应商质量体系审核及质量水平确认（含收货标准）。
②检验成本。
③因原材料或零部件不合格而导致的对本公司生产、交货的影响。
④不合格品本身的返工或退货成本。
⑤生产过程中不合格品导致的本公司产品不合格。
⑥处理不合格来料的行政费用等。
(5) 售后服务过程中因原材料或零部件而发生的成本。
①零部件失效产生的维修成本。
②零部件供应给服务维修点不及时而造成的影响。
③因零部件问题严重而影响本公司的产品销售。
④因零部件问题导致本公司的产品理赔等。

在实际采购过程中，采购成本分析通常要依据采购物品的分类模块按80/20规则选择主要的零部件进行，而不必运用全部的采购物料。采购成本分析需要由有经验的采购、企划、开发、生产、品质、经济、成本人员一起组成跨功能小组共同进行。一般先在现有的供应商中选择最重要的进行综合采购成本分析，找出实际整体采购成本与采购价格之间的差距，分析各项成本发生的原因，在此基础上提出改进措施。通过对现有主要供应商的整体采购成本分析的规律性总结，在新产品的开发过程中综合运用于"上游"采购，以达到有预防性地降低整体采购成本的目的。

5.4 采购成本控制

采购是企业生产经营活动的起点，也是企业产品成本控制的关键所在，对企业的采购成本进行控制，避免无效成本支出，对一个企业的经营业绩至关重要。

5.4.1 采购成本控制的现状

采购成本控制是企业经济活动的重要组成部分，是降低采购成本、增加企业利润的直接途径。目前我国企业采购成本控制的现状如下。

（1）缺少规范的采购制度。一些企业虽然制订了采购制度，但是采购制度不完善，从而造成采购活动的不规范。采购工作无章可依，还会给采购人员提供暗箱操作的机会，在采购的各个环节都增加了不必要的浪费，增加了采购成本。

（2）缺乏系统的采购成本控制的概念。企业采购成本控制观念具有局限性，只注重个别成本项目的控制，缺乏对采购成本的系统性理解与控制。目前企业主要对一些比较容易识别的显性成本进行分析与控制，如采购的产品价格；忽视对隐性成本的分析与控制，如供应商的管理成本。企业对采购成本项目的控制是单一的，往往只关注可见的产品成本，面对整个采购系统的控制相对较弱，很少从计划、组织和供应链整体方面进行科学系统的管理。降低采购成本并不是采购部一个部门的职责，它需要多个部门协调配合，需要从战略角度，利用战略成本管理思想来认识这个问题。

（3）缺乏新颖的采购成本控制观念。采购管理的核心是如何在与供应商竞争中，尽可能迫使供应商做出更大的让步，在价格、质量等方面为零售商提供更多的盈利空间。目前我国较多企业采购成本控制观念陈旧，如与供应商是对手关系；为了保证销售需要，应有足够的库存，安全至上；采购价格直接影响商品销售成本，所以应在保证质量的前提下，尽可能压低进货价格，创造商品经营利润。这些陈旧的观念，对于采购成本的降低增加了难度。

5.4.2 采购成本控制的制度

采购工作涉及面广，并且主要是和外界打交道，因此，如果企业不制定严格的采购制度和程序，不仅采购工作无章可依，还会给采购人员提供暗箱操作的机会。因此，采购成本控制的基础工作是建立完善的采购制度。完善采购制度要注意以下几个方面。

1. 建立严格的采购制度

建立严格、完善的采购制度，不仅能规范企业的采购活动，提高效率，杜绝部门之间扯皮，还能预防采购人员的不良行为。采购制度应规定物料采购的申请、授权人的批准许可权、物料采购的流程、相关部门（特别是财务部门）的责任和关系、各种材料采购的规定和方式、报价和价格审批等。例如，采购制度中规定采购的物品要向供应商询价、列表比较、议价后选择供应商，并把所选的供应商及其报价填在请购单上。

2. 建立供应商档案和准入制度

对企业的正式供应商要建立档案。供应商档案应包括供应商的编号、详细联系方式、地址、付款条款、交货期限、品质评级、银行账号等，每一个供应商档案应经严格的审核才能归档。企业的采购应在已归档的供应商中进行，供应商档案应定期或不定期地更新，并有专人管理。同时要建立供应商准入制度。重点材料的供应商必须经质检、物料、财务等部门联合考核后才能进入，如有可能要到供应商生产地考核。企业要制定严格的考核程序和指标，要对考核的问题逐一评分，只有达到或超过评分标准者才能成为归档供应商。

3. 建立价格档案和价格评价体系

企业采购部门要对所有采购材料建立价格档案，对每一批采购物品的报价，应首先与归档的材料价格进行比较，分析价格差异的原因。如无特殊原因，原则上采购的价格不能超过档案中的价格水平，否则要做出详细的说明。对重点材料要建立价格评价体系，由公司有关部门组成价格评价组，定期收集有关的供应价格信息，分析、评价现有的价格水平，并对归档的价格档案进行评价和更新。该种评价视情况可一季度或半年进行一次。

4. 建立材料的标准采购价格，根据工作业绩对采购人员进行奖惩

预算部应根据市场的变化和产品标准成本对重点监控的材料定期定出标准采购价格，以有利于降低采购价格。标准采购价格也可与价格评价体系结合起来使用，对完成降低公司采购成本任务的采购人员进行奖励，对没有完成采购成本下降任务的采购人员，分析原因，确定对其惩罚的措施。

以上四方面对完善采购管理、提高效率、控制采购成本都有较大的成效。

5.4.3 采购成本控制的方法

对采购成本进行控制，是每个企业不能忽略的步骤。对采购成本有较好的控制作用的采购方法有定期订购控制法、定量订购控制法、经济批量订购控制法以及由丰田公司创办的及时采购法（JIT 采购法）。企业要根据自己的情况，选择合适的采购方法以降低采购成本，下面就对它们进行详细的介绍。

1. 定期订购控制法

所谓定期订购控制法，是指按预先确定的订购间隔期间进行订购补充库存的一种采购成本控制方法，企业根据过去的经验或经营目标预先确定一个订购间隔期，每经过一个订购间隔期就进行订购，每次订购数量都不同。

定期订购控制法是以时间上控制订购周期，以达到控制库存量的目的。只要订购周期控制得当，既可以不造成缺货，又可以控制最高库存量，从而达到采购成本控制的目的。

这种控制法还可以对多种货物同时进行采购，既可以降低订单处理成本，又可以降低运输成本，还可以节省经常检查和盘点库存的费用。

2. 定量订购控制法

所谓定量订购控制法，是指当物料存量下降到预订的最低存量时，按规定数量进行订购补充的一种采购成本控制方法。定量订购控制法必须预先确定订购点（最低存量）和订购量。

订购点的确定主要取决于需求量和订购间隔期这两个要素，在需求固定均匀和购备时间不变的情况下，不需要设定安全存量，订购点由下式确定：

$$订购点 = 订购间隔期 \times 每年的需求量 / 365$$

当需求量发生波动或购备时间变化时，订购点的确定方法较为复杂，且往往需要安全存量。

定量订购控制法的优点是由于每次订购之前都要详细检查和盘点库存，能及时了解和掌握库存的动态。

3. 经济批量订购控制法

经济批量模型是平衡采购进货成本和保管成本的方法，企业每次订购的数量直接关系到库存的水平高低和库存总成本的大小，因此企业希望找到一个合适的订购数量使采购总成本最小。经济订购批量模型能满足这一需求。

经济批量订购是用来识别持有库存的年成本与订购成本之和最小的最优订购批量，最优订购批量反映了持有成本与订购成本之间的平衡：当订购批量变化时，一种成本会上升，同时另一种成本会下降。假如订购批量比较小，平均库存就会比较低，持有成本也会相应较低，但是小订购批量必然导致经常性的订购，而这样又迫使持有成本上升。相反，偶尔发生的大量订购使持有成本上升。因此，理想的解决方案是，批量订购既不能特别少次大量，又不能特别多次少量，只能介于两者之间。具体批量订购取决于持有成本与订购成本的相对数量。

4. 及时采购法

及时采购法（Just In Time，JIT）就是指在需要时，供应商会把企业需要的品质和数量的物料及时送到。JIT 采购是一种理想的物料采购方式,它的极限目标就是原材料和外购件的库存为零、缺陷为零,其基本观点认为库存就是浪费。

JIT 采购是企业内部 JIT 系统的延伸,是实施 JIT 生产经营的必然要求和前提条件。在向最终目标努力过程中,由于马上取消库存又不现实,因此企业采取不断地降低原材料和外购件的库存,从而不断地暴露物资采购工作中的问题,再采取有效措施来解决这些问题,然后提出进一步降低库存的目标,进一步发现和解决问题,在不断改进的过程中,实现降低库存目标的 JIT 采购方式。概括来说是这样一个有效途径:降低物料库存—暴露物料采购问题—采取措施解决问题—降低物料库存,达到最终降低采购成本的目的。JIT 采购与传统式采购比较,见表 5-1。

表 5-1　JIT 采购与传统式采购比较

项目	JIT 采购	传统式采购
采购批量	采购小批量,运输次数频繁	采购大批量,运输次数少
选择供应商	单一供应商,邻近地区,长期合约	多重来源,短期合约
评估供应商	强调产品品质,交运绩效与价格,但不接受有不良产品	强调产品品质,交运绩效与价格,但有 2% 不良产品是可接受的
进料检验	逐渐减少或消除进料检验与点算数量	购买者负责点收,检验所有的进料
协议与投诉	经由长期的合约与公平的价格来达到良好的产品品质	尽可能地得到最低的价格
运输方式	准时送货,采购者负责计划安排	较低的成本,供应商负责计划安排
产品规格	"宽松"的规格,购买者强调绩效规格甚于产品设计,鼓励供应商创新	"严格"的规格,购买者强调设计规格甚于产品绩效,供应商在设计规格上很少有自由度
包装方式	特定要求	常规包装
信息交换	快递、可靠	一般要求

从表 5-1 中可以看出,JIT 采购的主要特点如下:

(1) 单一供应源。单一供应源指的是对某一物料只从一个供应商那里采购。或者说,对某一物料的需求,仅由一个供应商供货。JIT 采购认为,理想的供应商的数目是:对某一物料,只有一个供应商。因此单一供应源是 JIT 采购的基本特征之一。实行单一供应源的优点在于可以使供应商成为企业一个非常重要的客户,因而加强了供应商与企业之间的相互依赖关系;另一方面,单一供应源使供应商获得内部规模效益和长期订货,从而又可使企业购买的物料价格降低。

(2) 小批量采购。由于企业生产对物料的需求是不确定的,而且 JTC 采购旨在清除原材料或外购件的程序,所以采购必须是小批量的。

(3) 合理选择供应商。由于 JIT 供应实行单一供应源,选择合格的供应商是成功实施 JIT 的关键。选择的因素应包括产品质量、交货期、价格、技术能力、应变能力、批发量柔性、交货期与价格的均衡、批发量与价格的均衡、地理位置等,而不应该像传统方式那样把价格作为唯一的因素。

(4) 保证采购质量。在实施 JIT 采购时,原材料与外购件的库存极少,以至接近零。因此,必须保证所采购物资的质量。这种保证不是由本企业的物资采购部门负责的,而应由供应商负责,这就从根本上保证了供货的质量。

(5) 可靠的送货保证。由于消除了缓冲库存,任何交货失误和送货延迟都会造成难以弥补的损失。送货可靠性,主要取决于供应商的生产能力、运输条件和应变能力。

(6) 特定的包装要求。JIT 采购对包装也有特定的要求，目的是为了运输和装卸搬运的方便，应采用标准的而且是可重复使用的包装物。

(7) 有效的信息交换。只有供需双方进行可靠而快速的双向信息交流，才能保证所需物料的及时按量供应；同时充分的信息交换可以增强供应商的应变能力。所以实施 JIT 采购，就要求供应商和企业之间进行有效的信息交换。信息交换的内容包括生产、作业计划、产品设计、工程数据、质量、成本、交货期等。信息交换的手段包括电报、电传、电话、信函等。现代信息技术的发展，如 EDI、E-Mail 等，为有效的信息交换提供了强有力的支持。

由以上的对 JIT 采购的认识，可知 JIT 采购有着重要的意义，主要表现在以下几方面：

(1) 可以大幅度减少原材料与外购件的库存。根据国外一些实施 JIT 采购的企业测算，通过采用 JIT 采购，原材料与外购件的库存可降低 40%~85%。这对于企业减少流动的占用、加快流动资金周转具有重要意义。

(2) 可以保证所采购原材料与外购件的质量。JIT 采购既减少了采购的直接损失，又保证了生产正常有序地进行。

(3) 降低了原材料与外购件的采购成本。由于供应商和制造商的密切合作以及内部规模效益与长期订货，再加上简化了手续而消除浪费，可以使采购成本降低。

综上所述，实施 JIT 采购策略来有效地控制成本，不但取决于企业内部，而且取决于供应商的管理水平，取决于整个物流系统的物流水平。因此，在实施的过程中必须慎重而全面地考虑各种因素，才能做出正确的决策。

5.4.4 采购成本控制的策略

为了更有效地降低成本，除了运用有关的方法外，还可以实施其他的策略。但总的来说，采购成本控制策略必须以追求适当的价格为目标，优化双方的长期合作关系为宗旨。

1. 国外采购

国外采购是指向国外厂商采购货品，通常直接联系原厂或通过本地的代理商来采购。国外采购可以制衡国内采购的价格，且通常采取延期付款方式，买方将因本币升值而获得外汇兑换利益。另外，国际性的企业规模较大，产品的品质也比较精良。国外采购适用于价格比国内低廉以及国内无法制造或供应数量不足的产品，这样才能有效地降低成本。

2. 联合采购

联合采购就是汇集同行业的需求数量，向供应商订购。联合采购数量庞大，价格比较优惠；各厂商也因为联合采购，与同行业企业建立了合作的基础，有助于平时交换情报，提高采购绩效。不过联合采购由于参与的厂商太多，作业手续复杂，对于数量分配及到货时间通常引起许多争端。企业也可能利用联合采购，进行"联合垄断"，操纵供应数量及市场价格。

总之，联合采购适用于买方势单力薄，以及进口管制下发生的紧急采购，此时小厂商唯有"积少成多"，才能引发供应商的兴趣，增添买方谈判的筹码。

3. 阳光采购

企业实行阳光采购策略，就是指把物料采购的各个环节按一定的制度和程序进行。其能有效地避免采购员的腐败，从而降低采购成本。

其具体做法如下：

(1) 决策透明化。透明的核心是将"隐蔽的权力公开化，集中的权力分散化"。

(2) 信息公开化。物料采购的来源内部公开化。

(3) 监控程序化。由不同的部门分别承担"三审一检"职能，即审核采购计划、审核价格、审核票据、检查质量。

（4）管理制度化。建立和完善一套提、审、决的采购自控程序。

（5）奖惩严明化。

4. 统购

统购是指采购单位先寻求特定的供应商，再定价格；当需要用时即由适用单位或采购单位直接要货，不必重复询价、议价、订购等作业流程。

统购可以节省重复采购的时间及人力成本，并且交货迅速，价格也相当稳定。由于卖方必须随叫随到，也减少了卖方的库存数量。但统购会签订合约，限定了价格及交易对象，使采购人员疏于开发新来源。

总之，统购适于种类繁多、经常需要采购的消耗品，并且以价格不高、需用时必须立即送货者为宜。统购与长期合约不同之处在于前者合约期限较短，通常不超过一年，且以一般消耗性物品为主；后者合约期限少则为一年，多的甚至长达五六年以上，且以主要原材料或必需品为主。

5. 买方市场采购策略

在买方市场条件下，由于供应商众多，物料供过于求，采购方选择余地大，处于优势地位，可采取以下策略：

（1）在物料价格波动较大的情况下，采取多次少量的采购策略。

（2）在市场价格相对稳定的情况下，采取货比三家、择优而从的采购策略。

6. 卖方市场采购策略

在市场经济条件下，处于卖方市场的产品或服务一般具有自然垄断或技术垄断性，这时则应采取以下采购策略：

（1）根据生产季节的特点，采取旺季少购、淡季多购的策略，利用季节差价，控制采购成本。

（2）与供应商结成较为紧密的合作伙伴关系，订立长期采购合同，从而获得价格优惠，降低采购成本。

5.5 成本管理方法

5.5.1 学习曲线

1. 学习曲线的含义

学习曲线（The Learning Curve）是分析采购成本、实施采购降价的一个重要工具和手段。学习曲线最早由美国航空航天工业协会提出，其基本概念是随着产品的累计产量增加，单位产品的成本会以一定的比例下降。单位产品价格成本的降低与规模效益并无任何关系，它是一种学习效益。这种学习效益是指某产品在投产初期由于经验不足，产品的质量保证、生产维护等需要较多的精力投入，以致带来较高的成本。随着累计产量的增加，管理渐趋成熟，所需的人力、财力、物力逐渐减少，工人越来越熟练，质量越来越稳定，前期生产学习期间的各种改进措施逐步见效，这时成本不断降低。主要表现如下：

（1）随着累计产量的增加，管理逐步进入成长、成熟期，生产经验不断丰富，所需的监管，培训及生产维护费用不断减少。

（2）随着累计产量增加，工人日趋熟练，生产效率不断提高。

(3) 生产过程中的报废率、返工率以及产品的缺陷不断降低。
(4) 生产批次不断优化，设备的设定、模具的更换时间不断缩短。
(5) 随着累计产量的增加，原材料的采购成本不断降低。
(6) 通过前期生产学习，设备的效率及利用率等方面不断得到改进。
(7) 通过前期生产学习，物流不断畅通，原材料及半成品等库存控制日趋合理。
(8) 通过改进过程控制，突发事件及故障不断减少。
(9) 随着生产的进行，工程、工艺技术调整与变更越来越少。

2. 学习曲线的基本模型

学习曲线反映累计产量的变化对单位成本的影响，累计产量的变化率与单位工时或成本的变化率之间保持一定的比例关系。

3. 学习曲线的应用条件

学习曲线和其他管理方法一样，其应用是有条件的。它首先满足两个基本假定：一是生产过程中确实存在着"学习曲线"现象；二是学习曲线的可预测性，即学习现象是规律性的，因而学习曲线率是能够预测的。除此之外，学习曲线是否适用，还要考虑以下几个因素：

(1) 它只适用于大批量生产企业的长期战略决策，而对短期决策的作用则不明显。
(2) 它要求企业经营决策者精明强干、有远见、有魄力，充分了解企业内外的情况，敢于坚持降低成本的各项有效措施，重视经济效益。
(3) 学习曲线与产品更新之间既有联系，又有矛盾，应处理好二者的关系，不可偏废一方。不能片面认为只要产量持续增长，成本就一定会下降，销售额和利润就一定会增加，如果企业忽略了资源市场、顾客爱好等方面的情况，就难免出现产品滞销、积压乃至停产的局面。
(4) 劳动力保持稳定，不断革新生产技术和改进设备。
(5) 学习曲线适用于企业的规模经济阶段，当企业规模过大，出现规模不经济，学习曲线的规律就不再存在。

以上是学习曲线的应用条件，对于采购来说，"学习曲线"分析一般适合于以下情形：

(1) 供应商按客户的特殊要求制造的零部件。
(2) 涉及需大量投资或新添设备、设施的产品生产。
(3) 需要引发分用的磨具、夹具、检具或检测设施，无法同时向多家供应商采购。
(4) 直接劳动力成本占价格成本比例较大。

5.5.2 ABC 管理法

ABC 管理法的指导思想是"20/80"原则，它是一个统计规律，即 20% 的少量因素带来 80% 的大量结果。当然，20% 和 80% 不是绝对的，它只是提示人们不同的活动在同一活动中起着不同的作用。在资源有限的情况下，企业应当注意起关键作用的因素，加强管理工作的针对性、提高效率，取得事半功倍的效果。ABC 管理法又称重点管理法，主要用来保持合理的库存量，从而实现合理的采购。其基本方法是将库存货物根据其消耗的品种数和金额按一定的标准进行分类，对不同类别的货物采用不同的管理方法。

1. ABC 管理法的特点

仓库中所保管的货物一般种类繁多，有些货物的价值较高。对于生产经营活动的影响较大，或者对保管要求较高。而另外一些品种的货物价值较低，保管要求不是很高。如对每一种货物采用相同的保管办法，可能投入的人力、物力很多，而效果却是事倍功半。所以在仓库管理中采用 ABC 管理法就是要区别对待不同的货物，在管理中做到突出重点，以有效地节约人力、物力和财力。

2. ABC 分类方法

ABC 分类方法是将所有的库存货物根据其在一定时限内的价值重要性和保管的特殊性的不同，按大小顺序排列，根据各个品种的累计金额和累计数量统计，并计算出相对于总金额和数量的比率，按顺序在图中标出对应的点，连成曲线图。

根据 ABC 分类方法，可以确定 A 类货物占 3%~10%，而其总价值占货物总价值的 70% 左右；B 类货物占 10%~15%，其总价值占货物总价值的 20%；而 C 类货物占 75% 以上，其总价值只占货物总价值的 10% 左右。

3. ABC 分类管理的措施

用上述方法分出 A、B、C 三类货物之后，应在仓储管理中采用不同的方法。

（1）对 A 类货物的管理。由于 A 类货物进出仓库比较频繁，如果供给脱节将会对生产经营活动造成重大影响。但是，如果 A 类货物存储过多，仓储费用就会增加很多，因此对 A 类货物的管理要注意以下几点：

①根据历史资料和市场供求的变化规律，认真预测未来货物的需求变化，并以此组织入库货源。多方了解货物供应市场的变化，尽可能地缩短采购时间。掌握货物的消耗规律，尽量减少出库量的波动，使仓库的安全储备量降低。

②合理增加采购次数降低采购批量。

③加强货物安全、完整的管理，保证账实相符。

④提高货物的机动性，尽可能地把货物放在易于搬动的地方。

⑤货物包装尽可能标准化，以提高仓库利用率。

（2）对 B、C 类货物的管理。B、C 类货物相对进出不是很频繁，因此一般对货物的组织和发送的影响较少，但是这些货物要占用较大的仓库资源，这就带来了仓库费用的增加，因此在管理上重点应该是简化处理，可以参考以下原则管理：

①那些很少使用的货物可以规定最少出外数量，以减少处理次数。

②根据具体情况储备必要的数量。

③对于数量大、价值低的货物可以不作为日常管理的范围，减少这类货物的盘点次数和管理工作。

本章小结

确定最优的采购价格是采购管理的一项重要工作，采购价格的高低直接关系到企业最终产品或服务价格的高低。因此，在确保满足其他条件的情况下争取到最低的采购价格是采购人员最重要的工作。

采购人员应站在全局的角度看待采购需求，根据自己对市场的了解和对产品与服务的采购经验和知识做出具体计划，既要了解供应市场，还要了解供应市场的竞争态势。通常来说，采购人员应从宏观经济、行业、供应市场结构和供应商 4 个层面做分析。

供应商定价有 3 种方法，即成本导向定价法（Cost-Based Pricing）、需求导向定价法（也称为市场导向定价法，Market-Based Pricing）和竞争导向定价法（Competition-Based Pricing）。

对采购成本进行控制，是每个企业不能忽略的步骤。对采购成本有较好的控制作用的采购方法有定期订购控制法、定量订购控制法、经济批量订购控制法及由丰田公司创办的及时采购法（JIT 采购法）。

案例分析

某公司运用 VA/VE 法降低采购成本的实践

某公司是一家马达专业制造厂,引进了 VA/VE 法改善采购活动。首先,由采购部门召集研发、采购、生产、财务各部门及协作厂商共同组成项目改善小组,并由副总经理担任项目改善小组召集人、厂长担任副召集人、采购经理担任总干事、各部门主管担任项目改善小组干事。其次,在企业内召开成立大会,举行宣誓仪式,活动也正式展开。

(1) 对象选定:2 马力马达(2AP)。
(2) 目标设定:降低 20% 零件成本。
(3) 展开步骤:

①选定对象情报的收集、分析和活用。

将 2 马力马达的所有情况装订成册,专业小组每位成员人手一册,并让其反复仔细审视,找出可以改善之处。

准备 2 马力马达材料表,列出全部的料号、名称、规格、数量,并将 1 台马达的实际材料放置于改善活动地点,以备研究用。

将 VA/VE 改善手法及程序摘要制成大字报张贴于活动地点的四周墙壁,以便让项目小组成员随时能看见,便于增加记忆。

运用材料表,将其材料的品名、料号、材质、单位、单价、每台用量、每台价格及占总成本比例等予以展开,找出适合以 VA/VE 法降低成本的材料。

②制作成本比重饼图,结果筛选出硅钢片(占 35%)、漆包线(占 25%)及轴承(占 10%)三项合计共占全部成本的 70%,作为主要改善重点。

③列出同业竞争者比较表,并拆检竞争者同机种马达,以了解其用料与用量对照表,希望能知己知彼,取长补短。

④提出改善方案,准备实物和磅秤,并确认其功能与重量及效果。实施 3 个月内,共降低 2 马力马达零件成本达 24 件,占马达总零件 45 件的 53.3%,并在往后 3 个月内又降低了 7 件,累计共降低 31 件零件成本,占马达总零件的 68.9%,其成本降低 6.3%,年节省零件采购成本达 1 亿元左右。

思考: 本案例给了我们什么启发?请结合本章所学知识进行总结。

习题与思考题

1. 控制采购成本的做法有哪些?
2. 简述 ABC 分类法。
3. 简述经济批量订购控制法的含义。
4. 及时采购的特点是什么?
5. 控制采购成本的方法有哪些?
6. 控制采购成本的策略有哪些?

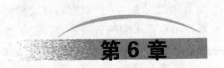

第6章 采购谈判与合同

★学习目标

1. 了解采购谈判的含义及特点;采购谈判的原则和影响因素;采购谈判的准备;采购谈判结束后的管理。
2. 熟悉采购谈判的内容;采购合同的主要内容条款;采购合同的执行;采购合同履行与变更;采购合同的纠纷处理。
3. 掌握采购谈判的含义;采购谈判的过程;采购谈判的策略与技巧;采购合同的内容。

★教学要求

教学重点:采购谈判的含义;采购谈判的原则和影响因素;采购谈判的过程;采购合同的内容。

教学难点:采购谈判的准备;采购谈判的策略与技巧;采购合同的纠纷处理。

★引入案例

谈判中的讨价还价策略

我国某机械进出口公司欲向国外订购一台专用设备,在收到报价单并经过讨价还价之后,我方决定邀请拥有生产该设备先进技术的某公司客商来华进一步谈判。在谈判中,双方集中讨论了价格问题。一开始,我方的出价是10万美元,而对方的报价与报价单开列的价格是20万美元。第一轮报价之后,双方都预计到最后的成交范围在14万~15万美元,同时大家也估计到,需要几个回合的讨价还价才能实现这一目标。我方有关人员讨论之后,提出了以下让步幅度:第一种,我方还价14万美元;第二种,我方还价10.5万美元;第三种,我方先还价11.4万美元,然后伺机依次加价,但加价幅度越来越小。我方最后决定采用第三种方式还价,经过四轮讨价还价之后,我方先后报出了11.4万美元、12.7万美元、13.5万美元,最后双方以14万美元成交。

(资料来源:百度文库)

采购谈判是采购与供应管理过程中的重要的组成部分,与供应商签订谈判合同或协议是采购与供应管理部分的活动之一。因此，采购谈判在采购活动中有着重要的作用，如可以争取降低采购成本，保证产品质量；争取采购物质及时送货，获得比较优惠的服务项目，降低采购风险，妥善处理纠纷，维护双方的有效利益及正常关系，为以后的继续合作创造条件。通过谈判，买卖双方可以就采购的各项事宜，包括商品质量、数量、价格、规格、交货方式、交货时间等达成一致，这有利于采购与供应管理的正常实施。为了使采购谈判工作顺利进行，采购谈判需要遵循一定的原则，并进行一定的准备工作。同时，通过对采购谈判过程和结束阶段的管理，可以使采购部门更好地完成采购工作，为企业节省成本，提高经济效益。

6.1 采购谈判概述

谈判无处不在，无论是采购、销售、合作，还是日常的沟通，都会涉及谈判，这是职业人员必备的一种职业素质，是各种商务活动中频繁使用的一种重要技能。采购的不同层面都可能需要谈判，这些层面包括：在某一采购部门内部的同事之间就同一任务进行分工；在部门之间，如采购部和生产部就物料供给达成一致意见；与供应商之间，就相关利益达成共识等。

6.1.1 采购谈判的含义及特点

谈判是人们为达到彼此的目的而进行相互协调和沟通，并在某些方面达成共识的行为和过程。只要人们为了改变相互关系而交换观点，只要人们为了取得一致而磋商协议，他们就需要进行谈判。他们或者是为自己，或者是代表着有组织的团体。因此，可以把谈判看作人类行为的一个组成部分，人类的谈判史同人类的文明史同样长久。

1. 采购谈判的含义

采购谈判是指企业在采购时与供应商所进行的贸易谈判。具体说就是：企业作为采购商品的买方，与卖方厂商对购销业务有关事项，如商品的品种、规格、质量保证、订购数量、包装条件、售后服务、价格、交货日期与地点、运输方式、付款条件等进行反复磋商，谋求达成协议，建立双方都满意的购销关系。

2. 采购谈判的特点

（1）以获取经济利益为目的。采购谈判中，谈判者以获取经济利益为基本目的，在满足经济利益的前提下才涉及其他非经济利益。虽然在采购谈判过程中，谈判者可以调动和运用各种非经济利益因素，且这些因素也会影响谈判的结果，但是最终目标仍然是经济利益。在采购谈判中，谈判者都比较注意谈判所涉及的成本、效率和效益。所以，人们通常以获取经济效益的高低来评价一项采购谈判的成功与否，不讲求经济效益的采购谈判就失去了价值和意义。

（2）以价值谈判为核心。采购谈判涉及的因素很多，谈判者的需求和利益表现在众多方面，但是价值谈判几乎是所有采购谈判的核心内容。这是因为在采购谈判中价值的表型形式——价格，最直接地反映了谈判双方的利益。谈判双方在利益上的得失，在很多情况下或多或少都可以折算为一定的价格，并通过价格升降得到体现。值得注意的是，在采购谈判中，与其在价格上与对手争论不休，不如在其他利益因素上让对手在不知不觉中让步。

（3）买卖双方"合作"与"冲突"的对立统一。合作性表明双方的利益有共同的一面，冲突性表明双方利益又有分歧性的一面，在采购谈判中，谈判双方通过不断地磋商，使双方意愿趋于一致。

（4）注重合同条款的严密性与准确性。采购谈判的结果是由双方协商一致的协议或合同来体现的。合同条款实质上反映了各方的权利和义务，合同条款的严密性与准确性是保障谈判获得各种利益的重要前提。因此，在采购谈判中，谈判者不仅要重视口头上的承诺，也要重视合同条款的准确和严密。

（5）原则性和可调整性相结合。原则性是指谈判双方在采购谈判中退让的最后界限，即谈判的底线。可调整性是指谈判双方在坚持各自基本原则的基础上可以向对方做出一定的让步和妥协。

（6）采购谈判既是一门科学，又是一门艺术。采购谈判的科学性体现在，采购谈判必须建立在市场规律和价值规律的基础上，谈判者必须具备一定的市场营销、财务管理、生产技术、商务礼仪等多种知识，了解谈判的流程和方法；谈判的艺术性体现在，谈判者在具体的谈判中，要具体问题具体分析，灵活运用各种谈判策略和技巧应对谈判中遇到的各种问题。

6.1.2 采购谈判的目的和适用条件

1. 采购谈判的目的

采购谈判一般是为了达到以下目的：希望获得供应商质量好、价格低的产品；希望获得供应商比较好的服务；希望在发生物资差错、事故、损失时获得合适的赔偿；当发生纠纷时，能够妥善解决，不影响双方的关系。

另外还有以下一些目的：在合同履行的方式上施加一些控制；说服供应商与买方公司进行最大限度的合作；与优秀的供应商建立健全和可以持续的关系；与一个高度合格的供应商建立长期的关系。

2. 采购谈判的适用条件

（1）采购结构复杂、技术要求严格的成套机器设备时，在设计制造、安装试验、成本价格等方面需要通过谈判，进行详细的商讨和比较。

（2）多家供应商相互竞争时，通过采购谈判，个别渴求成交的供应商在价格方面做出较大让步。

（3）采购商品的供应商不多，企业可以自制，或向国外采购，或可用其他商品代替时，通过谈判做出有利的选择。

（4）需求商品经公开招标，但在规格、价格、交货日期、付款条件等方面，没有一家供应商的开标结果能满足要求，要通过谈判再做决策。

（5）需求商品的原采购合同期满，市场行情有变化，并且采购金额较大时，通过谈判进行有利采购。

6.1.3 采购谈判的基础

谈判以成本为基础比以价格为基础更容易达成良好的协议。如果以成本为基础进行谈判，必须做到以下几个方面：

（1）理解供应商的成本构成。要了解供应商的成本构成，应该做好成本分类和分析。成本包括直接成本、间接成本和总体行政费用。直接成本又分为直接人工成本和直接物料成本；间接成本可分为工程日常费用、生产费用。有时也可把成本分为固定成本和变动成本两种。

（2）共同分担供应商成本。这是指在充分信任和合作的基础上共同协商，分担供应商的成本。充分的信任和合作是了解供应商成本和价格的重要因素，这样供应商才有可能愿意将有关账目出示给采购方看，当然这需要签订保密协议。相互信任的另一好处在于有可能降低双方的谈判成本。

（3）理解行业的规范。每个行业在长期的发展过程中为了维护市场秩序、保护各方面利益，都会形成一些约束市场参与者行为的行规。如对交货日期、退货条件的约定等，可谓是约定俗成，人人遵守，这有利于简化谈判的过程。而对供应商行业的竞争程度的了解也很重要，提供相似产品的供应商数目也直接影响供应商的利润率。

（4）制定目标价格。采购方必须了解供应商所在的行业，以及相关产品和服务的成本构成信息，这样就能在谈判之前估算出对方的成本，制定出切实可行的目标价格。

6.1.4 采购谈判的内容及条款

采购谈判是围绕采购商品而进行洽谈，因而商品的品种、规格、技术标准、质量保证、订购数量、包装要求、售后服务、价格、交货日期与地点、运输方式、付款条件、检验与索赔、不可抗力条件、仲裁等成为谈判的焦点。

采购谈判的主要内容如下：

（1）产品条件：包括产品品种、型号、规格、数量、商标、外形、款式、色彩、质量标准、包装等。产品质量方面的谈判条款具体包括产品的名称规格或图纸、产品所用材料的规格或标准、模具的寿命和产能、包装材料的要求、供应商出厂检验的标准和质量报告内容、采购方进货检验的标准、每批交货允许的次品率、目标次品率、拒收的条件和程序等。

（2）价格条件：包括数量折扣、退货损失、市场价格波动风险、商品保险费用、售后服务费用、技术培训费用、安装费用等。产品价格方面的谈判条款具体包括产品单价货币种类、允许的汇率浮动幅度或汇率换算比例、折扣比例、价格条款、运费、保险费、进口关税、付款条件等。

（3）其他条件：包括交货时间、付款方式、违约责任和仲裁等。

产品交货方面的谈判条款具体包括交货周期、供应商的安全库存量、订单周期、最小订单量、标准包装量、允许的订单数量的变动幅度、运输方式等。

上述谈判内容加上合同变更与解除条件及其他合同必备内容就构成了采购合同。

6.1.5 采购谈判的作用

总的来说，采购谈判在采购活动中的作用有以下几个方面：

（1）可以争取降低采购成本。通过有效的采购谈判，降低合作中涉及的成本。采购人员在谈判过程中要重视讨价还价，应该重运用价格和成本分析以及学习曲线等工具，将所有权成本的有效降低作为最终目标。

（2）可以争取保证产品质量。通过有效的采购谈判，获得产品设计以及客户需要的公认质量。当一次谈判的主要讨论是围绕质量而进行时，采购人员需要格外注意提高质量要求对成本的影响。此时应该建立一个高水平、精确管理信息系统来提供必要的数据，能够帮助采购人员掌握要求与成本控制之间的平衡。

（3）可以争取采购物资及时送货。通过有效的采购谈判，采购人员应该着重确认供应商能够实现的交货时间，及早规划好整个交货过程。

（4）可以争取获得比较优惠的服务项目。通过有效的采购谈判，可以从供应商的供货中获得更多和优惠的服务项目，如提前交货、延期付款、送货上门、安装调试、免费更换零配件以及更多地售后服务等。

（5）可以争取降低采购风险。通过有效的采购谈判，获得在采购活动中的控制权，这样能从根本上保障供应商在质量、数量和交货等方面按照预期的计划执行，以保障采购商的经营活动正常进行。

（6）可以妥善处理纠纷。通过有效的采购谈判，确定与供应商的交易条款并签订有效的法律合同，明确双方的权利与义务，确保供应商能很好地执行合同，履行合作义务，维护双方的效益及正常关系，为以后的继续合作创造条件。

6.2 采购谈判的原则和影响因素

6.2.1 采购谈判的原则

（1）双赢原则。在采购活动中，谈判一直被认为是一种合作，或者为了合作而进行的准备。因此，采购谈判最圆满的结局，应当是谈判的所有参与者各取所需，各偿所愿，同时也要照顾到各方的实际利益，达成一种互惠互利的结局。正如谈判专家杰勒德·尼伦伯格所说："一场成功的谈判，每一方都是胜利者。"

（2）诚信原则。诚信原则是一项重要谈判原则，它在采购谈判中的价值不可估量。在谈判中注重真诚守信，一是站在对方的立场上，将其需了解的情况坦诚相告，以满足其权威感和自我意识；二是把握时机，以适当的方式向对方袒露己方的意图，消除对方的心理障碍，化解疑惑，为谈判打下坚实的信任基础。

（3）客观标准原则。客观标准是独立于各方意志之外的合乎情理和切实可用的标准。它既可以是一些惯例、通则，也可以是职业标准、道德标准、科学工作者鉴定等。坚持客观标准能够很好地克服建立在双方意愿基础上的让步所产生的弊端，有利于谈判者达成一个明智而公正的协议。

（4）平等原则。在采购谈判中，谈判主体或代表人的权利与地位应该是平等的。谈判中应该注意尊重对方的人格和能力，尊重对方的自主权、自我意识和价值观。任何问题都应该通过对话、协商方式解决，要允许对方有不同意见和看法，要给对方讲话的机会，不能把自己的意见强加于对方。

（5）合法原则。合法原则是指谈判及其合同的签订必须遵守相关法律、法规，对于国际谈判，应该遵守国际法及尊重谈判对方所在国家的有关规定。所谓合法，主要体现在四个方面：①谈判主体必须合法；②谈判各方所从事的交易项目必须合法；③谈判各方在谈判过程中的行为必须合法；④签订的合同必须合法。

6.2.2 采购谈判的影响因素

影响采购谈判的三大因素是谈判参与者、谈判形势和谈判时间。

1. 谈判参与者

在谈判中采购方和供应方都是一些具体的个人，他们分别代表各自的组织利益，他们在谈判过程中的行为和态度部分受个人自身性格影响，部分受谈判中扮演的角色的个性所左右。

调查研究表明，不同的个性特征，如独断专行、教条武断、焦虑不安、保守或者冒险、盲目骄傲、多疑等，都会影响谈判过程中合作与竞争的程度。同样，个性特征也会影响策略的执行，所以谈判参与者的个性特征结合在一起最终可能决定谈判的结果，因此在选择谈判代表时，要综合考虑其个性特征。

2. 谈判形势

谈判形势与谈判参与者在谈判中的强势和弱势有关,也与购买方和供应方的谈判地位相关。谈判者处于强势,则其谈判的内容将得到对方更多的关注;反之,则较多地受到对方的反驳和冷落。

购买方在以下情况下处于强势:

(1) 买方购运时间充足,卖方急于争取订单。

(2) 供应商之间的竞争程度高。

(3) 买方并无固定供货源。

(4) 对卖方成本或价格分析的充分性。

(5) 买方谈判团队成员准备谈判的完全性。

(6) 买方处于垄断和半垄断地位。

(7) 采用新来源、成本低。

(8) 买方最终产品的获利率高。

(9) 供应商产能成长超过采购方需求的成长。

(10) 买方需求有多种选择和替代,或可以自己制造。

3. 谈判时间

高级管理层、设计人员、生产人员以及仓储人员都应该知道"买方永远都不应该出现紧急需求的情况"。短的前置时间大大降低了买方的谈判力量,卖方的谈判力量会得到显著的加强。一旦供应商得知买方有很紧迫的生产期限,并且处于巨大的压力之下去完成合同时,供应商就很容易一拖再拖,并且在紧要关头与买方商议一些对自身有利的条件。因此,所有部门都需要提前上报本部门的需求,这样才能保证采购部门有足够的时间去正确执行购买程序,避免出现不得不在紧急情况下与供应商进行谈判的不利情况。

过去的谈判对现在的谈判也有非常重要的影响,一方面,过去谈判的经验能影响感性认识,并指导对将来的预测;另一方面,过去的谈判通常给谈判的双方的合作创下了前例,形成了约定、管理和常规,这些可能会产生固定模式,并对双方以后的谈判行为产生很大的影响。

6.3 采购谈判的程序

一般来说,采购谈判程序可以分为三个显著的阶段:谈判前的准备阶段、谈判进行阶段和谈判结束后的管理阶段。其中谈判进行阶段可进一步分为开局、磋商和签约三个阶段。

6.3.1 采购谈判准备

一个成功的谈判所涉及的90%或者更多的时间都是为了进行面对面的讨论做准备的。谈判准备阶段包括以下几个方面:谈判目标的确立;谈判资料的收集;谈判组织的建立;进行谈判预演。

1. 谈判目标的确立

确定有意义的谈判目标对谈判成功至关重要,所以采购谈判前的第一项内容就是确立希望通过谈判达到的明确目标,每一个谈判成员都要清楚谈判要达到的目标,这些目标是基于怎样的假设才能够成立。谈判目标是指对谈判所要达到的结果的设定,是谈判的期望水平。在谈判的准备工作中，需要做两个主要内容：第一，确定谈判目标；第二，做好谈判目标的保密工作。一般可以把采购谈判的目标分为四个层次：最高目标/最优期望目标、实际需求目标、最低目标、可接受目标。

例如，在某一个设备交易的价格谈判中，需求方实际想以 70 万元购买，但谈判一开始，需求方经过各方面的衡量可能报价 60 万元，这 60 万元就是需求方的最高目标。但是供给方不会做出 60 万元就成交的慷慨之事。供给方根据自己掌握的信息，明知对方可以接受的成交价格是 70 万元，为了使得谈判主动权掌握在自己手中，就故意提高卖方报价，只同意 80 万元。经过几轮往返折中，讨价还价，最后结果既不是 60 万元也不是 80 万元，而是 70 万元左右。

最高目标是对谈判者最有利的目标，实现这个目标，可以最大化满足自己的利益，当然也是对方所能忍受的最高限度。确立最高目标的意义在于：激励谈判人员尽最大努力争取尽可能多的利益，清楚谈判结果与最终目标存在的差距；在谈判开始时，以最高期望目标为报价起点，有利于在讨价还价中处于主动地位。

实际需求目标是谈判各方根据主客观因素，综合考虑各方面情况，经过科学论证、预测和核算后，纳入谈判计划的谈判目标。其特点是：它是秘而不宣的内部机密，一般只在进入谈判过程中的某个微妙阶段后才提出；它是谈判者坚守的防线；这一目标一般由谈判对手挑明，而己方则见好就收或顺梯下楼；该目标关系着谈判一方的主要的经济利益。

最低目标是商务谈判必须实现的目标，是做出让步后必须保证实现的最基本目标，是谈判者必须坚守的最后一道防线。

可接受目标是指在谈判中争取或做出让步的范围，它能满足谈判方的部分需求，实现部分利益。一般地，可接受目标在实际需求目标和最低目标之间选择，是一个随机值。

对于该目标，谈判方应采取两种态度：一种是现实态度，即树立"只要能得到部分资金就是谈判成功"；另一种是抱着多交朋友的思想，为长期合作打下基础。

2. 谈判资料的收集

在采购谈判中，全面、准确、及时的信息是谈判者的可靠助手，是选择和确定谈判对象的基础和前提，是谈判双方沟通的纽带，是制定谈判战略的依据，是控制谈判过程、掌握主动权和确定报价水准的保证。如果买方和卖方原先有过采购合同的谈判，这个过程就不那么困难。在这种情况下，买方可能已经对许多重要问题有了答案，如双方发生什么、和我方谈判的是原先那些人还是其他人、对供应商来说重要的问题是什么、意见不同的领域有哪些、谈判规则里有没有我方想要改进的地方。

（1）采购需求分析。采购需求分析就是要在采购谈判之前弄清楚企业需要什么、需要多少、到货时间，最好能够列出企业物料需求分析清单。

（2）了解企业在市场竞争中的地位和发展规划。企业在市场竞争中的地位和发展规划是采购谈判中不可缺少的谈判筹码。

（3）正确理解上级的谈判授权。正确理解上级领导授权，利用授权同供应商展开谈判，必要时利用权力限制方式，取得谈判主动。

（4）资源市场调查。在做出采购需求分析之后，就要对资源市场进行一番调查分析，获得市场上有关物资的供给、需求等信息资料，为采购谈判的下一步决策提供依据。资源市场调查主要是调查原材料供应、需求情况。

企业通过对所需原材料在市场上的总体供应状况的调查分析，可以了解该原材料目前在市场上的供应情况。买方应根据市场供求关系变化，制定不同的采购谈判方案和方式。例如，当该原材料在市场供大于求时，买方采购谈判筹码就多，议价能力就强。作为采购方，在调查原材料市场供求情况时要了解的信息,包括该类原材料各种型号在过去几年的供求及价格波动情况;该类原材料的需求程度及潜在的供应渠道;其他购买者对此类新、老原材料的评价及对价格走势的预期等,使自己保持清醒的头脑,在谈判桌上灵活掌握价格谈判的主动权。

(5) 谈判对手的信息。

①调查供应商的资信情况,包括以下两个方面:第一,要调查对方是否具有签订合同的合法资格,在对对方的合法资格进行调查时,可以要求对方提供有关的证明文件,如成立地注册证明、法人资格等,也可以通过其他的途径进行了解和验证。第二,要调查对方的资产、信用和履约能力。对对方的资产、信用和履约能力进行调查,资料的来源可以是公共会计组织对该企业的年度审计报告,也可以是银行、资信征询机构出具的证明文件或其他渠道提供的资料。

②对方的谈判作风和特点。谈判作风实质是谈判者在多次谈判中表现出来的一贯风格。了解谈判对手的谈判作风,可对预测谈判的发展趋势和对方可能采取的方式以及制定己方的谈判方式,提供重要的依据。

③谈判对手的时限。谈判对手的时限是指谈判者完成特定谈判任务所拥有的时间。它与谈判任务量、谈判策略、谈判结果有着重要的关系。了解对手的谈判时限,就可以了解对方在谈判中会采取何种态度、何种策略,己方就可以制定相应的策略。在大多数谈判中,绝大部分的进展和让步都会在接近最后期限时发生。

3. 谈判组织的建立

(1) 谈判班子组成原则。

①规模要适当。谈判班子的人数并没有统一的模式,一般是根据谈判项目的性质、对象、内容和目标等因素综合确定。

英国谈判专家比尔·斯科特提出,谈判班子以 4 个人为最佳,最多不能超过 12 人。这是由谈判效率、对谈判组织的管理、谈判所需专业知识的范围和对谈判组织成员调换的要求决定的。如果谈判确实需要较多的人员来参加,企业可以选配智囊团,为谈判小组献计献策,而智囊团成员不必以正式员工的身份出现。

②知识、能力要互补。在组织谈判人员时,要注意知识互补,集合具备不同能力和知识的人员。因为采购谈判是涉及商务、技术、财务等专业领域多种知识的经济活动,而任何一个采购人员所掌握的知识有限且能力各有差异,因此,应该配备不同能力和知识的人员处理不同的谈判问题,从而形成整体优势。

③性格要互补。在一个较为合理而完整的谈判组织里,谈判人员的性格必须是互为协调的,避免相处得不和谐。在谈判组织中,尽量包括外向型与内向型性格的人员。外向型性格的人的特点是性格外露、善于交际、思维敏捷、处事果断,对于外向型的谈判人员,或安排为主谈,或分派其了解情况或搜集信息等交际性强的工作;内向型性格的人的特点是性格内向、不善交际,独立性差,善于从事正常的、按部就班的工作,但有耐心,做事有条不紊,沉着稳健。对于内向型的谈判人员,或安排为陪谈,或安排其从事内务性工作。

④分工明确,各负其责,相互补台,彼此协作。既需要充分发挥个人的创造性和独立应对突发事件的能力,又需要内部随时协调统一、一致对外。既能保持谈判班子的稳定,又能在商务谈判不同阶段及时更换成员,使每个成员的优势尽情发挥。

(2) 谈判班子人员组成。在商务谈判中,根据谈判工作的作用形式,谈判班子可以由以下人员组成:

①主谈人员。主谈人员是指谈判小组的领导人或首席代表,是谈判班子的核心,是代表本方利益的主要发言人,整个谈判主要是在双方主谈人员之间进行。

②专业人员。谈判班子应根据谈判的需要配备有关专家，选择既专业对口又有实践经验和谈判本领的人。根据谈判的内容，专业人员大致可分为以下四个方面：

a. 商务方面，如确定商品品种、规格、商品价格，敲定交货的时间与方式，明确风险的分担等事宜。

b. 技术方面，如评价商品技术标准、质量标准、包装、加工工艺、使用、维护等事项。

c. 法律方面，如起草合同的法律文件、对合同中各项条款的法律解释等。

d. 金融方面，如决定支付方式、信用保证、证券与资金担保等事项。

谈判小组通常要由以上这四个方面人员组成，有时遇到一个特殊的技术和法律问题，还需要聘请一些专家参加。

③法律人员。律师或法律专业知识人员通常由特聘律师、企业法律顾问或熟悉有关法律规定的人员担任，以保证合同形式和内容的严密性、合法性以及合同条款不损害己方合法权益。

④财务人员。商务谈判中所涉及的财务问题相当复杂，应由熟悉财务成本、支付方式及金融知识，具有较强的财务核算能力的财务会计人员参加，协助主谈人员制定好有关财务条款。

⑤翻译人员。在国际商务谈判中，翻译人员是谈判中实际的核心人员。一个好的翻译，能洞察对方的心理和发言的实质，活跃谈判气氛，为主谈人员提供重要信息和建议，同时也可以为本方人员在谈判中出现失误，寻找改正的机会和借口。

⑥其他人员。其他人员是指谈判必需的工作人员，如记录人员或打字员，具体职责是准确、完整、及时地记录谈判内容，一般由上述各类人员中的某人兼任，也可委派专人担任。虽然不作为谈判的正式代表，但却是谈判班子的工作人员。

(3) 谈判班子成员的分工。

1) 谈判人员在分工上包括以下三个层次：

①第一层次的人员。第一层次的人员是谈判小组的领导人或首席代表，即主谈人员。根据谈判的内容不同，谈判队伍中的主谈人员也不同。主谈人员的主要任务是领导谈判班子的工作。其具体职责如下：

a. 监督谈判程序。

b. 掌握谈判进程。

c. 听取专业人员的说明、建议。

d. 协调谈判班子的情况。

e. 决定谈判过程中的重要事项。

f. 代表单位签约。

g. 汇报谈判工作。

②第二层次的人员。第二层次的人员是懂行的专家和专业人员，他们凭自己的专长负责某一方面的专门工作，是谈判队伍中的主力军。

销售和经管人员具体职责如下：

a. 阐明己方参加谈判的意愿、条件。

b. 弄清对方的意图、条件。

c. 找出双方的分歧或差距。

d. 同对方进行专业细节方面的磋商。

e. 修改草拟谈判文书的有关条款。

f. 向主谈人员提出解决专业问题的建议。

g. 为最后决策提供专业方面的论证。

翻译人员扮演着特殊的角色。通过翻译可以了解和把握对方的心理和发言的实质，既能改变谈判气氛，又能挽救谈判失误，在增进双方了解、合作和友谊方面可起到相当大的作用。翻译人员的职责如下：

a. 在谈判过程中要全神贯注，工作热情，态度诚恳，翻译内容准确、忠实。

b. 对主谈人员的意见或谈话内容如觉不妥，可提请考虑，但必须以主谈人员的意见为最后意见，不能向外商表达个人的意见。

c. 外商如有不正确的言论，应据实全部翻译，告诉主谈人员加以考虑。如外商单独向翻译提出，判明其无恶意，可做一些解释；属恶意，应表明自己的态度。

此外还有经济人员和法律人员。经济人员常由会计师担任，国际商务谈判要求他们熟悉国际会计核算制度。其职责如下：

a. 掌握该谈判项目总的财务情况。

b. 了解谈判对方在项目利益方面的期望值指数。

c. 分析、计算修改中的谈判方案所带来的收益的变动。

d. 为主谈人提供财务方面的意见、建议。

e. 在正式签约前提出对合同或协议的财务分析表。

法律人员是重大项目谈判中的必需成员，其具体职责如下：

a. 确认谈判对方经济班子的法人地位。

b. 监督谈判程序在法律许可范围内进行。

c. 检查法律文件的准确性和完备性。

③第三层次的人员。第三层次的人员是谈判工作所必需的工作人员，如速记员或打字员，虽然不是谈判的正式代表，但作为谈判班子的工作人员，具体职责是准确、完整、及时地记录谈判内容，包括以下内容：

a. 双方讨论过程中的问题。

b. 提出的条件。

c. 达成的协议。

d. 谈判人员的表情、用语、习惯等。

2）不同谈判类型的人员分工。以上三个层次是谈判队伍中各成员的基本分工与职责。不同的谈判内容要求谈判人员承担不同的具体任务，并且处于不同的谈判位置。具体以下面三种类型来加以介绍：

①技术条款谈判的分工。技术条款谈判应以技术人员为主谈人员，其他的商务、法律人员等处于辅谈位置。

②合同法律条款谈判的分工。在涉及合同中某些专业性法律条款的谈判时，应以法律人员作为主谈人员，其他人员为辅谈。

③商务条款谈判的分工。商务条款谈判时要以商务谈判人员为主谈人员，技术人员、法律人员及其他人员处于辅谈位置。

4. 进行谈判预演

在做好了上述三个方面的准备工作后，同样重要的一项工作就是进行谈判预演。谈判预演就是指谈判的其中一方为了更好地实现谈判的目标，在正式谈判之前，利用事先收集的信息及分析结论，而进行的谈判训练。例如，采购商的谈判成员可以邀请本公司的谈判代表扮演供应商，在双方尽力追求实现各自利益时，可以事先发现忽略的或者有待改进的问题，在谈判开始前做到知己知彼，从而有利于日后正式谈判的成功。预演时，重要的是双方尽可能真实地扮演自己的角色。

6.3.2 采购谈判过程

采购谈判过程是指谈判的进行阶段，这一阶段可进一步分为开局、磋商和签约三个阶段。谈判过程是在谈判策略与技巧的指导下进行的，因此，首先介绍谈判策略与技巧。

1. 采购谈判的策略与技巧

谈判策略是指谈判人员为取得预期成果而采取的一些措施，它是各种谈判方式的具体运用，是一个谈判者的实用工具。在一个熟练的谈判者手里，这些工具都是强大的武器。任何一项成功的谈判都是灵活巧妙运用谈判策略的结果。

采购谈判的策略与技巧种类繁多，这里主要从三个方面加以介绍，分别是普遍适用的谈判策略、交易关系的谈判策略和价格谈判策略。

（1）普遍适用的谈判策略。

①知己知彼。这是一个老生常谈的话题，更是一个强大而有力的技巧。知己知彼，百战不殆。采购人员必须了解商品的知识、品类市场及价格、品类供需情况、本企业情况、本企业所能接受的价格底线，以及其他谈判的目标，这里不再赘述。还要了解供应方的代表，了解谈判人员的脾气秉性、行为方式、谈判风格。在谈判的人性方面，如果一个谈判者在私下了解对方，那么该谈判者就会有优势。

②必要时转移话题。在谈判过程中，若买卖双方对某一细节争论不休，无法谈判，谈判人员可以转移话题，或暂停讨论，以缓和紧张气氛，并寻找新的切入点或更合适的谈判时机。

③尽量以肯定的语气与对方谈话。在谈判过程中，对于对方有建设性的或自认为聪明的意见和发言，如果采取否定的语气容易激怒对方，让对方没面子，谈判因而难以进行，而且可能还会导致对方背后下黑招。故采购人员应尽量肯定对方，称赞对方，给对方面子，这样对方也会愿意给你面子。

④尽量成为一个好的倾听者。一般而言，供应商业务人员总认为自己能言善道，比较喜欢讲话。采购人员应知道这一点，尽量让他们讲，从他们的言谈举止中，可听出他们的优势和缺点，也可以了解他们谈判的立场。

⑤尽量从对方的立场说话。很多人误以为在谈判时，应赶尽杀绝，毫不让步。但事实证明，大部分成功的采购谈判都要在彼此和谐的气氛下进行才可能达成。在相同交涉条件上，要站在对方的立场上去说明，往往更有说服力。因为对方更会感觉到：达成交易的前提是双方都能获得预期的利益。

（2）交易关系的谈判策略。

①不要表露对供应商的认可和对商品的兴趣。交易开始前，对方的期待值会决定最终的交易条件，所以有经验的采购员，无论遇到多好的商品和价格，都不要过度表露内心的看法。永远不要忘记：在谈判的每一分钟，要一直持怀疑态度，不要流露与对方合作的兴趣，让供应商感觉在你心中可有可无，这样可以比较容易获得有利的交易条件。

对供应商第一次提出的条件，应有礼貌地拒绝或持反对意见。采购员可以说："什么？"或者"你该不是开玩笑吧？"从而使对方产生心理负担，降低谈判标准和期望。

②争取主动，但避免让对方了解本企业的立场。善用咨询技术，"询问及征求要比论断及攻击更有效"，而且在大多数时，供应商在他们的领域比采购方还专业，多询问，就可获得更多的市场信息。故采购员应尽量将自己预先准备好的问题，以"开放式"的问话方式，让对方尽量暴露出其立场，然后采取主动，乘胜追击，给对方足够的压力。对方若难以招架，自然会做出让步。

③放长线钓大鱼。有经验的采购员会想办法知道对方的需求，因此尽量在小处着手满足对方，然后渐渐引导对方满足采购人员的需要。但采购员要避免先让对方知道我公司的需要，否则对方会利用此弱点要求采购人员先做出让步。因此采购人员不要先让步，或不能让步太多。

④交谈集中在我方强势点上。告诉对方我公司目前及未来的发展及目标，让供应商对我公司有热忱、有兴趣。不要过多谈及我方弱势点，一个供应商的谈判高手会攻击我方的弱点，以削减我方强项。

在肯定供应商企业的同时，指出供应商存在的弱点，告诉供应商："你可以，而且需要做得更好。"不断重复这个说法，直到供应商开始调整对他自己的评价为止。

⑤以数据和事实说话，提高权威性。无论什么时候都要以事实为依据。这里说的事实主要是指：充分运用准确的数据分析，如销售额分析、市场份额分析、品类表现分析、毛利分析等，进行横向及纵向的比较。用事实说话，对方就没办法过分夸大某些事情，从而保护住你的原则。首先，作为采购人员，在谈判前，应明确自己的目标是什么，一定要坚持公司的原则，即使在不得不让步的情况下，也要反复强调该原则，而且这原则是有数据和分析支持的。其次，采购员要永远保持职业化的风格，让对手在无形中加深"他说的是对的，因为他对这方面很内行"的感觉。

⑥谈判时要避免谈判破裂，同时不要草率决定。有经验的采购人员，不会让谈判完全破裂，否则根本就不必谈判。他总会给对方留一点退路，以待下次谈判达成协议。另外，采购人员须说明：没有达成协议总比达成协议的要好，因为勉强达成的协议可能后患无穷。

很多人在谈判时大方向是知道的，但好的采购人员是把整个谈判内容化整为零，谈完了一点耗得筋疲力尽时，对方又突然跳到另一点，有时会绕回刚才那一点。这时，厂家就不一定在每个环节上都知道自己最好的选择和底线是什么了。

其次，对于厂商，采购员要不断地告诉他，我方已经为他做了些什么，让他感觉到我方已经付出了很多。如果谈不拢不要心急，可以暂时终止谈判，不要害怕主动终止会带来什么负面效应，你要坚持到底。适当的时候采购员可以做出一些让他们吃惊的行为，引起对方的重视。这并不是说我方要坚持不让步，"斗争"的主要目的是找到一个双赢的策略（只不过我方要尽力赢多一点）。

⑦以退为进。有些事情可能超出采购人员的权限或知识范围，这时不应操之过急，不应装出自己有权或了解某事，做出不应作的决定。

此时不妨以退为进，请示领导或与同事研究弄清事实情况后，再答复或决定也不迟，毕竟没有人是万事通的。草率仓促的决定通常都不是很好的决定，智者总是深思熟虑，再做决定。古语云，"三思而后行"或"小不忍而乱大谋"，事情拖到下次解决可能会更好——要知道往往我方能等而供应商不能等。这样，在谈判要结束时，我方就声称须由上级经理决定，为自己争取到更多的时间来考虑拒绝或重新考虑一份方案。

（3）价格谈判策略。

①买方处于优势时的价格策略。

a. 借刀杀人。采购过程中，通常询价之后，可能有 3~7 个厂商报价，经过报价分析与审查，然后将厂商按报价高、低次序排列（比价）。议价究竟先从报价最高者着手，还是从最低者开始？是否只找报价最低者来议价？是否与报价的每一厂商分别议价？事实上，这并没有标准答案，应视状况而定。

采购人员工作一般均相当忙碌，若逐一与报价厂商议价，恐怕"时不我待"，且议价的厂商愈多，通常将来决定的选择困扰就愈多。若仅从报价最低的厂商开始议价，则此厂商可能倨傲不逊，降低的意愿与幅度可能不高。故所谓"借刀杀人"即从报价并非最低者开始。若时间有限，先找比价结果排行第三低者来议价，探知其降低的限度后，再找第二低者来议价，经过这两次议价，"底价"就可能浮现出来。若此"底价"比原来报价最低者还低，表示第三、第二低者承做意愿相当高，则可再找原来报价最低者来报价，达到"借刀杀人"的目的。若原来报价最低者不愿降价，则可交与第二或第三低者按议价后的最低价格成交。若原来最低价者刚好降至第二或第三低者的最低价格，则以交给原来报价最低者为原则。

"借刀杀人"降到合理的报价，应见好就收，以免导致延误采购时效。这种策略可以鼓舞竞争厂商勇于提出较低的报价。

b. 过关斩将。所谓"过关斩将"，即采购人员应善用上级主管的议价能力。通常供应商不会自动降价，必须采购人员据理力争，但是供应商的降价意愿与幅度，视议价的对象而定。如果采购人员对议价的结果不太满意，此时应要求上级主管（科长）和供应商（业务员或科长）议价。当买方提高议价的层次，卖方有受到敬重的感觉，可能同意提高降价的幅度。若采购金额巨大，采购人员甚至进而请求更高阶层的主管（如采购经理，甚至副总经理或总经理）邀约卖方的业务主管（如业务经理）面谈，或直接由买方高阶层主管与对方的高阶层主管直接对话，通常效果不错。因为，高阶层主管不但技巧与谈判能力高超，且社会关系及地位崇高，甚至与对方的经营者有相互投资或事业合作的关系，因此通常只要招呼一声，就可获得令人意想不到的议价效果。

当然，供应商业务人员若为回避"过关斩将"而直接与采购经理或高阶层主管面谈，如此必会得罪采购人员，将来有丧失询价机会之虞，所以通常会接受此种逐次提高议价层次的安排。

c. 化整为零。采购人员为获得最合理的价格，必须深入了解供应商的"底价"究竟是多少？若是仅仅获得供应商笼统的报价，据此与其议价，吃亏上当的机会相当大。若能要求供应商提供详细的成本分析表，则"杀价"才不致发生错误。因为真正的成本或底价，只有供应商心里明白，任凭采购人员乱砍乱杀，最后恐怕还是占不了优势，因此特别是拟购的物品是由几个不同的零件组合或装配而成时，即可要求供应商"化整为零"，列示各项零件并逐一报价；另寻找专业制造此零件的厂商另行独立报价，借此寻求最低的单项报价或总价，作为议价的依据，但也面临以完成品买进还是以个别零件买进自行组装的采购决策。

d. 压迫降价。此为买方占优势的情况下，以胁迫的方式要求供货商降低价格，并不征询供应商的意见。这通常是在卖方处于产品销路欠佳，或竞争十分激烈，致发生亏损或利润微薄的情况下，为改善其获利能力而使用的撒手锏。由于市场不景气，故形成供应商存货积压，急于出脱换取周转资金。因此，这时买方占据优势地位。采购人员通常遵照公司的紧急措施，通知供应商自特定日期起降价若干；若原来供应商缺乏配合意愿，即行更换来源。当然，此种激烈的降价手段，会破坏供需双方的和谐关系，当市场好转时，原来委曲求全的供应商，不是"以牙还牙"提高售价，而是另谋发展，供需关系难以维持良久。总之，在采取"压迫降价"时，必须注意切勿"杀鸡取卵"以免危害长期的供应商关系或激起对抗的行动。

②买方处于劣势时的价格策略。

a. 迂回战术。由于卖方占优势，正面议价通常效果不佳，采取迂回战术才能奏效。例如，某厂家自本地的总代理购入某项化学品，发现价格竟比同业A公司昂贵，因此要求总代理说明原委，并比照售与同行业的价格。未料总代理没有解释这个道理，也不愿意降价，因此，采购人员乃委托总代理厂原产国的某贸易商，先行在该国购入该项化学品，再运回工厂。因为总代理的利润偏高，此种转运安排虽然费用增加，但总成本还是比透过总代理购入的价格便宜。

b. 直捣黄龙。有时单一来源的供应商或总代理对采购人员的议价要求置之不理，一副"姜太公钓鱼，愿者上钩"的姿态，使采购人员有被侮辱的感觉。此时，若能摆脱总代理，寻求原厂的报价将是良策。例如，某制鞋厂拟购缝纫机7部，经总代理报价后，虽然采购人员三番两次前来议价，总是推三阻四不得要领，当采购人员查阅产品目录时，灵机一动，将目录上印有总代理名称、地址及电话的标识撕下，赫然发现国外原厂的通信处所在。随即发送要求降价12%的条件给原厂，事实上只是存着姑且一试的心理，不料次日原厂回电同意降价12%，使采购人员雀跃不已，欣喜若狂。

由前述的事例可知，采购人员对所谓的总代理应在议价的过程中辨认其虚实，因为有些供应商自称为总代理，事实上，并未与国外原厂签订任何合约或协议，只想借总代理的名义自抬身价，获取超额利润。因此，当采购人员向国外原厂询价时，多半会获得回复，但是在产、销分离制度相当严谨的国家，如日本，则迂回战术就不得要领，因为原厂通常会把询价单转交国内的代理商，不会自行报价。

c. 预算不足。在买方居于劣势下，应以"哀兵"姿态争取卖方的同情与支持。由于买方没有能力与卖方议价，有时会以预算不足作借口，请求卖方同意在其有限的费用下，勉为其难地将货品卖给他，而达到减价的目的。一方面买方必须施展"动之以情"的议价功夫，另一方面则口头承诺将来"感恩图报"，换取贵方"来日方长"的打算。此时，若卖方并非血本无归，只是削减原来过高的利润，则双方可能成交。若买方的预算距离卖方的底价太远，卖方将因无利可图，不为买方的诉求所动。

d. 釜底抽薪。为了避免卖方处于优势下获取暴利，采购人员只好同意卖方有"合理"利润，否则胡乱杀价，仍然给予卖方可乘之机，因此通常由买方要求卖方提供所有成本资料。以国外货品而言，则计总代理提供一切进口单据，借以查核真实的成本，然后加计合理的利润作为采购的价格。先就决定成本而言，最主要是把供应商可能"灌水"的项目加以削减，如海运费及保险费，若另请船运公司及保险公司单独报价，即可印证是否偏高成本经过逐项查对后已无"灌水"现象，再据以加上合理利润计算价格。

2. 采购谈判的开局阶段

采购谈判的开局阶段（摸底阶段）是指谈判双方进入面对面谈判的开始阶段。谈判双方对谈判尚无实质性认识。其主要内容是营造气氛，交换意见，相互摸底。这个阶段时间短，虽然不涉及实质问题，但给整个谈判定下基调。在这个阶段，要多听、多看、少说。

对整场谈判而言，谈判开局阶段对整个过程起着相当重要的作用。谈判开局不仅决定着双方在谈判中的力量对比，决定着双方在谈判中采取的态度和方式，同时也决定着双方对谈判局面的控制，进而决定着谈判的结果。所以应该研究谈判的开局，把握和控制谈判的局势。谈判的开局阶段包括开局目标的设计、开局目标的表达和开局气氛的营造。开局目标的设计是指对各种各样谈判气氛的设想、选择；开局目标的表达是指为实现开局目标，营造良好的谈判气氛而运用各种策略或方式；开局气氛的营造是指在谈判准备阶段做有利于实现谈判目标的准备。

（1）开局目标的设计。影响开局目标设计的因素主要有谈判双方企业之间的关系、双方谈判人员之间的个人关系及双方的谈判实力对比三个方面。

①谈判双方企业之间的关系。如果双方有过业务往来，且关系很好，那么就可以较快地将话题引入实质性谈判；如果双方有过业务往来，但关系一般，就在适当的时候，自然地将话题引入实质性谈判；如果双方有过业务往来，但对对方印象不佳，就在适当的时候，慎重地将话题引入实质性谈判；如果双方没有任何业务往来，为第一次业务接触，就在适当的时候，巧妙地将话题引入实质性谈判。

②双方谈判人员之间的个人关系。如果双方过去有过接触，并且结下了一定的友谊，就畅谈友谊，回忆过去，讲述别后经历；如果双方有着良好的私人感情，甚至可直接提出要求、做出

让步。

③双方的谈判实力对比。如果双方经济实力与谈判能力相当，都有良好的主观愿望，则应该创造和谐的谈判气氛；如果双方经济实力与谈判能力悬殊，对方企图先发制人、以强凌弱，则一定要先追求平等对话，后创造友好气氛；如果双方经济实力与谈判能力相差悬殊，弱者态度不卑不亢，则应该创造平等坦诚、互谅互让的气氛。

(2) 开局目标的表达。

①一致式开局策略。一致式开局策略是指在谈判开始时，为使对方对自己产生好感，以"协商""肯定"的方式，创造或建立起对谈判的"一致"的感觉，从而使谈判双方在友好愉快的气氛中不断将谈判引向深入的一种开局策略。该策略适用于双方实力接近，过去没有商务往来的场合。可以采用问询式方式，将答案设计成问题来询问对方，也可以采用补充式方式，借以对对方意见的补充，使自己的意见变成对方的意见。

②保留式开局策略。保留式开局策略是指在谈判开局时，对谈判对手提出的关键性问题不做彻底、确切的回答，而是有所保留，从而给对手造成神秘感，以吸引对手步入谈判。

例如，一家供应商就价格问题询问买方的意见。"价钱多少，您才要买呢？""您看每千克100元好吗？不然95元……算你最便宜80元啦！"。很显然，卖方在探寻买方心目中的价格。买方采购人员回答："相比价格，我们更关心的是质量和售后服务，而且我们的需求量很大，希望你们的产品能满足我们的要求。"

③坦诚式开局策略。坦诚式开局策略是指以开诚布公的方式向谈判对手陈述自己的观点或想法，从而尽快为谈判打开局面。该策略适用于双方有过商务往来，且关系很好，互相了解较深的场合。采用该策略时，要综合考虑多种因素，如自己的身份、与对方的关系、当时的谈判形势等。有时也可用于实力不如对方的谈判。

④进攻式开局策略。进攻式开局策略是指通过语言或行为来表达己方强硬的姿态，从而获得谈判对手必要的尊重，并借以制造心理优势，使得谈判顺利地进行下去。进攻式开局策略通常只在这种情况下使用：发现谈判对手在刻意制造低调气氛，这种气氛对己方的讨价还价十分不利，如果不把这种气氛扭转过来，将损害己方的切身利益。但是，进攻式开局策略也可能使谈判一开始就陷入僵局，为避免这种情况，使用此策略时要有理、有利、有节，要切中要害，对事不对人，一旦问题表达清楚，对方有所改观，就应及时调节气氛，重建友好、轻松的谈判气氛。

⑤挑剔式开局策略。挑剔式开局策略是指开局时，对对手的某项错误或礼仪失误严加指责，使其感到内疚，从而达到营造低调气氛，迫使对手让步的目的。

例如，一家公司的采购人员要采购一套大型设备。供应商因交通堵塞迟到半小时，买方对此大为不满，花了很长时间来指责卖方代表的这一错误，使得卖方感到很难为情，频频向买方道歉。谈判开始后，买方依然对卖方耿耿于怀，一时间使卖方手足无措，无心讨价还价。等到合同签订，卖方才发现自己吃了一个大亏。

本案例中买方迫使卖方自觉理亏在来不及认真思考和讨价还价的情况下匆忙签下对买方有利的合同，买方成功地使用了挑剔式开局策略。如果使用这一技巧，己方必须注意语言、表情要适度，不能太过分，同时要审时度势，一鼓作气签下合同，不然等对方缓过神来就晚了。同时，己方要注意细节，尊重对方，不能让对方有机可乘。

(3) 开局气氛的营造。

①开局气氛的特点。开局气氛的特点主要有：a. 礼貌尊重——要营造出一种尊重对方，彬彬有礼的气氛；b. 自然轻松——营造一种平和、自然、轻松的气氛；c. 友好合作——营造一种"有缘相知"、友好合作、共同受益的意愿；d. 积极进取——积极进取、紧张有序、追求效率。

②营造开局气氛的意义。通过寒暄来缓解紧张气氛，为控制整个谈判打下基础；通过控制谈判开局气氛来控制谈判对手，热烈、积极、友好的气氛使谈判成为一件轻松愉快的事情，冷淡、对立、紧张的气氛使谈判变成一场没有硝烟的战争。

③影响开局气氛的因素。影响开局气氛的因素有：a. 无声因素：主要包括谈判人员的仪表、仪态和各种无声语言表达出的风度和气质，包括服饰、目光、动作和手势等；b. 有声因素：主要包括双方见面时相互介绍、寒暄、交谈等一些题外话时向对方所传递的信息。

④营造开局气氛的要点。谈判气氛通常是在谈判开始之初很短的时间内形成的，创造良好谈判气氛的关键在于谈判双方人员刚接触的瞬间所采取的方式和态度。营造开局气氛的要点：a. 用轻松的话题、语言来创造轻松的环境；b. 用友善的形象来创造友好的气氛；c. 以恰当的洽谈速度来确定有利于谈判顺利进行的基调；d. 以谦和、坦诚来奠定谈判气氛的基础；e. 抓住有利时机，创造良好的谈判气氛。

3. 采购谈判的磋商阶段

采购谈判的磋商阶段是指谈判开始之后到谈判终局之前，谈判各方就实质性事项进行磋商的全过程。谈判的磋商阶段是谈判的实践阶段，这不仅是谈判主体间的实力、智力和技术的具体较量阶段，也是谈判主体间求同存异、合作谅解让步的阶段。此时，谈判双方就谈判的基本内容、主要条件、策划运用谈判谋略和技巧，进行直接交锋。因此，必须认真地、一丝不苟地做好这项工作。

采购谈判的磋商阶段一般要经历询盘、发盘、还盘和接受四个环节，其中发盘和接受是达成贸易、合同成立不可缺少的两个基本环节和必经的法律步骤。

（1）询盘。询盘是指准备购买或出售商品的人向潜在的供货人或买主探询该商品的成交条件或交易的可能性的业务行为，询盘不具有法律上的约束力。询盘的内容可涉及成交条件，如商品的品质、规格、数量、包装、价格、装运等，多为询问价格，也可向卖主索取估价单、样品。所以，业务上常把询盘称作询价。

（2）发盘。发盘是指买卖双方的一方向对方提出各项交易条件，并愿按照这些条件与对方达成交易、订立合同的一种肯定的表示。发盘既是商业行为，也是法律行为，在合同法中称为要约。一项发盘发出后，对发盘人便产生法律上的约束力。如果对方完全同意发盘内容，并按时答复，表示接受，则合同双方合同关系成立，交易达成。发盘的形式大多是由卖方提出，但极少数情况下，也可能是由买方提出，由买方提出的发盘称为递盘。

发盘有实盘和虚盘两种。实盘是对发盘人有约束力的发盘，即表示有肯定的订立合同的意图，只要受盘人在有效期内无条件地接受，合同即告成立，交易即告达成。虚盘是指对发盘人和受盘人都没有约束力的发盘。对虚盘，发盘人可以随时撤回或修改内容。虚盘的三个特点：①在发盘中有保留条件；②发盘的内容模糊，不做肯定表示；③缺少主要交易条件。

（3）还盘。还盘又称还价，是受盘人对发盘内容不完全同意而提出修改或变更的表示。还盘既是受盘人对发盘的拒绝，也是受盘人以发盘人的地位所提出的新发盘。对还盘做再还盘，实际上是对新发盘的还盘。一笔交易有时不经过还盘即可达成，有时要经过一次甚至多次的还盘才能达成。还盘时，一般仅将不同条件的内容通知对方，即意味着还盘。

（4）接受。所谓接受是指买方或卖方在发盘的有限期内，无条件同意对方提出的条件，并愿按这些条件与对方达成交易、订立合同的一种肯定的表示。接受在法律上称为承诺，既属于商业行为，也属于法律行为。

4. 采购谈判的签约阶段

采购谈判的最后环节是签约。谈判双方经过多个回合的讨价还价，就谈判过程中的各项重要内容完全达成一致以后,为了双方权利与义务关系的固定,取得法律的确认和保护,而签订的具有法定效益的合同文书,它是采购谈判取得成果的标志,是全部谈判过程的重要组成部分,是谈判活动的最终落脚点,签约意味着全部工作的结束。谈判工作做得再好、沟通得再好,没有合同的签订与规范也是无效的。有经验的谈判者总是善于在关键的、恰当的时刻,抓住对方隐含的签约意向或巧妙地表明自己的签约意向,趁热打铁,促成交易的达成与实现。

从程序上看,签约包括两个过程,首先是签备忘录,之后签订正式协议。

(1) 谈判记录及整理。在谈判中,双方一般都要做谈判记录。重要的内容要点应交换整理成简报或纪要,向双方公布,这样可以确保协议不致以后被撕毁。因为这种文件具有一定的法律效力,在以后可能发生的纠纷中尤为有用。在一项长期而复杂、有时甚至要延伸到若干次会议的大型谈判中,每当一个问题谈妥之时,都需要通读双方的记录,查对是否一致,不应存在任何含混不清的地方,这在激烈的谈判中尤为必要。一般谈判者都争取己方做记录,因为谁保存记录,谁就掌握一定的主动权。如果对方向己方出示其会谈记录,那就必须认真检查、核实。在签约前,谈判者必须对双方的谈判记录进行核实。一是核实双方的洽谈记录是否一致;二是要查对双方洽谈的记录的重点是否突出、正确。检查之后的记录是起草书面协议的主要依据。

(2) 签订正式协议。签约是谈判工作人员以双方谈判达成的原则性协议为基础,对谈判内容加以总结整理,并用准确规范的文字加以表述,最后由谈判双方代表正式签字,协议生效。谈判的协议要求表达准确、内容全面,不允许产生严重歧义和遗漏疏忽,否则可能给一方谋取分外之利造成可乘之机,同时也会给另一方带来损失。

6.3.3 采购谈判结束后的管理

采购谈判结束后的管理是谈判的最后一个阶段,同样很重要,因为对于谈判来说,无论是成功还是失败都会对未来谈判有一定的影响。采购谈判结束后需要做好以下几项工作:

(1) 申报谈判结果。谈判人员经过了谈判的签约阶段后,要将签约的协议或合同向企业上级申报,由上级批准结果。谈判批准结果有两种:正式的和非正式的。对于正式批准,谈判者把协议结果呈报组织(如上司或者生产部门经理),得到"签批"。组织的决定相对直接——接受已达成的协议,做出该决定的基础是获得所有与交易及其执行有关的重要信息。如果信息不完整,协议将不能获得批准。

非正式协议常见于内部谈判。批准经常是持续进行的,其产生了修改条款的压力,这影响了外部谈判。谈判者对此经常的反应是从利益集团(如财务部)或其他利益集团获得间接的支持,从而促使相关部门批准。

(2) 评估谈判。评估谈判是指根据预先设计的目标评测谈判是否成功,评估谈判的所有阶段。至于谈判失败,是因为其中至少有一个阶段没有受到重视。但是评估需要不断更新信息,因为市场环境是不断变化的。人们会发现,往往在谈判后才知道采用什么方法谈判效果更好。如果能够预先了解,并加以运用,就能更好地考虑如何改善未来的谈判准备和谈判过程。

(3) 履行协议。谈判结束,预示着履行协议的开始,有关人员不能掉以轻心。达成协议并不是谈判过程的终结,而是合同履行的开始。合同履行的一个重要内容就是提供信息的反馈,买方必须让供应商知道该供应商是否达到了合同要求。相反地,供应商也有责任让买方知道是否完成了协议规定的责任,双方都应该促进谈判成功。履行协议时应该重申双方合作的必要性,以寻求未来的进一步合作。

(4) 关系维护。持续维护采购商与供应商之间的关系,才能互惠互利。谈判既让信息得到交换,又可以使双方关系变得更加紧密,使双方相互信任,并做出承诺。因此,谈判者要注意从普通的交易发展成以关系为基础的交易,以便获得供应商长期稳定、准时、优质、高效的产品供应。同时,在谈判结束后和对方举行一场宴会是必不可少的,在激烈交锋后,这种方式可以消除谈判过程中的紧张气氛,有利于维持双方的关系。

6.4 采购合同管理

6.4.1 采购合同概述

1. 采购合同的概念

合同也称为契约,有广义和狭义之分。广义的合同是指所有法律部门中确定权利、义务关系的协议;狭义的合同是指双方当事人之间为实现某特定目的而确定、变更、终止的民事关系的协议。合同具有法律效力,合同上规定签约者应履行和应获得的权利和义务(不能列入与法律相抵触的条款),受到国家法律的承认、维护和监督,违反时要受到法律的制裁。

经济合同是法人之间为实现一定的经济目的,明确相互的权利义务关系而签订的书面契约。因此,签订合同既是一种经济活动,同时也是一种法律行为,经济合同制是管理经济的一种有效的经济办法,也是一种依据法律办事的法律办法。

采购合同是经济合同的一种,它是供需双方在进行正式交易以前为明确双方权利和义务关系而签订的对供需双方均有法律约束力的正式协议,有的企业也称为采购协议。

2. 采购合同的主要内容

一份采购合同主要由开头、正文和结尾三部分组成。其中,开头包括合同名称、合同编号、签订日期、签订地点、买卖双方的名称、合同序言等;正文包括商品名称、品质规格、单价和总价、数量、包装、装运、到货期限、到货地点、检验、付款方式、保险、仲裁条款、不可抗力等法律适用条款;结尾包括合同的份数、使用语言及效力、附件、合同的生效日期、双方的签字盖章等。

采购合同的正文是供需双方已定的内容,是采购合同的必备条款,是供需双方履行合同的基本依据。采购合同的条款,应当在力求具体明确、便于执行、避免不必要纠纷的前提下具备以下主要条款:

(1) 数量条款。数量条款的主要内容是:①交料数量;②单位;③计量方式;④必要时还应说明误差范围。

(2) 价格条款。价格条款的主要内容有价格术语的选用、结算币种、单价、总价等。其具体如下:①价格金额;②货币类型;③交料地点;④国际贸易术语;⑤物料定价方式等。

(3) 品质条款。品质条款的主要内容是:①技术规范;②质量标准;③规格;④品牌名称等。在采购作业中,须以最明确的方式界定物料可接受的质量标准。一般有三种方式来表达物料的质量:第一种是用图纸或技术文件来界定物料的质量标准;第二种是用国际标准、国家标准或行业标准界定物料的质量标准;第三种是样品,当用文字或图示难以表达时,常用样品来表示,样品也可以作为物料的辅助规格,与图纸或技术文件结合使用。

(4) 支付条款。

①支付手段有货币或汇票,一般是汇票。

②付款方式:银行提供信用方式(如信用证);银行不提供信用但可作为代理(如直接付款

和托收）方式。

③支付时间：预付款；即期付款；延期付款。

④支付地点：付款人和指定银行所在地。

（5）检验条款。在一般的买卖交易过程中，物品的检验是指按照合同条件对交货进行检查和验收，涉及数量、质量、包装等条款。其主要包括检验时间、检验工具、检验标准及方法等。

（6）包装条款。包装条款的主要内容有包装材料、包装方式、包装费用和运输标志等。其具体包括标识、包装方式、材料要求、环保要求、规格、成本、分拣运输标志等。

（7）装运条款。装运条款的主要内容有：运输方式；装运时间；装运地与目的地；装运方式（分批、转运）；装运通知等。

（8）保险条款。保险是企业向保险公司投保，并缴纳保险费。物料在运输过程中受到损失时，保险公司向企业提供经济上的补偿。保险条款的主要内容包括：①确定保险类别及其保险金额；②指明投保人并支付保险费。

（9）仲裁条款。仲裁条款是指买卖双方自愿将其争议事项提交第三方进行裁决。仲裁协议的主要内容有：①仲裁机构；②适用的仲裁程序；③适用地点；④裁决效力等。

（10）不可抗力条款。不可抗力是指在合同过程中发生的、不能预见的、人力难以控制的意外事故，如战争、洪水、风暴、台风、地震等，致使合同执行过程被迫中断，遭遇不可抗力的一方可因此免除合同责任。不可抗力条款的主要内容包括：①不可抗力的含义；②适用范围；③法律后果；④双方的权利和义务。

6.4.2 采购合同的签订

1. 采购合同的主体

订立采购合同的主体必须是公司及所属各公司中具有法人资格，能独立承担民事责任的组织，其他部门、机构、分公司等不得擅自签订合同。

签订采购合同前，应当对当事人的主体资格、资信能力、履约能力进行调查，不得与不能独立承担民事责任的组织签订合同，也不得与法人单位签订与该单位履约能力明显不相符的经济合同。

合同对各方当事人权利、义务的规定必须明确、具体，文字表达要清楚、准确。签订合同必须遵守国家的法律、法规及相关规定。对外签订合同，除法定代表人外，必须是持有法人委托书的法人委托人，法人委托人必须对本企业负责。

采购合同的形式最好是"书面形式"。"书面形式"是指合同书、补充协议除情况紧急或条件限制外，一般要求采用正式的合同书形式。

2. 采购合同的签订程序

（1）要约阶段。要约是希望和他人订立合同的意思表示。按此规定，要约在性质上是一种意思表示，其内容是邀请对方和自己订立合同，表示受要约人一旦承诺，要约人即受该意思表示的约束。如果是仅仅邀请对方和自己订立合同尚不足以成为要约，只能是要约邀请。要约是要约人单方的意思表示，要约内容必须明确、真实、具体、肯定，不能含糊其词、模棱两可，要约是要约人向对方做出的允诺，要约人可以在得到对方接受要约表示前撤回自己的要约。

（2）承诺阶段。承诺是受要约人同意要约的意思表示。一项有效的承诺要由受要约人做出才生效力，与要约的条件保持一致，承诺应在要约有效的时间内做出，承诺必须通知要约人才生效力。表示当事人另一方（承诺方）接受要约人的订约建议，同意订立此采购合同的意思表示。

接受要约的一方向要约人做出完全接受要约人的要约条款,不能附带任何其他条件。

6.4.3 采购合同的执行

合同跟踪是采购人员掌握执行情况的重要手段,也是采购人员最重要的工作职责。为了保证采购合同的正常执行,采购人员需要跟踪采购合同的执行情况,并恰当处理在采购合同执行中出现的供应、需求和缓冲余量等问题。

(1) 合同执行前跟踪。制订采购合同后,采购人员需要了解供应商是否接受合同和及时签订等情况。由于时间的变化,供应商可能会提出改变物资价格、质量和交期等合同条款的要求。此时,采购人员应充分与供应商沟通,确认可选择的供应商是否接受订单。如果供应商不能接受订单,则需要选择其他供应商。

(2) 合同执行过程跟踪。采购合同签订后,采购人员应全力跟踪合同的执行过程,其注意事项如下:

①严密跟踪。严密跟踪供应商准备物资的过程,发现问题及时反馈。需要中途变更的要约要及时解决,不得耽误供应的时间。

②及时响应生产需求,如生产需求紧急,要求物资立即到货,采购人员应与供应商协调保证需求物资的及时供应。

③控制物资验收环节。物资达到规定的交货地点,并按照所下订单对到货的物资、批量、单价及总金额等进行确认,存档记录后办理付款手续。

④严格控制库存。控制库存水平,既不能缺货,又要保持最低的库存水平。库存水平应与采购环境和生产计划准确性有关。

(3) 合同执行后跟踪。按照合同约定支付的条款向供应商付款后,需要采购人员对采购合同进行后续跟踪。主要以供应商收到本次订单的货款为主。如果供应商未收到货款,采购人员需要督促财务部按照流程规定执行付款,保证企业的良好信誉。

6.4.4 采购合同履行与变更

(1) 采购合同履行。合同生效后即具有法律约束力,公司必须按合同约定全面履行规定的义务,遵守诚实信用原则,根据合同性质、目的和交易习惯履行通知、协助、保密等义务。在合同履行过程中,合同承办单位应对合同的履行情况以履约管理台账形式做详细、全面的书面记录,并保留相关能够证明合同履行情况的原始凭证。如合同履行困难,必须及时向相关参与合同管理的部门通报和报告相关公司领导。

采购合同履行的一般规则:

①质量要求不明确的,按照国家标准、行业标准履行;没有国家标准、行业标准的按照通常标准或者符合合同目的的特定标准履行。

②价款或者报酬不明的,按照订立合同时履行市场价格履行;依法应当执行政府定价或者政府指导价的,按规定履行。

③履行地点不明确的,在履行义务一方所在地履行。

④履行期限不明确的,债务人可以随时履行,债权人也可以随时要求履行,但应当给对方必要的准备时间。

⑤履行不明确的,按照有利于实现合同目的的方式履行。

⑥履行费用的负担不明确的,由履行义务一方负担。

(2) 采购合同变更。严格按照合同约定维护公司权利和履行相关义务。在采购合同履行中出现下列情况之一，采购人员应按照国家法律法规和公司有关规定及合同约定与对方当事人协商变更或解除合同。

①由于不可抗力致使合同不能履行的。
②采购合同的标的物数量、品质、价格以及交货的日期、地点、方式和结算方式发生变化。
③对方在合同约定期限内没有执行合同所规定的义务。
④由于情况变更，本企业无法按约定执行合同或虽能执行，但会导致重大损失。
⑤其他合同约定或法律和法规规定的情形。

6.4.5 采购合同的纠纷处理

采购合同在执行过程中，采购双方会因彼此的权利和义务等问题产生合同纠纷，引起合同争议。因此采购人员必须有预见冲突发生的能力，在合同纠纷发生时及时采取有效的解决措施。双方在签订合同时就争议、违约、索赔和纠纷解决等内容有明确的规定，这些内容主要反映在采购合同的违约责任条款中。

1. 区分违约责任

采购合同发生纠纷时，采购双方应根据造成损失的原因和事实，按合同规定承担相应的责任。一般情况下，供应方违反采购合同时的违约原因及主要责任如下：

（1）违约原因：
①供应方不按合同规定的交货期交货。
②所交货的品种、质量和数量等不符合合同规定。
③提供的货运单与合同规定的不符。

（2）主要责任：
①物资不符合合同规定，或未按规定日期交货，应偿付违约金或赔偿金。
②物资未能运到规定地点，造成逾期交货，应偿付逾期交货违约金。

2. 合同中的索赔条款

（1）异议索赔条款。异议索赔条款适用于品质和数量方面的索赔，索赔金额根据实际的损害程度确定。企业在制订采购合同异议索赔条款时，要根据采购标的物的特点明确索赔依据、索赔期间、索赔办法及索赔金额等内容。

（2）罚金条款。罚金又称"违约金"，适用于供应方延期交货或采购方延迟接货等情况的赔偿。罚金金额是合同预先约定的赔偿金额，其数额由延误时间的长短而定。罚金条款主要规定当一方未履行或者未完全履行合同时，应向对方支付的罚金。

（3）合同纠纷处理方式。双方在发生合同争议时，争议的解决方式主要包括采供双方协商解决、第三方调解解决、仲裁机构仲裁解决以及司法机关组织的诉讼解决。大多数纠纷通过双方协商或第三方调解解决，当互让不起作用时，仲裁解决与诉讼解决也是重要的解决方法。

6.4.6 采购合同样式

采购合同是整个采购谈判过程中非常重要的材料。对于采购人员来说，购买商品和服务是他们的职责，所以要经常和合同打交道。一般来说，草拟一份合同的最好方法是从一份样本合同入手，根据自身情况对合同样本做适当的修改，这样可以尽量避免对某些细节问题的遗漏。同时，采购经理要经常与法律部门沟通，并仔细核对合同中各条款的用词是否恰当。以下是一份简易产品采购合同样本和一份比较系统全面的产品采购合同样本的示例。

简易产品采购合同样本

甲方：
乙方：
兹为甲方向乙方购买下列产品。依据《中华人民共和国合同法》的有关规定，经甲乙双方平等友好协商，达成如下协议，以供双方共同遵守。

1. 产品规格型号及价格

品名	单价	规格（品质）	数量	总价
合计金额（人民币）				

2. 产品要求

乙方必须保证产品质量、款式符合甲方要求，且无任何其他问题，否则要承担相应的违约费用，即合同金额的20%，并赔偿甲方因此受到的其他损失。

3. 交货期限

乙方保证于本合同签署之日起，在_____天内，将甲方采购的物品全部送达指定地，不能拖延，否则乙方应从最迟交货日的次日起，每日向甲方支付延迟交货部分的货款的3%的违约金，并赔偿因此给甲方造成的其他损失，此项违约金额以逾期移交物品部分货款总值的50%为限度。

4. 交货及付款方式

甲乙双方签订合同后，甲方向乙方交付总价款的_____%即_____元作为定金，乙方交货经甲方验收合格后，一次性付清尾款。

5. 其他事项

本合同未尽事宜，双方友好协商。本合同一式二份，经双方签字盖章后生效。甲、乙双方各持一份，具同等法律效力。

甲方：   乙方：
委托代理人签字：   委托代理人签字：

年 月 日

比较系统全面的产品采购合同样本

合同编号：
购货方（全称）：（以下简称需方）
供货方（全称）：（以下简称供方）
根据《中华人民共和国合同法》以及相关法律法规的规定，本着自愿、平等、互惠互利的原则，为了明确双方各自的责、权、利关系，供、需双方经友好协商，就商品采购相关事宜特订立本合同，双方诚信遵守。

1. 货物数量

需方向供方订购一批产品，产品名称、项目特征、规格/型号、数量、金额等详见下表：

所购产品的具体情况

序号	产品名称	规格/型号	数量	单位	单价	总价/元	备注
1							
2							
3							
4							
5							
合计							
合计人民币金额（大写）：							

2. 质量要求、技术标准

2.1 供方应保证向需方交付的货物与本合同第1条所列清单中的货物完全相符。

2.2 供方应保证向需方交付货物的各项技术指标（如规格、型号、材质、颜色等）符合国家及相关行业的规定的质量标准和需方要求；供方实际交付的货物必须符合合同的约定。

2.3 供方应在交付货物的合理使用寿命期限内保证其材质同需方技术要求中的约定相一致。

2.4 供方交付的货物质量如与本合同规定不符，需方有权退货或进行折价处理。

3. 交货地点、方式

3.1 供方送货前须先送样品，经需方签字确认后方可送货。该批货物由供方送货至需方指定地点，即：_____。

3.2 交货时间：供方在接到需方书面发货通知后_____日内交货。

3.3 供方交付货物的同时，应向需方交付下述必要的文件：产品合格证、出厂证明、产品相关技术资料、检验报告等资料，该文件均视为供方所交付货物的一部分。

3.4 风险负担：合同产品交付给需方且经需方验收合格前的所有毁损、灭失风险由供方承担。本合同所称交付是指供方将合同约定的产品送至需方指定地点并负责卸货，经需方验收合格签收后，交付完成。

4. 运输方式、费用负担及包装要求

4.1 供方负担全部运输及装卸费用（运送至需方施工现场指定地点）。

4.2 包装应能保护产品、经受运输、标志清楚、方便管理，包装物不回收。运输过程中，因供方包装不当造成的损失由供方自行承担。

5. 验收标准、方法及异议期限

5.1 供方至少应于交货24小时前书面通知需方准备验收，因未通知造成需方增加的额外收货准备费及相关费用，或未按通知时间交货引起的二次收货准备费及相关费用由供方承担。

5.2 供需双方对交付的本合同货物进行品种、数量、规格、质量、外观依据等已封存样品及前述质量、技术标准约定进行验收，并且供方在产品验收时，还须提交需方要求的相应资料、证明；需进行现场检验的应当进行检验后签字确认。

5.3 需方对供货产品经检验有异议的，需方应当在____日内书面通知供方。产品验收结束，需方不提出异议的行为只代表对产品质量的初步认可，在验收结束后，如发现产品质量与合同规定不符，可在任何时间向供方提出，并按本合同相关规定解决。

5.4 供方在收到需方书面异议后，应在____个日历天内负责处理，否则，即视为默认需方提出的异议和处理意见。

6. 合同价款及支付

6.1 合同价款

本合同采用_____计价方式，工程量以实际使用量结算，若材料单价和材料总价有差异，以材料单价为准计算。合同总价暂定为_____元（大写：_____）。本合同单价或总价包括材料原价、包装费、运费、装卸费、保险费、税金、利润及其他风险费等全部费用（费用可根据合同实际情况予以填写），以及供方应完成的工作或应尽的义务、责任引发的其他费用等。

供方被认为是合格的、有经验的供货商，对此类工程有充分的经验，并熟悉报价邀请文件和工程现场，已充分考虑其认为可能发生的一切费用。对于供方应列入而未列入原比选报价表的内容，需方将不予追加；对于供方因估计不足等原因而要求改变合同价款，需方将不予许可。

6.2 合同价款支付方式

6.2.1 产品安装完毕并经需方验收合格、本合同第3条约定的资料交付完毕后，10日内转账付至产品实际使用量价款的95%（未用完的产品由供方回收），余5%作为质保金，质保金以工程竣工验收合格之日计起，质保期内无质量问题无息退回质保金。

6.2.2 每次付款前供方应向需方开具合法足额有效的发票。

7. 履约保证金

本合同签订前，承包人须向发包人交付履约保证金（不低于合同总价的_____%），共计_____元人民币（大写：_____）。产品制作、安装结束，并经需方验收合格，质量达到约定标准并收尾退场后_____日内，需方在10个工作日内无息结清承包人履约保证金。

8. 双方的义务

8.1 需方义务

8.1.1 需方保证供方向其承诺的价格信息不向任何第三方透露。

8.1.2 需方承诺，不会转售按本合同购买的产品。

8.1.3 在供方无任何违约的前提下，严格遵守本合同各项条款的约定并按合同要求付款。

8.2 供方的义务

8.2.1 按本合同约定的时间、地点、方式、数量和质量标准送货。

8.2.2 对出售产品提供质保期内的售后服务。

8.2.3 供方不应拒绝需方工程量的增减，最终供货量以需方、供方、总包施工单位三方签字验收合格的交接单为准并且对总价做相应增减（单价按合同相关条款执行）。

8.2.4 供方应在交货后协助安装单位对产品的调试和安装，需方有义务予以协助、配合。

8.2.5 应为履行本合同义务的人员购买意外伤害等必要险种，且保证安全完整履行本合同相关义务，本合同履行中发生任何人身损害、财产损失等情形的，由供方自行处理赔偿事宜，并承担全部责任和损失。

8.2.6 在合理使用期限内，供方应确保产品的质量，由于产品质量原因致使工程在合理使用期限内造成人身和财产损害的，由供方承担全部损害赔偿责任。

8.2.7 合同产品的随附资料（产品合格证、出厂证明、产品相关技术资料、检验报告等资料）作为合同产品的重要组成部分，供方应随产品交货时同时交验，凡遗漏的，供方应无偿提供。

8.2.8 供方应保证需方使用合同产品时不受到第三方关于侵犯专利权、商标权等其他权利的指控。任何第三方提出的侵权指控，由供方自行处理，并承担由此引起的一切法律责任和损失。

9. 售后服务及质保期

9.1 供方免费提供技术支持和培训，并全部承担因产品质量问题引起的维修和更换等所有费用。

9.2 质保期限：从_____年_____月_____日起至_____年_____月_____日止，共_____年。

9.3 需方应留下质保负责人的书面通信地址或电话，以便通知需方进行产品质保；联系人及联系方式。

9.4 售后服务

9.4.1 当需方所采用的产品出现质量问题时，在向供方提出要求后，供方应派专业技术人员于24小时内赶到现场进行处理且在3小时内维修完毕，并协同相关部门对质量问题进行检测、分析，判定责任。因供方提供的产品质量问题造成需方的一切损失由供方全部承担。

9.4.2 质量保修期内，供方所供产品中有数量超过30%（按件计）的产品出现质量问题，则供方应当更换全部产品，相关费用已涵括在合同价款中，包括折旧费。

9.4.3 保修期满后，如货物损坏需维修，原则上供方仅收取维修所需的材料成本费用和适当人工费。

10. 违约责任

10.1 供方提供的产品质量不符合合同约定的质量标准，供方应在需方限定的期限内予以更换，并承担逾期交货的违约责任。供方交付的产品仍不符合合同约定的质量标准的，供方应予以退货，由此产生的费用由供方承担，并承担不能履行合同的违约责任；同时在需方保管期间，供方应支付需方实际支付的仓储保管费。需方同意对不符合质量标准的产品按质论价折价处理利用的，供方应承担合同总金额____%的违约金，同时承担需方由此受到的损失。

10.2 供方交付的货物和随附资料数量不符合合同约定和需方要求的，应当及时补齐，并应承担合同总金额____%的违约金，同时承担需方由此受到的损失。

10.3 产品错发到货地点或接货人的，供方除应负责将货送到合同规定的交货地点外，还应承担需方因此多支付的一切实际费用和逾期交货的违约金。

10.4 因为合同产品质量或施工中的安全事故，给需方、需方工作人员或第三方造成的人身财产损失均由供方全部承担，并向需方承担____元的违约金。

10.5 供方逾期交货一天，供方应向需方支付违约金____元/天，还应承担由此给需方造成的损失。逾期交货超过_____天，需方可解除合同，供方应承担不履行合同的违约责任。

10.6 需方逾期付款，向供方支付违约金____元/天。

10.7 一方不履行或不能履行合同约定的义务，应向另一方支付合同总金额____%的违约金，并负责赔偿由此给对方造成的损失。

11. 不可抗力

11.1 本合同所称不可抗力，是指本合同各方由于地震、台风、水灾、火灾、战争以及其他不能预见，并且对其发生和后果不能防止或不能避免且不可克服的客观情况。

11.2 本合同任何一方因不可抗力不能履行或不能完全履行本合同义务时，应当在不可抗力发生的3日内通知另一方，并向另一方提供由有关部门出具的不可抗力证明。

11.3 因不可抗力不能履行合同的，根据不可抗力的影响，部分或全部免除责任，但法律另有规定的除外。迟延履行合同后发生不可抗力的，不能免除责任。

11.4 如果因不可抗力的影响致使本合同终止履行3日或3日以上时，需方有权决定是否继续履行或终止本合同，并书面通知供方。

11.5 在一方迟延履行期间遭遇不可抗力，不能免除承担不能履行合同的违约责任。

12. 合同的变更、解除和终止

在本合同有效期限内，经合同双方共同协商一致并订立书面合同的，可以补充、变更、终止、提前终止或解除本合同。

13. 解决争议方式

13.1 双方在履行合同过程中若发生争议,应当协商解决,如协商不成,双方同意提交仲裁委员会仲裁。

13.2 争议解决之前,供方应暂且按需方的意见执行,不得因此影响工期,待争议解决之后,按争议解决结果执行。

14. 通知与送达

14.1 甲乙双方之间据以联系的通知或者信件须是书面形式,按本合同末页所示地址通过传真、邮寄、短信、电子邮件或直接送达的方式发送,任何一方更改地址须提前7日通知对方,否则未通知一方承担不能送达的不利后果。

14.2 对于任何通知或联络,如直接交付,则在接收一方或其被授权人(供方工作人员也视为被授权人)签收时或需方直接张贴于供方处视为送达;如用传真,在发出后视为送达;如通过国内或国际快递方式邮寄,则在寄出后第三天被视为送达(无论该信件是否被退回或签收);如用挂号信邮寄,在寄出5天后视为送达(无论该信件是否被退回或签收);如以网络邮件方式传送,则以文件进入一方网络邮箱,视为送达;如以短信送达,则短信一经发出视为送达;如果需方通过报社公告,同样视为送达供方。

15. 其他

15.1 本合同未尽事宜,双方协商解决,经双方协商一致可签订补充合同,补充合同与合同具有同等法律效力。

15.2 本合同一式两份,需方执一份,供方执一份,具有同等法律效力,自双方代表人签字盖章之日起生效。

需方:	供方:
委托代理人签字:	委托代理人签字:
年 月 日	年 月 日

本章小结

采购谈判与合同是采购与供应管理过程中重要的组成部分,与供应商签订谈判合同或协议是采购与供应管理部分的活动之一。

一般来说,采购谈判程序可以分为三个显著的阶段:谈判前的准备阶段、谈判进行阶段和谈判结束后的管理阶段。其中谈判进行阶段可进一步分为开局、磋商和签约三个阶段。

采购合同管理包括采购合同的签订、采购合同的执行、采购合同履行与变更、采购合同的纠纷处理。

案例分析

R冶金公司购买组合炉的采购谈判

我国R冶金公司要向美国购买一套先进的组合炉,派高级工程师与美方谈判。为了不负使命,这位高级工程师做了充分的准备工作,他查找了大量有关冶炼组合炉的资料,花了很大的精力将国际市场上组合炉的行情及美国这家公司的历史和现状、经营情况等了解得一清二楚。谈判开始,美方一开口要价150万美元。中方工程师列举各国成交价格,使美方目瞪口呆,最终以80万美元达成协议。当谈判购买冶炼自动设备时,美方报价230万美元,经过讨价还价压到130万美元,中方仍然不同意,坚持出价100万美元。美方表示不愿继续谈下去了,把合同向中方工程师面前一扔,说:"我们已经做了这么大的让步,贵公司仍不能合作,看来你们没有诚意,这笔生意就算了,明天我们回国了。"中方工程师闻言轻轻一笑,把手一伸,做了一个优雅的请的动作。美方真的走了,R冶金公司的其他人有些着急,甚至埋怨工程师不该抠得这么紧。工程师说:"放心吧,他们会回来的。同样的设备,往年他们卖给法国只有95万美元,国际市场上这种设备的价格100万美元是正常的。"

果然不出所料,一个星期后美方又回来继续谈判了。工程师向美商点明了他们与法国的成交价格,美方又愣住了,没有想到眼前这位中国商人如此精明,于是不敢再报虚价,只得说:"现在物价上涨得厉害,比不了往年。"工程师说:"每年物价上涨指数没有超过6%。一年时间,你们算算,该涨多少?"美方被问得哑口无言,在事实面前,不得不让步,最终以101万美元达成了这笔交易。

思考:

1. 中方在谈判中取得成功的原因是什么?
2. 美方在谈判中失败的原因是什么?

钢材采购合同纠纷

2018年年初,A公司(甲方)与B公司(乙方)签订钢材订购合同。按合同规定,甲方从乙方处购买钢材80吨,用以加工轴承,但是甲方购得钢材并在加工过程中发现,轴承产品及半成品都出现不同程度的裂纹。因此,甲方认为乙方违背了合同承诺,要求将全部钢材退回并赔偿损失,乙方却以种种理由推诿扯皮,合同纠纷由此产生,且达半年之久未能解决。

思考:

在该采购合同中,乙方在履行合同义务时存在什么问题?双方应如何解决此问题?

习题与思考题

1. 简述采购谈判的特点。
2. 简述采购谈判的原则。
3. 简述影响采购谈判的因素。
4. 简述采购谈判的程序。
5. 普遍适用的谈判策略有哪些?
6. 交易关系的谈判策略有哪些?

第 7 章

采购质量控制

★ 学习目标

1. 了解采购需求的含义及构成，熟悉采购质量的含义和构成、采购质量控制的重要性、供应商质量审核。
2. 掌握采购商品质量管理的基本内容、质量控制的基本方法、商品检验及验收的方法。

★ 教学要求

教学重点：采购商品的质量管理；供应商质量管理。
教学难点：采购产品的检验方法及其质量控制。

★ 引入案例

北京家乐福"毒菜毒果"事件

在外贸企业中，家乐福在我国的发展速度是比较快的，效益也非常好，它的商品组合、价格策略、促销方式、陈列布置等都是业内参考的榜样。2003 年，家乐福在我国内地就已经开始实现盈利。

截至 2002 年年底，家乐福已经在我国内地 20 个城市开设了 35 家店，店面分布几乎涵盖了我国从南到北各大城市。1998—2000 年，家乐福销售额的年均增长速度高达 77%，新店开张的年均增长速度达 24%，每家店销售收入年均增速高达 28%，在纯外资的零售企业中排名第一。

家乐福在北京的大型连锁超市，不仅商品种类齐全丰富，价格也十分公道，而且购物环境舒适便利，深受北京老百姓的欢迎。现在北京老百姓都开始讲究生活质量，大家对大型连锁超市也十分信任，一致认为那里的商品质量有保障，特别是日常生活离不开的新鲜蔬菜、肉类、水果、半成品食品、食品制成品以及生活用品。即使距离更远，要花更多钱，老百姓也会舍近求远到大型超市购物，这主要是出于对大型超市难得的信任。

然而，2004 年发生的一些不可思议的现象，却让北京老百姓大吃一惊，大大损害了北京老百姓对大型超市的信任感，造成了不可估量的信任危机。

第7章 采购质量控制

2004年7月，北京市质量技术监督局公布了果蔬农药残留及有害金属监督抽查结果，在"毒菜毒果"的销售商中家乐福"榜上有名"，被责令整改。家乐福暴露出以下一系列让人不寒而栗的食品安全问题。

北京家乐福商业有限公司中关村广场店等3家企业和个体经营因其果蔬中有农药残留而被责令整改。北京市质量技术监督局公布的2004年第2季度果蔬农药残留及有害金属监督抽查结果表明，在对蔬菜、水果销售企业的抽查中，北京家乐福商业有限公司中关村广场店销售的芥蓝检测到残留农药氧乐果，中贸联万客隆商业有限公司酒仙桥分店销售的水晶梨敌敌畏残留超过国标限量要求，延庆区中心市场6号摊销售的圆白菜农药氧乐果超标。北京市质量技术监督局要求此3家企业和个体经营者提供真实的情况说明和整改方案。

除了食品，家乐福的假酒事件更是在一段时间让其"名声大作"。杭州家乐福的假酒是贵州茅台酒厂打假办的谭洪光首先发现的，因为"看到标价比我们的出厂价还要低"，谭洪光就买了一瓶带回去检验，打开包装一看，这种每瓶500毫升、53度的茅台酒"不仅商标、颜色不对，批号也是假的"。

（资料来源：http://www.mailaili.com）

采购管理的总目标是：在确保一定质量的基础上，能够以适当的价格，在恰当的时间，从恰当的供应商采购到企业所需数量的物资和服务。质量是企业获取竞争优势的要素之一，所以采购企业如何获得适当质量的商品就显得格外重要。采购商品质量的优劣，直接影响着最终产品的质量水平，影响着企业的经济效益，同时也影响着企业的外在形象和核心竞争力。调查表明，至少50%的质量问题是由供应商提供的产品和服务造成的。并且，JIT采购等先进管理思想的运用都要求供应商提供的产品符合规格。采购质量控制就是为了企业保持采购商品的质量水平而采取的一系列作业活动的集合。因此，应明确采购质量管理的重要地位，加强采购全过程的质量控制，促进采购商品质量不断提高，从而提升企业竞争力。

7.1 采购需求及描述

7.1.1 采购需求的含义

采购需求是指对采购标的的特征描述。要实施采购就一定要搞清楚采购需求，好的采购需求能够合理、客观反映采购标的的主要特征以及要求供应商响应的条件，符合适用原则、非歧视原则，并能够切合市场实际。

采购过程的第一阶段是决定需要什么以及为什么需要，所以采购需求分析应关注以下问题：确切的需求是什么？何时需要？何地交货？如何组织运输？如何检测质量？还需要供应商提供什么服务？如何与供应商进行信息交换？

7.1.2 采购需求的构成要素

1. 确认所需产品/服务的技术规格

采购需求的一项重要内容是技术规格，如质量、性能、功能、体积、符号、标志、工艺与方法等。一方面，技术规格反映了采购需求，对采购企业而言，这种需求往往是一种基本要求；另一方面，技术规格也是对供应商相应情况的评审依据。技术规格的编制是一件技术性非常强而又费时的工作，编制的好坏直接影响整个项目的采购效果。

采购单位对采购项目的需求应当明确，采购项目的技术规格、服务要求等应做采购的前期论证，如对采购需求难以明确细化的，可以请采购咨询专家或有关行业专家进行采购需求论证。在确定采购需求前，应当充分了解市场信息，不能只采纳少数供应商推荐的方案作为需求指标。值得一提的是，不合理的过高的技术规格配置，将造成资源的闲置和浪费；过低的技术规格配置也不能达到实际使用功能要求，因此采购需求应切合实际。采购企业对采购需求进行市场调研和论证后，不应将采购需求初步论证的结果向供应商透露，否则不利于采购过程中参与市场的充分竞争，采购结果也未必理想。很多情况下，造成供应商不能响应采购需求的原因，往往是采购技术规格不清楚、不完整或不合理，足见规格的制订是采购中最关键的环节。

实践中，制订技术规格过程中最常见的问题有：制订技术规格的准备时间不足；工作人员业务不精或过于自信；缺乏必要的专业人员、专家的参加和咨询；技术规格过于严格；技术规格带有倾向性或排斥性，限制竞争；等等。

2. 确定数量

需求数量指的是全部及每次采购的数量。一般来说，小批量采购已成趋势，这与以前的每次大量采购以获得价格折扣的观点截然不同。理想的情况是，采购企业与供应商力图查明并消除系统中导致库存存在的不确定性根源，从而减少整个系统中的库存量。可供选择的战略有：由供应商持有库存、准时制采购或托付式采购。

（1）由供应商持有库存。供应商在管理制成品库存（即采购企业的原料库存）方面可能要比采购企业更有效，因为供应商对其经常提供的产品系列的库存管理程序有更多的了解。同时，由于供应商可能在向几家采购企业提供同样的货物，因此它所需要的安全库存量可能会远小于这几家采购企业的安全库存量之和。这一概念对成功实施系统合同是不可缺少的。从战略角度来看，采购部门希望对其所有主要物料的库存状况做出分析，然后与主要供应商达成合伙协议，让供应商同意持有这些库存，并根据采购企业的生产进度需求交付物料。当然，理想的情况是，采购企业和供应商都不持有库存。采购企业设施内的某个区域甚至可能置于供应商的管理之下。

戴尔是一家成功地运用自己的供应关系形成竞争优势的公司，它击败了传统的工业强手，如IBM、康柏和惠普。戴尔成功的重要一点就是，几乎是无库存运营。戴尔从其供应商处购买的所有材料立即被装配成计算机，然后将其立即出售。戴尔的供应关系使得它成为工业界的低成本生产者，因而成为工业领袖。

（2）准时制采购。如果供应商保证能在特定时间、小批量地交付符合商定质量的物料，采购企业可极大地减少其在库存上的投资，享有连续的供应并减少物料验收费用。要做到这一点，需要由采购企业与供应商共同制订长期计划，双方加强合作与理解。

（3）托付式采购。有时供应商可能在采购企业内拥有库存仓库，但由该采购企业控制。采购企业有责任说明从托付仓库中提出库存的用途，支付这部分货款，并通知供应商补充库存。双方定期共同对库存量进行查验。该战略对供应商（保证了销量）和采购企业（减少了库存投资）都有好处，其经常用于分销行业，其他行业也可考虑采用这一方案。

3. 确认交货要求

交货要求主要包括包装、交货时间、验收质量标准、供应商服务与响应等方面。

（1）包装。包装（Packaging）是指在流通过程中保护产品，方便储运，促进销售，按一定的技术方法所用的容器、材料和辅助物等的总体名称；也指为达到上述目的在采用容器、材料和辅助物的过程中施加一定技术方法等的操作活动。因此，包装一般有两重含义：①关于盛装商品的容器、材料及辅助物品，即包装材料；②关于实施盛装和封缄、包扎等的技术活动。

在采购过程中，确认包装的质量要求主要包括商标或品牌、包装形状、颜色、图案、材料以及产品标签的内容。

需要注意的是，若产品有国家或行业内的包装标准要求，也应符合相关标准的规定。产品包装标准是包装设计、生产、制造和检验包装产品质量的技术依据，是为保障物品在储存、运输和销售中的安全和科学管理的需要，以包装的有关事项为对象所制定的标准。我国的产品包装标准主要包括机械、电工、轻工、邮电、纺织、化工、建材、医药、食品、水产、农业、冶金、交通、铁道、商业、能源、兵器、航空航天、物资、危险品等二十大类。

（2）交货时间。交货时间是指卖方按买卖合同规定将合同货物交付给买方或者承运人的期限。交货时间是买卖合同的主要交易条件。采购过程中，卖方必须在合同规定的日期或一段时间内交付货物；如合同未规定日期或一段交货时间，则应在订立合同后一段合理时间内交货；如卖方在合同规定的时间以前交货，或者迟延交货，买方有权要求损害赔偿和/或拒收货物，也可宣告合同无效。

（3）验收质量标准。所谓标准指的是衡量某一事物或某项工作应该达到的水平、尺度和必须遵守的规定，而规定产品质量特性应达到的技术要求，称为"产品质量标准"（Product Quality Standard/Target Level of Product Quality）；质量标准是产品生产、检验和评定质量的技术依据。产品质量特性一般以定量表示，如强度、硬度、化学成分等。对企业来说，为了使生产经营能够有条不紊地进行，则应从原材料进厂一直到产品销售等各个环节，都必须有相应标准做保证。它不但包括各种技术标准，而且包括管理标准，以确保各项活动的协调进行。

（4）供应商服务与响应。供应商服务主要是指供应商内部各作业环节，能够配合购买者的能力和需求，如各种技术服务项目、方便采购方的措施、为采购方节约费用的措施等。供应商服务水平可以通过其提供的安装服务、培训服务、维修服务、升级服务、技术支持服务等方面进行评价。

现代经济条件下，市场竞争越来越激烈，客户对企业的要求也越来越高，企业希望供应商有较好的响应能力，要求交货期越来越短。供应商的响应能力取决于其是否能够按约定时间和地点将产品准时运达，这直接影响企业后续生产和供应活动的连续性。通常用响应速度来描述响应能力。响应速度可以从准时交货比率、交货时间柔性、交货期、信息传输及时率、信息准确率等几个方面进行考察。

7.1.3 采购需求的描述

使用、提出请求和制定规格的部门必须能合理地描述需要的是什么，以便采购部门能准确地获取部件。尽管在决定需要什么产品时，主要是由使用部门和制定规格的部门负责，但在检查所做的产品描述时，采购部门也负有直接责任。当然，采购人员不能随便改动产品描述和质量。但他们应该有权利坚持要求准确、详细地进行描述，以便使每个潜在的供应商都完全清楚产品特性。采购者还应该提醒采购部门，让其注意到能带来更多价值的其他选择。

1. 品牌描述

与使用品牌有关的问题主要是使用品牌描述的可行性及如何选择某种品牌。

通过品牌或商标描述采购需求意味着对供应商诚实和声誉的信赖。采购方认为，供应商渴望保持品牌的声誉并且能够做到这一点。而且，当通过品牌购买一件所需部件时，如果产品在它最初设想的用途上使用效果令人满意，采购方就会越发相信，以后再购买同样品牌的产品，也会具有同样的质量。

有些情况下，通过品牌描述不仅是可行的，也是必需的，如当生产过程是保密的或者产品受专利权保护时，得不到产品的规格。

也有人反对购买品牌产品，他们主要是出于成本考虑。尽管同其他供应商对类似品牌的要价差异不大，但由于整个品牌产品的价格太高，采购者会寻找非品牌的替代品，甚至在经过分析后，要求按自己的规格供货。

更大的、经常遇到的争议是使用品牌产品会造成对品牌的过度依赖。这会减少潜在供应商的数量，也会使采购者丧失机会，享受不到竞争带来的价格降低或者质量改进。

2. 规格描述

规格描述是所有使用的描述方法中最常见的一种。为了使通过规格购买成为可能，采购方人员已经付出了大量的时间和努力。与此密切相关的工作包括产品规格的标准化，以及标准产品型号、尺寸参数等。

现在，越来越普遍的做法是：购买前先规定好试验程序以及必须满足质量标准的试验结果，以此作为规格的一部分。同时它也可以作为一种指导，保证在生产、贴标签、运输以及处理过程中满足环保规定。

采用规格描述方法进行采购具有很多优点。如购买前就已经思考和详细研究了需求以及通过何种方式满足需求；防止由于物料不合适造成的拖延和浪费；可以有机会从不同的供应源采购相同技术规格的产品。

采用规格描述方法进行采购也有一些缺点，如有很多产品，对它们的规格无法做出充分描述；尽管从长期来看，使用规格描述可能会节约开支，但它却会增加直接成本；制定的产品规格可能会低于能够获得的标准产品的规格；采购方规定的最低规格很可能是供应商所能提供的最高水平。

（1）物理和化学特性的规格。通过物理和化学特性制定规格，能够限定采购方所希望的物料属性。产品规格中界定的这些可测量的属性，是保证产品能够被满意使用的必要条件，并且能以最低成本保证质量。

（2）性能或功能规格。性能规格的核心是理解所需要的性能。找出产品应具备的基本功能也是不容易的。随意地忽视功能需求经常会产生不正确的规格。很多这样的麻烦是由于低估了所需要的功能，或者是由于疏忽大意而遗忘了某些功能需求。

用动名词的组合来描述功能时，如提供扭矩、传送电流、盛放液体等，能让人很明确地想到所设想的功能。

出于把提供满意产品的责任留给供应商的考虑，在某种程度上，性能或功能规格常常和招标并用。由供应商考虑面向使用或结果的性能规格，而自己考虑怎样生产最合适的产品。这使得供应商能够利用最新的技术进步，而不会达不到最小的性能需要。

（3）物料和制造方式规格。这种方式既规定了物料，又限定了制造方式。除了军队、政府购买外，只有当存在特殊要求或者采购方愿意承担后果时，才使用这种方式。很多企业较少用这种规格方式。

（4）工程制图描述。通过蓝图或尺寸图描述是很常见的，也可以和某种描述性的文本资料一起使用。这种方法尤其适用于购买建筑、电子和电气装配线、电动部件等。这种描述方式较为昂贵。这不仅在于准备蓝图或计算机程序的成本，还在于用它来描述产品，往往使供应商感到非常特殊，因此需耗费巨大才能生产。但它可能是所有描述方法中最准确的一种，尤其适用于购买那些生产中需要精度极高的产品。

(5) 至少同等规格。在公共部门的发盘或者招标中，经常会看到采购方规定一种品牌或生产商的产品型号，紧接着就注明"或者至少同等规格"。在这种情形下，采购方把责任留给了投标者，让它们去制定同等或更高的质量标准，而不必再集资耗费精力制定详尽的产品规格。

3. 其他描述方法

(1) 市场等级描述。根据市场等级去采购仅仅适用于某些主要物料。小麦和棉花就属于这类产品，木材、钢材、铜以及其他商品也可以应用这种方法。采用此种方法采购是非常令人满意的，因为它的应用价值取决于市场等级的准确程度以及通过检验来判别物料等级的难易程度。而且，评级工作必须由有能力和忠实的一方来完成，这样采购方才能信服评级结果。

(2) 样本描述。几乎所有的采购者都会偶尔用此种方法。但它占采购总量的比例很小。能较好地应用这种方法的例子，就是通过视觉来判断产品是否能接受，如木材的品种、颜色、外观、气味等。

(3) 多种描述方法的综合运用。采购方通常会用到两种或两种以上的描述方法。对采购方而言，究竟将哪些方法结合使用才能产生最令人满意的效果取决于企业需求的类型。

7.1.4 采购需求管理

采购需求管理业务分为采购需求填报和采购需求审批两个子业务；采购需求管理业务流程主要描述的是对采购需求单进行存档和单据流转工作。

采购需求填报主要完成的是对采购需求单进行填写和存档工作。采购需求单信息是采购业务流程中的原始基础数据，应该包括所需采购的材料种类、材料的规格标准、数量、需求紧急度、项目编码、申请人信息、申请部门信息等。采购需求单在后期流程中需要提交到采购负责人处进行采购审核，审核通过后才能进行实际物资的采购计划安排。采购需求审批业务主要完成由各级采购负责人对下级申报的采购需求单进行审批流程。

采购需求管理具体业务流程如下：

(1) 项目材料采购需求的申请人领取采购需求单并根据实际材料需求量填写。

(2) 申请人对采购需求单所填材料需求项的信息确认无误后，将需求单递交给对口的小组采购需求负责人进行需求项统计汇总。

(3) 采购需求负责人对采购需求单上的材料项进行分析和评估，确定材料的采购需求内容与项目的真实需求一致并符合规范后统一提交给上级采购负责人。

(4) 每组审批由小组采购负责人进行审核审批，采购申请人填写采购需求单并提交给所在组采购负责人，所填写需求单需经过审核才能安排采购；若采购需求不合理，可进行退回，不继续后续的采购流程；若采购申请合理，则收集整理后提交给部门负责人进行下一级审批。

(5) 部门审批由部门采购需求负责人完成，其工作核心是对部门下辖的各小组提交的采购需求进行核查和审批，审批通过则提交至原采购负责人进行审批。

(6) 公司审批由公司采购负责人对各部门提交的采购需求单进行审批。

采购需求管理主要业务流程如图 7-1 所示。

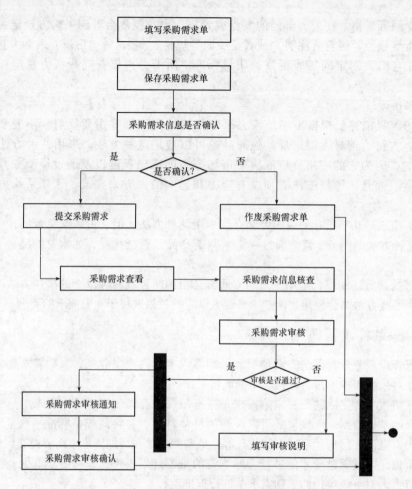

图7-1 采购需求管理主要业务流程

7.2 采购质量管理

7.2.1 质量管理的理论的发展

欧洲工业革命使机器取代了手工作坊式生产,质量管理由此成为管理科学的组成部分。在经历了百年的发展历史后,质量管理大致可分为传统质量管理阶段、质量检验管理阶段、统计质量管理阶段和全面质量管理阶段4个阶段。

20世纪50年代,美国质量管理学家戴明提出质量改进的观点,他强调大多数质量问题产生于生产和经营的问题,同时强调最高管理层对质量管理的责任,这就是对质量管理产生重大影响的"戴明十四法"。20世纪60年代初,朱兰和费根堡姆提出全面质量管理理论,将质量控制扩展到产品寿命周期的全过程,强调全员参与质量控制,与此同时日本企业创造了传统的七种工具,菲利浦·克劳士比提出了"零缺陷"概念。20世纪70年代,日本学者在质量管理方法和技术方面做出了重大贡献,其中,准时制生产、看板管理、质量改进、质量机能展开、质量工程学、新 QC 七种工具得到了重视；质量管理开始在许多国家得到了重视，许多国家设立了国家质量管理奖，如美国的"鲍德里奇奖"、欧洲的"质量奖"和中国的"国家质量奖"等，质量管理成为很多企业高层关注的领域。1987 年国际标准化组织颁布的"系列质量管理标准"，则是质量管理和保证开始对全球经济贸易产生重大影响的重要标志。20 世纪 90 年代至今，以提高产品质量、降低生产成本、缩短交货期、提高服务质量等方面为目的的质量管理新方法不断涌现，如并行工程、企业流程再造、六西格玛管理等；21 世纪则是质量管理进入质量战略管理和卓越绩效管理的新时代，质量文化的建设越来越受到企业的重视。

7.2.2 采购过程中的质量问题

采购过程中的质量问题主要来自两个方面：原材料质量问题和供应商质量问题。原材料质量问题主要体现在产品的品质和交货上。原材料的品质问题表现在两个方面：一是购入的原材料本身品质低劣，某些性能指标不能达到采购方的规格要求；二是由于客户或采购方变更采购要求，现有的元器件无法满足新的质量标准。在产品交货方面，质量问题主要表现在运输过程中造成的产品损坏、来料包装破损、来料标识破损或缺失、货物错发和来料混装。

供应商质量问题则主要包括以下三个方面：
(1) 供应商运作不良导致供应品质及交货期不稳定。
(2) 供应商的投资方或合作方改变投资方向，导致转产或退出采购方所需原材料的生产。
(3) 供应商的财务不良导致破产。

以上各种类型的问题一旦发生，采购方必须立即采取行动来进行处理和补救，由此产生的各项费用，如不合格产品的分析检验费用、退换货的运输成本、改用其他替代产品或替代供应商导致的支出增加、与供应商联系磋商或派人到供应商生产现场调查监督的费用，以及质量不良造成停产的损失费等都属于质量成本。

7.2.3 采购质量管理的含义

Rainer Lasch（2005）曾指出在企业生产制造开始前，采购就应启动相关工作。采购部门在与企业内部相关部门进行协调沟通的同时，还应与供应商保持沟通，它是整个供应链管理的衔接部门。从供应链管理理论的角度来看，在物流链管理中，采购过程管理非常重要，对企业内部各部门间的协作及供应商的制造过程的管理能够起到有效的协调作用，通过有效地调动资源，能够避免资源浪费，全面提高采购质量。

采购质量管理通常是指企业对采购质量进行控制所采取的计划、组织、控制及协调工作，通过对供应商质量进行的评估与认证过程，与供应商进行合作，从而改进并提高产品质量，建立采购质量保证体系，从而保证企业物料供应的相关活动。采购质量管理作为企业管理的重要管理环节，管理得是否得当直接影响管理工作的执行效果，可以采用一些功能描述来表述采购质量，见表 7-1。

表 7-1 采购质量的特征

性能	含义	事例
性能	能够达到的技术水平、等级	特级橄榄油
附加用途	辅助用途	手机闹铃提醒
成功率	实现说明功能的准确率	空调通电后制冷的概率

续表

性能	含义	事例
相符性	与介绍说明相符	手机配件与说明书一致
持久性	达到说明使用时间的频率	手机待机时间
养护性	便于养护	皮衣容易保养
欣赏性	外观流畅	汽车流线优美
触觉性	让人触摸舒服	皮鞋皮质手感舒服
价值	顾客感觉物有所值	花钱少买到质量上乘的服务
意见反馈	对客户意见的反馈	及时处理客户的问题
关怀性	给予顾客人性化关怀	尊重、关怀顾客
保障性	是否保障乘客的安全	飞机飞行安全可靠
专业性	提供详尽的功能服务	业内专家

7.2.4 采购质量管理的原则

采购质量管理应当采用"5R"原则作为工作指导方针，从适当的供应商处在适当的时间采购符合技术规定的一定数量的产品。

（1）适当的质量（Right Quality）。采购质量优劣首先就是要求采购到符合技术规定的产品，在保证产品质量的同时，又要保持采购成本、供应渠道、技术服务等要素与采购质量相匹配。采购质量定位标准因其使用材料不同、使用环境不同，也随之不同。可以用"性价比"来衡量采购质量与采购成本之间的关系。质量定位标准决定产品质量层次，如果产品质量高于定位标准，会使质量过剩，使制造成本、采购成本提高，生产制造周期增加，所以应该在保证采购质量标准的前提下，选择采购最合适的材料。另外，采购质量与供应量间的关系也相互影响，如果市场供应需求量较大，对质量要求过高，会使产品制造工期增加，影响产品的供货时间，尤其是制造厂自动化程度不高的供应商，这种问题会更加明显；如果在大批量生产中制造厂采购的原材料进行抽检后，只要不影响产品的加工质量，就不需要对原材料进行逐一检查。采购质量与产品售后服务也有较密切的关系，如果加工的产品频繁出现质量问题，这种产品会大大降低在客户心目中的信誉度，不但加大了产品售后服务的难度，而且会不断增加售后服务的成本。综上所述，适当的质量是非常重要的。

（2）适当的供应商（Right Supplier）。供应商的选择与评估是采购人员面临的首要任务，供应商的认证与考核也是至关重要的。采购质量管理的重要职能是选择恰当的供应商，并通过双方的互动不断提高产品质量，从而形成双赢的局面。在市场竞争日益激烈的情况下，企业选择供应商应更加慎重，对于较优秀的供应商，应加强与供应商的合作关系，与其建立长期友好合作的企业战略合作伙伴关系，有利于提高企业的信誉度，节约采购成本。因此，选择适当的供应商就显得尤为重要。

（3）适当的时间（Right Time）。企业已经安排好的生产计划会由于所需原材料未能及时到达造成停工待料，从而造成直接经济损失。但如果采购量太多又会造成库存占用量太大，造成资金积压。如果实行准时化生产（Just In Time，JIT）采购，交货时间就显得尤为重要。因此，采购负责人应依据合同规定的交货期督促供应商按时发货。

（4）适当的数量（Right Quantity）。虽然大批量的采购会有价格折扣，但是会造成资金的积压。在一般情况下，企业通常采用经济订货的方式进行批量采购，但也需要根据具体的情况进行具体的分析。采购人员要督促供应商按照合同规定按时交货。

(5) 适当的地点（Right Place）。在实施 JIT 采购的情况下，企业在选择供应商时通常必须选择在一定距离内的供应商进行合作，因此一个地区往往由于产业链形成产业集聚效应，使得沟通更迅速，可以降低运输成本。

7.2.5 采购质量管理的意义

采购质量管理的意义主要体现在以下几点：
(1) 提高企业产品质量。高质量的原材料是优质产品的生产基础。
(2) 保证企业生产有节奏、持续地进行。只有在适当的时间，得到适当的数量、适当的质量，生产才能有条不紊地按计划持续进行。
(3) 保证企业产品生产和使用环节的安全。优质原材料的购入，可以大幅度降低生产风险。
(4) 保证全面质量管理的成功实施。
(5) 高质量服务于下游客户，从而提高企业声誉，增强市场竞争力。

7.2.6 采购质量管理的基本内容

1. 采购质量全过程管理

产品的生产质量影响着企业生产活动的全过程，产品的质量管理必须从产品采购的开始阶段进行控制，直至产品到达业主现场进行安装、调试并投入使用的全过程均应进行严格的质量管理。整个采购流程中包括制订采购计划、选择合适的采购方式、选择供应商、签署合同、进度控制、质量控制、包装检验、出厂检验等过程。在采购执行过程中，采购部门应与企业的技术部、控制部、质检部、项目经理部等部门及时沟通，加强各部门之间的协调沟通，定期召开设备采购协调沟通例会，及时发现采购过程中的设备制造问题，并提出整改落实方案，对采购执行的各环节进行及时有效的控制，使质量管理落到实处，真正实现企业对质量管理的程序化控制。

2. 全员采购质量管理

目前，ISO 9000 标准广泛应用于企业质量管理，使得企业的质量管理理念也随着发生了质的变化。随着生产实践活动中逐渐融入新的质量管理理念，企业的质量管理水平不断提高。企业在员工培训中，应逐渐使员工强化采购质量管理的理念，增强先进的质量管理意识。企业在制定规章制度时，就应要求采购管理人员及质检人员在设备采购与设备质量管理过程中，不断提高质量管理的前瞻性和增强采购质量管理的意识，建立并强化质量第一、不断创新、诚信经营、协作进取的企业文化，这样企业才能持久地发展，形成全员的采购质量管理体系。

3. 全面采购质量管理

美国通用电气公司的费根堡姆博士在其所著《全面质量管理》一书中指出："全面质量管理是为了能够在最经济的水平上并考虑到充分满足用户需求的条件下进行市场研究、设计、生产和服务，把企业各部门的研制质量、维持质量和提高质量的活动构成一体的有效体系。"他首次提出了质量体系的问题，提出质量管理的主要任务就是建立质量管理体系。

全面采购质量管理通常是调动全部门人员主动性、积极参与到提高产品质量、改善服务态度并使之持续改善的综合管理过程。全面提高采购质量管理，对企业的发展起着重要的作用，只有提高采购人员的综合管理能力和专业采购能力，建立合理的采购质量制度和高效的质量保证审核体系，才能全面地提高采购质量并有效地对采购质量进行控制。

7.2.7 采购质量管理的方法

1. PDCA 循环管理方法

著名的 PDCA 循环管理方法,也称戴明环式采购质量管理方法,包含策划(Plan)、执行(Do)、核查(Check)及处理(Action)等循环过程。PDCA 循环管理方法是由美国著名的质量管理专家戴明提出的,这种循环过程如图 7-2 所示,其中所列数字表示此循环工作的步骤。

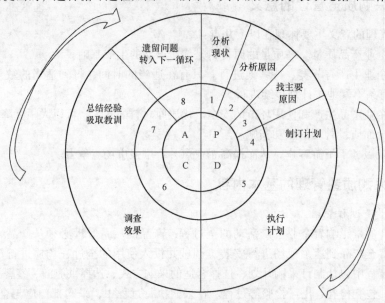

图 7-2 PDCA 循环过程

PDCA 循环的特征:

(1)可以将采购部的质量保证体系看成大 PDCA 循环体,采购部的不同专业团队、专业采购人员又是各自的小 PDCA 循环体。其中,大的循环体包含中级的循环体,中级的循环体包括小的循环体,层级分明,环环相扣,各环之间通过采购质量的指标相关联,大的循环体带动小的循环体,逐级相带,有效地构成一个循环系统。

(2)阶梯式上升。采购循环是阶梯式循环上升的过程,并不是在同一水平面上进行简单的循环,每循环一周,就能解决一部分问题,取得一定的成果,不断提高采购质量。

2. 制订联合质量计划

采购现代商品,不仅购买商品本身,还要购买供应商在产品设计、制造工艺、质量控制、技术帮助等方面的服务。要有效地购买供应商的这种服务,需要把供需双方的能力对等协调起来,协调的办法就是制订联合质量计划。联合质量计划中一般包括经济、技术、管理等三个方面。

3. 向供应商派常驻代表

为直接掌握供应商商品质量状况,可由采购方向供应商派出常驻代表,其主要职责是向供应商提出具体的商品质量要求,了解该供应商质量管理的有关情况,如质量管理机构的设置,质量体系文件的编制,质量体系的建立与实施,产品设计、生产、包装、检验等情况,特别是对出厂前的最终检验和试验要进行监督,对供应商出具的质量证明材料要核实并确认,起到在供应商内进行质量把关的作用。

4. 定期或不定期监督检查

采购方可根据实际情况派技术人员或专家对供应商进行定期或不定期的监督检查。通过监督检查，有利于全面把握供应商的综合能力，及时发现薄弱环节并要求其改善，从而从体系上保证了供货质量。其主要监督检查双方买卖合同的执行情况，重点监督检查拟购商品的质量情况，如在生产前主要是监督检查原材料和外购件的质量状况；在生产中主要是监督检查各工序半成品的质量状况；在生产后主要是监督检查产成品的检验、试验及包装情况。需要注意的是，对关键工序或特殊工序必须作为重点进行监督检查。

5. 及时掌握供应商生产状况的变化

由于企业内外部环境的变化，供应商的生产状况必然也会随之变化。采购方应及时掌握其变化的情况，对生产发生的一些重大变化，应要求供应商及时向采购方报告，如产品设计或结构上的重大变化、制造工艺上的重大变化、检验和试验设备及规程方面的重大变化等，供应商都应向采购方主动报告说明情况。采购方接到报告后，要认真分析情况，必要时应到供应商处直接了解，主要应弄清对产品质量的影响。在多数情况下供应商变更产品设计，采取新材料、新设备、新工艺是为了提高商品的质量和生产效率，对保证商品质量是有益的。但是也必须注意到，任何改变都有一个适应的过程，在变更的初始阶段容易造成商品质量的不稳定。这就需要通过加强最终检验和试验来把关。

6. 提高采购人员的素质

高素质的采购团队能使供应管理具有高效率，并能在追求成本降低的同时，科学地判断和预防采购风险。良好的沟通能力、对原材料市场的熟悉程度及市场敏感度决定了采购人员能否有效控制风险的发生。有些采购人员为达到降低成本的目的，没有针对现有成本进行分析，而采取一味打压供应商价格的方法，往往迫使供应商选择未达标准的廉价材料进行生产，或降低生产过程中质量控制标准，结果导致质量事故频繁发生，这使采购方用来处理质量问题的成本远远超过了原材料降价带来的成本节约，得不偿失。因此，培养和提高采购人员的素质，建立高效率的采购团队是非常重要的一环。

7. 定期排序

对供应商进行定期排序的主要目的是评估供应商的质量及综合能力，以及为是否保留、更换供应商提供决策依据。

8. 帮助供应商导入新的质量体系和管理方法

为有效地控制采购商品的质量，采购方应对供应商导入自己多年总结出的先进质量管理手段和技术方法，主动地帮助、指导供应商在短时间内极大地提升质量管理水平和技术水平，增强质量保证能力。采购方对供应商给予一定的帮助对供应商是有利的，对采购方自己也是有利的。对供应商的帮助是多方面的，主要目的不是扩大生产能力而是提高商品质量。以提高质量为中心，可帮助供应商组织有关人员的技术培训，进行设备的技术改造，实现检验和试验的标准化、规范化，贯彻 ISO 9000 族标准，争取质量体系认证等。对供应商的帮助重点是加强商品质量的薄弱环节，解决影响商品质量的关键问题。

7.3 采购产品的质量检验

7.3.1 产品质量检验的基本知识

1. 产品检验的含义及作用

检验是对产品或服务的一种或多种特征进行测量、检查、试验、度量,并将这些特征与对应的要求进行全面比较以确定其是否符合要求的一项活动。产品检验就是根据商品标准和合同条款规定的质量指标,确定产品质量高低和产品等级的工作。产品的质量检验是产品检验的中心内容,狭义的产品检验就是指产品的质量检验。

质量检验及验收的作用如下:

(1) 保证。通过对产品质量状况的正确鉴别,及对不合格品进行处置,防止它们被接收,进入下一过程,从而在产品生产全过程实现层层把关。这是产品质量检验最基本的职能和作用。

(2) 监督。通过物料验收到产品实现过程中所获取的各类质量信息,应以记录或其他形式报告给相关责任部门及人员,以便他们在对这些信息分析的基础上采取措施,达到对全过程的监督和控制。

(3) 预防。某些验收活动具有一定的预防不合格产品出现的作用,如与制造业批量生产中的首件检验、巡检以及纠正措施有关的验收活动。应注意到物料验收的预防作用是比较弱的,必须与其他活动结合才能真正起到预防不合格的作用。

2. 产品质量检验的方式及基本类型

(1) 质量检验的方式。

①按检验的数量特性划分,分为全数检验和抽样检验。

全数检验就是对待检产品批100%逐一进行检验,又称100%检验或全面检验。全数检验常用于下列范围:对后续工序影响较大的项目;精度要求较高的产品或零部件;品质不太稳定的工序;需要对不合格交验批进行100%重检。

但全数检验存在一定局限性:检验工作量大,周期长,成本高,占用的检验人员和设备较多;由于受检个体太多,所以每个受检个体检验标准降低,或检验项目减少。由于错误检验和遗漏检验的客观存在,全数检验的结果并不一定可靠;不适用于破坏性检验或检验费昂贵的项目产品;对批量大,但出现不合格无严重后果的产品批,在经济上得不偿失。

抽样检验是按照数理统计原理预先设计的抽样方案,从待检总体中抽取一个随机样本,对样本中每一个体逐一进行检验,获得质量特性值的样本统计值,并和相应的标准进行比较,从而对总体做出接收或拒绝的判断。

抽样检验也具有一定缺陷:首先,在被判为合格的总体中会混杂一些不合格品,或存在相反情况;其次,抽样检验的结论是对批产品而言,因此错判(将合格批判为不合格批而拒收,或将不合格批判为合格批而接收)会造成很大的经济损失。

一般地,抽样检验适用于全数检验不必要、不经济或无法实施的场合,应用非常广泛。

②按检验的质量特性值的特征划分,分为记数检验和计量检验。

记数检验适用于以记点值和计件值为特征值的场合;计量检验适用于以计量值为特征的场合。

③按检验方法的特征划分,分为感官检验和理化检验。

感官检验主要依靠人的感觉器官进行检查和评价,其结果往往依赖检验人员的经验。由于目前理化检验的技术发展的局限性以及质量检验的全面性和多样性，感官检验在某些场合仍是一种合理的选择和补充，如对产品的形状、颜色、气味、污损、锈蚀和老化程度等，不易用数值表达的场合，均适用感官检验。

理化检验是指运用物理或化学的方法，依靠量具、仪器及设备装置等对受检产品进行检验。理化检验的结果精度高、误差小，是目前主要的检验方式。随着科学技术的进步，理化检验的技术和装备会得到不断改进和发展，如过去的破坏性试验有些已用无损检测手段代替，钢材化学成分的快速分析由于光谱分析技术的发展而得以实现等。

④按检验对象检验后的状态特征划分，分为破坏性检验和非破坏性检验。

破坏性检验后，受检物的完整性遭到破坏，不再具有原来的使用功能。如寿命试验、强度试验以及爆炸性试验都是破坏性检验。随着检验技术的发展，破坏性检验逐渐减少，而非破坏性检验的使用范围在不断扩大。出于经济上的考虑，破坏性检验只能采用抽样检验的方式进行。

⑤按检验目的的特征划分，分为验收检验和监控检验。

验收检验的目的是判断受检对象是否合格，从而做出接收或拒收的决策。在管理的过程中，验收检验可应用于生产的全过程，如原材料、外购件、外协件及相关配套件的进货检验，半成品的入库检验以及产成品的出库检验等场合。

监控检验的目的是对生产过程是否处于受控状态进行的检验，也称为过程检验。监控检验在预防因系统性质量问题而导致的大量不合格产品出现方面，发挥的作用尤为重要。

⑥按检验设施的位置特征划分，分为固定检验和流动检验。

固定检验就是在固定地点进行检验，地点一般设在生产单位内的固定检验场所。固定检验是集中检验的体现，通常是在各个工作地加工完产品后送到检验站集中检验。这种检验方式的检验结果技术性较强，比较可靠，但对检验场所的空间有一定要求，容易在生产员工和检验员工之间产生对立情绪，也有可能造成送检产品批的混杂。

流动检验就是由检验人员直接去工作地检验，它的应用有局限性，但由于不受固定检验站的束缚，检验人员可以深入生产现场，及时了解生产过程品质动态，容易和生产工人建立相互信任的合作关系，有助于减少生产单位内在制品的占用。

（2）质量检验的基本类型。

实际的检验活动，可以细分为三种基本类型：进货检验、工序检验以及完工检验。

①进货检验。进货检验是指对外购货品的质量检验，如采购的原材料、辅料、外购件、外协件及相关配套等的入库质量检验。进货检验需要由专职检验人员按照规定的检验内容、检验方法以及检验数量进行严格的检验，这样可以尽可能地确保外购货品的质量。进货检验时，供方提供的检验证明和检验记录应符合需方要求，至少应包括影响货品可接受性的质量特性的检验数据，进货必须具有相关合格证或其他合法证明。进货检验可以采用首件（批）样品检验，也可采用成批进货检验。进货检验应在货品入库前或投产前进行。通过制定"入库检验指导书"或"入库检验细则"，可保证检验工作的质量，防止漏检或错检。

②工序检验。工序检验也称为过程检验或阶段检验，其目的是在加工过程中防止出现大批不合格产品，避免不合格产品流入下一道工序。工序检验通过主要工序因素分析，检验生产过程是否在可控状态之下。通过工序检验一方面可剔除不合格品，另一方面也能对质量改进起到积极作用。

工序检验通常有三种形式：首件检验、末件检验以及巡回检验。

首件检验是对每个生产班次刚开始加工的第一个工件，或加工过程中因换人、换料、换工装、调整设备等改变工序条件后加工的第一个工件进行检验。首件指的不一定是第一件，对于大批量生产，首件往往是指一定数量的样品。首件检验是防止系统性因素导致的产品成批出现质量问题的有效措施。

末件检验是指在批量加工完成后，对最后一件或几件产品进行检验的活动。末件检验的目的是为下一批生产做好生产技术准备，以保证下一批产品生产时能有较好的生产技术状态。

巡回检验是要求检验人员在生产现场对制造工序进行巡回质量检验的形式。

③完工检验。完工检验又称最终检验，是全面考核半成品或成品质量是否满足设计规范标准的重要手段。完工检验是供方质量保证工作的重要内容，因为这是供方验证产品是否符合顾客要求的最后一次机会。

完工检验可能需要模拟产品的用户使用条件和运行方式。成品质量的完工检验有两种，即成品检验和成品质量审核，须有用户的参与并得到用户的最终认可。供方质量体系应保证，在质量计划规定的活动完成以前决不发货；同时，质量体系还应该保证收集所有影响质量活动的记录，以便生产结束后立即对它们进行评审。

7.3.2 物资验收的工作

（1）验收准备。

①场地和设施的准备。料具进场前，根据用料计划、现场平面布置图、物资保管规程及场容管理要求，进行存料场地及设施准备。场地应平整、夯实，并按需要建棚、建库。

②苫垫物品准备。对进场露天存放，需要苫垫的材料，在进场前要按照物资保管规程的要求，准备好充足适用的苫垫物品，确保验收后的料具做到妥善保管，避免损坏变质。

③计量器具的准备。根据不同材料计量特点，在材料进场前配齐所需的计量器具，确保验收顺利进行。

④有关资料的准备。其包括材料需用计划、购销合同及有关材料的质量标准等。

（2）核对凭证。认真核对每批进场（库）材料的发票、运单、质量证明是否符合进货计划（合同）的要求，无误后按照证件的内容，逐项加以检验。

（3）质量验收。现场材料的质量验收，由于受客观条件所限，主要通过目测对料具外观的检查和材质性能等质量证件的检验，执行企业的质量管理制度中材料检验的相关规定和要求。

一般材料外观检验，应检验材料的规格、型号、尺寸、颜色、方正及完整，做好检验记录。凡专用、特殊及加工制品的外观检验，应根据加工合同、图纸及翻样资料，会同有关部门进行质量验收并做好记录。进口材料及设备要会同商检局共同验收，做好详细记录。

（4）数量验收。

①原则上不允许夜间材料进场验收，如遇特殊原因，日间供应不能满足制造所需时，应经有关部门同意后，在夜间20时前进场材料验收，并将材料与原堆场分开堆放，或做好明显分隔标志、标记，验收人员必须旁站监督卸车、验收。

②现场材料数量验收一般采取点数、检斤、检尺的方法，对分批进场的要做好分次验收记录，对超过磅差的应通知器材部，供应方处理。

（5）验收手续。经核对质量、数量无误后，可以办理验收手续。验收手续根据不同情况采取不同形式。一般由收料人依据进料凭证和实际验收数量电脑填制物资验收入库单，属于多次进料最后结算（或月结等）办理验收手续的，如大堆材料，则由收料人员依据分次进料凭证、验收记录核对填写验收码单，在结算时，仓管员依据验收码单，电脑填制入库单。

（6）验收问题的处理。

①质量不符合质量证明或合同要求时，应报有关部门加以鉴定处理。在此之前，材料不能入

库,更不能发放,应进行"待检"标识。

②数量不符者,损益在规定磅差内,按实际验收数量入库;通过规定磅差时应查对核实,做好验收记录,报有关部门,未解决处理前不得动用。

7.3.3 采购质量检验的主要管理制度

1. 检验计划

检验计划是企业对产品质量检验工作进行系统筹划与安排的主要质量文件,它规定了检验工作的措施、资源和活动。检验计划对于保证产品的质量起着十分重要的作用。下面对检验计划的主要内容做简单介绍。

(1) 检验流程图。用来表达检验计划中的检验活动流程、检验站点设置、检验方式和方法及其相互关系,一般应以工艺流程图为基础来设计。检验流程图的标识符号有顺序符号和检验符号两类。

(2) 产品质量缺陷严重性分级。对于不能满足预期使用要求的质量缺陷,在质量特性重要程度、偏离规范程度,以及对产品适用性的影响程度上存在差别。对质量缺陷实施严重性分级有利于检验质量职能的有效发挥和质量管理综合效能的提高,见表7-2。

表7-2 检验用产品质量缺陷严重性分级原则的模式

项目	致命缺陷(A)	严重缺陷(B)	一般缺陷(C)	轻微缺陷(D)
安全性	影响安全	不涉及	不涉及	不涉及
运转或运行	会引起难以纠正的非正常情况	可能引起易于纠正的非正常情况	不会影响运转或运行	不涉及
寿命	会影响寿命	可能影响寿命	不影响	不涉及
可靠性	必然会造成产品故障	可能会引起易于修复的故障	不会成为故障的起因	不涉及
装配	—	肯定会造成装配困难	可能会影响装配顺利	不涉及
使用安装	会造成产品安装困难	可能会影响产品安装的顺利	不涉及	不涉及
外观	一般外观缺陷不构成致命缺陷	使产品外观难以接受	对产品外观影响较大	对产品外观有影响
下道工序	肯定造成下道工序的混乱	给下道工序造成较大困难	对下道工序影响较大	可能对下道工序有影响
处理权限	总质量师	检验负责人	检验工程师	检验站、组长
检验严格性	100%严格检验,加严检验	严格检验,正常检验	一般正常检验,抽样检验	抽验检验,放宽检验

(3) 检验指导书。检验指导书是产品检验规则在某些重要检验环节上的具体化,是产品检验计划构成部分。通常对于质量控制点的质量特性的检验作业活动,以及关于新产品特有的、过去没有类似先例的检验作业活动都必须编制检验指导书。

检验指导书的基本内容如下:

①检验对象。受检物品的名称、图号及在检验流程图上的位置(编号)。

②质量特性。规定的检验项目、需鉴别的质量特性、规范要求、质量特性的重要性级别、所

涉及的质量缺陷严重性级别。

③检验方法、检验基准（或层面）、检测程序与方法、检验中的有关计算方法、检测频次、抽样检验的有关规定和数据。

④检测手段。检验使用的工具、设备（装备）及计量器具，这些器物应处的状态及使用注意事项。

⑤检验判断。正确指明对判断标准的理解、判断比较的方法、判定的原则与注意事项、不合格的处理程序及权限。

⑥记录与报告。指明需要记录的事项、方法和记录公式，规定要求报告的内容与方式、程序与时间。

⑦对于复杂的检验项目，质量指导书应该给出必要的示意图表及提供有关的说明资料。

除此之外，检验计划还应包括测量和试验设备配置计划以及人员调配、培训、资格认证等事项的安排。

2. 三检制

三检制是操作者自检、工人之间互检和专职检验人员专检相结合的一种检验制度。这种三结合的检验制度有利于调动广大员工参与质量检验工作的积极性和责任感，是任何单纯依靠专业质量检验的检验制度所无法比拟的。

（1）自检。自检是指操作者根据工序质量控制的技术标准自行检验，检验工作基本上和生产加工过程同步进行。通过自检，操作者可以及时了解自己加工的产品质量以及工序所处的质量状态，当出现问题时，可及时寻找原因并采取改进措施。自检制度是工人参与质量管理和落实质量责任制度的重要形式，也是三检制能取得实际效果的基础。

（2）互检。互检一般是指下道工序对上道工序转过来的在制品进行抽检；同一工作轮班交接时的相互检验；班组质量员或班组长对本班组工人加工的产品进行抽检等。互检是对自检的补充和监督，同时也有利于工人之间协调关系和交流技术。

（3）专检。专检是由专业检验人员进行的检验。专业检验人员熟悉产品技术要求、工艺知识且经验丰富，检验技能熟练，效率较高，所用检验仪器相对正规和精密，因此专检的检验结果比较正确可靠。而且，由于专业检验人员的职责约束以及和受检对象无直接利害关系，其检验过程和结果比较客观公正。因此，三检制必须以专业检验为主导。检验的职能通过专检来保证。专业检验是现代化大生产劳动分工的客观要求，已成为一种专门的工种与技术。

3. 标识与可追溯性

ISO 9001：2000 对标识和可追溯性做了明确的规定。产品标识和可追溯性的目的主要有以下两个方面：

（1）便于标识产品，防止混料、误发和误用；

（2）便于通过产品标识及其相关记录实现产品质量追溯。

产品标识的对象很广泛，包括原材料、辅料、零部件的半成品和成品以及产成品。因此，产品标识的对象涉及进货、加工、装配、包装、交付等产品生产物流的全部过程。

4. 不合格产品管理

ISO 9000：2000 给出了不合格的定义。"不合格"是指"未满足要求"，即未满足"明示的、通常隐含的或必须履行的需求或期望"。

（1）不合格产品的确定和管理。在质量检验工作中，对可疑的不合格产品或生产批次，必须认真加以鉴别。对确实不符合要求的产品必须确定为不合格产品。

对质量的鉴别有两种标准：一种是符合性标准，即产品是否符合规定的技术标准。这种鉴别有明确的标准可以对照,是质量检验人员及机构的经常性工作。另一种是适用性标准,即产品是否符合用户要求。产品质量的符合性标准和适用标准在本质上应该是一致的,但是现实生活中这两类标准未必总能合拍。一个完全符合质量标准的产品对某些用户而言可能并不称心如意,而一个不完全符合质量标准的产品对某些用户来说其性能和质量正合心意。但是,不管怎样,为了真正发挥质量检验的把关和预防职能,任何情况下都应该坚持质量检验的"三不放过"原则,即"不查清不合格原因不放过、不查清责任不放过、不落实改进措施不放过"。

不合格产品的管理不但包括对不合格品本身的管理,还包括对出现不合格产品的生产过程的管理。当生产过程的某个阶段出现不合格产品时,绝不允许对其做进一步的加工。如果是生产过程失控造成,则在采取纠正措施前,应该停止生产过程,以免产生更多的不合产格品。根据产品和质量缺陷的性质,可能还需要对已经生产的本批次产品进行全面复查全检。

对于不合格产品,应该根据不合格产品管理程序及时进行标识、记录、评价、隔离和处理。

(2) 不合格产品的处置。对不合格产品(包括产品、零部件、原材料等一切所采购的物品)应通过指定机构负责评审,经过评审后,可做以下处理:

①原样使用。在以下情况下不合格产品可以原样使用:不合格程度轻微,不需要采取返修补救措施仍能满足预期使用要求,而直接接受使用,这种情况必须有严格的申请和审批制度,并得到用户的同意。

②返工。通过返工可以使不合格产品完全符合规定要求,返工后必须经过检验人员的复验确认。

③降级。降级是指根据实际质量水平降低不合格产品的产品质量等级或作为处理品降价出售。

④返修。对不合格产品采取补救措施后仍不能完全符合质量要求,但基本能满足使用要求,判为让步回用品,修复程序应得到需求方的同意,修复后也必须经过复验确认。

⑤报废。如对不合格产品不能采取以上处理时,只能报废,报废时还应该按规定开出废品报告。

7.4 采购产品的质量控制

7.4.1 采购质量控制含义

质量控制是指为达到质量要求所采取的作业技术和活动。也就是说,质量控制是为了通过监视质量形成过程,消除质量环上所有阶段引起不合格或不满意效果的因素,以达到质量要求、获取经济效益,而采用的各种质量作业技术和活动。

采购质量控制就是为了保持采购商品的质量所采取的作业技术和有关活动,其目的在于为使用部门提供符合规格要求的满意产品。对采购商品质量进行严格控制是企业杜绝假冒伪劣产品和防止欺诈行为的必要措施,因此采购行为主体和采购人员应正确认识采购质量控制的重要性,并采取有效措施,在采购全过程中加强采购质量控制,促进采购质量的不断提高。

7.4.2 ISO 9000 族标准对采购质量控制的主要要求

20 世纪以来,由于全球化经济的发展和贸易竞争的日益激烈,为了适应国际贸易往来与经济合作的需要,国际标准化组织(ISO)于 1987 年颁布了 ISO 9000 族质量管理和质量保证标准,并很快得到了各国工业界的普遍承认和应用,掀起了"ISO 9000"热。到目前为止,它已被世界上80多个国家和地区等同采用为国家标准，40余万家企业（组织）通过了质量管理体系认证，尤其是在贸易发达的美国、日本以及欧洲自由贸易区，ISO 9000族标准已成为日常采用的标准。美国政府对其企业采用ISO 9000族标准采取十分积极的态度，美国商务部对那些因进口产品不断竞争而导致企业销售下降的公司，采取一系列的特殊政策，如果采用和通过ISO 9000质量管理体系认证，可由联邦政府支付75%的咨询服务费。美国国防部在采购装备时，也将制造商是否通过ISO 9000质量管理体系认证作为基本条件。但是，在实际应用过程中，发现ISO 9000族标准还存在一定的缺陷，因此1990年ISO决定对ISO 9000族标准分两个阶段进行修订，即1994版和2000版ISO 9000族标准。2000版ISO 9000族标准颁布后，世界各国已经开始进入换标的过渡时期。2000版ISO 9000族标准对于组织的采购质量控制提出了更为详尽的要求，更加突出组织的顾客作用和与供方的互利关系，主要有如下几点：

（1）与采购质量有关的记录应予以记录，这些记录应予以保持，应制定形成文件的程序，以控制采购质量记录的标识、储存、检索、保护、保存期限和处置。

（2）承担采购质量控制职责的人员应是有能力的，对能力的判断应从教育、培训、技能和经历方面考虑。

（3）组织应控制其采购过程，以确保采购产品符合要求，控制的类型和程度取决于对随后的产品实现过程及其输出的影响。组织应根据供方按组织的要求提供产品的能力评价和选择供方，选择和定期评价的准则应予以规定，评价的结果和跟踪措施应予以记录。

（4）采购文件应包括表述拟采购产品的信息，组织应确保在文件发放前，其规定要求是适宜的。

（5）组织应对所采购产品的验证所必要的活动加以识别，并予以实施，当组织或其顾客提出在供方的现场实施验证时，组织应在采购信息中对要开展验证的安排和产品放行的方法做出规定。

（6）组织应收集和分析适当的数据，以确定采购质量活动的适宜性和有效性并识别可以实施的改进，这包括来自测量和监控活动以及其他有关来源的数据，组织应分析这些数据，以便提供有关供方的信息。

7.4.3 采购质量控制流程

采购产品具体流程主要包括以下十个步骤：

（1）采购部采购专员平时应注意关注企业经常采购的原材料、零部件、辅助材料等的市场供求信息、价格信息、供应商信息等，以便为定价、选择供应商等提供决策依据。

（2）在关注货物市场信息的同时，采购部还要对主要供应商进行信用、供货能力、生产能力、生产技术工艺、产品质量等方面进行评估，要求供应商提供相应的资料；质量管理部协同进行供应商评估，主要对供应商的质量保证能力进行评定，评估完毕，由采购部建立供应商档案。

（3）生产等职能部门提出采购需求后，由采购部根据库存等实际情况编制采购计划，内容包括采购货物类别、数量、规格技术要求、采购实施方案等，采购计划上报总经理审批。

（4）采购计划批准后，采购专员寻找供应商，进行采购谈判，并签订采购合同及技术协议书。合同内容应包括采购产品的品名、规格、型号、数量、技术要求、交货时间与地点、付款方式、质量保证条款等。

（5）合同签订后，供应商按照合同规定及时发货，到货后，采购验收专员依照采购合同、请购单，对比送货单进行货物数量的清点核对。

（6）数量清点结束，如无误则由采购验收专员组织进行质量检验。

（7）质量管理部检验专员对所购货物进行质量检验，使用部门协同检验，保证所购货物的质量，符合本企业生产、经营的需要。

（8）企业相关职能部门在使用所购货物的过程中应对其质量问题进行记录，并及时反馈至采购部。

（9）采购专员及时向供应商提出改进意见，若给企业造成经济损失，则与供应商协商赔偿事宜。

（10）采购部协同质量管理部和其他职能部门定期对供应商的供货质量进行综合评定，评定内容包括供应商的配套产品质量、供货的技术性、价格水平和售后服务质量等方面。对于评定为不合格的供应商，取消其供货资格。采购质量控制流程详见图7-3所示。

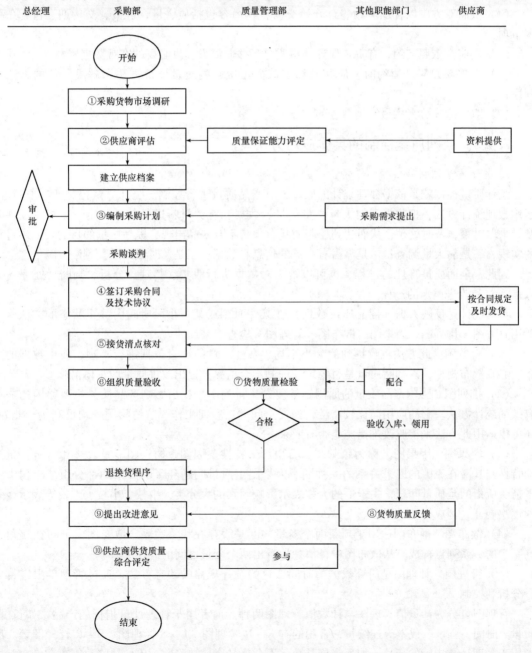

图7-3　采购质量控制流程

7.4.4 采购质量控制的原则

企业采购部门及采购人员必须与质量部门密切配合,对供应商提供的物料质量进行控制,以使其能满足企业的需求。在质量控制的过程中,供需双方必须遵守一定的原则。具体原则如下:

(1) 企业和供应商具有自主性,并且相互尊重;

(2) 供需双方了解彼此的质量控制体系,并合作承担实施质量控制的责任;

(3) 需方有责任向供应商提供充分物料信息,并且双方质量控制信息要及时交换;

(4) 供需双方应以合理契约签订开始交易,其内容包括质、量、价格、交货期、付款条件等事项;

(5) 供应商依照契约,有责任保证物料质量,并向需方提供必要的客观数据资料;

(6) 供需双方签订契约时,应共同约定双方可接受的质量评价方法和解决争议的方法及程序;

(7) 双方应充分考虑最终消费者的利益。

7.4.5 采购质量控制的具体应用方法

1. 统计质量控制

统计质量控制就是依据数理统计的原理,对产品质量进行控制。统计质量控制的简要过程:运用数理统计方法,把收集到的大量质量信息、数据和有关材料进行整理和定量分析,发现问题,采取对策,及时处理,从而达到控制质量、预防不合格品出现、提高质量的目的。上述过程的实现,一是靠大量调查;二是靠占有足够的信息和数据;三是及时做出质量判断。

因此,全面质量管理的过程,也可以视为对数据进行收集、整理、分析、判断、处理(采取措施)和改进质量的过程。

数据统计是反映数据(商品质量数据)在某一时刻或某一小段时间内静止状态的方法,一般用直方图、排列图、因果图、散布图、管理图、检查表来反映。

(1) 直方图。此方法将收集到的大小不均、杂乱无章的计量数据进行整理,找出数据的分布中心及散布规律,以判断质量是否稳定,预测不合格率,提出改进质量的具体措施。

(2) 排列图。影响产品质量的原因错综复杂,排列图是找出影响产品质量主要原因的一种有效的统计方法。它的应用面比较广泛,如安全问题、后期工作、节约问题等均可利用。此外,还可以运用此方法来检验改进措施是否有效果。

(3) 因果图。因果图又称为鱼刺图、石川图、特性要因图、树权图,是表达和分析质量波动特性与其潜在原因的因果关系的一种图。因果图由质量问题和影响因素两部分组成。图中主干箭头所指的是质量问题,主干上的大枝表示影响因素的大分类,中枝、小枝、细枝等表示因素的逐次展开,构成树枝状图形。

(4) 散布图。散布图适用于判断两个变量之间是否存在相关关系。散布图由分布在直角坐标系中的一系列点构成。从散布图中可清楚地看出两个变量之间的线性关系。

(5) 管理图。管理图是研究数据随时间变化的统计规律的动态方法,通过管理界限进行质量分析和控制。

管理图可分为计量值管理图与计数值管理图两种。前者用于管理计量指标的产品,如长度、质量、时间、强度、成本等连续量,常用的有 $X-R$ 管理图、$L-S$ 管理图、$S-R$ 管理图等。后者用于管理计数指标的产品,如不合格品数、不合格品率、缺陷数、单位缺陷数等离散量,常用的有 Pn 管理图、P 管理图、C 管理图、U 管理图。

(6) 检查表。检查表又称调查表、核对表、统计分析表，是用来收集资料和数据，对事实进行粗略整理和分析的统计表。一般其有不合格检查表、缺陷位置检验表、质量分布检查表等。

2. 模糊数学综合评判法

模糊数学是研究和处理模糊性现象的数学。模糊数学与概率论研究和处理的是两种不同的不确定性。概率论研究和处理随机现象，而模糊数学研究和处理模糊现象，模糊性则是指概念本身没有明确的外延所造成的划分上的不确定性。

管理所研究的问题，很多都与人脑的思维和控制直接发生关系，是系统中难以定量化的问题，具有模糊性，需要采用模糊数学方法加以解决。

面对有众多因素共同影响某一现象出现时，若进行恰当的评价，则被称为综合评价。如买一件衣服，要考虑它的款式、面料、花色、价格等。多因素评价通常采用以下几种方法：

(1) 总分法。总分法设评判对象有 m 个因素，对其中每个因素评定一个分数 S_i，它们的综合即为该对象的评判标准。其计算公式如下：

$$S = \sum S_i \ (i = 1, 2, 3, \cdots, m)$$

(2) 加权平均法。加权平均法设评判对象有 m 个因素，每个因素所得分数为 S_i，鉴于对每个因素的重视程度不同，可对每个因素视其重要程度给以一定的权重（P_i 表示第 i 个因素在评判中所占的百分比），然后用它们的和作为评判结果。其计算公式如下：

$$S = \sum P_i S_i \ (i = 1, 2, 3, \cdots, m)$$

(3) 综合评判法。上述两种方法的评判结果是用一个数值来表示的。综合评判法的评判结果是评判集上的一个模糊子集。

例如，对某一种商品，由 100 名顾客来进行评判，预先将评判意见划分等级，如"很受欢迎""受欢迎""一般""不太受欢迎"和"不受欢迎"5 个等级，由所有评价等级的全体组成评价集 V。

$$V = （很受欢迎、受欢迎、一般、不太受欢迎、不受欢迎）$$

设有 P 个评价等级，则评价集为 $V = (V_1, V_2, \cdots, V_P)$。

上例中，若分别有 40、25、20、15 和 0 对该商品的评价为很受欢迎、受欢迎、一般、不太受欢迎和不受欢迎，则对该商品的综合评价结果可用评判集 V 上的模糊子集 $V\sim$ 表示，即

$$V\sim = (0.4, 0.25, 0.20, 0.15, 0)$$

这种评判结果显然比用单一的分数评判更为全面地反映了评判信息。

综合评判涉及以下三个要素：因素集 U、评价集 V 和单因素评判。

综合评判（R）可以看成是 U 到 V 的一个模糊子集，因此可确定综合评判模型为（U, V, R）。

7.4.6 采购产品的质量认证

1. 质量认证的有关知识

质量认证的原动力在于采购方用户对所购产品质量的信任的客观需要。在现代认证产生之前，供方为了推销其产品，通常采用"产品合格声明"的方式，来博取买方对其生产的产品质量的信任。所谓"产品合格声明"即由供方本身在产品说明书、产品标记或其他文件中声明所提供的产品的各方面性能符合买方的需要并做出保证。随着科学技术的不断发展，产品的性能、结构日益繁复，仅依靠买方本身有限的知识或简单的测试手段，已难以判断产品质量是否符合

规定的标准或实际使用需要。为此,由公正、客观的第三方来证实产品质量状况的现代认证制度就随之产生和发展起来。

质量认证也称合格认证。1991年国际标准化组织对"合格认证"做如下定义:"第三方依据程序对产品、过程或服务符合规定的要求给予书面保证合格证书"。根据国际标准化组织的定义,人们理解的质量认证的内容包含四层含义:

(1) 质量认证是由认证机构进行的一种合格评定活动。
(2) 质量认证的对象是产品、服务和管理体系。
(3) 质量认证依据是技术规范、相关技术规范的强制性要求或者标准。
(4) 质量认证的结果通过认证机构颁发"认证证书"和"认证标志"予以表示。

按照认证对象来划分,质量认证通常分为体系认证、产品认证和实验室认证。

(1) 体系认证。体系认证包括质量体系认证、环境管理体系认证和安全体系认证。

①质量体系认证。质量体系认证是指对供方的质量体系实施第三方评定和注册的活动。评定合格者由第三方机构颁发质量体系认证证书,并给予注册。其目的在于通过评定和事后监督来证明供方质量体系符合并满足需方对该体系规定的要求,对供方的质量管理能力予以独立的证实。国际标准化组织规定了一整套通行全世界的普遍标准 ISO 9000 质量认证体系。2000年12月,ISO 宣布对 ISO 9000 系列进行修订,产生了 ISO 9000:2000。这个质量认证体系是由 ISO 9001、ISO 9002、ISO 9003 三者整合在一起而形成的。它更加关注高层管理与消费者满意度,强调机构组织过程,引进持续发展的观念。

②环境管理体系认证。环境管理体系认证是指由第三方公证机构依据公开发布的环境管理标准,对供方的环境管理体系实施评定的活动。它用来证明供方具有按既定环境保护标准和法规要求提供环境保护产品的能力。

③安全体系认证。这是指由第三方公正机构依据公开发布的安全体系保证,对供方的安全保证体系实施评定,证明供方具有按既定安全标准要求提供具有安全保证产品的能力。

(2) 产品认证。产品认证可以分为强制性产品认证和自愿性产品认证。强制性产品认证是为了保护国家安全、防止欺诈行为、保护人体健康或者安全、保护动植物生命或者健康、保护环境等而设立的,实施强制性产品认证的产品必须经过国家认监委指定认证机构的认证,并标注认证标志以后,才能出厂、销售、进口或者在其他经营活动中使用。目前世界上主要国家多数实施了强制性产品认证制度,我国的认证、欧盟的认证、美国的认证等都属于强制认证的范围。自愿性产品认证的范围比较宽泛,国内已经开展的自愿性产品认证包括环境标志认证、绿色食品认证、无公害农产品认证、有机产品认证、饮料认证和方圆标志认证等,目前自愿性产品认证没有强制性产品认证和管理体系认证开展得普遍,据不完全统计,国内共颁发各类自愿性产品认证证书1万多张。

(3) 实验室认证。实验室认证是指依据认可准则和一定的技术标准,由专家组对实验室的组织管理能力和技术能力进行审查评定的活动。实验室认证也称为实验室认可,主要包括检测实验室认可、检验人员认可和评审人员认可。

2. 质量认证的基本内容

(1) 质量认证基本要素。质量认证基本要素包括型式试验、质量体系检查、监督检验和定期复查四个方面。前两项是取得认证资格的基本条件,后两项则是认证后的监督措施。

型式试验是整个质量认证制度的基础,是指为证明产品质量符合产品质量标准的全部要求,对产品所进行的抽验检查。质量体系检查是对产品生产企业的质量保证能力进行检查和评定,检查的目的是证实企业具备持续、稳定地生产符合标准要求的产品的能力。监督检验是对获准认证后的产品进行监督的措施。它是从生产企业的最终产品中，或从市场上抽取样品，由认可的独立检验机构进行检验。如果检验结果证明产品继续符合标准的要求，则允许继续使用认证标志；如果不符合，则需要根据具体情况采取必要的措施，防止在不符合标准的产品上使用认证标志。监督检验的周期一般为每年2~4次。对已经取得认证资格的生产企业的质量保证能力进行定期检查，是保证认证产品质量能持续符合标准的根本性监督措施。监督检查的事项要比首次检查少一些，重点是查看首次检查中发现的不符合项目是否得以有效改正，质量体系的修改是否能确保达到质量要求。

（2）实施质量认证的机构。实施质量认证制度必须由一定的质量认证机构来承担，质量认证机构由认证管理机构（认可机构）、认证检验机构（实验室和检查机构）、认证审核机构（产品和体系认证机构）构成。

（3）产品质量认证的实施内容。产品质量认证的具体实施内容主要包括产品的功能审核、外观质量审核、包装质量审核以及质量稳定性审核。

产品的功能审核是产品质量认证最重要的审核内容。其主要审核产品的性能、安全性、可靠性和寿命、可维修性、销售竞争上有无特色、接口特性和配套完整性等。

产品的外观质量审核主要包括产品的外观尺寸、形状的一致性；产品的外观有无碰伤、压伤、划伤；产品的标签或印证有无错误或模糊；产品有无影响使用的微粒、粉末等多余物或掉漆等情况。

产品的包装质量审核包括包装上的标志、合格凭证是否符合规定要求；装箱产品与装箱单是否一致，有无错装和漏装；包装情况与技术标准、工艺文件的规定是否符合。

产品的质量稳定性审核包括是否具有正常批量生产的条件；是否具有保证质量稳定性的程序；质量不合格产品的处置程序是否适当。

7.4.7 采购质量控制应注意的问题

采购过程中的质量成本是指在原材料供应过程中由于质量不良而造成的成本损失。目前电子行业采购中的质量成本内涵已远不止这些，它包括采购过程中出现的任何风险（如交货风险、财务风险）所造成的相关损失，及为避免这些风险所进行的前期投入。质量成本已成为越来越多采购方在采购管理中的重要问题。

在实际操作过程中，质量与成本之间存在矛盾：一方面，采购方希望在满足质量要求的前提下，尽可能降低采购价格。然而采购成本的一味降低会导致供应商选用质量较差的原材料，质量问题频繁发生，成本增加。另一方面，当采购方要求提高产品质量时，会面临供应商提价的要求。如何在采购中平衡成本与质量的关系、如何管理采购中的质量成本成为采购经理们的挑战。

1. 预防质量问题

质量不良而造成的损失是惊人的，问题发生之后，采购方需要投入很大精力和成本进行问题的解决和补救。虽说"亡羊补牢，犹未晚也"，但如果能以"第一次就把事情做对"的思想来管理质量，预防问题的发生，将更有利于平衡质量与成本二者之间的关系。如何在采购中预防质量问题的发生，以下六种措施将非常有效。

（1）建立分工明确的组织机构。目前，越来越多的采购方把供应商开发和供应商管理职能从采购管理中分开，分别成立独立的资源开发与资源管理部门，并设置专人对供应商质量进行管理。供应商质量管理包括与供应商绩效相关的原材料品质、成本、交货期及服务等各项指标的管理。明确的分工带来明确的职责：供应商质量工程师会在生产过程中运用各种系统工具对供应商的质量绩效进行有效的管理和定期的评估。这样的管理结构有效地控制和预防了采购质量风险的发生。

（2）执行清晰的供应商认证程序。对潜在的供应商进行认真的审核与认证是全面了解供应商能力的最好手段。通过供应商的现场审核，采购方可以全面了解供应商的生产运营状况、技术水平、研发能力、管理体系及信息化程度，这为避免采购风险的发生奠定了基础。审核的内容包括质量认证体系、设备与工艺能力、研发能力、生产流程及过程控制、生产能力及生产饱和度、财务状况、订单管理、客户管理及客户服务、原材料管理、员工素质和环保措施等。

（3）定期评估供应商的绩效。对供应商进行定期评估可以使采购方及时了解和把握供应商各方面的情况变化，以便随时对其技术能力、管理能力、供应能力及各种风险做出科学的推断。主要评估的指标包括供应能力、国际化与本土化能力、研发与创新能力、主动性与灵活性、信息化能力、品质绩效、运送绩效、仓储优势、服务绩效、价格方法、财务优势、利润与库存周转率及潜在风险。

（4）制定明确的质量标准，并及时传达给供应商。清晰明确的需求是与供应商沟通过程中的关键。在很多时候，标准不清楚是导致产品质量问题的主要原因，造成了修改、更新费用的增加及交货期延迟。

（5）协助供应商改善产品质量。在很多情况下，采购方派出质量控制或技术人员与供应商共同探讨改善产品质量的途径，能有效提高质量改进的效率。虽然这种做法表面上增加了一些成本，但它却加快了产品质量的改善速度，使企业的整体质量成本得以下降。

（6）提高采购人员的素质。高素质的采购团队能使供应管理具有高效率，并能在追求成本降低的同时，科学地判断和预防采购风险。沟通能力、对原材料市场的熟悉程度及市场敏感度决定了采购人员能否有效控制风险的发生。有些采购人员为达到降低成本的目的，没有针对现有成本进行认真分析，而采取一味打压供应商价格的方法，往往迫使供应商选择未达标准的廉价材料进行生产，或降低生产过程中的质量控制标准，结果导致质量事故频繁发生，这使采购方用来处理质量问题的成本远远超过了原材料降价带来的成本节约，得不偿失。因此，培养和提高采购人员的素质，组建高效率的采购团队是非常重要的一环。

2. 平衡质量与成本

质量改善与成本降低是否能够达到平衡呢？四象限分析法是一个有效的工具。可将供应商的产品根据质量与成本两类因素划分为四种类型，针对不同类型的供应商采取相应的措施。

（1）产品质量好，但成本高。这类供应商往往掌握某些核心技术或在市场上处于领先地位。采购方若想得到好的价格，必须认真分析其成本构成，采取谈判的方式争取成本的降低。在这种情况下，谈判前的准备工作非常重要，它能帮助采购方在谈判中掌握主动权。

（2）产品质量好，且成本也令人满意。这是采购方需要极力去维护的供应商，与其进行定期的交流与评估，并可适当采取一些激励措施或与其建立长期的战略伙伴关系来保持良好的绩效。

（3）产品质量不好，但成本令人满意。采购方必须对这一类供应商进行分析，如果产品质量问题是由可以改善的因素造成的（如工艺流程不合理、质量记录不完善等），采购方可以与供应商一起攻关，在尽量不增加成本的前提下找到改善的最佳途径。如果经过努力仍无法改善或属于无法改善的因素造成的品质低劣，采购方应着手更换供应商。

（4）产品质量不好，且成本高。采购方必须立即着手寻找替代供应商，否则企业将被迫支付大量的额外成本。

利用四象限分析法以及量化分析法能有效地帮助采购方追本溯源，找到平衡质量和成本的最佳对策。但是，质量成本的量化并不是一件容易的工作，如何科学地将质量成本的管理投入进行量化分析，仍然是采购质量控制过程中的难点。

7.5 供应商的质量管理

供应商评价应从企业信用、资质等级、生产规模、企业业绩等诸多方面来进行，可以按照一定的评定标准，对供应商进行全方位的评价。通常供应商评价可以分为绩效考评评价与开发选择评价。其中绩效考评评价是指企业对供应商在这一阶段的执行情况、制造水平及配合程度进行综合评定的过程；开发选择评价是指在开发新的供应商时，经过各项评价指标考评及实地考察对备选供应商进行综合评估的过程。

在开发新供应商阶段，鉴于企业不熟悉新选供应商，需对企业的真实情况采用评价指标体系进行调查，注重定性评价的原则，对新供应商的运营状况、财务状况、组织机构、企业文化、企业业绩及企业信誉度等宏观因素进行评判，同时又要对企业的技术实力、供货质量、生产安全等微观因素进行评判，通过评判结果综合考虑新供应商的实力，以此评估企业与新供应商合作的潜在价值和与其合作风险的大小。在项目执行过程中，应定期对供应商的绩效进行评估，通过与供应商实际的合作与磨合，可以定性评价出供应商在这一阶段的绩效表现及合作态度，通常用定性评价来衡量供应商在产品的加工质量、进度控制、交货时间、成交价格、安装调试及后期技术服务等方面的成绩，以此作为绩效考评的指标。通过定性评价来评判供应商的绩效，可使企业获得优秀的供应商资源，并且通过与供应商的良好沟通、协调，也能不断改进自身的不足，提高自身的竞争力，彼此间加强合作。综上所述，供应商评价能够使企业获得更多的供货优质资源与渠道，对企业的供应商管理起着重要的指导作用。

7.5.1 选择供应商的质量考评过程

开发选择供应商的考评是一个较系统且复杂的过程，其中涉及企业的多个部门、多个环节，进行评价的最终目标是从众多供应商中选择优秀的供应商，并与其建立长期友好合作的战略合作伙伴关系。

（1）市场调查。在企业中，针对不同种类的设备与产品，均有不同种类设备的供应商资源库，在市场经济时代，如何在繁杂的市场信息中选择优秀的供应商对于企业发展显得尤为重要。在互联网迅速发展的时代，企业可以利用搜索引擎来选择合适的供应商，每个供应商为了扩大自己的营销业绩也纷纷建立自己的网站，为企业搜寻提供了便利条件。另外，企业可以通过产品展会、行业对口网站、企业黄页、技术咨询公司、上市公司的财务报表等渠道初选相应范围的供应商，从而建立企业自身的供应商资源库。企业在购买某一种类的产品时，可以通过邀请三家及以上供应商进行技术交流，在交流阶段通过考察供应商提供的企业简介、资质文件等了解供应商的企业规模、产品优势、组织机构、经营状况、公司地点、公司业绩等信息，从而获得自身需要的较优质的供应商。

（2）相关产品询价评估。通过上面的供应商市场调查，企业可以确定初步的优质供应商资源库。以总承包工程项目为例，企业在与需方签署了总承包工程后，针对不同的设备向潜在供应商提供相关设备的基本参数、技术要求、配置水平等信息并在统一技术平台的基础上进行询价，在潜在供应商提供总报价的同时，也需要提供分项报价及详细的配置方案及配置水平，企业获得各供应商的详细报价后，可以逐项对比分析评估，划定企业目标供应商。

（3）实地考察评估。在企业了解了目标供应商的基本产品的相关业绩及产品报价后，企业应到供应商工厂进行实地考察评估，考察团队应包含企业的质检部门人员、采购人员、财务专员、技术专员及项目经理部人员等，考察团队成员从各自专业的角度对供应商的各项评价指标进行考评，依据各项评价指标的分数最终形成考察团队专家组的考评意见。通过实地考察的供应商将会进入企业的合格供应商名录中，成为企业的合作伙伴。

（4）质量认证过程。供应商进入企业的合格供应商名录后，就具备了与企业合作的资格，并通过考察团队各专家的考评，能够获得企业的初步认可。供应商产品的质量在这一阶段是企业考察的重点，企业需对供应商能够提供的产品进行质量认证和技术考评，为今后的企业间合作奠定坚实的技术质量基础。如某一设备经过一系列的原材料检查、加工制造工序的检验、焊接检查、喷涂测试、打压试验、出厂预组装等检验程序，最终形成各检验方签字认可的质量认证证书，此认证证书的签署应包含设备的图纸设计、详细的设备技术参数、原材料清单、配置水平清单、权威机构质检报告、供应商测试检验文件、第三方检验机构认证文件、使用说明书、安装调试说明书、接线图及配线图、出厂检验证明等各类资料作为支持文件。此类认证文件获得相关方签字后，可以作为该供应商与企业将来合作的质量检验标准的参照文件，今后供应商提供的产品至少不能低于此质量检验标准，这样的供应商可以进入企业合作供应商名录。

（5）商务合作阶段。通过了企业的质量认证后，此类供应商便具备了与企业合作的资格与条件，企业的采购负责人可以为某一特定设备准备相应的商务合同模板，与供应商进行商务条款的洽谈工作，双方签署企业战略合作协议书及技术保密条款，商讨供应商的制造时间、交货条件等条款以及企业的付款方式及条件。此时供应商应向企业提供盖章版的营业执照副本、组织机构代码证、税务登记证书、生产许可证、银行等级认证以及各类荣誉证书等，这些资质文件作为供应商入围的审核资料，审核通过后，具备与企业的进一步合作条件。

7.5.2 供应商质量评价体系的建立原则

建立一套合理的供应商评价指标体系在企业发展中起着至关重要的作用，它直接关系着供应商评价结果的准确性及有效性。在建立供应商评价指标时，通常应按照如下原则：

（1）全面性原则。供应商评价指标体系越全面，越能够真实反映供应商的整体竞争力，各项分析指标应具有独立的代表性，各级指标间应有明晰的层次系统性，与总目标保持一致，保证真实有效地评判供应商的实力与信誉度。

（2）简单实用性原则。企业的评价指标如能有效评判供应商，就需要这个指标具有简单实用性的特点，每项指标应重点突出，具有各自比较鲜明的对比点，各项指标应意思表达清晰，评价准则公平合理，考虑严谨周密，使之具有可实践性且简单化。

（3）灵活运用原则。不同行业的供应商评价指标不尽相同，不同企业所关注的评价指标也千差万别，没有通用性的评价指标，故每项指标均要有灵活变动、不断发展的特性，对于同一企业而产品不同及同一行业而企业不同的现象，供应商评价指标可以灵活调整，灵活运用评分准则。

（4）定量分析与定性分析相结合的评判原则。在对供应商进行评价时，应按照定量分析及定性分析相结合的评判原则，对供应商进行公平合理的评价，充分发挥评价专家的作用。

7.5.3 供应商质量管理的评估、审核

1. 供应商质量管理的评估

为了对供应商进行系统、全面的评价，就必须建立一套完善的、全面的综合评价指标体系。实际工作中，可以把供应商分成两类：一类是现有供应商；另一类是潜在供应商。

对于现有供应商，每月进行一次调查，着重对价格、交货期、合格率、质量等进行正常评估，1~2年进行一次详细评估。

对于潜在供应商，评估内容要详尽。首先根据产品设计对原材料的需求，寻找潜在的供应商。根据供应商企业概况、生产规模、生产能力、经营业绩、ISO 9000认证、安全管理、样品分析等基本情况，进行报价。其次需对供应商进行初步现场考察，需要注意的是，现场考察可以依据ISO 9000标准；汇总材料后经过专业人员小组讨论，认定供应商资源后，再由相关部门进行正式考察。如果认为供应商可以接受，以小批量供货开始，一般考察3个月后，如没有问题，便最终确定其为正式的供应商。

在供应商质量考察中，根据ISO 9000或相关质量管理标准对供应商的质量管理体系进行审核，考察其质量体系是否完备，运行是否持续有效。这是目前较为常用的方法。

值得注意的是，对供应商质量管理体系的现场审核并非完全可靠。原材料供应商的不同，评价的审核清单也不尽相同。审核清单是评价供应商质量体系及产品质量的重要文件，应将其列入企业的程序文件当中。现场审核的最大优点就是可获得供应商的最直接的第一手材料，例如供应商的组织规模、供货能力、管理水平及企业人员的精神面貌。

2. 供应商质量审核

供应商质量审核是对现有供应商进行表现考评及年度质量体系审核，是供应商管理过程中的重要内容，它是在完成供应市场调研分析后，对潜在的供应商做了初步筛选后对可能发展的供应商进行的下一个审核步骤。

供应商质量体系审核则是供应商审核的一个重要方面，由于质量管理在企业管理中占据着特殊的重要地位，因而一般的公司往往将供应商质量体系审核单独列出，当然也可视情况要求将它当作供应商审核的一部分与供应商审核一起进行。

由于供应商自身条件各有优劣，因此选拔合格供应商的依据应该有客观的评分的项目。所以供应商审核必须制定详细的审核内容，通常包括以下内容：

（1）供应商的经营状况。其主要包括供应商经营的历史、负责人的资历、注册资本金额、员工人数、完工记录及绩效、主要的客户、财务状况等。

（2）供应商的生产能力。其主要包括供应商的生产设备是否先进、生产能力是否已充分利用、厂房的空间距离，以及生产作业的人力是否充足。

（3）技术能力。其主要包括供应商的技术是自行开发还是从外引进、有无与国际知名技术开发机构的合作、现有产品或试制品的技术评估、产品的开发周期、技术人员的数量及受教育程度等。

（4）管理制度。其主要包括生产流程是否顺畅合理、产出效率如何、物料控制是否计算机化、生产计划是否经常改变、采购作业是否对成本计算提供良好的基础。

（5）质量管理。其主要包括质量管理方针和政策、质量管理制度的执行及落实情况、有无质量管理制度手册、有无质量保证的作业方案、有无年度质量检验的目标、有无政治机构的评鉴等级、是否通过ISO 9000认证。

7.5.4　帮助供应商推行 ISO 9000 等相关标准的实施

位于瑞士日内瓦的国际标准化组织试图提供一整套通行全世界的普遍标准，美国国家标准协会和加拿大标准联合会都是其成员。ISO（国际标准化组织）9000质量标准修订于1987年，后来在欧洲迅速发展起来并流行于北美。在2001年年底，全世界范围内已有超过30万家集团组织被认证。美国Dun&Brand street和Irwin职业印刷社联合做过一项调查，其调查对象认识到了注册 ISO 9000 会带来巨大的内部和外部收益。内部收益就是：文档资料保持得更好（87%），员工的质量意识更强（82%）。外部收益的最主要的两种是：质量更高（83.3%），竞争优势明显（69.6%）与缩减了消费者对质量的审查（56.1%）。

2000 年 12 月，ISO 宣布对 ISO 9000 系列进行重要修订，并产生了 ISO 9000：2000。自从最初公布 ISO 9000 系统以来，对它的传统性批判就是，它既没有检测消费者的实际满意度，也没有必要的注册以保证产品质量。修订者意在指出这些弱点，并使 ISO 9000 与各行业的组织集团——服务业、制造业、营利与非营利的组织集团紧密联系起来。

ISO 9000：2000 最主要的变化就是，它是由 ISO 9001、ISO 9002、ISO 9003 三者整合在一起而形成的。这是 ISO 9000 家族中唯一排斥任何其他被执行的认可标准系统。ISO 9004：2000 会在 ISO 9001：2000 后执行，这也是一套能指导质量管理系统稳步发展并取得消费者支持的行动指南。

修订 ISO 9000 标准时最主要变化就是，更加关注高层管理协会与消费者满意度，强调机构组织过程，引进持续发展的观念。ISO 9001：2000 与 ISO 9004：2000 修订的基础是八项质量管理原则，并反映出组织协会所认可的最好的管理行为：消费者集中组织、领导力、人力介入、过程方法、管理的系统方法、持续发展、决策的实际方法、与供应商之间双赢的关系。

但是 ISO 9000 也有其局限性。ISO 9000 仅强调了与质量有关的标准，包括与过程控制、设计、文献、供应商控制和评估有关的变量。这些因素虽然重要，但仅代表了全面质量管理的一个方面。另一个缺陷是 ISO 9000 虽然能表明供应商符合公司流程所需的供应标准，但并不保证供应商提供的产品质量和服务满足客户的需求。认证能保证质量系统合格，但没提供质量结果或客户满意度的绝对方式。当国际标准化组织在 2001 年全面调查 ISO 9000 时，强调了这个问题。

世界上最快的认证过程是 ISO 9000 认证。ISO 9000 于 1987 年在欧洲首次发布，由一系列质量流程标准组成，它不是产品质量标准，而是把产品质量看作流程的结果。表 7-3 表明 ISO 9000 实际上为一系列标准：ISO 9001、ISO 9002、ISO 9003 和 ISO 9004。ISO 9000 仅仅提供 ISO 的方针，而 ISO 9004 是内部质量管理文献，能帮助公司通过 ISO 9003 执行 ISO 9001。

ISO 9003 是 3 个主要标准中限制最少的，仅要求在生产环境中最后的检测和测试标准。ISO 9002 虽然与 ISO 9003 要求一样的标准，但还包括采购、生产、安装设备方面的标准要求。ISO 9001 要有 ISO 9002 和 ISO 9003 的全部要求，还包括确保设计、服务、制造、支持等方面的一致性。

了解 ISO 9000 认证过程最好的方法是把它与全面质量管理（TQM）联系起来。ISO 9000 描述和界定了企业达到 TQM 所必需的工作流程的基本特点。因此，ISO 9000 是实现全面质量管理体系的第一步。ISO 9000 的执行迫使经理们重新审视自己的业务，并且认识到员工的工作与书面策略间的差异。在存在差异的地方，有三种可行的方案：重新培训员工、根据员工的工作修改策略或重新设计流程。

通过 ISO 9000 认证的最大受益者是供应商，尤其当采购方看重这个认证时。供应商在追求 ISO 9000 认证过程中会受益无穷。

采购方更认可 ISO 9000 认证，而不是自己的认证，这样有助于降低买卖双方的成本。即使采购方要求适用自己的认证要求，它仍能缩小认证范围，因为，个体认证和 ISO 9000 间有重叠部分。

获得 ISO 9000 认证的每一位供应商都被列入符合 ISO 9000 标准的公司表中。被列入标准表中将会吸引一些潜在客户，这些客户愿意与通过 ISO 9000 认证的公司进行业务往来。

采购方也能从 ISO 9000 中受益。首先，没有几家公司有发展和进行综合供应商认证审核的规模和资源。ISO 9000 认证能使采购方看到供应商认证的一致性。采购方自己不用参与质量认证审核即可从供应商质量认证中受益。

另外一个对采购方潜在的益处是供应商必须承担符合标准的责任和支付 ISO 认证费用。如果是个体质量认证,采购方要分摊与认证有关的费用。ISO 9000 认证使得只有供应商与 ISO 9000 审核的人员进行接触。

表 7-3 ISO 9000 的比较

ISO 9003	ISO 9002	ISO 9001
限制标准最少——要求最终检测与测试标准相一致	包括 ISO 9003 的所有要求,还有采购、生产和装备能力的标准要求	包括 ISO 9002 和 ISO 9003 的所有要求,还有生产的设计和服务及支持活动的标准要求
要求范围	要求范围	要求范围
统计方法的使用	ISO 9003 要求加上	ISO 9002 和 ISO 9003 的要求加上
人员及其培训	买方供应的产品	产品说明:它的质量和控制(设计控制)
质量文献和记录	纠正行为	售后服务
处理和后期制作	采购质量	
非绩效产品的控制	合同复审	
衡量和测试设备的控制	审核质量系统(内部)	
产品证明(审查和测试)		
物料测试和跟踪能力		
质量系统原则		
管理反应性		

注:ISO 9000 是为 UISO 标准提供方针。ISO 9004 是内部质量管理文献,为实现 ISO 9001、ISO 9002 和 ISO 9003 做指导。

由于 ISO 9000 作为质量认可的一个标准已被广泛接受,它也被不同的产业采纳作为奖励供应商活动的前提标准。

7.5.5 供应商质量管理激励机制设计

组织行为学的其中一个关键问题就是如何激发人的工作积极性。简单地说,就是要弄明白在怎样的条件下,人会更加愿意按时进行工作,会更愿意留在分配的工作岗位上,工作更有效率。每个人都需要激励,既需要自我激励,也需要得到来自周围环境的激励。管理工作需要创造并维持这样一种环境,在这个环境里大家有共同的工作目标,一起工作。如果一个主管不知道激励员工并做到如何激励员工,那就不能胜任这个工作。

非对称信息条件下激励机制的设计思路大体是这样的,委托人设计一套信息激励机制,该机制使代理人做决策时,不仅需要参考原有信息,而且需要参考信息激励机制发出的新信息,这些信息能够使代理人不会隐瞒私有信息,或显示虚假信息而获利。

将供应商视作一个黑箱,人们无法对供应商如何将不同的成员,如工人、质检员、经理等按利润最大化的要求成功地组合在一起进行深入的了解。假定供应商是一个团队,按照一定共同的目标组成,而团队理论所要研究的中心问题就是如何正确地管理和控制信息而使团队中各成员行动协调一致。当人们试图进一步深入了解供应商团队时,激励问题就成为关注的中心问题之一。问题的关键在于,与供应商的委托—代理契约关系中存在着委托人与代理人之间的信息差异,而这种信息差异在本质上影响了他们所设计的双边契约。

激励相容约束可以理解为对最终配置的约束,即对于代理人的约束。在不对称信息下,卖方可以在市场上提供不同质量特性的产品,进行价格谈判。

对于委托人来讲,只有代理人能忠实地服务于委托人,才可以得到预期的代理效果。但事实上很难做到,一方面,代理人也是独立人格的经济人,其目标会与委托人的目标有所不同;另一方面,委托人和代理人之间会存在信息不对称的问题。这个问题使得两者之间的代理关系容易产生一种非协作、非效率性。

对核心企业而言,要让供应商高度配合,服从管理,可以通过以下两个途径:

(1) 通过法律手段进行合同管理;
(2) 建立一个长期的合作关系,强调长远的利益。

这两个途径是供应链质量管理得以实施的基础。由此可采用以下两种类型的激励机制。

1. 显性激励机制——质量担保合同

随着供应链合作模式在企业的广泛运用,对质量管理问题的研究也已经从以降低质量成本为目的的单个企业的决策问题,发展到了以提高供应链整体绩效为目的的两个甚至多个企业的决策问题。由于供应链质量管理涉及多个具有理性和决策能力的独立法人,所有权的分裂使得供应链内的成员企业在追求共同质量目标的同时,仍然存在着局部利益的冲突,导致合作障碍和质量管理的低效率。因此,核心企业需要通过合同管理来约束供应商的行为,减少机会主义,提高合作的积极性和质量管理的效率。利用合同来管理使得在供应链中不必像在企业内部那样设立复杂的组织机构,因而也避免了像维系企业内部那样严格的等级制度所需的高额管理费用和日常费用的开支,但是它也存在着弊端,所以需要妥善拟定。在供应链质量管理中,如果制造商不能观测供应商的质量决策,为了诱使供应商选择制造商所希望的行动,制造商必须根据可观测的行动结果来奖惩供应商,在委托代理理论中称这样的激励机制为"显性激励机制"(Explicit Incentive Mechanism)。质量担保合同作为一种显性激励机制,在供应链质量管理中被广泛使用。

2. 隐性激励机制——供应商声誉

个人的有限理性与外在环境存在着复杂性和不确定性,信息的不对称性和不完全性,又使得合同当事人或合同的仲裁者无法证实或改变一切,导致合同条款是不完全的。因此想签订完美的合同,就变得不可能或者代价非常高。

当遇到了合同中没有考虑到的问题而需要某一方或双方承担某些责任时,如果双方的态度不合作,就必须重新谈判,讨价还价,有可能产生谈判破裂,直接导致仲裁或诉讼,这些都将造成企业额外的费用,分散相当一部分精力。近年来,企业界和学术界强调在供应链中建立长期的合作伙伴关系,强调在所有参与者之间建立信任机制。在供应链中合作伙伴关系的建立有着许多好处,其中一个重要的方面就是以供应链质量管理中的激励机制弥补合同的不足。委托代理理论认为,即使没有显性激励合同,供应商出于对长远利益的考虑,也要积极努力工作,提供高质量产品,因为这样可以改善自己在市场上的声誉,从而提高未来的收益。即声誉效应可以在解决代理问题中起到一定的作用,声誉作为"隐性激励机制"(Implicit Incentive Mechanism)可以达到显性激励机制同样的效果。另外,当真正的合作伙伴关系建立之后,企业之间合同的签订费用及签约所用的时间也大幅度减少,合同的形式趋向于越来越简单,合同的期限变得越来越长,实质上降低了供应链的管理成本。

本章小结

质量是企业获取竞争优势的要素之一，采购商品的质量的优劣，直接影响着最终产品的质量水平，影响着企业的经济效益，同时，也影响着企业的外在形象和核心竞争力。

通过确认所需产品或服务的技术规格、数量、交货要求等采购需求要素后，恰当描述采购需求，是进行采购需求管理的基础一环。

采购过程中的质量问题主要来自两个方面：原材料质量问题和供应商质量问题。采购质量管理应当采用"5R"原则作为工作指导方针，从适当的供应商处、在适当的时间采购符合技术规定的一定数量的产品。采购质量全过程管理、全员采购质量管理以及全面采购质量管理构成了采购质量关的基本框架。

选择恰当的检验方式对采购产品进行检验，并且采取有效措施，在采购全过程中加强采购质量控制。

案例分析

可怕的感染

随着社会的发展，医学水平在不断上升，人们对医院越来越依赖。尤其是产妇，现在基本上都是到医院进行生产。然而，医院的病人越来越多，就会产生许多小型医院，甚至黑户医院，这些医院当中或多或少存在安全隐患，它们在采购药物的安全上也存在问题。以下是一个典型的采购药物质量问题引发的可怕感染。

1998年4月3日至5月27日，某市妇幼医院共计进行手术292例，从4月22日起至8月20日由于切口发生感染而陆续返院治疗的达166例（大多是做剖宫产的产妇），切口感染率为56.85%。这一类感染是以龟形分枝杆菌为主的混合感染，十分罕见，国内外都缺乏成功医疗案例，很多患者的治疗时间持续了近半年。而且，由于患者长期、大量使用抗生素等药物，留下了一系列的后遗症。此次医疗事故为目前全国之最：最多病人、最难治疗、影响最坏。感染原因是浸泡刀片和剪刀的戊二醛由于配置错误未达到灭菌效果。戊二醛用于手术器械灭菌浓度应为2%，浸泡4小时，而该院制剂员将新购进且未标明有效浓度的戊二醛（浓度为1%）当作20%稀释200倍供有关科室使用，致使浸泡手术器械的戊二醛浓度仅为0.005%，并且长达半年之久未能发现。医院所用试剂必须至少具备试剂名称和试剂浓度，而医院的相关采购人员显然没有尽到自己的职责，在采购标准上没有按规定办事，违反消毒隔离技术的基本原则。院长陈见（化名）被免去院长职务，直接责任人主管药师朱利（化名）被开除公职，其他有关人员由医院进行处理。某市某公司JL-强化戊二醛的使用说明书不标明有效浓度、消毒与灭菌概念不清等问题，是导致这起妇幼医院制剂员误用制剂引发严重医疗感染事件的重要因素。采购环节出现的失误引发了如此重大的医疗事故，给患者及患者家庭带来巨大伤痛的同时也让人深思。

（资料来源：中立城会计师事务所，关于深圳市妇儿医院发生严重医院感染事件的通报 http://www.falvfagui.com/fagui/fagui.difangfagui/shenzhen/199901/fagui_1292029.）

思考： 分析以上案例，结合所学知识，请指出该医院存在的医疗隐患，并提出改进意见。

有毒的玩具

（1）案例简介。

2007年8月2日，美国最大玩具商美泰公司（Mattel Inc.）向美国消费者安全委员会提出召回佛山利达玩具有限公司（以下称利达）生产的96.7万件塑胶玩具，理由是回收的这批玩具表漆含铅量超标，对儿童的脑部发展会造成很大影响，美国环保组织塞拉俱乐部认为危及儿童安全。进而，致命玩偶成为一时间谈论的热点。事发前，佛山利达的产量已居佛山玩具制造业第二。一夜之间，这家拥有十多年良好生产记录的合资企业成为众矢之的。在美国舆论的不断声讨下，玩具厂商及其上下游供应、检验链上的疏忽被一一曝光和放大。最终，佛山利达被出入境检验检疫部门要求整改，中国国家质量监督管理总局宣布暂停其产品的出口。利达被迫停产，2 500名工人几乎无事可做，利达合伙人张树鸿承受重大压力，最终一死了之。张树鸿死后3日，美泰公司第二次宣布，召回的中国制造的玩具数量增加到1 820万件。

与此同时，由于质量安全问题的召回成为我国制造的一个重大问题，本文从企业内部控制角度，对利达内部控制缺陷进行全面分析。

（2）内部控制分析。

①朋友——中国式供应关系。

造成这次事件最大的问题在于玩具所使用的有毒油漆的采购上。此次向利达提供不达标油漆的企业，是与利达仅有一墙之隔的东兴新能源有限公司（以下简称东兴），该公司老板恰恰是张树鸿多年的好友梁仪彬。

梁仪彬是东兴法人代表，"东兴"的前身为南海区平洲东兴印刷包装实业有限公司，2001年投产，经营范围：塑料制品制造，包装装潢印刷品印刷，销售塑料、油墨丝印材料。2002年，增加了油墨、涂料和丝印材料产销。2004年12月28日，增加了新能源节能产品生产、加工、安装、销售，并更名为南海区东兴新能源有限公司。自从"东兴"增加了油墨、涂料和丝印材料产销之后，就成为利达的油漆主要供应商。梁仪彬也成为张树鸿最好的朋友之一。

②验收——一次疏忽还是习惯性遗忘。

利达属于来样加工型企业，即为美泰公司生产并供应玩具。为了保证玩具质量，美泰公司给利达提出两种选择油漆供应商的办法：一是由美泰公司自行指定，二是由美泰公司提供质量标准后，由利达自行决定。利达选择了后者，于是东兴成了它的油漆供应商。合作数年来，一直没有问题，但8月2日，美泰公司的下属费雪公司紧急宣布，回收利达生产的96.7万件塑料学龄前儿童玩具，原因是含铅量超标，如果被儿童吞下，可能发生铅中毒。

而利达向佛山市出入境检验检疫局汇报称，这次含铅超标色粉的使用，是东兴为了尽快给利达公司供货，就省略了检测的环节。但没料到这批色粉含铅量超标，色粉厂提供的认证资料都是假的。

2007年4月初，东兴生产油漆的黄色色粉短缺，为尽快采购，东兴在网上查找到东莞众鑫色粉厂。该厂向东兴提供了无铅色粉证书、认证资料、相关执照等，东兴便于4月10日进货。按规定，采购的色粉要到检测机构认定，但佛山没有相关的检测机构，只有到广州检验，并需要5~10个工作日才能做出检测结果。东兴为了尽快给利达公司供货，就省略了检测的环节。但没料到的正是这批色粉含铅量超标，众鑫色粉当初提供的无铅色粉证书、认证资料等都是假的。

然而，利达员工的描述是，为方便合作，利达和东兴两家企业选择相邻建厂。合作4年多，两家工厂就如同一家，使用的油漆都是通过两家企业的内部通道运入利达，根本不用走工厂大门，都没出现过问题。

让人们不能理解的是，一般都是提前几天就进货的，真的缺货这么严重吗？买到也不化验吗？利达用了三个月的含铅量超标的色粉，为什么一直不检验呢？东兴从网上找到众鑫色粉厂，又是对方送货，所以东兴连这个企业是怎样的都不知道，第一次拿货为什么就那么信任别人呢？

最大的问题可能还在于内部控制制度，特别是内部控制意识的缺失。还没有从对市场过度关注反应过来的中国企业，还没有意识到采购循环内部控制的缺失可能带来的是一场难以弥补的死亡和毁灭。

（3）启示。

一直以来，为了迎合监管部门的检查成为我国企业质量控制的最大需求，以为过了监管这个坎，就万事大吉，却不知，一次质量控制的缺失可能就是致命的毒药。

同时，利达事件也反映出我国公司在整个生产流程和工艺控制上缺乏标准化。如果有了严格的质量控制体系，这种情况发生的可能性非常小。实际上，国际企业的供应商管理早有成熟的可借鉴模式。美国苹果公司对代工企业富士康的劳工问题调查，以及沃尔玛公司派出检察人员，甚至暗访人员对其供应商的进场监督，都可能对国内企业对上游供应商管理有所启示。

在全国充斥着无数的"毒品"时，如三聚氰胺等，对于原材料的采购循环的内部控制的建设成为我国企业立身保命的基本要求。

（资料来源：https：//wenku.baidu.com/view/9844e41e15791711cc7931b765ce05087632750f.html）

思考：

1. 哪些采购质量管理的控制点值得人们重点关注？
2. 如果你是利达采购人员，会做哪些改进？

习题与思考题

1. 采购需求如何描述？
2. 采购质量管理的基本内容有哪些？
3. 产品质量检验的方式有哪些？
4. 对不合格品处置的方式有哪些？
5. 采购质量控制的基本原则及方法有哪些？
6. 如何对供应商进行质量管理评价？

第8章

招标采购

★学习目标

1. 了解招标采购的特征。
2. 熟悉招标中的常见问题及其解决方法。
3. 掌握招标采购、公开招标、邀请招标、招标、投标、开标、评标、定标、围标等基本概念。
4. 掌握招标采购的一般程序、招标文件的编制方法。
5. 掌握招标采购过程的评标、决标的程序及方法。

★教学要求

教学重点：招标采购的一般程序，招标文件的编制方法，招标采购过程的评标与决标的程序及方法。

教学难点：招标文件的编制方法，招标采购过程的评标与决标的程序及方法。

★引入案例

某图书馆项目招标采购案例

某建设单位准备建一座图书馆，建筑面积 5 000 m^2，预算投资 400 万元，建设工期为 10 个月。工程采用公开招标的方式确定承包商。按照《中华人民共和国招标投标法》和《中华人民共和国建筑法》的规定，建设单位编制了招标文件，并向当地的建设行政管理部门提出了招标申请书，并得到了批准。但是在招标之前，该建设单位就已经与甲施工公司进行了工程招标沟通，对投标价格、投标方案等实质性内容达成了一致的意向。

招标公告发布后，来参加投标的公司有甲、乙、丙三家。按照招标文件规定的时间、地点及投标程序，三家施工单位向建设单位投递了标书。在公开开标的过程中，甲和乙承包单位在施工技术、施工方案、施工力量及投标报价上相差不大，乙承包公司在总体技术和实力上较甲承包公司好一些。但是，定标的结果却是甲承包公司。乙承包公司很不满意，但最终接受了这个竞标的结果。

20多天后,一个偶然的机会,乙承包公司接触到甲承包公司的一名中层管理人员,在谈到该建设单位的工程招标问题时,甲承包公司的这名员工透露,在招标之前,该建设单位和甲承包公司已经进行了多次接触,中标条件和标底是双方议定的,参加投标的其他人都被蒙在鼓里。对此情节,乙承包公司认为该建设单位严重违反了法律的有关规定,遂向当地建设行政管理部门举报,要求建设行政管理部门依照职权宣布该招标结果无效。经建设行政管理部门审查,乙承包公司所陈述的事实属实,遂宣布本次招标结果无效。

甲承包公司认为,建设行政管理部门的行为侵犯了甲承包公司的合法权益,遂起诉至法院,请求法院依法判令被告承担侵权的民事责任,并确认招标结果有效。

(资料来源:http://3y.uu456.com/bp_4p3qy8q5cd68ub00wpjo_4.html)

招标采购是随着社会经济的发展而产生的一种有组织、规范化的采购方式。招标采购作为一种有组织的交易行为,起源于英国。1782 年,英国政府出于对自由市场的宏观调控,首先从规范政府采购行为入手,设立了文具公用局,作为负责政府部门所需公用品采购的特别机构。世界上许多国家陆续成立了类似的专门机构,许多国家还立了法,通过专门的法律确定了招标采购及专职招标机构的重要地位。继英国之后,相当多的国家进行深入研究与实践探索,认为招标不仅是服务,对规范行为、优化采购也意重大,因此,招标采购便由一种交易过渡为政府强制行为。这一升华,使招投标在法律上得到了保证,于是招标采购成为"政府采购"的代名词。随着世界多国的"政府采购"向超越国界的方向发展,便形成了国际招标投标。一些国家为实行跨国的"政府采购"都专门制定了相应的法律与政策规定,明确规定并确认了招标采购以及与之相适应的招标机构的法律地位。随后,招标采购在世界经济发展中,经历了由简单到复杂、由自由到规范、由国内到国际,招标采购的影响力不断扩大,应用领域与适用范围不断拓展,对世界区域经济和整体经济发展起到了巨大的作用。

8.1 招标采购的主要方式与特征

8.1.1 招标采购的主要方式

招标采购是通过在一定范围内公开购买信息,说明拟采购物品或项目的交易条件,邀请供应商或承包商在规定的期限内提出报价,经过比较分析后,按既定标准选择条件最优的投标人并与其签订采购合同的一种采购方式。

招标采购是在众多的供应商中选择最佳供应商的有效方法。招标采购活动应当遵循公开、公平、公正和诚实信用的原则。通过招标程序,招标企业可以最大限度地吸引和扩大投标方之间的竞争,从而使招标方有可能以更低的价格采购到所需要的物资或服务,更充分地获得市场利益。招标采购方式通常用于比较重大的建设工程项目、新企业寻找长期物资供应商、政府采购或采购批量比较大等场合。

总体来看,目前世界各国和国际组织的有关采购法律、规则都规定了公开招标、邀请招标、议标等三种招标投标方式。

1. 公开招标

公开招标,又称为竞争性招标,即由招标人在报刊、网络或其他媒体上发布招标公告,吸引众多企业单位参加投标竞争,招标人从中择优确定中标单位的招标方式。按照竞争程度,公开招标方式又可分为国际竞争性招标和国内竞争性招标。

（1）国际竞争性招标。这种方式是在世界范围内进行招标，国内外合格的企业均可以投标。它要求招标者制作完整的英文标书，在国际上通过各种宣传媒介刊登招标公告。例如，世界银行对贷款项目货物及工程的采购规定了三个原则：必须注意节约资金并提高效率，即经济有效；要为世界银行的全部成员提供平等的竞争机会，不歧视投标人；有利于促进借款国本国的建筑业和制造业的发展。世界银行在确定项目的采购方式时都从这三个原则出发，其中国际竞争性招标是采用最多、占用采购金额最大的一种方式。

国际竞争性招标的特点是高效、经济、公平。世界银行根据不同国家和地区的情况，规定了凡采购金额在一定限额以上的货物和工程合同，都必须采用国际竞争性招标。针对一般借款国，25万美元以上的货物采购合同、大中型工程采购合同，都应采用国际竞争性招标。我国的贷款项目金额一般都比较大，世界银行对中国的国际竞争性招标采购限额也放宽一些，工业项目采购凡在100万美元以上，均采用国际竞争性招标来进行。表8-1总结了国际竞争性招标的优缺点。

表8-1 国际竞争性招标的优缺点

优点	缺点
能以对买主有利的价格采购到需要的设备和工程	需要较多的时间。该招标方式下，从发布招标公告、投标人做出反应、评标到授予合同一般需要半年甚至一年以上的时间
能引进先进的设备、技术和工程技术及管理经验，为合格的投标人提供公平的投标机会	所需文件比较多。招标文件要明确规范各种技术规格、评标标准以及买卖双方的义务等内容。要将大量的文件翻译成国际通用文字，因而增加了工作量
采购程序和采购标准公开，减少作弊的可能性	中标的供应商和承包商中的发展中国家所占的份额比较少

（2）国内竞争性招标。这类招标方式可用本国语言编写标书，只在国内媒体上登出广告，公开出售标书，公开开标。它通常用于合同金额较小（世界银行规定：一般50万美元以下），采购品种比较分散、分批交货时间较长、劳动密集型产品、商品成本较低而运费较高、当地价格明显低于国际市场等情况下的采购。从国内采购货物或者工程建筑可以大大节省时间，而且这种便利将对项目的实施具有重要的意义。

在国内竞争性招标的情况下，如果外国公司愿意参加，则应允许它们按照国内竞争性招标参加投标，不应人为设置障碍，妨碍其公平参加竞争。国内竞争性招标的程序大致与国际竞争性招标相同。由于国内竞争性招标限制了竞争范围，通常国外供应商不能得到有关投标的信息，这与招标的原则不符，所以有关国际组织对国内招标都加以限制。

2. 邀请招标

邀请招标也称为有限竞争性招标或选择性招标，即由招标单位选择一定数目的企业，向其发出投标邀请书，邀请它们参加竞争。一般选择3~10个企业参加较为适宜，当然要视具体的招标项目的规模大小而定。邀请招标具有以下几个主要特点：邀请招标不使用公开的公告形式；接受邀请的单位才有资格参加投标；投标人的数量有限。由于被邀请参加的投标竞争者有限，不仅可以节约招标费用，而且提高了每个投标者的中标机会。然而，由于邀请招标限制了充分的竞争，招标投标法规一般都规定招标人应尽量采用公开招标。

按照国内外的通常做法,采用邀请招标方式的前提条件是对市场供给情况和供应商或承包商的情况比较了解。在此基础上,还要考虑招标项目的具体情况:一是招标项目的技术新而且复杂或专业性很强,只能从有限范围的供应商或承包商中选择;二是招标项目本身的价值低,招标人只能通过限制投标人数来达到节约和提高效率的目的。邀请招标与公开招标相比,因为不用刊登招标公告、招标文件只送至几家供应商,招标周期大大缩短,这对采购那些价格波动比较大的商品是非常必要的,可以降低风险。因此,邀请招标是允许采用的,而且在实际中有其较大的适用性。

但是,在邀请招标中,招标人有可能故意邀请一些不符合条件的法人或其他组织作为其内定中标人的陪衬,搞假招标。为了防止这种现象的发生,应当对邀请招标的对象所具备的条件做出限定,如被邀请的法人或其他组织应不少于3家;该法人或其他组织资信良好,具备承担招标项目的能力。前者是对招标范围的最低要求,以保证适当程度的竞争;后者是对投标人资格和能力的要求,招标人对此可以进行资格审查,以确定投标人是否达到这方面的要求。

3. 议标

议标也称为谈判招标或限制招标,即通过谈判来确定中标者。它的主要方式有以下几种:

(1) 直接邀请议标方式。在这种方式下,选择中标单位不是通过公开招标或邀请招标,而是由招标人或其代理人直接邀请某一企业进行单独协商,达成协议后签订采购合同。如果与一家协商不成,可以邀请另一家,直到协议达成为止。

(2) 比价议标方式。"比价"是兼有邀请招标和协商特点的一种招标方式,一般适用于规模不大、内容简单的工程承包和货物采购。通常的做法是由招标人将采购的有关要求送交选定的几家企业,要求它们在约定的时间提出报价,招标单位经过分析比较,选择报价合理的企业,就工期、造价、质量付款条件等细节进行协商,从而达成协议,签订合同。

(3) 方案竞赛议标方式。它是选择工程规划设计任务的常用方式。其一般做法是由招标人提出规划设计的基本要求和投资控制数额,并提供可行性研究报告或设计任务书、场地平面图、有关场地条件和环境情况的说明,以及规划、设计管理部门的有关规定等基础资料;参加竞争的单位据此提出自己的规划或设计的初步方案,阐述方案的优点和长处,并提出该项规划或设计任务的主要人员配置、完成任务的时间和进度安排、总投资估算和设计等,一并报送招标人;然后由招标人邀请有关专家组成评选委员会选出优胜单位,招标人与优胜者签订合同,而对未中选的参审单位给予一定补偿。

另外,在科技招标中,通常使用公开招标,但不公开开标的议标。招标单位在接到各投标单位的标书后,先就技术、设计、加工、资信能力等方面进行调查,并在取得初步认可的基础上,选择一名最理想的预中标单位并与之商谈,对标书进行调整协商,如能取得一致意见,则可定为中标单位,若不行则再找第二家预中标单位。这样逐次协商,直到双方达成一致意见为止。这种议标方式使招标单位有更多的灵活性,可以选择到比较理想的供应商和承包商。

由于议标的中标者是通过谈判产生的,不便于公众监督,容易导致非法交易,因此我国机电设备招标规定中禁止采用这种方式。即使允许采用议标方式的采购,也大多对议标方式做了严格限制。

《联合国贸易法委员会货物、工程和服务采购示范法》规定,经颁布国批准,招标人在下述情况下可采用议标的方法进行采购:

(1) 急需获得该货物、工程或服务,采用公开招标程序不切实际。这种情况还要求造成此种紧迫性的情况并非采购实体所能预见,也并非采购实体自身所致。

(2) 由于某一灾难性事件,急需得到该货物、工程或服务,而采用其他方式因耗时太多而不可行。

为了使得议标尽可能地体现招标的公平公正原则,《联合国贸易法委员会货物、工程或服务采购示范法》还规定:在议标过程中,招标人应与足够数目的供应商或承包商举行谈判,以确保有效竞争,如果是采用邀请报价,至少应有三家;招标人向某供应商和承包商发送与谈判有关的任何规定、准则、文件、澄清或其他资料,应在平等基础上发送给正与该招标人举行谈判的所有其他供应商或承包商;招标人与某一供应商或承包商之间的谈判应是保密的,谈判的任何一方在未征得另一方同意的情况下,不得向另外任何人透露与谈判有关的任何技术资料、价格或其他市场信息。

8.1.2 招标采购的特征

招标采购具有组织性、公开性、公平公正性、一次性和规范性等特征。

(1) 招标的组织性。招标的组织性主要表现在有固定组织人、固定场所、固定时间和固定程序与条件。

招标的固定组织人是指通过招标采购货物的买方或者工程项目的主办人,或者招标人委托的招标代理机构。招标的固定场所是指一般在招标机构所在地或招标机构所规定的场所进行。招标的固定时间是指招标开始的时间、结束的时间均按照预期的日程按期进行。

招标的组织性还表现在具有规定的程序与条件。按照目前各国法律及国际惯例,招标投标的程序与条件由招标机构事先设定并公布,对招标投标双方具有法定约束效力,当事人必须严格按照既定程序和条件并由固定招标机构组织招标投标活动。

(2) 招标的公开性。招标的公开性主要表现在:公开发布招标;公开邀请投标人;公开进行开标;公开宣布投标人及其报价。公开运作使得符合招标书规定的投标人,均可自愿参加投标。

(3) 招标的公平公正性。在招标公告或投标邀请书发出后,任何符合资格者均可参加投标,招标方对待各方投标者要一视同仁,招标方不得有任何歧视某一个投标者的行为。同样,评标委员会在组织评标时必须公平、客观地对待每一个投标者,与投标人有利害关系的人员不得作为评标委员会成员。在组织评标时,采用严格的保密原则和科学的评标办法来保证评标过程的公正性。

(4) 招标的一次性。招标与投标的交易行为,不同于一般商品交换,也不同于公开询价与谈判交易。招标投标过程中,投标人没有讨价还价的权利是招标投标的又一个显著特征。投标人参加投标,只能应邀进行一次性秘密报价。投标文件递交后,不得撤回或进行实质性条款的修改。

(5) 招标的规范性。按照通用做法,招标投标程序已相对成熟与规范,无论是工程施工招标,还是有关货物或服务采购招标,都要按照相关规范和成熟的招标程序进行。

8.2 招标采购的一般程序

招标采购是一个复杂的系统工程。一个完整的招标采购过程,基本上可以分为以下六个阶段:

8.2.1 策划

招标活动是一次涉及范围很大的大型活动。因此，开展一次招标活动，需要进行很周密的策划。招标策划主要工作如下：

（1）明确招标的内容和目标，对招标采购的必要性和可行性进行充分的研究和探讨。

（2）对招标书的标底进行仔细研究。

（3）对招标的方案、操作步骤、时间进度等进行研究，例如，是采用公开招标还是邀请招标、是自己亲自主持招标还是请人代理招标、分成哪些步骤、每一步怎样进行等。

（4）对评标方法和评标小组进行讨论研究。

（5）把以上讨论形成的方案计划形成文件，交由企业领导层讨论决定，取得企业领导决策层的同意和支持，有些甚至可能还要经过公司董事会同意和支持。

以上的策划活动有很多诀窍。有些企业为了慎重起见，会邀请咨询公司代理进行策划。

8.2.2 招标

在招标方案得到公司的同意和支持以后，就要进入实际招标阶段。招标是指招标人发出招标公告或投标邀请书，说明招标的工程、货物、服务的范围、标段（标包）划分、数量、投标人的资格要求等，邀请特定或不特定的投标人在规定的时间、地点按照一定的程序进行投标的行为。招标是以招标方式进行物资采购或进行工程项目建设全过程的第一个步骤。招标阶段的工作主要有以下几部分：

（1）形成招标书。招标书是招标活动的核心文件，要认真起草。

（2）对招标书的标底进行仔细研究确定。有些需要召开专家会议，甚至邀请一些咨询公司代理。

（3）招标书发送。要采用适当的方式，将招标书传送到潜在的投标人手中。例如，对于公开招标，可以在媒体上发布；对于选择性招标，可以用挂号或特快专递送交所选择的投标人。许多标书需要投标者花钱购买，有些标书规定投标者要交一定的保证金后才能得到。

国家有关文件规定，招标人对已发出的招标文件进行必要的澄清或者修改的，应当在招标文件要求提交投标文件截止时间至少15日前，以书面形式通知所有招标文件收受人。该澄清或者修改的内容为招标文件的组成部分。招标人应当确定投标人编制投标文件所需要的合理时间；但是，依法必须进行招标的项目，自招标文件开始发出之日起至投标人提交投标文件截止之日止，最短不得少于20日。

8.2.3 投标

投标人在收到招标书以后，如果愿意投标，就要进入投标程序。投标是投标人（或投标单位）寻找并选取合适的招标信息，在同意并遵循招标文件各项规定和要求的前提下，在规定的时间提交自己的投标文件，以期通过竞争而中标的过程。其中，投标文件、投标报价需要经过特别认真的研究、详细的论证完成。这些内容是要和许多供应商竞争评比的，既要先进，又要合理，还要有利可图。投标文件要在规定的时间准备好，一份正文、若干份副本，并且分别封装签章，信封上分别注明"正本"和"副本"字样，寄到招标单位。

国家有关规定对投标人资格条件或者招标文件对投标人资格条件有规定的，投标人应当具备规定的资格条件。投标人应当按照招标文件的要求编制投标文件。投标文件应当对招标文件提出的实质性要求和条件作出响应。投标人应当在招标文件要求提交投标文件的截止时间前，将投标文件送达投标地点。招标人收到投标文件后,应当签收保存,不得开启。投标人少于3个时,招标人应当重新招标。投标人在招标文件要求提交投标文件的截止时间前,可以补充、修改或者撤回已提交的投标文件,并书面通知招标人。

8.2.4 开标

开标是招标人按照招标公告或投标邀请函规定的时间和地点,当众开启招标文件,宣布投标的名称、报价等的公开过程。

依照国家有关规定,开标应当在招标文件确定的提交投标文件截止时间的同一时间公开进行;开标地点应当为招标文件中预先确定的地点。招标人在招标文件要求提交投标文件的截止时间前收到的所有投标文件,开标时都应当众予以拆封、宣读。当众宣读供应商名称、有无撤标情况、提交投标保证金的方式是否符合要求、投标项目的主要内容、投标价格及其他有价值的内容。开标时,对于投标文件中含义不明确的地方,允许投标商做简要解释,但所做的解释不能超过投标文件记载范围,或实质性地改变投标文件的内容。以电传、电报方式投标的,不予开标。

开标过程应当记录,并存档备查,其内容包括项目名称、招标号、刊登招标通告的日期、发售招标文件的日期、购买招标文件单位的名称、投标商的名称及报价、截标后收到标书的处理情况等。

在有些情况下,可以暂缓或推迟开标时间,如招标文件发售后对原招标文件做了变更或补充;开标前,发现有足以影响采购公正性的违法或不正当行为;采购单位接到质疑或诉讼;出现突发事故;变更或取消采购计划等。

8.2.5 评标

评标是由依法组建的评标委员会根据招标文件的要求,对投标人所报送的投标书进行审查及评议的过程。

招标方收到投标书后,直到招标会开会那天,不得事先开封。只有当招标会开始,投标人到达会场,才能将投标书邮件交与投标人检查,签封完后,当面开封。

开封后,投标人可以拿着自己的投标书当着全体评标小组陈述自己的投标书,并且接受全体评标人员的质询,甚至参加投标辩论。陈述辩论完毕,投标者退出会场,全体评标人员进行分析评比,最后投票或打分选出中标人。

评标由招标人依法组建的评标委员会负责。评标委员会由招标人的代表和有关技术、经济等方面的专家组成,成员人数为5人以上单数,其中技术、经济等方面的专家不得少于成员总数的2/3。与投标人有利害关系的人不得进入相关项目的评标委员会,已经进入的应当更换。评标委员会成员的名单在中标结果确定前应当保密。招标人应当采取必要的措施,保证评标是在严格保密的情况下进行的。任何单位和个人不得非法干预、影响评标的过程和结果。评标委员会可以要求投标人对投标文件中含义不明确的内容做必要的澄清或者说明,但是澄清或者说明不得超出投标文件的范围或者改变投标文件的实质性内容。

评标委员会应当按照招标文件确定的评标标准和方法,对投标文件进行评审和比较。设有标底的,应当参考标底。评标委员会完成评标后,应当向招标人提出书面评标报告,并推荐合格的中标候选人。

评标委员会成员不得私下接触投标人,不得收受投标人的财物或者其他好处。评标委员会和参与评标的有关工作人员不得透露对投标文件的评审和比较、中标候选人的推荐情况以及与评标有关的其他情况。

8.2.6 定标

定标是招标人在评标委员会充分评审的基础上，最终确定中标人的过程。

依照国家有关规定，招标人根据评标委员会提出的书面评标报告和推荐的中标候选人确定中标人。招标人也可以授权评标委员会直接确定中标人。评标委员会经评审，认为所有投标都不符合招标文件要求的，可以否决所有投标。依法必须进行招标的项目的所有投标被否决的，招标人应当重新招标。中标人确定后，招标人应当向中标人发出中标通知书，并同时将中标结果通知所有未中标的投标人。中标通知书对招标人和中标人具有法律效力。中标通知书发出后，招标人改变中标结果的，或者中标人放弃中标项目的，应当依法承担法律责任。招标人和中标人应当自中标通知书发出之日起 30 日内，按照招标文件和中标人的投标文件订立书面合同。招标人和中标人不得再行订立背离合同实质性内容的其他协议。招标文件要求中标人提交履约保证金的，中标人应当提交。

8.3 招标采购准备

招标采购准备工作主要包括资格预审通告的发布、招标文件的准备、招标通告的发布、招标文件的发售等。招标阶段需要做大量的基础性工作，其具体工作可由采购单位自行办理，如果采购单位因人力或技术原因无法自行办理的，可以委托代理人办理。

8.3.1 资格预审通告的发布

对于大型或复杂的土建工程或成套设备，在正式组织招标以前，需要对供应商的资格和能力进行预先审查及资格预审。通过资格预审，可以缩小供应商的范围，避免不合格的供应商的无效劳动，减少它们不必要的支出，也减轻了采购单位的工作量，提高了办事效率。

（1）资格预审的内容。资格预审包括两大部分，即基本资格预审和专业资格预审。基本资格预审是指供应商的合法地位和信誉，包括是否注册、是否破产、是否存在违法违纪行为等。专业资格预审是指已具备基本资格的供应商履行拟订采购项目的能力。其具体包括：

①经验和以往承担类似合同的业绩和信誉。

②为履行合同所配备的人员情况。

③为履行合同所配备的机械、设备以及施工方案等情况。

④财务情况。

⑤售后维修服务的网点分布、人员结构等。

（2）资格预审的程序。进行资格预审，首先要编制资格预审文件，邀请潜在的供应商参加资格预审，发售资格预审文件，然后进行资格评定。

①编制资格预审文件。一个国家或组织通常会对资格预审文件的格式和内容有统一的规定，制定有标准的资格预审文件范本。资格预审文件可以由采购实体编制，也可以由采购实体委托的研究、设计或咨询机构协助编制。

②邀请潜在的供应商参加资格预审。

③发售资格预审文件。资格预审通告发布后，采购单位应立即开始发售资格预审文件。资格预审申请的提交必须按资格预审通告中规定的时间。截止期后提交的申请书一律拒收。

③资格评定，确定参加投标的供应商名单。采购单位在规定的时间内，按照资格预审文件中规定的标准方法，对提交资格预审申请的供应商的资格进行审查。只有经审查合格的供应商才有权继续参加投标。

8.3.2　招标文件的准备

招标文件是整个招标投标活动的核心文件，是招标方全部活动的依据，也是招标方的智慧与知识的载体。因此，准备招标文件是非常关键的环节，它直接影响到采购的质量和进度。

招标文件的内容大致可分为三部分：第一部分是关于编写和提交投标文件的规定；第二部分是关于投标文件的评审标准和方法，这是为了提高招标过程的透明度和公平性，因而是非常重要的；第三部分是关于合同的主要条款，其中主要是商务性条款，有利于投标人了解中标后签订的合同的主要内容，明确双方各自的权利和义务。其中，技术要求、投标报价要求和主要合同条款等内容是投标文件的实质性内容，统称实质性要求。投标文件应当对招标文件提出的实质性要求和条件做出响应，即投标文件应该与招标文件的所有实质性要求相符，无显著差异。如果投标文件与招标文件规定的实质性要求不相符，即可以认定投标文件不符合招标文件的要求，招标人可以拒绝该投标。

具体来讲，招标文件应包括以下内容：

(1) 招标通告。招标通告的核心内容就是向潜在的投标者说明招标的项目名称和简要内容，发出投标邀请，并且说明招标书编号、投标截止时间、投标地点、联系电话、传真、电子邮件地址等。它应当简短、明确，让读者一目了然，并能获取基本信息。

(2) 投标须知。投标须知是通过建立一些在整个招标过程中的共同的概念和规则，并把它们明确地写出来作为招标文件的一部分，以期形成共识，作为今后双方行为的依据，并且声明未尽事项的解释权归谁所有，以免以后引起争议的文件。

投标须知的主要内容基本上是招标投标的一些基本规则、做法标准等。这些内容基本上都可以从招标投标法中找到依据（不可以与招标投标法相抵触），但是可以根据自己的具体情况具体化、实用化，把它一条条列出来提供给投标方。

投标须知的主要内容应包括：资金来源；如果没有进行资格预审的，要提出投标商的资格要求；货物原产地要求；招标文件和投标文件的澄清程序；投标文件的内容要求；投标语言；投标价格和货币规定；修改和撤销投标的规定；标书格式和投标保证金的要求；评标的标准和程序；国内优惠的规定；投标程序；投标有效期；投标截止日期；开标的时间、地点等。

(3) 合同条款。合同条款的基本内容就是购销合同、任务明细组成、描述方式、货币价格条款、支付方式、运输方式、运费、税费处理等商务内容的约定和说明。

它包括一般合同条款和特殊合同条款，具体内容见表8-2。

(4) 技术规格。技术规格是招标文件和合同文件的重要组成部分，它规定所购货物、设备的性能和标准。技术规格也是评标的关键依据之一。如果技术规格制定得不明确或不全面，就会增加风险，不仅会影响采购质量，也会增加评标难度，甚至导致废标。

货物采购技术规格一般采用国际或国内公认的标准，除不能准确清楚地说明拟招标项目的特点外，各项技术规格均不得要求或标明某一特定的商标、名称、专利、设计、原产地或生产厂家，不得有针对某一潜在供应商或排斥某一潜在供应商的内容。

表 8-2　招标采购合同条款内容

一般合同条款	特殊合同条款
买卖双方的权利和义务	交货条件
价格调整程序	验收和测试的具体程序
不可抗力因素	履约保证金的具体金额和提交方式
运输、保险、验收程序	保险的具体要求
付款条件、程序以及支付货币规定	解决争端的具体规定
延误赔偿和处罚程序	付款方式和货币要求
合同终止程序	零配件和售后服务的具体要求
合同适用法律的规定	对一般合同条款的增减等
解决争端的程序和方法	
履约保证金的数量、货币及支付方式	
有关税收的规定	

（5）投标书的编制要求。投标书是投标供应商对其投标内容的书面声明，包括投标文件构成、投标保证金、总投标价和投标书的有效期等。投标书中的总投标价应分别以数字和文案表示。投标书的有效期是指投标有效期，投标商确认在此期限内受其投标书的约束。该期限应与投标须知中规定的期限一致。

投标保证金是为了防止投标商在投标有效期内任意撤回其投标，或中标后不签订合同或不缴纳履约保证金，使采购者蒙受损失。

投标保证金可采用现金、支票、不可撤销信用证、银行保函、保险公司或证券公司出具的担保书等方式缴纳。投标保证金的金额不宜过高，可以确定为竞标价的一定比例，一般为投标价的1%~5%，也可以定一个固定数额。由于按比例确定投标保证金的做法很容易导致报价泄露，即通过一个投标商缴纳的投标保证金的数额可以推算其投标价格，因而采用固定投标保证金的做法较为理想，有利于保护投标商的利益。

如果投标商有下列行为之一的，应没收其投标保证金：投标商在投标有效期内撤回投标；投标商在收到中标通知书后，不按规定签订合同或不缴纳履约保证金；投标商在投标有效期内有违规违纪行为等。

在下列情况下投标保证金应及时退还给投标商：中标商按规定签订合同并缴纳履约保证金；没有违规违纪的未中标投标商。

（6）供货一览表、报价表。供货一览表应包括采购商品品名、数量、交货时间和地点等。

在我国境内提供的货物和在我国境外提供的货物在报价时要分开填写。在报价表中，境内提供的货物要填写商品品名、商品简介、原产地、数量、出厂单价、出厂价格内增值部分所占的比例、数量、离岸价单价及离岸、到岸价总价等。

8.3.3　发布招标邀请书

招标邀请书的内容因项目而异，一般应包括：
（1）采购者的名称和地址。
（2）资金来源。
（3）采购内容简介。其包括采购货物名称、数量及交货地点，需进行的工程的性质和地点，或所需采购的服务的性质和提供地点等。

(4) 希望或要求供应货物的时间或工程竣工的时间或提供服务的时间表。

(5) 获取招标文件的办法和地点。

(6) 采购者对招标文件收取的费用及支付方式。

(7) 提交投标书的地点和截止日期。

(8) 投标保证金的金额要求和支付方式。

(9) 开标日期、时间和地点。

如果有资格预审程序，招标文件可以直接发售给通过资格预审的供应商。如果没有资格预审程序，招标文件可发售给任何对招标通告做出反应的供应商。招标文件的发售，可采取邮寄的方式，也可以让供应商或其代理前来购买。如果采取邮寄方式，要求供应商在收到招标文件后要告知招标机构。

8.4 投标、评标的程序及方法

招标阶段的工作完成以后，采购就进入投标、开标阶段。

8.4.1 投标工作的主要内容

1. 投标准备

在正式投标前，采购单位还需要做一些必要的财务工作：一是对大型工程或复杂设备组织召开开标前的会议和现场考察；二是按投标商的要求澄清招标文件，澄清答复要发给所有购买投标文件的供应商。

标书发售后至投标前，要根据实际情况合理确定投标准备时间，投标准备时间是否合理，会直接影响招标的结果。尤其是土建工程投标涉及的问题很多，投标商需准备工程概算、编制施工计算、考察项目现场、寻找合作伙伴和分包单位。如果投标准备时间太短，投标商就无法完成或不能很好地完成各项准备工作，投标文件的质量就不会十分理想，直接影响后面的评标工作。

采购单位或招标单位只接受在规定的投标截止日期前由供应商提交的投标文件，截止期后送到的投标文件拒收，并取消这些供应商的资格。在收到投标文件后，要签收或通知供应商投标文件已经收到。在开标以前，所有的投标文件都必须密封，妥善保管。投标文件的内容应与招标文件的要求相一致。

2. 投标人

投标人可以是法人，其他组织或个人，也可以是两个以上法人或者其他组织组成的联合体。投标人应具备承担招标项目的能力和规定的资格条件。

投标人应当按照招标文件的要求编制投标文件。

3. 投标文件

投标文件是投标者投标的全部依据，也是招标者招标所希望获得的成果，是投标者智慧与技术的载体。投标文件应当对招标文件提出的实质性要求和条件做出响应。招标项目属于建设施工的，投标文件的内容应当包括拟派出的项目负责人与主要技术人员的简历、业绩和拟用于完成招标项目的机械设备等。投标文件应当在招标文件规定的截止时间前送达投标地点。投标人在截止时间前，可以补充、修改或者撤回已提交的投标文件，并书面通知招标人。补充、修改的内容为投标文件的组成部分。

投标文件主要根据招标文件要求提供的内容和格式进行准备。一般应当包括以下基本组成部分：

（1）投标书。投标书是投标者对于招标书的回应。投标书的基本内容是明确表明参加招标方招标项目、投标的意愿、简要说明项目投标的底价和主要条件。除此之外，投标书要对投标文件的组成及附件清单、正本本数、副本本数做出说明，还要声明愿意遵守哪些招标文件给出的约定、规定和义务。最后要有授权代表的签字和职位。

（2）目标任务的详细技术方案。这是投标文件的主体文件。在这份文件中，要针对招标项目提出自己的技术和经济的指标参数，并且详细说明达到这些技术和经济指标的技术方案和技术路线、保障措施等。在这一份文件中，还要对完成自己的方案所需要的成本费用以及需要购置的设备材料等列出详细的清单。如果项目由多个单位或多个人完成，还要对项目组织的人员、项目分工等进行说明。

（3）投标资格证明文件。这一部分要列出投标方的资格证明文件，包括投标方企业的全称、历史简介和现状说明、企业的组织结构、企业的营业执照副本复印件、企业组织机构代码证、技术交易许可证等，还要有开户银行名称以及开户银行出具的资格证明书。存在代理人时，还要对授权代理人的情况、资格等做说明，并附授权委托证明书。

（4）公司与制造商代理协议和授权书。如果投标方是某些制造商的产品代理，则还要出具和制造商的代理协议复印件以及制造商的委任书。这样做的目的是防止在招标方和投标方将来合作时可能引起的来源于制造商的纠纷。

（5）公司有关技术资料及客户反馈意见。这一部分主要是投标方企业对自己的业务水平、技术能力、市场业绩等的说明以及证明材料，增加投标方对自己的信任，也是一种对自己的技术资格的另一种方式的证明。

在这里，可以用实例写出自己令人信服的技术能力、质量保证能力等，简述几个自己完成的具体实例，说明它们创造的效益，特别是用户的使用证明、主管部门的评价或社会的反映等，并且留下有关证明人的联系电话、地址、邮编等，为招标方证实实际情况提供方便。

8.4.2 评标的步骤

评标的目的是根据招标文件中确定的标准和方法，对每个投标商的标书进行评价和比较，以评出最优的投标商。评标必须以招标文件为依据，不得采用招标文件规定以外的标准和方法进行评标，凡是评标中需要考虑的因素都必须写入招标文件中。

评标程序分为以下几个阶段：

（1）初步评标。初步评标工作比较简单，却是非常重要的一步。初步评标的内容包括供应商资格是否符合要求、投标文件是否完整、是否按规定方式提交投标保证金、投标文件是否基本上符合招标文件的要求、有无计算上的错误等。如果供应商资格不符合规定，或投标文件未做出实质性的反映，都应作为无效投标处理。

经初步评标，凡是确定为基本上符合要求的投标，下一步要核定投标中有没有计算方面的错误。在修改计算错误时，要遵循两条原则：如果数字表示的金额与文字表示的金额有出入，要以有文字表示的金额为准；如果单价和数量的乘积与总价不一致，要以单价为准。但是如果采购单位认为有明显的小数点错误，此时要以标书的总价为准，并修改单价。如果投标商不接受根据上述修改而调整投标价，可拒接其投标书并没收其投标保证金。

（2）详细评标。在完成初步评标以后，下一步就进入详细评定和比较阶段。只要在初步评标中确定为基本合格的投标,才有资格进入详细评定和比较阶段。具体的评标方法取决于招标文件中的规定,并按评标价的高低,由低到高评定出各投标的排列次序。

在评标时,当出现最低评标价远远高于标底或缺乏竞争性等情况时,应废除全部投标。

(3) 编写并上报评标报告。评标工作结束后,采购单位要编写评标报告,上报采购主管部门。评标报告包括以下内容:招标通告刊登的时间、购买招标文件的单位名称;开标日期;投标商名单;投标报价以及调整后的价格(包括重大计算错误的修改);价格评比基础;评标的原则、标准和方法;授标建议等。

(4) 资格后审。如果在投标前没有进行资格评审,在评标后则需要对最低评标价的投标商进行资格后审。如果审定结果认为有资格、有能力承担合同任务,则应把合同授予投标商;如果认为不符合要求,则应对下一个评标价最低的投标商进行类似的审查。

(5) 授标与合同签订。合同授予最优的投标商,并要求在投标有效期内进行。决标后,在向中标投标商发中标通知书时,也要通知其他没有中标的投标商,并及时退还投标保证金。

具体的合同签订方法有两种:第一种是在发中标通知书的同时,将合同文本寄给中标单位,让其在规定的时间内签字退回;第二种是中标单位收到中标通知书后,在规定的时间内派人前往签订合同。如果是采用第二种方法,合同签订前,允许相互澄清一切非实质性的技术性或商务性问题,但不得要求投标商承担招标文件中没有规定的义务,也不得有中标后压价的行为。

中标供应商签字并按要求提交了履约保证金后,合同就正式生效,采购工作进入了合同实施阶段。

8.4.3 评标、决标的方法

评标的方法有很多,具体评标方法取决于采购单位对采购对象的要求,货物采购和工程采购的评标方法有所不同。

货物采购常用的评标方法有3种,即以最低评标价为基础的评标方法、综合评标法、以寿命周期成本为基础的评标方法。

(1) 以最低评标价为基础的评标方法。以最低评标价为基础的评标方法是指在投标满足招标文件商务、技术等实质性要求的前提下,按照招标文件中规定的价格评价因素和方法进行评价,确定各投标人的评标价,并按投标人评标价由低到高的顺序确定中标候选人的评标方法。

在采购简单的商品、半成品、原材料以及其他性能、质量相同或容易进行比较的货物时,价格可以作为评标考虑的唯一因素,以价格为尺度时,不是指最低报价,而是指最低评标价。报价也有其特定的计算口径:

出厂价应包括为生产、供应货物而从国内外购买的原材料和零配件所支付的费用以及各种税款,但不包括货物售出后所征收的销售性或与其类似的税款。如果提供的货物是国内投标商早已从国外进口、现已在境内的,应报仓库交货价或展室价,该价应包括进口货物时所支付的进口关税,但不包括销售性税款。

(2) 综合评标法。综合评标法是指在投标满足招标文件实质性要求的前提下,按照招标文件中规定的各项评价因素和方法对投标进行综合评价后,按投标人综合评价的结果由优到劣的顺序确定中标候选人的评标方法。在采购耐用货物如车辆、发动机以及其他设备时,可采用这种评标方法。在采用综合评标法时,评标中除考虑价格因素外,还应考虑内陆运费和保险费、交货期、付款条件、货物的性能、生产能力以及配套性和兼容性以及技术服务和培训费用等。

(3) 以寿命周期成本为基础的评标方法。以寿命周期成本为基础的评标方法是在综合评标法的基础上，再加上一定运行年限内的费用作为评标价格。采购整套厂房、生产线或设备、车辆等在运行期内的各项后续费用（零配件、油料、燃料、维修等）很高的设备时，可采用以寿命周期成本为基础的评标方法。

在计算寿命周期内成本时，可以根据实际情况，在标书报价的基础上加上一定运行期年限的各项费用，再减去一定年限后设备的残值。这些费用和残值都应按标书中规定的贴现率折算成净现值。

8.5 招标中的常见问题及其解决方法

8.5.1 招标代理的选择

《中华人民共和国招标投标法》第十三条第二款规定，招标代理机构应当具备下列条件：

（1）有从事招标代理业务的营业场所和相应资金。这是开展业务所必需的物资条件，也是招标代理机构成立的外部条件。营业场所是提供代理服务的固定地点；相应资金是开展代理业务所必要的资金。

（2）有能够编制招标文件和组织评标的相应专业力量。是否能够编制招标文件和组织评标，既是衡量招标人能否自行办理招标事宜的标准，也是招标代理机构必须具备的实质要件。从整个招标投标程序来看，编制招标文件和组织评标是其中最重要的两个环节。招标文件是整个招标过程所遵循的基础性文件，是投标和评标的依据，也是合同的重要组成部分。一般情况下，招标人与投标人之间不进行或只进行有限的面对面交流，投标人只能根据招标文件的要求编写投标文件。因此，招标文件是联系、沟通招标人与投标人的桥梁。能否编制出完整、严谨的招标文件，直接影响到招标的质量，也是招标成败的关键。组织评标，即组织评标委员会，严格按照招标文件所确定的标准和方法，对所有投标文件进行评审和比较，从中确定中标人。能否顺利地组织评标，直接影响到招标的效果，因此要求招标代理有充分的组织评标的能力。

（3）有符合规定条件、可以作为评标委员会成员人选的技术、经济等方面的专家库。

8.5.2 投标的标底

标底是指招标人或中介编制的一种预期价格，是招标人对标的的期望值。标底并不是决定投标能否中标的标准价，而是对投标进行评审和比较时的一个参考价。

（1）标底的作用。标底能够控制投标人为获取中标而恶意压低投标价的情况。在无标底价时，有些投标人信奉"中标靠低价，盈利靠索赔"的信条，为获取中标权，将投标价压到低于其可承受的价格，即投标价低于其成本价。标底则可提供一个公平、公正的参照坐标，使合同各方的合理、合法利益得到应有的保障。

标底的存在又有局限性。它使得投标人在报价时想方设法掌握标底并刻意向业主所设立的标底靠拢，这样一来使得投标人的投标报价反映不出真实的质量水平，在竞争性方面大打折扣，不能够较好地节省投资。

（2）标底编制程序。规范的标底编制是保证标底质量的重要条件。编制标底一般按下列程序进行：

①确定编制标底的人员。编制标底一般由2~3名工作人员进行，参与标底编制的人员应当

熟悉采购业务、客观公正、有较强的责任心。

②进行市场调查。无论采购项目的情况如何，编制标底都必须进行必要的市场调查，这是编制标底的必经程序。

③编制和确定标底。标底一般须确定采购项目总的价格，但对持续一定时间的制造、修理、加工、买卖、供给、使用等合同可以以单价作为标底。

④密封标底并送受托的招标机构保存。

(3) 标底的编制依据。标底的编制要以招标项目批准的预算为基本依据。如果编制的标底高于预算，采购人必须按照法定程序变更预算后，方可委托招标。实践中，标底一般根据以下原则确定：

①正常交易时以市场价格作为编制标底的基本依据。市场价格一般以权威机构所统计的价格为准，同类产品如果有几个品牌且价格不同时，可选择居中的一种品牌的价格作为市场价格。

②依法管制价格时以管制价格为标底。

③无法确定市场价格时，参考交易实例价格编制标底。

④因新开发产品、特殊规格产品以及劳务的特殊性，而无市场价格和适当的交易实例价格时，可以以成本加利润的方法确定标底。

编制标底时，应当考虑合同数量、履行前景、履行期限、供给状况、合同条件以及其他有关情况。

8.5.3 围标的治理

(1) 围标的含义。围标也称为串通投标，是指几个投标人之间相互约定，一致抬高或压低投标报价进行投标，通过限制竞争，排挤其他投标人，使某个利益相关者中标，从而谋取利益的手段和行为。例如，一个招标工程有10家施工单位参与投标，商务标的评标办法为无标底制，投标报价的加权平均值则为评标基准值，哪一家施工单位的报价值最接近这个基准值则该单位就得分高，加上技术标分值的总分即可作为评比的依据。施工单位显然可利用这里数值计算中的牵引作用，联合多家共同填报一个相近的值，这样评标基准值就会接近他们的报价。更有甚者，施工单位在无标底的前提下，同时拉高报价，使中标者的标价远远超出工程实际，使业主单位遭受巨大损失，而中标单位的超值利润私下补贴给陪同围标的单位。

(2) 围标的预防。国际上通行的做法是在招标中实施"最低价中标"原则。2001年1月1日实施的《中华人民共和国招标投标法》中规定"中标人能够满足招标人文件的实质性要求，并且经评审的投标价格最低"，从而从法律层面上允许招标人可以选择最低报价者中标。实行"最低价中标"有以下几个优点：

①遵循市场法则，节约投资效果显著。

②避免个人行为的影响，防腐倡廉效果显著。

③操作简便，招标工作效果显著。

可见，如果采用"最低价中标"法，去除了招标投标中报价数值接近评议标价的方法，投标单位就不会再联合起来制造标价权重，转而想办法最大限度地挖掘自身潜力，提高竞争实力，以最低价格参与投标。

8.5.4 挂靠投标

招标单位为保证项目能够高质量地完成，前期对投标人资质资格审查时非常严格，且要求资质较高的单位才能进入最后投标。实践中，一些不满足资质资格要求的单位，就会想办法挂靠其他满足要求的公司委托投标，中标后，双方按约定分享利益。但在实际履行合同时，因为不满足招标公司提出的资格要求，往往会在以后的执行过程中出现问题。另外，满足资质资格要求的公司中标后也会分包或转包给其他公司，项目就很难保质保量完成。

本章小结

  招标采购是通过在一定范围内公开购买信息，说明拟采购物品或项目的交易条件，邀请供应商或承包商在规定的期限内提出报价，经过比较分析后，按既定标准选择条件最优的投标人并与其签订采购合同的一种采购方式。

  目前世界各国和国际组织的有关采购法律、规则都规定了公开招标、邀请招标、议标等三种招标投标方式。公开招标，又称为竞争性招标，即由招标人在报刊、网络或其他媒体上发布招标公告，吸引众多企业单位参加投标竞争，招标人从中择优确定中标单位的招标方式。按照竞争程度，公开招标方式又可分为国际竞争性招标和国内竞争性招标。邀请招标也称为有限竞争性招标或选择性招标，即由招标单位选择一定数目的企业，向其发出投标邀请书，邀请他们参加竞争。议标也称为谈判招标或限制招标，即通过谈判来确定中标者。它的主要方式有直接邀请议标方式、比价议标方式和方案竞赛议标方式。

  招标采购是一个复杂的系统工程。一个完整的招标采购过程，基本上可以分为六个阶段：策划、招标、投标、开标、评标、定标。招标是指招标人发出招标公告或投标邀请书，说明招标的工程、货物、服务的范围、标段（标包）划分、数量、投标人的资格要求等，邀请特定或不特定的投标人在规定的时间、地点按照一定的程序进行投标的行为；投标是投标人（或投标单位）寻找并选取合适的招标信息，在同意并遵循招标文件各项规定和要求的前提下，在规定的时间提交自己的投标文件，以期通过竞争而中标的过程；开标是招标人按照招标公告或投标邀请函规定的时间和地点，当众开启招标文件，宣布投标的名称、报价等的公开过程；评标是由依法组建的评标委员会根据招标文件的要求，对投标人所报送的投标书进行审查及评议的过程；定标是招标人在评标委员会充分评审的基础上，最终确定中标人的过程。

  招标文件是整个招标投标活动的核心文件，是招标方全部活动的依据，也是招标方的智慧与知识的载体。具体来讲，招标文件一般至少应包括：招标通告、投标须知、合同条款、技术规格、投标书。

  投标文件是投标者投标的全部依据，也是招标者招标所希望获得的成果，是投标者智慧与技术的载体。投标文件主要根据招标文件要求提供的内容和格式进行准备。一般应当包括以下基本组成部分：投标书、目标任务的详细技术方案、投标资格证明文件、公司与制造商代理协议和授权书、公司有关技术资料及客户反馈意见。

  货物采购常用的评标方法有3种，即以最低评标价为基础的评标方法、综合评标法、以寿命周期成本为基础的评标方法。以最低评标价为基础的评标方法是指在投标满足招标文件商务、技术等实质性要求的前提下，按照招标文件中规定的价格评价因素和方法进行评价，确定各投标人的评标价格，并按投标人评标价格由低到高的顺序确定中标候选人的评标方法。综合评标法是指在投标满足招标文件实质性要求的前提下，按照招标文件中规定的各项评价因素和方法对投标进行综合评价后，按投标人综合评价的结果由优到劣的顺序确定中标候选人的评标方法。以寿命周期成本为基础的评标方法是在综合评标法的基础上，再加上一定运行年限内的费用作为评标价格。

  标底是指招标人或中介编制的一种预期价格，是招标人对标的的期望值。标底并不是决定投标能否中标的标准价,而是对投标进行评审和比较时的一个参考价。

围标也称为串通投标,是指几个投标人之间相互约定,一致抬高或压低投标报价进行投标,通过限制竞争,排挤其他投标人,使某个利益相关者中标,从而谋取利益的手段和行为。

案例分析

山东地区钢材"订单招标"采购

目前,山东钢材市场采购模式为:根据山东区域特点,结合近两年钢材市场实际与各供应厂商签订年度框架合同,打破区域限制,根据各项目阶段性进场计划实行"订单招标"。

订单招标是指钢材需求方,将一段时期内所需钢材计划以询价清单的方式在规定时间内传递给各供应厂商,并要求各供应商按询价单确定的付款方式、钢材规格型号、钢厂等要求在需方规定时间内报价传真到位,招标单位相关部门进行评议确定中标单位。

(1) 实行"订单招标"的因素。

①承接工程任务多为三边工程(边设计、边施工、边报建),施工图纸滞后,物资总体计划短期内无法编制,物资进场计划、规格、数量不能准确、及时提供。

②项目主材单价多为业主根据当期市场价签价确认,因此对于业主长期询价或曾经接触过的单位,公司要做通相应工作——纳入供应范畴,以配合项目共同与业主确认签价工作。

③近两年来钢材市场价格极不稳定,浮动频繁,各供方资源品种短缺,确定任何一家都难以保证和满足项目生产。

④受公司资金缺口影响,竣工项目不能及时办理结算,工程回款不理想。

(2) "订单招标"的优点。

①自钢材"订单招标"采购工作纳入公司物资招标机制中,解决了以往采购招标的一个盲点。那就是把所有的钢材需求量都以书面、公开、优选的形式来综合供方的付款方式、运输条件、单价和资源状况,最后确定"最优供方",将钢材采购定价工作纳入内部监控范畴,真正意义上实现了钢材招标采购程序上的优化。

②"订单招标"采购的价格市场化程度高,公司选择的几家供应单位都是山东范围内各大厂商在山东的总代理,由于近年来受上游资源的影响和运输方面的限制,钢材单价的变化极不稳定,所以"订单招标"询价在固定厂商、低价中标的基础上充分保证了当批次钢材的价格为同期市场最低价。

③实现"订单招标"的竞争机制对供方而言激励机制较强,"订单招标"采购面向所有经公司审批同意合作的单位,这样合作的不确定性使各单位始终保持竞争态势,也从源头杜绝了腐败现象和暗箱操作的发生,特别是当某批次的订单量特别大时,这种竞争机制更能有效地体现,竞争的结果是形成最低价,从而使公司受益。

(3) "订单招标"的缺点。

①"订单招标"采购不能及时反映市场的价格变化,只能对某一时间点的钢材进行最优价组合,但执行本次订单期间,单价发生变化时无法及时调整。

②"订单招标"采购模式对合作双方没有强有效的约束机制,仅局限于对执行期间的订单资源与价格的约束,一旦执行完此次订单合同,所有的供应厂商又重新回到一个起跑线上,下一个订单可以选择你,也可以不选择你,因此在市场的销售情况比终端用户的利润高、资金周转速度快时,许多供应单位可能会选择市场,而对公司的下一笔订单的报价则进行无资源报价或报高价,如此一来,对于供方而言,它既没有破坏与公司彼此间的合作关系,也实现了自身的市

利润。由此可见，公司在"订单招标"过程中对各供应单位没有形成强有力的约束机制，在某种意义上说它们还掌握了一定的合作主动权。

③"订单招标"在某一时间段有可能满足不了公司项目生产。由于受资源短缺或遇到钢厂部分钢材限扎等因素导致货源不足，特别是特殊规格如三级螺纹 $\phi12$、$\phi14$、$\phi28$、$\phi32$ 等规格或定尺寸 12 米的钢材等，需提前与厂家订货，短期内无法满足供应。

④"订单招标"采购模式与公司资金运作有一定冲突。由于根据项目需用计划组织的"订单招标"采购不是按照每月某一次或几次固定的时间进行，而是次数较多且时间分散，但公司的资金都是在每月 20 日左右安排上月的资金，影响了财务资金的统一调配和安排，与公司资金固定时间审批方式存在一定的冲突。

⑤公司目前钢材采购"订单招标"以片区为单位，根据项目提报钢材进场计划实行"订单招标"，由于公司各项目间跨度大、较分散，项目计划严重滞后，集中采购的优势没有得到更好的体现，并且在此过程中需要专职（或兼职）人员每次都组织订单招标，工作量大而烦琐。

（4）法律风险。公司与各厂商签订的钢材采购合同第九款项第二条明确规定：如资金延期支付，每延期一个月，钢筋加价 30 元/吨，最长延期不超过两个月。此条款对公司尤其在资金困难无法满足各供应单位资金支付时，要提前预控采取措施，以免出现法律纠纷，公司极有败诉的可能，而且赔偿金额不小。

思考：结合案例，试提出山东地区钢材"订单招标"采购的改进措施？

习题与思考题

1. 什么是招标采购？
2. 招标采购的主要方式有哪些？
3. 招标的主要作业阶段是什么？
4. 开标工作是如何进行的？
5. 招标文件、投标文件分别都包括哪些内容？
6. 评标工作是如何进行的？
7. 如何防止围标？有哪些好的建议？

第9章

精益采购

★学习目标

1. 了解精益生产理论产生的历史背景,掌握精益生产的概念,熟悉精益生产的特点和技术手段。
2. 熟悉传统采购模式的缺点,掌握精益采购的含义,熟悉精益采购的基本理论、管理要求及实施步骤。
3. 掌握精益采购风险来源,熟悉对传统精益采购的批判观点,了解新的精益观点。

★教学要求

教学重点:对精益含义的理解;精益采购的基本理论、管理要求及实施步骤。
教学难点:对传统精益采购的批判及改进。

★引入案例

古井集团"四权分离"

老子曾说:"天下难事,必作于易;天下大事,必作于细。"这句话精辟地指出了想成就一番事业,必须从简单的事情做起,从细微之处入手。

为全面推进精益管理,将精益管理贯穿工作各个环节,古井集团从原料收购、质量控制、经费管理、节能降耗、劳动用工等方面,进行全面整合,对公司的15个部门和8个子公司,围绕节约的关键节点,梳理出75个节约方案,推进企业低成本运行。从2009年5月起,公司对物控部门进行全面整合,实行质量、询价、采购、付款的"四权分离"。"四权分离"形成了事前控制、事中管理、事后监督的管理体系,既提高了材料的采购质量,又降低了采购成本。

古井集团的采购对象可以分为3大类,即包装材料类、原材燃料类、综合物资类,其中包装材料和原材燃料为主要采购对象,每年采购金额3亿~4亿元。在采购之前需要制订合理的采购计划,采购计划分年度计划和月度计划,计划要在各部门及子公司年度计划的基础之上产生,并与各阶段的生产计划保持一致性。

采购计划确定后,本着质量、询价、采购、付款"四权分离"的原则,启动采购活动。为了货比三家，了解行情，有效降低采购成本，古井集团常常采取一次性询价采购或招标采购方式，采购后的调整与控制则是精细化管理的保障。通过物资质量控制、安全库存点控制以及付款程序控制，进一步确保采购质量的同时，又实现了采购成本的下降。

（资料来源：江许胜. 古井集团"四权分离"的精细化采购［J］. 企业管理，2010（10））

美国运营管理协会（APICS）对于精益思想的定义中提道：精益是一种生产哲学与理念，强调企业所有活动使用资源（包括时间）的最小化。它致力于识别并消除设计、生产、供应链管理及销售过程中的非增值活动。精益生产者在组织的各个层面雇用拥有多种技能的员工，并且使用高度柔性、自动化的机器设备，批量生产多样化的产品。它包括一系列原则和措施，通过不断消除浪费，简化制造和支持流程，从而实现费用的降低。

精益思想不仅局限于制造过程，而且已延伸到包括服务活动在内的供应链管理的方方面面，当然也包括采购环节。采用精益思想后，采购环节通常会在采购效率、采购成本等方面得到显著改善。

9.1 精益生产

9.1.1 精益生产理论产生的历史背景

生产经营方式是指生产者对所投入资源要素、生产过程以及产出物的有机、有效组合和运营方式的一种通盘概括，是对生产运作管理中的战略决策、系统设计和系统运行管理问题的全面综合。回顾世界工业化的历程，到目前为止，大体可分为手工生产、大量生产、精益生产3个阶段。

手工生产从17世纪初开始迅速发展，直到18世纪蒸汽机的出现，基本形成以手工生产为主的工业雏形，包括汽车在内的众多产品主要靠具有高度手工技艺的工匠一件一件地制作。其发祥地在欧洲。在这种生产方式下，产量不可能提高，而且即使提高产量也不会带来成本的降低。这种生产方式的最大缺点除成本高以外，还缺乏一贯性和可靠性，这是进一步提高生产的最大障碍。

20世纪20年代，随着"互换性"和"传送带"的出现及"科学管理"理论的提出，并与当时出现的"电气化""标准化""系列化"相结合，在美国产生了大量生产的"机械自动流水线生产"。推行大量生产的代表人物是亨利·福特（Henry Ford）和通用汽车公司的创始人阿尔弗雷德（Alfred P Sloan）。前者中断了传统的手工生产方式而推行了先进的工作方法，构思和实现了劳动分工，保证制造的零部件可以互换，便于装配。后者推行了流水线生产，在实行责任制和集中控制的基础上，建立了一个工业管理系统，才形成了真正意义上的大量生产模式。美国的工业特别是汽车工业却借此在20世纪50年代末期达到了历史最高水平。这种系统是以美国的现实为依据的，如国土辽阔，原材料和能源储藏丰富，以及有可供使用的劳动力。大量生产方式从开始到达最成熟的阶段，历时约50年。大量生产方式把单件制造的手工作业方式带进一个全新的时代，引起了制造业的一次根本变革，由此揭开了现代化大生产的序幕。几十年来，随着制造业产品越来越复杂，自动化技术、自控技术以及各种加工技术的发展，这种生产方式都在不断地增添新的内容和变化，至今仍然是制造业的一种"以量取胜"的普遍生产方式。

大量生产方式的特征可以概括地表述为：①在产品开发阶段，由市场调研人员提供某种新产品的设想，由分工不同的设计人员分别设计并绘制图纸，再由制造工程师考虑制造工艺。②在生产阶段，将设备专用化、作业细分化，每道工序的工人只奉命完成自己分内的任务。保持材料、零部件和在制品的充足库存，以保证生产连续性。③在完成阶段，由检验人员检查产品的质量，将不合格产品退回生产部门修理或重做，成品在仓库大量堆积。它的基本发展模式是：单一品种（或少量品种）大批量生产→以批量降低成本→成本降低刺激需求扩大→进一步带来批量的扩大。

大量生产方式的主要优点是实现了产品的大量、快速生产，并且成本随着生产量的扩大而降低，从而满足了当时日益增长的社会需要。但是，这种生产方式也有其一定的弊端。在这种生产方式下，劳动分工极细，每个工人只会一种技艺，专业技能狭窄，缺乏灵活性。同时脑力劳动与体力劳动脱节，产品的设计和投产以及工艺制定等由工程技术人员负责，工人没有参与设计和管理的权利，只被要求按照图纸生产，按命令干活，成了一种单纯的"机器的延伸"。因此，工人缺乏主动性和积极性，不关心新产品质量，劳动生产率难以提高。进一步说，在市场需求日益多样化的今天，这种生产方式也日渐显露出了其缺乏柔性、不能迅速适应市场变化灵活变换生产的弱点。

"二战"后，正当大量生产系统处于鼎盛时期时，一种兼备手工生产及大量生产二者的优点，又能克服二者缺点的高质量、低成本，并富有柔性的新的生产方式在日本应运而生，这便是驰名全球的"丰田生产方式（TPS）"。丰田生产方式起步于20世纪50年代，成熟于70年代，被世人肯定并广泛推广于90年代。它反映了日本的现实：国土狭小，原材料、能源、资金及熟练工人都严重短缺。特别是"二战"后不久，百业待兴，困难重重。丰田公司从成立到1950年的十几年，总产量甚至不及福特公司一个月的产量。当时日本的生产率是美国的1/9。正是在这种困境下孕育了丰田生产方式。它的基本思想可用现在已广为流传的一句话来概括，即"只在需要时，按需要的量，生产所需的产品"，这种生产方式的核心是追求一种无库存，或库存达到最小的生产系统，尽量消除生产过程中的浪费，为此开发了包括"看板"在内的一系列具体方法，并逐渐形成了一套独具特色的生产经营体系。经过近20年的不断改革，终于建立起一种独特的多品种、小批量、高质量和低消耗的生产系统——丰田生产方式。

1973年的石油危机使全世界经济一落千丈，但是给丰田生产方式提供了用武之地。由于石油危机，原材料涨价、员工增资、市场疲软，企业经营非常困难，特别是市场环境发生变化后，大批量生产所具有的弱点日趋明显，而用户的个性化、多样化需求的强化，更是对大量生产方式的沉重打击。与此相反，丰田汽车公司的多品种、小批量、低消耗、高质量的生产方式却展现出惊人的优势。石油危机之后，1975—1977年，丰田的盈利大幅度增加。随后在日本的企业界开始学习、研究、引用丰田生产方式。

20世纪80年代以后，一方面，资源价格继续飞涨，另一方面，随着经济的发展，消费者的行动变得更加具有选择性，因此市场需求更加迅速朝着多样化、个性化的方向发展。市场对产品的质量要求变得更高，产品的寿命周期变得越来越短。因此，产品的开发设计周期、生产周期的长短对于制造业企业的市场竞争力来说就变得更加重要。与此同时，产品的更新换代日益频繁，导致制造技术、生产系统也必须相应地进行改变。这种状况给制造业企业提出的课题是，一方面必须使产品的开发设计周期和生产周期显著缩短，另一方面必须使企业的生产经营方式能够快速响应市场的需求变化。这两方面的课题促使制造业企业必须改变原有的经营方式、管理方式和工作方式，探索新的模式。

1980年，日本汽车以1 100万辆的产量全面超过美国，成为世界汽车制造第一大国，并且占领了30%的美国市场，直接威胁着美国国内三大汽车公司和欧洲进口商。考察1986年的一组公开的数据，这组数据将丰田高岗和通用弗雷明汉两个工厂的生产状况进行了对比（图9-1）。这组数据拉开了在20世纪80年代末期和90年代初期美国汽车行业精益生产变革的序幕。在这种危急关头下，欧美各国不得不在震惊之余认真学习和研究丰田生产方式。到20世纪80年代中期，丰田生产方式已在世界范围内得到了一定的传播。但是，它到底是日本独特的社会、经济、文化背景下的一种产物，还是在全球范围内具有普遍意义？丰田工厂是如何做到所需时间更短、库存更低的呢？

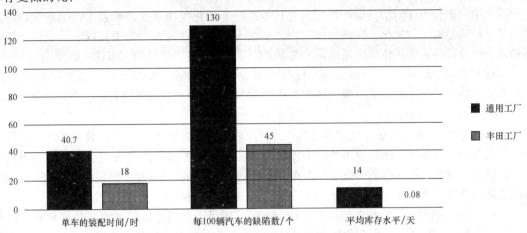

图9-1　准时制工厂的绩效优势（1986年）

正是带着这样的疑问，以美国麻省理工学院（MIT）教授为首，由日美欧各国50多位专家参加的一个研究小组，对丰田生产方式进行了翔实的实证考察和理论研究，提出了"精益生产"理论。该理论的研究用了五年时间，耗费了500万美元，调查了全世界15个国家的90个汽车制造厂，对大量生产方式和精益生产方式做了详尽的实证性比较。美国在全面研究以丰田生产方式为代表的日本式生产方式在西方发达国家以及发展中国家应用情况的基础上，于1990年所提出了一种较为完整的生产经营管理理论——精益生产方式（Lean Production）。精益生产是起源于日本丰田汽车公司的一种生产管理方法，其核心是追求消灭包括库存在内的一切"浪费"，并围绕此目标发展了一系列具体方法，逐渐形成了一套独具特色的生产经营管理体系。

精益生产的产生背景总结为以下几个方面：

1. 管理技术背景

"二战"后，日本汽车工业开始起步，但此时统治世界的生产模式是以美国福特制为代表的大量生产方式。这种生产方式以流水线形式生产大批量、少品种的产品，以规模效应带动成本降低，并由此带来价格上的竞争力。

具体而言，在当时，大量生产方式代表了先进的管理思想与方法。大量的专用设备、专业化的大批量生产是降低成本、提高竞争力的主要方式。与此同时，全面质量管理在美国等先进的工业化国家开始尝试推广，并开始在实践中体现了一定的效益。生产中库存控制的思想也开始提出，但因技术原因未能走向实用化。

2. 丰田式生产方式发展的环境

当美国汽车工业处于发展的顶点时，日本的汽车制造商们是无法与其在同一生产模式下进行竞争的。丰田汽车公司从成立到1950年的十几年，总产量甚至不及福特公司当时一天的产量。与此同时，日本企业还面临需求不足与技术落后等严重困难，加上"二战"后日本国内的资金严重不足，也难有大规模的资金投入以保证日本国内的汽车生产达到有竞争力的规模。此外，丰田汽车公司在参观美国的几大汽车制造厂之后还发现,在美国企业管理中,特别是人事管理中,存在着难以被日本企业接受的地方。

经过前述的学习过程,以丰田的大野耐一等人为代表的"精益生产"的创始者们,在分析大批量生产方式后,得出以下结论:

(1) 采用大批量生产方式去大规模地降低成本,仍有进一步改进的余地。

(2) 应考虑一种更能适应市场需求的生产组织策略。

在丰田汽车公司开创精益生产的同时,日本独特的文化氛围也促进精益生产的产生。日本文化是一种典型的东方文化,强调集体与协作,这为精益生产的人力管理提供了一个全新的思维角度。符合这种追求集体与协调意识的东方文化,也符合日本独特的人事管理制度。

因此在当时的环境下,丰田汽车公司在不可能,也不必要走大批量生产方式道路的情况下,根据自身的特点,逐步创立了一种独特的多品种、小批量、高质量和低消耗的生产方式。

3. 精益生产效率的体现

从 20 世纪 50 年代到 70 年代,丰田汽车公司虽以独特的生产方式取得了显著的成就,但当时日本及整个西方经济呈现高速增长,即使采用美国相同的大批量生产方式也能取得相当规模的生产效果。因此,这一时期丰田生产方式并没有受到真正高度的重视,仅仅在丰田汽车公司及其配套商的部分日本企业中得以实施。

1973 年的石油危机,给日本的汽车工业带来了前所未有的机遇,同时也将整个西方经济带入缓慢成长期。市场环境发生变化后,大批量生产所具有的弱点日趋明显,与此同时,丰田汽车公司的业绩开始上升,与其他汽车制造企业的距离越来越大,精益生产方式开始真正为世人所瞩目。

20 世纪 80 年代初,由美国麻省理工学院主导的名为"国际汽车计划"(IMVP)的研究项目,在 Danniel Roos 教授带领下耗时 4 年,对十几个国家的近百家汽车总装厂进行了现场研究。研究学者对比分析了大量生产方式和日本丰田生产方式的优劣,挖掘出日本汽车成功的奥秘,在 20 世纪 90 年代初将研究成果总结为 The Machine That Change The World,把丰田生产方式定义为精益生产方式(Lean Production)。在精益生产方式出现后,经过系统化研究和完善,精益生产体系从制造领域延伸到物流运输、餐饮酒店、医院管理和后勤管理等各个领域,使精益生产的应用范围更广。

9.1.2 精益生产的概念

《改变世界的机器》一书将日本丰田汽车公司实践了半个多世纪的精益生产方式理论化,并推广至全世界,引用杨光京教授对精益生产所下的定义:"精益生产是通过系统结构、人员组织、运行方式和市场供求等方面的变革,使生产系统能很快适应用户需求的不断变化,并能使生产过程中一切无用、多余的东西被精减,最终达到包括市场供销在内的生产各方面最好的结果。"

精益生产方式的核心思想在于"消除浪费、强调精简组织机构"和"不断改善",追求至善至美。精益生产方式首先是一种生产管理技术,它总把现有的生产方式看作改善的对象,不断追求进一步降低成本、减少浪费、质量完美、产品多样化等目标,从而大幅度减少生产闲置时间和作业切换时间、加强生产的连贯性、缩短生产周期、降低库存、提高产品品质、精减人员,使企业能够快速应对市场变化。精益生产方式不仅是先进的制造技术,同时也是一种科学的企业组织管理方法。精益生产方式绝不是简单的企业内部管理某环节或者某局部的调整完善,而是从管理意识、管理组织、管理制度、管理标准、管理方法、管理手段以至管理行为的全面系统的变革,使企业生产管理实现由量变到质变的飞跃。因此,本书认为,精益生产管理是一种以客户需求拉动为导向、以消除浪费和不断改善为核心,使企业以最少的投入获取最低成本,以效益显著改善为特征的全新的生产管理模式。

精益生产的核心体现在通过消除浪费,降低成本,不断改善和尽善尽美。从而为公司实现零缺陷、零库存和零浪费等企业目标,使公司在优胜劣汰环境中处于不败之地。精益生产注重团队协作,灵活地组建具有相互协作精神的团队,打破部门界限,按新项目小组开展工作,应用项目管理手法,挖掘员工的积极性,把生产中的问题、库存和浪费降到最低限度。精益生产方式的优势除了应用于生产制造领域,还适用于硬件开发、交通物流、餐饮和其他服务业,它将成为现代化管理的标准体系。

9.1.3 精益生产管理的特点及目标

1. 精益生产管理的特点

精益生产管理的特点可以用"一个目标""两大支柱"和"一大基础"所组成的理论框架来概括。

"一个目标"是指低成本、高效率、高质量地进行生产,最大限度地减少浪费,提高产品竞争力,赢得顾客满意。

"两大支柱"是指准时化与人员自主化。准时化(Just-In-Time,JIT)生产,是指在生产计划与库存管理方面,采用独特的准时制,即以市场为导向,在合适的时间生产合适的数量和质量的产品。JIT需要以拉动生产为基础,以平稳化为条件。这里拉动生产是以看板管理为手段,采用"取料制"对本工序在制品短缺的量,从前道工序取相同的在制品量,从而形成全过程的拉动控制系统,不多生产一件产品。平稳化是指工件被拉动到生产系统之前要进行人为的按照加工时间、数量、品种进行合理的搭配和排序,使拉动到生产系统中的工件流具有加工工时上的平稳性,保证均衡生产,同时在品种和数量上实现混流加式运动,起到对市场多品种、小批量需要的快速反应和满足功能。人员自主化是指在人力资源管理方面,形成一整套劳资互惠的管理体制,改正大量生产方式中把工人只看作一种"机器的延伸"的机械管理方法,调动和鼓励员工进行"创造性思考",注重从多方面培养和训练工人以及管理人员,最大限度地发挥企业组织中每个人的能力,提高员工的工作效率和生产积极性,实现人员与机械设备的有机配合。同时,将质量管理融入整个生产过程中,使每个员工将控制质量变为自主行为,将一切工作变为有效劳动。另外,精益生产管理强调团队精神,旨在建立共同的价值观,培养员工的集体感,提倡全员参与企业的生产管理与日常运作。

"一大基础"是指改善(Improvement),改善是精益生产管理的基础。其含义是:从局部到整体永远存在着改进与提高的余地,在工作、操作方法、质量、生产结构和管理方式上要不断地改进与提高。消除一切浪费,精益生产管理认为不能提高附加价值的一切工作(包括生产过剩、库存、等待、搬运、加工中的某些活动、多余的动作、不良品的返工等)都属于浪费。这些浪费必须经过管理方式的改进而消除。持续改善(Continuous Improvement),是现今国际流行的管理思想,是指以消除浪费和改进提高的思想为依托,对生产与管理中的问题,采用由易到难的原则和不断地改善、巩固、提高的方法,经过不懈的努力,以求长期的积累,获得显著效果。

2. 精益生产管理的目标

精益生产思想的核心目标为彻底消除各种浪费。

通过消除浪费,实现降低成本,提高品质,并创造出能充分发挥员工能动性的工作环境以及适应市场快速变化的生产方式。

依照精益思想归纳，生产加工过程中存在七大浪费，见表9-1。

表9-1 精益生产中要消除的七大浪费

序号	分类	内容
1	过多制造的浪费	过多制造的浪费被丰田生产方视为最大的浪费，大多数工厂都存在产品加工速度比销售进度快的现象，丰田认为生产应该是产销结合，没有订单时，生产线就停止生产。从而避免因为过多制造增加了仓库保管、搬运、人员等费用
2	等待的浪费	等待的浪费就是作业人员在进行自动加工时，想工作却没有工作可做，或是要加工前道工序却没有物料传输过来，只好等待上一道工序加工完半成品才开始加工。这种等待影响人员的工作效率，存在很大浪费
3	搬运的浪费	搬运的浪费是在生产过程中进行的各种没有必要的搬运工作，虽然搬运工作是生产过程中必不可少的，但搬运却不能增加产品的任何附加值，顾客不会为此付费，因此是一种浪费
4	加工本身的浪费	加工本身的浪费是指工作本身就是一种不必要的浪费，如整理自己身旁的零件，使之更加整齐，但整理工作却不产生附加价值，因此是一种浪费
5	库存的浪费	库存的浪费是过量生产产生的。库存占用了大量的流动资金，如果卖不出去还会减少企业赚取的利润。控制库存要实现企业的库存水平保持在安全库存内，最终目标是零库存
6	动作的浪费	在制造加工过程中，会产生很多没有附加值的作业动作，这些没有附加值的动作就是动作的浪费。通过对工作中各项动作进行分析研究，制定标准作业书，就能消除工作中的多余动作
7	制造不合格产品的浪费	由于产品品质问题，生产了不合格产品，不合格产品需要返工或进行报废。生产的不合格产品流入环节越多，给企业造成的损失就越大。这种因为制造不合格产品给企业带来的浪费非常大

9.1.4 精益生产管理基本理论

生产管理是指在生产活动中对于管理客体的计划、组织、控制、反馈等过程的集合，是系统性、整体性的管理。精益生产管理，是一种以客户需求为拉动，以消灭浪费和不断改善为核心，使企业以最少的投入获取成本和运作效益显著改善的全新的生产管理模式。因此，在研究精益采购之前，对精益生产的基本原理和思想基础进行充分研究，是理解精益采购基本理论的基础，从而可以更好地将精益理念融入采购过程。

一般来说，精益生产管理理论有三种基本理论：转换模型理论、流动模型理论和价值生产模型理论。

1. 转换模型理论

将制造业的生产过程抽象为转换过程的思考原理被认为是分析精益生产的基础。转换的含义是把生产制造看作一个由各种生产材料、设备、劳动力、资金等资源，经过一个抽象的转化过程后最终变成了制造目标产品的过程。在这个过程中有许多评价因素，如生产效率、产品质量等。在整个转换理论中，最关键的环节分别是代表各种初始元素的"输入"，代表生产抽象概念的"转换",代表最终生产成品的"输出",以及代表生产过程中检查、控制和评价绩效的"反馈",具体过程如图 9-2 所示。

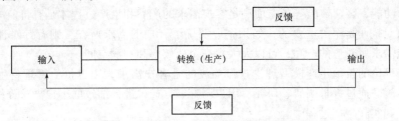

图 9-2　精益生产基本理论的转换模型理论

按照生产过程顺序,首先需要相应的生产要素,如:信息、人力、设备、资金等投入过程,这个过程称为输入,这也是生产过程的第一个环节。在有了基本生产要素等生产必备条件之后,就是狭义生产制造的过程,在模型中称为转换过程。经过了转换过程,则输出产品和信息。在整个生产过程中将输出的产品和信息与最初的生产计划相对比,识别差异的原因,通过有效措施纠正偏差,这就是反馈过程的执行过程。由此可见,反馈执行的是检查、控制和评价职能,有了控制和反馈才有不断优化和完善的可能。

生产的转化理论关注的是在生产过程中什么是必须做的,也就是什么是真正的"转化过程",可以通过工作结构分解等管理学任务管理工具来分解生产过程,提高生产效率。

2. 流动模型理论

流动模型理论认为生产系统过程是一个流动过程,所有的生产材料、劳动力、设备都处于一种不停运转的流动状态。例如,材料会经历移动、储存、使用、检查或是等待的过程。在这个不停运转的过程中,可以用一些指标对其进行评价和衡量,如工作时间、效率、质量、成本等。

在精益思想中有一个非常重要的基本概念就是价值,价值表示生产过程对于用户本身需求的匹配程度。因此,有效的生产才算作有价值的活动。虽然在生产流动中有很多环节,但是一般只有转化才可能是有价值的。精益生产基本理论的流动模型理论如图 9-3 所示。

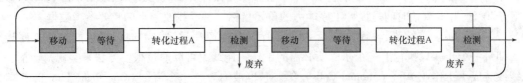

图 9-3　精益生产基本理论的流动模型理论(只有转化过程产生价值)

在应用准时制生产方式和精益生产的基础上,Gilbreths 第一次提出了流水线生产的概念,并且 1913 年在福特公司中得到应用,但在逐渐应用过程中福特公司提出的模式被歪曲,一直到 1940 年该模式得到了新的发展。流动过程对于精益思想的意义有很多,如流动过程中强调减少浪费和缩减生产周期。生产流动过程有很多环节,如图 9-3 所示,但是真正产生价值的活动才是有效的,如流动过程中的各种转化环节,对整个过程来说就是消除浪费。因此,需要尽量精简在整个生产系统中被看作是资源浪费和无效的过程,这样不仅可以减少整个生产过程中的资源浪费,而且可以缩减生产周期,提高工作效率。

生产的转化理论主张尽量少关注不需要的活动和环节与不直接产生价值的环节,这样可以减少多余、无效的工作,并且看重生产过程的持续流动性,因此在生产过程中强调尽量避免由于意外变化对生产的冲击。

3. 价值生产模型理论

价值理论是精益生产理论的核心思想，价值是衡量对用户需求的满足状况的指标，只有在价格、时间、功能、客户体验等各方面满足客户需求的产品和生产过程才是有价值的。客户和市场的真实需求对企业是至关重要的，如果企业明确了客户的需求所在，则有针对性和方向性地去生产和制造需求所对应的产品，可以大大提高企业效率和利润空间。

精益生产理论的价值生产模型理论重点关注的是客户需求，通过价值管理将生产过程与有效价值进行匹配。通过大量调研、研究、用户调查等方式，进行细致的客户需求分析，并且将需求准确地转化到实际生产过程中。

从这三个基本理论可以看出，转换理论和流动理论模式是将制造生产过程抽象为一个可以划分为多个基本环节的生产过程，而如何实现精益的关键就在于价值生产理论，通过价值的概念，将这些环节分为有价值和无价值的活动。因此，通过减少无效、不产生价值的活动来降低浪费、提高工作效率是精益思想的基本原理。

9.1.5 精益生产的技术手段

精益生产的目的是降低成本、提高品质、缩短交货周期，要达到这样的目的，必须通过运用精益工具进行现场改善来实现。以下是对常用的重要精益工具的简要说明。

（1）现场管理。良好的现场管理是实施精益生产的基础。在生产现场的人员、机器、材料等生产要素，要进行有效的管理，可以推行整理（Seiri）、整顿（Seition）、清扫（Seiso）、清洁（Seiketsu）、素养（Shitsuke）等源于日本的"5S"活动。其目的是培养员工的积极性和主动性，创造人和设备皆宜的环境，培养团队及合作精神，改善和提高企业形象，促成效率的提高，减少直至消除故障，保障品质，降低生产成本，缩短加工周期，确保交货。

（2）节拍时间。节拍时间（Takt Time）是 20 世纪 30 年代德国飞机制造工业中使用的一个生产管理工具，指的是把飞机移动到下一个生产位置的时间间隔。T/T 时间公式化，就是用可利用的生产时间除以客户需求频率。这里客户是广义的，下道工序也可以看作客户。与 T/T 相关的周期时间 C/T（Cycle Time），是制造一件产品需要的时间。通过改善要让 C/T 尽可能地接近或等于 T/T。T/T 节拍时间是设计工序能力的重要指标，是寻找改善点的重要参考数据。

（3）连续流。连续流是指通过一系列的工序，在生产和运输产品时，尽可能地使工序连续化，即每一个步骤只执行下一个步骤所必需的工作。连续流可以通过很多方法来实现，包括将装配线改装成手工作业单元（Manual Cells）等。它也被称为"一个流"（One Piece Flow）、"单件流"以及制造一件，移动一件。其优点是生产时间短、在制品存量少、占用生产面积小、易暴露问题点、容易适应市场与计划的变更、有利于保证产品品质、有利于安全生产及不需要高性能的、大型化的设备。

（4）价值流（Value Stream Map）。价值流是指资源或原材料转变为产品和服务并到达客户手中所经历的全部活动。价值流中包括了增值的活动和不增值的活动。通过在价值流中找到哪些是增值的活动，哪些是可以立即去掉的不增值活动，能够发现浪费现象并予以及时消除，从而使创造价值的各项活动顺畅地流动起来。

（5）拉动式生产（Pull Production）。传统的生产方式只考虑产品需求量、订购的物料量、库房中的储存量、供货商交货时间和生产出产品所需时间等，这是以推动的形式安排工厂中的物料，因而被称作推动式生产。在推动式生产系统中物料流是由过程开始时的生产主计划和生产过程中的物料需求计划推动的。拉动式生产就是以市场需求为导向，准时地组织各环节的生产，不提前生产。拉动式生产的基本做法是：以市场需求拉动企业生产，在企业内部以后道工序拉动前道工序的生产，以主机厂拉动配套厂生产。在拉动式生产系统中物料根据需要是沿着生产消耗的路径移动的。

（6）看板管理。看板管理是实施准时化原则的生产控制方法。看板可以粗略地理解为可视记录或卡片。看板管理简单的理解就是一种信号，表示哪一种物料已经用完，需要补充，做看板显示要做的事，看板没有显示要做的事不做。按照准时化原则生产，把前道工序看成用户，只有前道工序提出需要时，后道工序才允许生产，看板充当传递指令的角色。它的基本做法是以流水线为基础，以看板为"指令"工具，将生产过程中传统的送货制改为取货制，从生产过程的最后一道工序按反工艺流程向前追溯，直到原材料准备工作，严格按期量标准控制整个生产过程的计划和调度，控制在制品合理流转，从而使整个生产活动以市场需求为目标，有组织地协调生产。看板管理的根本目的在于消除无效劳动和浪费，提高生产效率。

（7）均衡生产。均衡生产指企业各个生产环节按计划生产，完成等量的工作量，从而保证生产按照产品、质量、数量和时限能够均衡地完成。其基本思想是要保证生产过程中各个工作节点的密切配合，既不多生产，也不少生产，为终端产品进行完全配套的生产，这样就不会存在生产过程中的在制品库存。为实现均衡生产，在技术上可以采用计算机的柔性制造系统和信息管理系统，来实现小批量生产和同步生产。

合理地制订生产作业计划是达到均衡生产的前提保障，合理地制订生产计划要根据年度或季度目标规定的生产任务，同时考虑生产过程中可能出现的情况和变化来具体规定企业内部各生产环节车间、工段、班组以至于每个工人在单位时间内的生产任务，从而保证生产部门按品种、质量、数量、时限和成本完成企业的目标。另外，除了合理地制订生产作业计划外，针对某些特殊生产环节即可能出现的在生产数量和速度方面落后或超前于其他环节的薄弱环节，制定特殊的生产管理方式十分必要，它能够制约整个生产水平。现有的一些方法有"约束理论"、并行工程、业务流程再造（BPR）等。

（8）快速换模（SMED）。SMED（Single Minutes Exchange of Die）也称为单位分钟快速切换，是20世纪50年代丰田汽车公司开发的一种应对多品种、小批量，快速响应和降低库存的技术。在小批量和多品种的混流生产中应用快速换模技术，可以满足客户个性化需求，实现小批量、多品种的均衡化生产，解决频繁换模的时间浪费，缩短换模时间，缩短生产提前期，以迅速准时生产完成各类产品。

正常情况下，换模作业主要分为外换模作业和内换模作业两种方式。外换模作业是指设备还处于正在开动或运行过程中，换模人员可以提前进行的模具调整准备工作；内部换模作业是指需要等待换模设备已经停止运行，换模人员才可以开展的模具调整准备作业。

快速换模的基本要点和步骤如下：

①区分内换模作业和外换模作业。从整个换模作业中提取作业内容，采集相关的换模数据。然后对换模作业进行仔细分析研究，依据换模作业是否需要停机将换模作业分为内换模作业和外换模作业。

②将内换模作业转化为外换模作业。对换模作业进行重新设计，尽可能将需要停机才能换模的"内部换模"活动内容，调整到设备运转中，也可以进行换模作业的"外部换模"作业，减少停机作业时间。

③换模作业优化和标准化。将换模作业进行重新设计和优化，减少换模作业量，使内换模作业和外换模作业时间减少，最终使得总体的换模时间减少。通过实施快速换模，有利于促进"小批量、多批次"生产，提高制造柔性，减少转产时间损失，缩短生产周期。

（9）组织的整体优化。组织的整体优化是实现生产管理优化的根本途径，生产过程中产品质量的控制在技术上依靠生产自动化,在管理上依靠精益质量管理。这两方面都要求企业实施精益生产,首先要有组织的整体优化作为保障,人们在生产实践中逐步认识到,要想实现生产的精益化必须先实现组织的整体优化,如今在生产制造过程中实现优化,实施组织整体优化,必须从四个方面做起,即优化经营过程、组织结构、协调机制和管理体制。

9.1.6 推广精益生产需要注意的问题

据有关资料统计,在实施精益生产方式的企业中大约有30%的企业推行效果不理想,有些企业在推行过程中甚至出现了负面效应。在实施精益生产体系效果不理想的企业中常常出现以下几个共同的问题点:

(1) 没有把员工当作公司的一分子,而只是把他们作为劳动力使用。日本丰田汽车公司实施雇员终身制,在管理中员工得到真正的尊重,员工在工作中通过主动提高技能和改进技术来支持公司的利益,这是丰田生产方式得以成功的基础,而很多企业只把员工视为工具,对员工特别是对基层员工的尊重只停留在口号上,导致员工失去了主动性和积极性,也就容易导致精益生产缺乏推广的基础而失败。

(2) 管理者急功近利,追求短期效益。精益生产的实施需要一个长期积累的过程才能产生效果,绝非今天开始应用,明天就可以看到成效。丰田汽车公司经过近几十年不断对生产方式进行探索,在不断的失败中总结出了一套较为成功的生产管理体系,而很多企业简单地认为请几个专家顾问,建立一个推进团队,就可将精益生产方式在其制造过程中应用,而且应该马上收到成效。这种急功近利的想法往往使企业因看不到立竿见影的显著成绩而对精益生产方式的作用产生怀疑,从而放弃精益生产方式的实践活动。

(3) 希望开始就将精益生产方式全面铺开,而不是有的放矢。让员工接受一种新的企业运作方式需要在前期找到一个好的切入点,通过相对容易的方式实现一定的改善成果,让员工感受到新工作方式的好处,从而建立员工的应用信心。而很多企业追求大而全,希望全面铺开改善而不是寻找合适的切入点,盲目搞运动而不是有的放矢,导致漫无目的、毫无成效。

(4) 制造现场的5S没有执行好。5S执行情况体现一家公司的基础面貌,对员工的精神面貌和创新精神产生很大影响。企业缺乏整齐清洁的工作环境,加上企业管理的随意性,员工缺乏归属感和成就感,每一个员工的日常工作中无法体现5S管理系统要求的整理、整顿、清扫、清洁、素养等观念,这种员工观念的系统缺失是导致精益生产没有实施的基础。

(5) 缺少持之以恒的信心。很多改善和创新在实施过程中都会遇到阻力,这需要团队在应用精益生产之前,集思广益,事前做好分析和计划,共同应对。很多企业却在实施过程中因遇到阻力,短期找不到解决方法而士气不振,无法推动精益生产方式的进程。

(6) 一味追求设备自动化,忽视员工自发自觉的潜力。精益生产应用需要与更先进的设备或技术结合实现自动化,但除了制造过程的自动化,也应当提升员工的主动性,忽视员工的主观能动性将无法实现精益生产方式的预期目标。

(7) 实施过程中责任划分的片面化认知。精益生产是一套综合的管理系统,需要企业各部门共同运行和相互支持,但很多员工甚至公司领导却片面地认为精益生产的实施就是工程部或生产部的责任,与其他的部门无关,从而出现在推行过程中其他部门参与度与热情不高,甚至推诿的现象,无法真正实现精益生产方式。

(8) 实施过程中生搬硬套。精益生产方式是一套复杂的生产管理方式,每个企业都应该结合自身实际情况来推行,但很多企业简单地将精益生产方式与准时化生产、看板管理、5S管理等技术或方法画上等号,并且在制造过程中不切实际地生搬硬套这些精益生产工具,从而出现了很多问题甚至负效应。

9.1.7 精益生产的新发展

精益生产的理论和方法是随着环境的变化而不断发展的，特别是在20世纪末，随着研究的深入和理论的广泛传播，很多专家学者参与进来，各种新的理论和方法层出不穷，如大规模定制（Mass Customization）与精益生产的相结合、单元生产（Cell Production）、JIT 2、5S 的新发展、TPM 的新发展等。美国很多大公司将精益生产方式与本公司实际情况相结合，创造出了适合本公司需要的管理模式，如美国联合技术公司的 ACE 管理、精益 6-σ 管理，波音的群策群力，通用汽车的竞争制造系统等。这些管理模式实质是应用精益生产的思想，并将其方法具体化，以指导公司内部各个工厂、子公司顺利地推行精益生产方式。并将每一工具实施过程分解为一系列的图表，员工只需要按照图表的要求一步步实施就行，并且每一工具对应有一套标准以评价实施情况，也可用于母公司对子公司的评估。

在此阶段，精益思想不仅服务于制造业，而且已作为一种普遍的管理思想在制造业以外的行业传播和应用，先后在建筑、服务、运输业、医疗保健领域、通信和邮政管理以及软件业等方面成功地应用，使精益生产系统更趋完善。同时，美国企业界和学术界对精益生产方式进行了广泛的学习和研究，提出很多观点，对原有的丰田生产方式进行了大量的补充，主要是通过增加了很多 IE 技术、信息技术、文化差异等对精益生产理论进行完善，以使精益生产更具有适用性。

9.1.8 精益管理思想

（1）精益管理思想的含义。在提炼出精益生产理论后，精益生产理论的研究者在总结精益企业大量实践经验的基础上，概括出"精益思想"的原则，为管理者提供一种可靠的行动指南，以克服大量生产方式所形成的天天乱糟糟的局面，系统地推行精益生产方式。精益思想的核心是以最小的资源投入创造出尽可能多的价值，为顾客提供及时的产品和服务。精益思想是与浪费针锋相对的，是精益的，因为它提供了以越来越少的投入——较少的人力、较少的设备、较短的时间和较小的场地——获取越来越多的产出的方法，同时也越来越接近用户，提供他们确实需要的东西。精益思想通过及时反馈把浪费转化为价值的努力，也提供了一种使工作做得比较令人满意的方法。

精益管理模式是一种全新的集企业管理、经营运作的理念、方法、技术、工具等于一体的科学体系。在这种模式中，价值流是管理关注的第一焦点，精益求精是管理追求的目标，以人本思想的企业文化为基石，运用系统思考的原理，在企业的战略、战术层次和运营的各个子系统如市场营销、设计开发、供应链、生产、设备管理、品质管理、人力资源、财务管理、绩效管理等中以广义的"精益"哲学理念为指导，充分吸收和运用各种先进的方法和技术手段，适应并充分满足客户需求，实现企业价值的最大化和各相关方的共赢，营造一种和谐的企业环境并持续改善，以追求完美的境界。

（2）精益管理原则。精益管理的原则是：从顾客的角度而不是从企业或职能部门的角度来研究什么可以产生价值；按整个价值增值的行为来确定供应、生产和配送产品中所必需的步骤和活动；创造无中断、无绕道、无等待、无回流的价值增值活动；及时创造仅有顾客拉动的价值；不断消除浪费、追求尽善尽美。

（3）精益管理模式。精益管理模式的理论框架模型如图 9-4 所示。

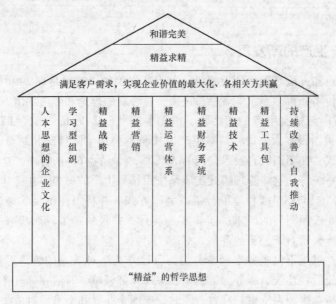

图 9-4　精益管理模式的理论框架模型

结合上述理论框架模型，对于该精益管理模式定义的内涵主要理解以下要点：

①它是一种集成的科学体系；

②广义的"精益"哲学理念是这个管理模型的基础；

③建立以人本思想为基础的企业文化；

④系统思考，建立学习型组织；

⑤精益企业的战略选择和制定有自己的特点；

⑥运营的各个子系统的精益化；

⑦精益管理模式中使用的技术和工具有自己的特点，同时又充分吸收其他先进管理模式中的思想、方法和技术；

⑧持续改善为管理体系的发展和进步提供推动力；

⑨企业经营的短期目标是适应并充分满足客户需求，实现企业价值的最大化和各相关方的共赢；

⑩企业经营的长期目标是精益求精、追求尽善尽美，创造一种和谐的企业环境并持续改善。

（4）精益管理思想与传统管理思想的比较。精益管理思想和传统管理思想的比较，见表9-2。

表 9-2　精益管理思想和传统管理思想的比较

项目	传统管理思想	精益管理思想
1. 库存	存货是企业的润滑剂，它能保持生产过程的连续进行，使之不出现窝工等生产中断现象	库存是企业的"万恶之源"，它不仅占用企业的资金，增加资金成本，更重要的是由于有了库存，生产线上即使出现了不合格产品，工人也可以从容返修，从而放松了对"零返修率"的追求。存货隐藏了本来可以浮出水面的问题

续表

项目	传统管理思想	精益管理思想
2. 批量	"经济生产批量"：调整准备成本随着批量增加而降低，在每批产品投产前的调整准备成本和储存成本之间进行权衡，最终找到一个使全年的调整准备成本与全年的平均成本之和为最低的"经济生产批量"	"小批量生产"：企业投入大量资金致力于减少每一次调整准备的时间和成本，使得批量减少，调整准备成本也减少，以至于企业随时可以以较少的成本进行生产，遵循快速调整和小批量生产原则，从而保持了较低的存货水平
3. 物流方式	"推动式"生产：生产过程中制订全面预算和主生产计划，企业按照它备好原料，将其从上游推向下游，其中突出一个"推动"的概念，从程序上讲是从上到下	"拉动式"生产：原料是从下游一个一个被"拉动"的。为了使在制品不致积压排队，生产计划的安排注重下游对上游的拉动。其程序是从下到上，即下游需要几个产品或部件，其上游仅生产几个
4. 成本	成本节约来源于自动化节约的劳动以及机器的高负荷高效率运转。由于成本由工资和资本支出等构成，所以这一部分成本的降低就成为产品成本降低的主要途径	管理人员并不特别关注工资、资本等支出，他们关注的是整个生产过程平稳而高效，但这个高效并非意味着机器的高速运转以及高度的自动化水平，而在于生产过程设计的合理科学，使原料的投入有序而匀速，使生产过程时间缩短
5. 质量	提高产品质量必然会增加质量损失、预防成本和检验成本等，即产品成本与产品质量之间存在着此消彼长的关系，人们很难把低成本和高质量相提并论	提高质量无须增加成本，因为从长期来看，提高产品质量也就是提高了产品市场占有率，从而相对降低了成本，即质量成本占销售收入百分比不断下降，使得企业竞争力不断加强。通过提高质量、减少浪费才能赢得利润，质量是利润的源泉
6. 专家	只有受过良好教育的工程师和管理者才是专家，才有资格去管理别人，而一线工人却只能受制于人，管理者和工程师怎么说，他们就怎么做	一线工人才是真正了解产品质量的人，他们接收订单、收发材料、生产产品，只有他们才能在第一时间发现质量问题所在，他们也是专家，而工程师和管理人员则具有服务车间、搞好质量的职责
7. 缺陷	生产过程中的废品是不可避免的。生产工艺过程的设计要使得产品质量缺陷能够尽快被发现，并尽快得到修复，如果不能修复则将视为废品	错误是一种财富，因为只有出现瑕疵才能发现生产过程的不完美，才能使之逐渐完善而不再产生瑕疵，即犯错误是为了不犯错误。缺陷是可以避免的，"零缺陷"是促进企业不断发现缺陷并加以改进的一种标准
8. 排队	单个机器设备是一种实物投资，只有保持它的高速运转才能赚回投资，产品排着长队等待加工才能提高机器设备的效率	整个生产过程一旦开始，则一直运行，生产是适时的，生产环节的在产品按需要供给，没有排队现象。产品质量得以改善，产品瑕疵减少，生产效率随之提高
9. 自动化	自动化减少了工人的劳动，所以是有价值的	自动化的价值不在于它替代了多少工人的劳动，而在于它每时每刻都在替代重复枯燥的劳动，节约劳动是第二位的
10. 柔性	提高企业的灵活性必须以成本为代价，如为了提高企业的灵活性，企业必须购置通用设备、超负荷运转设备、备好存货、增加费用等	企业的灵活性改善尽管很难实现，但并不总是意味着增加额外的成本，相反它是通过缩短生产运行过程的时间而实现的。企业的柔性包括生产线的柔性、组织的柔性、产品品种数量的柔性、员工的柔性等

续表

项目	传统管理思想	精益管理思想
11. 费用	如存货控制、质量控制以及购买等过程中发生的管理费用和直接成本一样，对企业来讲都是必需的	任何不直接增加产品价值的费用都是浪费，所以要尽量减少管理费用。要消除任何无增值的动作、环节和步骤
12. 劳动成本	当企业处于困境时，可以通过解雇员工减少工资成本，所以劳动成本是一种变动成本	劳动成本是一种固定成本，实行终生雇佣制度。公司通过培训、轮岗等方式提高员工素质，以利于公司长期稳定发展
13. 设备维修	采用定期维修的方式来避免机器故障，但定期维修中好的维修人员被安排到实质上并没多大问题的机器上，这对完成维修程序和实现生产目标并无益处	实行宽松的设备维护策略，不是定期维修，而是在能做和需要时进行维修，这种政策致力于生产过程的完善、较少的机器故障、较高的产出效益以及较少的返工等
14. 采购渠道	企业让供应商互相竞争以压低价格，然后坐收渔翁之利，所以往往是谁的价格低、服务好，就向谁采购	企业往往将一个自己满意的供应商看作自己公司的一部分，共同为提高产品质量和适时供货而努力
15. 需求适应	"有求必应"：产品适应需求是企业成功的关键所在。顾客的需求不断变化，企业必须随之改变材料供应、产品设计等，即"外界需要什么企业就生产什么"	"整体考虑需求适应"：企业事先设置的生产计划应是能长期适应外界变化的，如果临时的顾客需求和产品的多样化冲击了原有的生产计划，则应放弃。通过U型生产线的构造、劳动力的轮岗训练、生产过程的柔性来满足需求多样化
16. 利益	"单一的利益指标"：注重短期的盈利目标，这给工厂管理人员增加了很大压力，使得他们缺乏耐心，而更多地关注短期利益，势必会忽视长期战略所追求的目标，如市场份额等	"多重利益衡量指标"：市场的稳步增长比暂时的回报本身更重要。人们非常耐心地解决生产过程中的问题，以期逐步提高产品质量，增加市场份额，增强企业竞争力

9.2 精益采购

9.2.1 传统采购模式

传统的采购管理由企业垂直型组织结构中的职能部门——采购部门独立完成，采购部门同时行使物料采购与物料管理的职权。传统采购的价值衡量标准主要以价格为基础，它把重点放在如何与供应商进行商业交易的活动上，特点是比较重视交易过程的供应商的价格比较，通过供应商的多头竞争，从中选择价格最低的作为合作者。虽然质量、交货期也是采购过程中的重要考虑因素，但在传统的采购方式下，质量、交货期等都是通过事后把关的办法加以控制，如到货检验等，交易过程的重点放在价格的谈判上。

传统的采购是面向库存的采购，即采购是由库存驱动，是为了补充库存，如订货点法。这种采购模式通过库存保证生产过程的连续性，缓冲由市场需求引起的生产计划的波动。随着生产消耗，库存不断减少，当库存降低到订货点时，就要靠采购订货来补给库存。在这种按库存组织生产，按库存进行采购的模式下，采购由订货点出发，库存是采购的驱动源。同时，这种采购方式不区分独立需求和相关需求，所有的物料均认为是独立需求，所以它不关心企业的生产过程，不了解生产进度和需求的变化，只是按照既定的最大库存、最小库存以及订货点确定采购的品种、采购的时间、采购的数量。

这种传统的采购模式具有以下缺陷：

（1）物料管理、采购管理、供应商管理由一个职能部门来完成，缺乏必要的监督和控制机制。采购过程中存在不规范采购行为，采购过程不透明，某种程度上存在个人利益驱动下的采购供应关系；同时在这种模式下，供应部门担负着维系生产用原材料供给的责任，为保证原材料的正常供应，必然会加大采购量，尤其是在原材料涨价时，容易带来不必要的库存积压和增加大量的应付账款。

（2）业务流程冗长、分散。在传统的采购活动中由于采购业务流程中的物流、资金流和信息流流动均受到时空限制，因此参与采购业务活动的部门和业务环节增多，它们均在采购价值链中从事增值活动，这势必造成交易成本的提高。

（3）业务信息共享程度弱。由于存在落后的手工作业和复杂的分级审批过程，没有实现管理信息化，信息不能共享，采购过程复杂低效，供应链反应迟钝。大部分的采购操作和与供应商的谈判是通过电话来完成，没有必要的文字记录，采购信息和供应商信息基本上由每个业务人员自己掌握，信息没有共享。其带来的影响是：业务的可追溯性弱，一旦出了问题，难以调查；同时采购任务的执行优劣在相当程度上取决于人，人员的岗位变动对业务的影响大。

（4）采购控制通常是事后控制。其实不仅是采购环节，许多企业对大部分业务环节基本上都是事后控制，无法在事前进行监控。例如，采购物料质量控制是一个事后把关工作，一旦发现质量问题，对多环节、长周期的采购活动是不利的，只能通过高库存来保证生产的连续性。所以缺乏合作和信任，事后质量控制就会影响供应系统的敏捷性。虽然事后控制也能带来一定的效果，但是事前控制毕竟能够为企业减少许多不必要的损失，尤其是如果一个企业横跨多个区域，其事前控制的意义将更为明显。

（5）供需关系是竞争多于合作的、临时的或短期的合作关系。企业从供应商的多头竞争中选择最佳的供货，信息不能共享和沟通，建立的是一种松散且两者之间竞争的供需关系，靠高库存来缓冲库存波动，采购过程是非对称信息博弈过程。供需之间临时性的、缺乏信任合作的关系势必增加了企业运作过程中的不确定性。

9.2.2 精益采购是精益生产方式的延伸

随着经济全球化和知识经济的到来，企业经营无国界化的趋势越来越明显。市场竞争也不再局限于本土企业间的竞争，而是呈现出明显的国际化和一体化竞争。同时，用户需求越来越凸显个性化要求，导致经营不确定性不断增加。此外，信息的网络化、全球化为技术的快速发展创造了条件，产品生命周期越来越短，产品更新换代越来越快，对新产品的开发能力、开发速度提出了更高的要求。所有这些因素，使得市场竞争变得更加激烈。由于精益生产方式对企业降低生产成本、提高市场竞争力具有显著效果，它在全球范围内得到广泛的推广和应用。随之，精益理论也得到了进一步的发展。德国的企业在实施精益生产方式的基础上进一步提出了分形企业和精益管理（Lean Management）的思想。英国的理查德·拉明则率先提出了"精益供应"的概念，认为精益供应关系超越了传统意义上的伙伴关系。Bruce A. Henderson 和 Jorge L. Larco 指出精益生产应是企业的一种经营战略，描述了实现精益工厂的六项基本原则和如何把精益生产从工厂扩展到全公司。"精益物流""精益制造""精益采购"等概念也相继产生，可以说精益思想已经进入运作管理的各个领域。

同时，经济的快速发展和经济全球化使市场竞争日趋激烈。在严峻、残酷的市场环境下，企业经营如逆水行舟，不进则退。为使自身能在市场竞争中不断发展壮大，或避免在竞争中被淘汰，近年来各企业都竭尽所能地实施一系列变革或再造，努力提高自身市场竞争力。企业的产品不同、市场不同、拥有的资源及所处的环境不同，所选择的变革路径和措施也千差万别。但其也有共性的一面，为使有限的资源产生最大的效益，各企业日益关注自己的核心业务，集中资源做强、做大核心业务，而将非核心业务采购或外包。在这一战略思想指导下，多数企业一改传统的大而全、小而全的经营模式，集中资源于产品开发、装配以及少量核心零部件制造，而大多数零件通过市场采购来获得。这直接导致了采购范围、采购规模的大幅扩大，同时也使采购管理的难度增加、风险增加、要求提高。从全球企业的产品成本构成来看，采购成本占总成本的比重随行业的不同而有所差别，在30%~90%，平均水平在60%以上。因此，推行精益生产战略，除了消除在制品库存和成品库存之外，还要消除原材料和外购件的库存。正如英国著名供应链专家马丁·克里斯多夫所说："21世纪的竞争不是企业与企业之间的竞争，而是供应链与供应链之间的竞争。"消除外购件库存要比消除工序间在制品库存还要困难，因为它不只是通过企业内部努力就能实现，还要取决于供应商。它的成功推行离不开采购管理的改善和变革支持。

9.2.3 精益采购的基本理论

1. 运用精益思维进行企业采购成本管理的重要性

在生产经营管理中，采购成本管理是一个非常关键的因素，缩减采购成本能有效地促进企业利润的增长。但必须明确的一点是，减少采购成本并非就是追求最低的采购价格。生产物资是否能以最合适的价格获得，会直接影响到企业的生产经营：采购成本太高，必定导致生产成本增加，进而影响产品的销售和利润；而采购成本太低，则很有可能又会伴随很多的风险，如质量风险、技术风险、及时供货风险等，这势必又会降低产品的品质，削弱产品的市场竞争力。所以，在实际操作中，应当追求的是"采购最优成本"。在这个过程中，探究如何通过减少生产经营管理中存在的时间、空间、人力、资金、物资等方面的浪费行为，严控成本费用，以持续提升企业运行效率和效益便显得尤为重要。因此，在采购管理中导入精益理念，做好采购成本的精益管理，对于企业核心竞争力的不断提升意义重大。

2. 精益采购的含义

精益采购是指通过建立精益组织结构，形成扁平型和网状型甚至无中心组织形式，从而使指令迅速传递，实现管理者与员工的直接交流和沟通；建立健全企业采购体系，使采购工作规范化、制度化，建立决策透明机制，使隐蔽的信息公开化，防止暗箱操作，在保证质量的前提下，使采购价格降到最低；以公正、公开的原则，来选择好供应商，采用定向采购的方式，即对每一种所需的物料，按质量、技术、服务和价格等多方面的竞争能力，来选择供应商，并与之建立长期、互惠互利的战略伙伴关系，实现供应渠道的稳定和低成本；通过与供应商签订在需要时提供需要的数量、需要的品种的物料协议，实施适时采购，缩短提前期，减少物料库存。精益采购使采购的每一环节、每一过程的成本实现精益化控制的目标。

精益采购的目标就是在让顾客满意的同时，把浪费降到最低限度。精益采购应遵循如下

原则:
(1) 站在顾客的角度研究什么可以产生价值;
(2) 按整个价值流确定供应、生产和配送产品所有必需的步骤和活动;
(3) 创造无中断、无绕道、无等待、无回流的增值采购活动流;
(4) 及时创造仅由顾客拉动的价值;
(5) 不断消除浪费,追求完美。

3. 与传统采购的区别

精益采购与传统采购的差异主要体现在三个方面:一是从为库存的采购到为订单的采购的方式转变;二是从采购管理向外部资源管理转变;三是从一般买卖关系向战略合作伙伴关系转变。精益采购的核心表现是及时采购。它的基本思想是:在合适的时间、地点为客户提供确定数量、高品质的产品。及时采购要与供应商保持良好合作关系,与供应商间保持信息畅通。及时采购有助于企业减少库存,加快库存周转速度,缩短采购周期,最终达到客户满意,库存降低和采购总成本降低的目标。精益采购的实施,不单是在订单和库存管理模式方面的改变,而且是一项需要对供应商选择与评价、质量管理、成本管理、人员管理等采购主要业务进行优化的系统工程。

4. 精益采购的特征

(1) 订单驱动的采购原则。在传统的采购模式中,采购的目的很简单,就是为了补充库存,即为库存而采购。采购部门并不关心企业的生产过程,不了解生产的进度和产品需求的变化,因此采购过程缺乏主动性,采购部门制订的采购计划很难适应制造需求的变化。这种采购订单管理方式显然比较粗放,忽视了市场需求的变化和计划安排的柔性。不仅不能满足目前客户个性化需求和市场需求变化的要求,还常常导致库存积压甚至浪费。

在精益管理下,采购活动是以订单驱动方式进行的,制造订单是在用户需求订单的驱动下产生的。然后制造订单驱动采购订单,采购订单再驱动供应商。这种准时化的订单驱动模式,使企业得以及时响应用户的需求,从而降低了库存成本,提高了物流的速度和库存周转率。这种采购方式,采购订单安排充分考虑了满足需求与控制库存积压风险的平衡,有助于提高资金效率和生产柔性。

(2) 管理重点从采购管理转向外部资源管理。正如前面所指出的,传统采购管理的不足之处就是与供应商之间缺乏合作,缺乏柔性和对需求快速响应的能力。及时生产的思想出现以后,对企业的物流管理提出了严峻的挑战,需要改变传统的单纯为库存而采购的管理模式,提高采购的柔性和市场响应能力,增加与供应商的信息联系和相互之间的合作,建立新的供需合作模式。一方面,在传统的采购模式中,供应商对采购部门的要求不能得到实时的响应;另一方面,关于产品的质量控制也只能进行事后把关,不能进行实时控制,这些缺陷使企业无法实现同步化运作。为此,精益采购的第二个特点就是实施有效的外部资源管理。实施外部资源管理也是实施精益生产的要求,精益管理中的一个重要思想,就是在生产控制中采用基于订单流的准时化生产模式,使企业的业务流程朝着精细化生产的方向努力。

(3) 一品一厂的零件货源布局原则。传统采购中客户和供应商之间的合作是相对松散的(图9-5),合作过程中双方考虑更多的是各自的既得利益,对长期的战略共同利益考虑不够。这一矛盾在各业务方面都有影响,特别是在零件采购价格方面表现尤为突出。供应商凭借其专业优势和对生产过程的实际控制,在成本、价格核定方面较客户占有明显优势。客户方为能在谈判中取得主动和降低零件采购单价,往往采用一品两厂/多厂的商务策略,利用手中的供货份额杠杆,通过供应商之间的竞争和比价采购来获取较低的采购价格。这种一品多厂的货源布局策略对客户方短期内获得较低的商务价格确有帮助。但对采购总拥有成本的持续改善和供应链的稳定却有很大影响。分散供货难以取得规模效益，同时对供应商的合作信心和忠诚度有很大影响。

精益采购是在原有传统采购供应商关系基础上进行分层处理的（图9-6），并且尽可能以一品一厂作为原则进行布局。单供应源与多供应源相比优势在于：一方面，管理供应商比较方便，也有利于降低采购成本；另一方面，有利于供需之间建立长期稳定的合作关系，质量上比较有保证。在选择供应商时，对于每种外购件按照QCDD条件，即质量（Q）、成本（C）、交货（D）、开发（D），对供应商各方面的竞争能力进行综合评估，结合所需零件的特性要求选择最适合的供应商。运用现代供应链管理理论，与供应商建立起新型的、长期的、互利互惠的战略伙伴关系。精益采购并不放弃对降低采购成本的追求，只是其实现成本降低的方式和途径不同。供需双方在同一战略目标指导下，共同制定零件成本改善目标，通过市场规模的扩大和工艺、技术的改进，持续降低成本。一品一厂的货源布局原则，有利于取得规模效益和供应链的稳定、健康发展。只有建立长期的关系，才能坚定供应商的长期供货信心和资源保证的决心。也只有这样才能保证零件质量的可靠性、一致性，为实施准时交付和精益采购创造必要的条件。

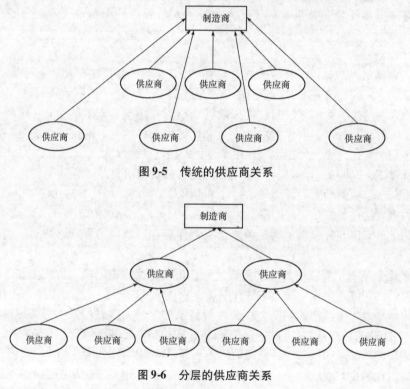

图9-5　传统的供应商关系

图9-6　分层的供应商关系

（4）从源头控制质量。新型的供应商关系把供应商看作企业的一个向前延伸的部分，因此质量管理就要从这一影响企业产品和各方面质量的源头开始。如果供应商质量得到100%的保证，那么采购方将可以降低进货检验以及为处理各种因供应商造成的质量问题而产生的质量成本。采购方可以通过帮助供应商提高质量水平、对供应商的认证考核、介绍并交流各自的质量管理方式和经验等方法实现对供应商乃至二级供应商的质量管控。这种供应商关系使得质量管理由采购方企业内部转到企业外部，强化了供应商管理的实质。

（5）信息共享。准时采购要求供应与需求双方信息的高度共享，保证供应与需求信息的准确性和实时性。由于双方的战略合作关系，企业在生产计划、库存、质量等各方面的信息都可以及时进行交流,以便出现问题时能够及时处理。客户方与供应商就各自长期规划、市场变化、生产计划、设计更改以及在质量、交货方面遇到的问题与困难等进行交流。订单拉动式的采购需要供应商及时了解企业何时需要补充库存,了解企业的生产进度和安排。供需双方充分利用现代信息技术进行信息沟通与交流,从而建立快速反应的运转机制。

9.3 精益采购的实施

9.3.1 精益采购的条件

有效地实施精益采购必须具备下列条件:
(1) 制造商和供应商的战略伙伴关系的建立。
(2) 制造商和供应商必须建立一种长期的互利合作的新型关系,必须相互信任、相互支持。
(3) 通用标准、基础设施的完善。
(4) 供应商全方位多层次的参与。
(5) 实施精益采购的组织形式。
(6) 企业整个系统信息技术的应用。
(7) 制造商向供应商提供综合的稳定的生产计划和作业数据。
(8) 全员的教育和培训。

9.3.2 精益采购的管理要求

1. 建立健全采购管理体系

精益采购管理,通过规范企业的采购行为,实施科学决策和有效控制,以质量、价格、技术和服务为依据,在需要时按需要的数量采购需要的物资,杜绝采购中的高价格和一切浪费。精益采购要求建立健全企业采购管理体系,使采购工作规范化、制度化,建立决策机制,使隐藏的权力公开化,加强监督机制,使集中的权力分散化。

具体要求:①对相应部门的各项物资采购,组织实施集中采购,归口管理;②加强预算控制,采购行为的实施部门应与采购指令部门分开;③按准时供货的要求,集中仓储,实施物流和资金流的同步控制;④建立扁平化的采购组织结构,即分级分权,明确各道采购程序的采购人员的权限、责任、工作程序;又能快速响应市场变化,满足客户的物料需求;⑤对采购管理和供应商绩效进行考核,建立供应商和采购管理的评价体系。

2. 建立供应商选择和评价体系

供应商担负着企业原材料、设备、工具的供应任务,是企业的外部资源市场的重要组成部分。供应商的业绩对制造企业的影响越来越大,在交货期、产品质量、提前期、库存水平、产品设计等方面都影响着采购能否成功。供应商的优劣会直接影响到企业的生产和成本效益,进而影响到企业的市场竞争力。因此,企业需要对供应商的开发、控制、选择、评价及重新确定双方合作关系等多方面进行跟踪,保证企业供应系统的稳定和高效运作。基于此,应用量化管理技术,建立一套全面、科学评价供应商的定量化模型有着十分重要的意义。

精益采购供应商管理以公正公开的原则对每种所需的物料,按质量、服务、技术和价格等方面的竞争力,再加上经营优势等选择少数几个供应商,并与供应商建立一种长期的合作伙伴关系。

(1) 精益采购选择供应商所需考虑的主要因素。

①质量（Q）：包括全面质量管理情况（重点是过程质量控制）、质量体系认证情况、废品率、样品鉴定情况、质量的可靠性以及对质量问题的处理等。

②服务（S）：包括服务改善能力、交流反馈能力以及准时交货的应用情况等。

③技术（T）：包括当前的制造设备和能力、研究与开发的能力和程度、提供产品设计的能力以及对新技术的应变能力等。

④价格（P）：包括提供价格的竞争力（包括财务状况、营业额及利润率）、使用成本和运行费、对价格变化的应急能力以及降低成本能力等。

(2) 精益采购对供应商的新要求。与传统的采购相比，对供应商有以下新的要求：

①小批量多批次的实时供应。要求供应商必须具有敏捷供应和交货能力。基于订单的牵引式（Pull）生产体系，制造订单驱动采购订单，采购订单再驱动供应商。这种订单驱动模式，使供应商必须具备实时响应用户需求及准时交货的能力。

②供应商柔性要求。供应商在供货的数量和时间上都要具有高度的柔性。

③精益环境下制造商要尽量地减小库存，而又不能出现生产等待，必然增加了供应商的供应难度，为应对采购方的要求，供应商只有增加自己的库存，通过准备安全库存的方式提高服务质量。

④供应商的次级供应商生产能力和管理能力的提高。

⑤高程度的信息共享和及时沟通。为了实现敏捷供应，供应商需要对制造商的需求做到实时跟踪，这在很大程度上依赖信息系统的支持。由于采购方的需求变动和生产线的频繁变更，对供应商自身的生产排产也提出了更高的要求，供应商需要具备ERP、MRP等生产资源管理系统。

⑥单源供应。战略供应商要求精减供应商数量，对于关键供应部件实行单源供应，可以使供应商获得长期订货和内部规模经济效益，从而降低产品的价格，保证产品质量的可靠稳定。

⑦供应商需提供产能和工作负荷评估。采购商需要了解供应商的产能状况和工作负荷以及富余产能，基于供应商的产能状况以及其未来的产能发展规划下订单，对于订单量超出供应能力的情况，及早共同规划增加产能。同时，如果市场的需求减少，供应商也可以适当缩减产能，以避免产能浪费。

⑧供应商生产现场管理追求可视化管理以及优化的物流线路。

(3) 与供应商建立一种长期的合作伙伴关系。精益采购要求与供应商建立一种长期的合作伙伴关系，即长期的、信息共享的、风险与报酬共担的持续合作关系。其特征是以互惠、互利、互补、共同发展为准则，保持长期而稳定的全面合作关系，创造一种和谐的氛围，在技术和管理上给供应商以强有力的支持，在产品开发的最初阶段供应商参与设计与开发，相互承担质量与成本控制、明确权利义务。供应商不仅要保证产品的质量、数量及交货期，还要负责新产品的开发以及生产技术的改进。

(4) 建立精益采购供应商评价体系。供应商的评价是一个持续的过程，应用量化技术，建立科学、合理的供应商评价体系，是供应商开发、供应商选择以及与供应商建立长期合作伙伴关系的基础。

3. 建立精益采购质量控制体系

精益采购质量控制将质量控制贯穿于产品的设计、准备、生产、改进和服务的全过程中，帮助供应商生产出无缺陷的产品，致力于建立完善的质量保证体系，对供应商进行质量绩效评价。具体做到：①定期对定点单位进行质量能力的评审；②采购订单中明确质量保证条款；③建立、健全对采购物料的检验、验收程序和标准;④与供应方共同分析质量问题原因、落实整改措施;⑤建立质量信息系统和反馈体系。

4. 建立物料的分类采购体系

为适应多样性、个性化、动态性和突发性的市场需求环境,根据物料对企业利润的贡献度、紧迫性等情况,以及该物料在供应市场上是否容易得到,精益采购将物料分成两大类:第一类是在市场上容易获取或采购周期短的物料;第二类是在市场上不易获取或具有垄断性或采购周期长的物料。

对于第一类物料,这种物料本身价值不高,市场上容易获得,考虑经济批量,采取适时采购策略。这种采购策略就是与供应商签订在需要时提供需要的数量、需要品种的物料的协议。其核心要素如下:减少供货批量、频繁而可靠地交货、提前期压缩并且高度可靠、一贯地保持采购物料的高质量,能随客户的需求变化,实现采购的动态调整,大大增加了采购的敏捷性和柔性。适时采购的最终目标是为每种物料建立可靠的供应渠道并提升其供货能力。

对于第二类物料,这种物料在市场不易获取,具有垄断性或采购时间较长的特征,要采取滚动计划并考虑安全库存,同时考虑经济批量的方式进行采购。这种采购模式能在满足客户订单交货率的前提下,维持随着需求动态变化的合适的安全储备量,降低采购成本,提高资金利用率。

5. 实施全球采购

在经济全球化的大背景下,全球正在变成一个单一的市场,哪里成本低,就在哪里采购、生产,供应和采购的全球化显得越来越重要。全球采购包含了从较为初始的以国内市场为主的国际供应商到较为高级的全球化供应商等形式,如国际配送系统、国际供应商和离岸加工等模式。

实施全球采购的目的主要是:①降低进货价格;②从国外获得国内不能获得的产品;③公司全球经营的需要;④从国外供应商获取先进的技术;⑤从国外供应商取得品质更卓越的产品;⑥从外商获得可靠的交货与服务;⑦帮助外商发展国际生产与营销;⑧减少贸易顺差或满足政策要求。

6. 建立采购价格的确定体系

确定所需支付的价格是采购过程中的一项重要的决策。精益采购按照精益思想通过加强企业内部成本和外部成本的管理,充分利用一切机会来降低、控制成本或者避免它们的发生,从而使采购的总成本最低。

精益采购要求买方按市场行情确定产品的目标价格,通过询价和比价,与供应商一起研究合理利润,推算各项目的目标成本,以此为依据确定采购价格,并且双方共同研究降低成本的可能性和途径,利益共享。在确定采购价格时考虑的因素有:①企业自身的产品能被市场接受的价格程度;②采购物料的市场价格走势;③采购物料的供应与需求变化;④该物料供应商的成本构成是否还有下降空间;⑤采购物料的潜在供应商的价格水准。

7. 建立采购管理评价与考核体系

采购绩效考核的结果是评价采购管理水平高低的依据。通过采购绩效考核找出采购过程中的不足,暴露出企业采购流程中隐藏的浪费,以对企业采购不断完善,实现采购不断精益化。

考核采购管理要点:①是否有一套科学的采购管理程序;②是否建立共享的物料价格信息网络并有有效的价格监督机制;③是否每年确定采购成本下降目标并有分阶段计划、责任明确及奖惩分明;④是否定期实施采购人员轮岗并有明确的岗位责任;⑤是否实施比价采购并定期对采购成本进行分析;⑥是否制定物料储备的期量标准并使资金占用不断下降。

9.3.3 精益采购的实施步骤

（1）正确地确定采购价值。对企业而言，消除浪费和降低采购成本是精益采购的核心，而市场和用户关注的是商品和服务的价值，在企业的价值链中，采购业务流程就是一组以用户为中心的从开始到结束的采购活动，采购的目标就是使用户满意，"用户"可能是外部的最终用户，也可能是业务流程的内部"最终使用者"，如生产制造部门。一个企业的竞争力归根结底是通过对用户价值链施加影响并在为用户创造价值的过程中形成的。对于采购来说，为用户创造价值体现在两个方面：降低采购成本和增加用户效益。精益采购价值观就是将企业与用户、供应商与企业的利益统一起来，而不是对立起来，以用户为中心，正确确定采购业务流程的全过程，将采购全过程的多余消耗减至最少，不将额外的花费转给用户，最终实现双方都受益的"双赢"关系。

采购价值是基于产品全生命周期的企业价值链上的价值环节，即能够产生增值的采购运作的全部过程，它不能孤立、单独地去衡量，必须从价值流的角度去考察。价值流是企业运作过程中产生特定产品价值的一系列相关活动。对采购来说，一般情况下包括：供应商的选择与评价，采购计划的制订与审批，采购订单的生成、审核、下达与跟踪，采购物料的入库检验，采购人员的绩效考核等。精益采购管理通过消除采购价值流上的浪费现象，为用户和企业创造出尽可能多的价值。

（2）按照采购价值流重新组织全部采购活动。采购价值流是指从供应商选择、采购物料检验到供应商评价和采购绩效考核，并给它赋予价值的全部活动。这些活动包括：从询价和比价到议价的采购价格的确定过程，供应商的选择与采购数量的分配过程，采购计划的制订与审批过程，采购订单的生成、审核、下达与跟踪过程，采购物料的入库检验过程，采购人员的绩效考核过程等。在企业物资采购过程中，存有大量的不增加产品价值的活动，如订货、修改订货、收货、装卸、开票、质量检验、点数、入库以及转运等，把大量时间、精力、资金花在这些活动上，是一种浪费。精益采购管理通过识别采购价值流，在采购价值流中找到增值的活动，去掉不增值活动。精益采购通过识别所有采购业务过程中消耗了资源而不增值的浪费活动并消灭这些浪费活动，以寻求采购价值链的整体最佳。

（3）消除浪费，促进价值流动。在精确地确定了采购价值、完整地分析了某一特定产品的采购价值流分布和初步消灭了明显的浪费后，接下来要做的就是使保留下来的、创造价值的各个活动不间断地流动起来。而传统的采购由于企业的垂直型组织结构和基于部门的绩效评估办法使得采购与库存、生产和质检等采购相关部门之间信息交流迟钝，存在部门利益冲突，增加了部门间交接和转移时的等待，阻断了本应流动起来的价值流。精益采购将采购过程中所有的停滞作为企业的浪费，它通过建立精益组织结构、精益的业务流程等方法创造价值的连续流动。所以，不能将采购看成孤立的活动，而要将其放在企业整个价值链中研究，看看各价值流之间如何相互作用，然后向那些不能给用户创造价值或带来最优价值的采购价值流内的和采购价值流外的行为挑战。

（4）以用户需求拉动价值增值。传统的采购，是基于库存的采购，采购的目的都是填充库存，以一定的库存来应对用户的需求。虽然这种采购也极力进行库存控制，想方设法地压缩库存，但是由于机制问题，其压缩库存的能力是有限的。结果是传统采购为了保证企业生产经营的正常进行和应对物资采购过程中的各种不确定性（如市场价格变化、物资短缺、运输条件约束等），常常产生大量的原材料和外购件库存。

精益采购理论则认为，过高的库存不仅增加了库存成本，还将许多采购上的、生产上的和管理上的矛盾掩盖起来,使问题得不到及时解决,日积月累,小问题就可能累积成了大问题,严重地影响企业的经营运作的效率。

精益采购使得用户需求拉动采购价值流,使用户精确地在他们需要的时间得到需要的东西,而不是把用户不太想要、还不需要的物料强行推给用户。拉动原则由于采购和生产、需求直接对应,消除了过早、过量的投入,而减少了大量的库存,大量地压缩了提前期。精益采购通过供应商的管理以及企业内部的协调,不断减少原材料和外购件的库存以暴露生产过程中隐藏的问题,从解决深层次的问题上来提高企业经营运作的效率。精益采购通过不断消除这些不产生增值的采购活动,精简采购作业流程,降低采购成本,提高工作效率。

(5) 不断完善采购活动,达到尽善尽美。按用户需求定义价值,按价值流重新设计全部的采购活动,让价值流动起来并让用户需求拉动价值流,而且随着人们认识水平的提高和新技术的运用,必须对整个价值流程进行不断的审视、不断的完善,不断地用价值流分析方法找出更隐藏的浪费,做进一步的改进;不断改进、尽善尽美正是精益管理思想的基本原则。

9.3.4 精益绿色采购

精益绿色采购要求制造企业与供应商建立互信互利的战略合作关系。供应商是整个供应链的源头,供应商的产品质量、制造成本和管理素质最终会影响制造企业的质量成本和管理,而且供应商的行为将在很大程度上影响供应链活动对环境的友好程度。精益思想下的绿色采购,主要就是制造企业向原材料供应商或零配件供应商进行原材料或零配件的采购活动时,以降低物流成本和减少浪费为目标,通过对供应商的选择,保证材料的"绿色"特征,防止环境污染。供应商的好坏直接影响绿色采购的精益性,很多浪费可以从供应商方面避免,因此供应商的选择优化对供应链环境方面也有着举足轻重的作用。

(1) 对供应商的选择。选择供应商需要考虑的主要因素不仅包括产品质量、价格、交货期、批量柔性和品种多样性等,还包括环境法规指标和积极的环境管理指标两部分。一个理想的战略伙伴不仅应该保证物流成本最低、浪费最少,而且应该具备从源头防止环境污染的意识。因此,选择供应商的过程,就是在重视环境管理的企业中,选择和培育具有竞争优势的供应商,然后与它们结成战略伙伴。

精益绿色采购的供应商选择必须满足以下几个条件:①有完整的经营管理体系,确保供应的稳定性与连续性;②确保来料的品质;③合理的成本价格;④有可持续的资源计划;⑤员工的环境意识强;⑥原材料最好是可再生的,不含有毒、污染和危险物质,包装与运输材料是可以重用的,能对剩余材料和废旧产品进行回收处理;⑦信息共享程度高,能共同参与环境管理。

(2) 与供应商进行有效合作。在选择材料或零部件的供应商后,要为供应商提供帮助和指导,检查和监督供应商的行为,促使供应商不断提高品质,降低成本,达到企业所希望的管理程度和管理水准。这就需要与供应商进行定期交流,如共享相关信息,进行技术探讨,将绿色供应链管理和 JIT 思想融入管理体系,共同学习;建立信任机制,双方实现需求和库存方面的信息共享,从而供应商可以提供信息调整计划,制造企业也可以及时地调整策略和交付过程。

(3) 运输方式的选择也是绿色采购的重要环节之一。运输工具所排出的废气会对环境造成不良影响。通过提高运输效率、优化运输方式等手段减少能源损耗,提高装载率和包装率,缩短运输距离,从而减少二氧化碳排放量。

9.4 精益采购的风险分析

精益采购对传统采购来讲是采购管理方式的根本变革，推进精益采购必须做好充分的策划和准备，不可盲目追求形式和速度。受市场环境、企业资源、管理习惯等因素影响，精益采购的推进过程中存在许多风险，对这些风险要高度重视、严格评估并采取有效防控对策。

9.4.1 供应商选择及评价的风险

供应商选择与评价是一个复杂过程，影响供应商选择的因素有很多，供应商选择问题是一个相互冲突的多准则问题。同时，对供应商的评价工作要求对其经营能力、技术能力、成本对应、工程管理能力做出客观、准确的评价，评价结果准确与否直接关系到供应商选择的成败和采购管理绩效。供应商评价与选择过程中潜在风险多，对风险管理的要求高。在供应商评价与选择中，存在以下几种风险：

(1) 人员素质风险。采购人员的能力或经验不足，对潜在供应商的各项能力指标不能做出客观评价。为控制这类风险，要加大对采购业务人员的培训力度，同时建立评价结果的专家组审核制度。

(2) 制度风险。部分供应商为达到供货目的，有时会采取一些非常规措施，通过收买评价人员而弄虚作假，影响评价结果的客观性和准确性。为防止这类情况的发生，必须建立规范的、具有自身制约性的制度和流程，以保证供应商选择的透明、公正和公开。同时，要加强对采购人员的职业道德教育。

(3) 信息风险。一方面，信息收集太少，可供选择的潜在供应商数量太少，对结果造成直接影响；另一方面，数据信息失真，影响评价结果的真实性。为降低信息风险，评价前的准备工作要充分，评价过程的取证工作要深入、具体。

9.4.2 精益采购质量管理风险

质量风险是采购管理中最大的风险，而且质量问题往往会对新产品开发项目的进度、费用造成重大影响。推进精益采购，必须加强对质量风险的预防和控制。降低质量风险关键是要充分运用各种质量管理方法和工具，严格按照要求做好各环节的质量过程控制。除常规的质量风险外，下列几种风险在项目推进中也要引起重视并采取防控措施。

(1) 零件要求不明确。图纸上的零件标注、技术要求规定不清晰、不具体，对图纸的理解可能存在歧义。一旦供应商对图纸要求的理解不符合零件的实际要求，便会导致开发过程中的图纸更改、工装模具更改，甚至加工设备的变更，从而对零件开发的进度、成本造成巨大影响。为防止这类风险，在签订开发协议时，双方技术人员应就图纸要求的各项内容进行细致沟通，确保对图纸的理解一致，保证目标零件的要求得到实现。

(2) 工艺风险。零件设计不合理、加工工艺性差，导致废品率较高。在目前专业分工日益细化的环境下，由于设计人员的工艺经验欠缺，对零件的加工工艺性考虑不充分，会带来较大的质量风险、成本风险。控制这类风险的最有效途径就是联合开发，借助供应商工艺技术资源来加强零件设计的工艺审核，在零件满足使用要求的前提下提高其加工工艺性。

(3) 供应商工艺变更风险。少数供应商出于其降低成本、方便生产安排等方面考虑，擅自变更加工工艺或其关键材料供应商，带来重大质量隐患。为降低这类风险，一方面要严格执行批准程序，加大对供应商违规行为的处罚力度；另一方面，定期对供应商进行过程审核和加大审核力度，及时掌握供应商的有关信息和生产现场状态。

9.4.3 精益采购成本风险

精益采购的最终和根本目的是减少浪费、降低采购成本、增加客户价值。采购管理各环节存在的风险，都会最终对采购成本造成影响。最为常见、导致浪费最大的成本风险是质量成本风险和存货成本风险。

（1）质量成本风险。在企业存在的各种成本浪费中，质量瑕疵导致的浪费是最大的浪费之一。零件实物质量的提高有赖于过程质量的保障。在采购零件的开发过程中，通过潜在供应商质量审核，保证了供应商具有适当的质量保障能力；通过样式检验和一系列考核试验，验证了质量水平和质量保障能力。质量保障能力的加强和质量水平的提高，能有效减少瑕疵品的出现和返修、返工的发生，降低质量成本风险。

（2）存货成本风险。库存是不增值活动，相反会掩盖过程中存在的问题和浪费。库存量的增加会直接增加供应链的财务成本。精益采购要求最大限度地降低库存，直至零库存。但在目前尚不规范的市场环境下，客户要求的交货周期往往短于供应商的零部件生产、交付周期，零库存很难真正实现。同时，市场需求的不确定性和客户要求的变化，带来较大的存货风险，这可能导致库存零件呆滞，产生批量报废。为最大限度地降低存货成本风险，对采购零部件的库存管理要采取细化管理、分类管理、动态管理的策略。基于客户的交付周期要求和需求变化分析，结合零件的生产、交付周期以及对零件的需求特点，建立不同零件的周转库存、订单管理模型，实现满足用户要求和降低存货成本风险的有效平衡。

9.4.4 订单库存管理的风险

订单库存管理的风险主要来自计划风险和技术风险。

（1）计划风险。在市场经济环境下，市场需求受宏观政策环境和客户企业自身经营环境两方面、多因素制约。特别是在国内买方市场条件下，市场行为很不规范，客户订单调整随意性较大。市场需求的变动影响到采购计划的准确性，当其与目标发生较大偏离时，会导致采购中计划风险的产生。为降低计划风险，在订单库存管理中可采取下列措施：

①缩短采购周期，降低风险。传统采购的采购订单周期一般为季度或月，可结合产品市场需求特点和所需零件的平均交付周期，尽量缩短采购订单周期，实行多批次、小批量采购。

②提高快速反应能力。要借助现代信息管理技术，提高信息传递效率和采购管理效率。生产主计划监控销售、市场需求变动信息，对需求计划的增加、减少及时发出调整要求；采购人员及时调整采购订单。

（2）技术风险。工艺技术、材料技术的进步，或客户要求的变更会导致零件设计要求的变化和库存零件的积压。降低这一风险的最主要措施就是完善工程变更流程，加强生产交接管理。

9.5 对传统精益采购的批判与改进

9.5.1 对传统精益采购的批判

（1）过分关注消除浪费。精益思想用"浪费"将传统现代企业不适应新经济的弊端表面化、通俗化，此后很多学者或企业中流传颇广的是"精益就是消除浪费"，而实施精益制造就是找出哪些活动是真正创造价值的，哪些活动是不创造价值的，从而在生产、物流和存货、基础结构、决策等过程中不断地消除浪费，改进企业的产出效率。

但是，美国的精益航空进取计划（Lean Aero-space Initiative，LAI）在调查研究了美国航空企业的精益成就后指出，过分突显消除浪费的重要性会导致对"优化创造价值过程的进取精神"的忽视。日本企业在精益生产和连续改进上做得如此之好，以至于它们现在几乎变成劣势。在过去几十年，日本企业生产已经变得越来越精益，甚至到了无法变得更好的境地。虽然日本企业能持续地改进原有产品，使其更为智能、易用，但它在开发具有产业变革潜力的产品上却屈指可数。因此组织活动中，还应该包括寻求创造价值的创新活动。

（2）"精益"观念和活动限于局部。虽然沃麦克等人（1990）提出了精益企业的概念，但是传统精益理论与实践中没有对该模式投入更多的关注。精益观念和活动仍然是局部的。

例如，精益理论中对顾客的定义局限于最终客户。尽管客户满意是必要的，但孤立地强调客户满意对保证企业长期的成功是不够的。在任何企业都有许多参与者——所有对组织目标的实现有影响能力或受影响的组织或个人都是参与者。除了客户之外，参与者通常包括股东、各种类型的雇员、供应商、合作伙伴、政府部门，甚至整个社会。因此，企业必须考虑所有参与者之间的相互影响、贡献以及在驱动企业价值中的作用，最终将所有的价值进行统一和平衡。

（3）不能适应市场环境快速变化的要求。精益采购适用于需求相对稳定、市场可测的环境。在当今急剧变化的市场环境下，尽管采用精益采购使产品制造周期一再缩短，但一些企业并未因此而取得原来预想的效益，甚至出现报酬递减趋势，原因在于下游企业的产品，尤其是终端产品销售渠道不畅，顾客等待的时间太长，造成整个供应链阻塞，效益下降。所以，不顾市场条件和需求特性，一味采用精益采购是不合适的。

随着生产力的发展，人们对产品需求发生了变化，人们对功能性产品的需求容易实现，而创新型产品成了市场竞争的一个重要方面，产品生命周期变短，市场处于不断变化中，企业应该认识到在复杂的市场环境下降低成本和提高产品质量还远远不够，在需求多变的市场环境下，企业还需要随市场变化做出判断和预测，采取灵活策略，对市场做出快速响应。

9.5.2 精益采购的改进——建立新的精益观念

新的精益观念在原有精益观念基础上，强调以下几个观念：

（1）动态发展观念。定义价值的过程是个不断变化的过程，需要经常对顾客价值进行审查，看顾客价值是不是变化了，而不能静止地对待价值。客户需求可分为三类：隐含但必须满足的需求；客户提出的需求；客户意想不到的需求。组织追求顾客价值时，不能只满足于实现前两项需求，而要花费一定的资源发现并实现第三项需求。根据精益原则分析价值流时，要找出现存价值流和潜在的价值流。特别是在激烈竞争的市场条件下，发现顾客潜在需求和潜在的价值流是组织能够生存的必要条件。

（2）把消除浪费与创造价值联系起来，树立积极的价值观念。将"消除浪费"与"创造价值"相提并论，也就是强调在创造价值的基础上消除浪费。"精益"概念应该是一种更加积极和完整的改进模式，更加强调创造价值，而不仅是消除浪费。人们应该把精益生产理解为一种追求价值最大化的生产方式，消除浪费是追求价值最大化的手段，为此，精益不仅要追求"有哪些浪费活动可以不做"，还要追求"哪些有助于价值的活动可以做、什么时间做"。

（3）完整的过程控制观念。一个过程的输出结果是受活动本身和输入信息两方面控制的，实施中不能把目光停留在价值增加的活动上，还要正确地输入信息。在许多情况下，产生浪费是由于错误的信息输入,而不是构成过程的活动不能产生价值。一项活动或过程输出的价值是输入因素的函数。

(4) 强化精益企业价值观念。新的精益企业价值观要求:产品价值链上的所有组织必须都达到了精益的标准;价值链上组织和活动之间的连接是精益的。精益企业的价值观要求企业必须考虑众多参与者对价值需求的多维化特征。如何识别和平衡所有参与者的需求就成为最严重的挑战,这种权衡将导致新的竞争和驾驭企业的复杂性。

精益企业价值观念强调精益思想在整个企业和整个价值链上的集成效应和对产品整个生命周期的作用,并且认为只有全过程和全方位的精益才能发挥出全部效用。无论哪个企业,其在整个产品或服务价值流中的作用都是有限的,如果希望改善价值流,必须一路回溯,改进各个企业价值流的全过程。上下游企业必须共同重新思考各自的经营方法,使彼此竞争的对手变成合作的精益联合体。要想获得精益采购的最大效用,就需要对整个价值链进行精益的改造。

本章小结

本章从精益思想产生的历史背景,引入"精益"思想。精益生产方式的核心思想在于"消除浪费、强调精简组织机构"和"不断改善",追求至善至美。其发展的"两大支柱"就是准时化与人员自主化。通过现场管理、控制节拍时间、保证连续流、连续价值流、拉式生产、实施看板管理和均衡生产、快速换模等技术工具,实现精益生产效果最大化。

通过了解传统采购模式的缺点,可以得到采用精益采购提升采购效果的结论。精益采购是精益生产方式的延伸。精益采购是通过建立精益组织结构,形成扁平型和网状型甚至无中心组织形式,从而使指令迅速传递,实现管理者与员工的直接交流和沟通;建立健全的企业采购体系,使采购工作规范化、制度化,建立决策透明机制,使隐蔽的信息公开化,防止暗箱操作,在保证质量的前提下,使采购价格降到最低;以公正、公开的原则,来选择好供应商,采用定向采购的方式,即对每一种所需的物料,按质量、技术、服务和价格等多方面的竞争力,来选择供应商,并与之建立长期、互惠互利的战略伙伴关系,实现供应渠道的稳定和低成本;通过与供应商签订在需要时提供需要的数量、需要的品种的物料协议,实施适时采购,缩短提前期,减少物料库存。精益采购使采购的每一环节、每一过程的成本实现精益化控制的目标。

受市场环境、企业资源、管理习惯等因素影响,精益采购的推进过程中存在许多风险,对这些风险要高度重视、严格评估并采取有效防控对策。针对传统精益采购思想,很多学者提出批判。精益采购在未来发展的道路上,应建立新的精益观念,以实现精益思想在采购环节的更大的彰显。

案例分析

案例1:山东郓城宏远肠衣有限公司精益生产咨询

(1) 项目背景。山东郓城宏远肠衣有限公司(以下简称宏远肠衣)是一家私营股份制企业,建于1996年11月。该公司占地面积18 000平方米,固定资产518万元,按欧盟标准承建两条生产线及一套完整的现代化办公设备。生产厂区布局整齐,环境优雅,已取得国家商检部门的卫生注册。现为我国肉类协会天然肠衣分会会员,拥有独立的进出口权及欧盟注册。

宏远肠衣主要生产盐渍山、绵羊及猪肠衣等各种规格产品,产品主要销往欧洲国家和地区以及日本，业务往来以"诚心诚意"为原则，产品质量以"客户满意"为标准，企业信誉一直受到外商的好评。年生产能力达1 000余万桶。

虽然宏远肠衣基础管理及效益相对同行企业来说较好，但基于宏远肠衣未来技术及人才扩张战略需要，宏远肠衣领导层决定通过管理咨询进一步提高生产管理的精益化和标准化，通过管理培训全面地提高全体员工的工作技能。

宏远肠衣精益生产项目于2005年5月立项并启动。项目内容主要包括生产精细化管理、生产流程优化、动作研究及动作规范、全员技能培训等。

（2）项目效果。项目组通过对企业进行深入细致的现场考察以及广泛的员工访谈，分析出企业现状中隐藏的问题，重点包括在制品积压严重（5月清出8 000把肠衣，金额接近80万元）；生产流程，尤其是质量检验流程存在严重不足，造成大量返工，严重影响生产效率；班组及工作台布局不尽合理而影响工作效率；企业班组长、主管等管理技能严重不适应岗位要求；生产工人操作标准不详细而影响作业效率等。

针对以上问题，项目组制订了工作计划，组织编制了我国肠衣行业140多年来第一部生产标准，调整了生产作业流程和检验流程，规范了现场生产管理，为企业员工进行了多轮管理理念和技能培训，重点包括5S与精益生产培训、员工职业化培训、QC工具培训等，以及其他相关督导服务。

通过管理咨询和培训服务，企业收效非常明显。取消了"集中清案子"这一行业痼疾，相当于每月增加4~5个工作日，在制品积压由8 000把减少到千余把，日产出数量在人员数量不变的情况下由每天1 500把提高到2 000把以上。管理人员管理的意识和能力均得到明显的提升，全体员工学习的主动性普遍增强，员工的积极心态和自信心等大为增强，员工主动流失率几乎为零。

（资料来源：https://wenku.baidu.com/view/b7bd0933a7c30c22590102020740be1e650ecc84）

思考：分析以上案例，结合所学知识，请指出宏远肠衣进行精益化改造的效果，并提出改进意见。

案例2：震后日本供应链面临的挑战

长期以来，日本汽车制造商以其产品质量著称，尤其是其高效的制造和供应链流程。因此，没有人预料到，2011年3月11日发生在日本的地震和海啸对整个国家的汽车产业的破坏有多严重。由于地震和海啸对日本核电站造成的破坏，事情变得更加复杂，全国无限期的电力供应不足，并在核电站周边形成了数英里①的危险辐射区。

在地震和紧接着发生的海啸之后，大多数日本汽车制造工厂至少停工数周，导致全球13%的汽车生产出现停工。丰田、本田和马自达关闭了其在日本的很多部件工厂和整车制造工厂。丰田还宣布计划在北美至少暂停一家工厂的生产，主要原因是部件供应不足。丰田公司宣称，在生产线闲置或部分运行时，将对其他美国工厂进行改进，并启动培训项目。由于预期零部件短缺，本田、日产和斯巴鲁也削减了在北美的产量。

由于精益生产的一条基本指导原则是尽可能降低库存，因此短缺问题很快就发生了。"汽车工业的供应链太脆弱了。"一位全球汽车业的法律顾问说道，"由于准时制原则，没有储备很多的库存，因此，一旦供应链发生中断，企业没有应对的余地。"

行业研究预计，在这次灾难后，约半数的日本汽车工厂至少停产8周，这最终将导致全球

---

① 1英里=1.609 34千米。

1/3 的生产处于危险状态，因为零部件的短缺将快速影响日本以外的制造商。某汽车工业研究机构预测，大概有 500 万辆打算在 2011 年销售的汽车将无法生产。

实际上，据报道，2011 年春夏两季，一些美国汽车经销商出现了严重的缺货现象。由于供应商的供应水平仅为正常水平的 1/3，热销车辆（如本田的思域和雅阁）都出现了断货，很多经销商的销量大幅下滑。由于没有新车，置换的速度也放缓了，所有日本汽车制造商都预计当年经济损失巨大。本田公司的公告称，8 月销量下滑 27%；丰田预计当年利润降幅达 31%。相比之下，日产公司受到的影响比较小，因为在灾难发生之前，该公司预计当年销量会大增，事先将库存水平提高到正常水平之上，从而减小了部件短缺的影响。地震后，在部件短缺问题消除之前，日产公司仅根据自己拥有的零部件库存进行汽车的生产。

虽然日本汽车工业不遗余力地快速恢复全部生产能力，但产出依然无法弥补 6 个月短缺造成的缺口。这一灾难的长期连锁反应，激发了行业高管对其引以为豪的制造和供应过程加以改变的想法。通常，丰田公司不同车型的相同部件大多来自一个地方。尽管该公司北美制造工厂在本地采购 85%～90% 的部件和原材料，这一策略应该使得北美市场不会轻易受到日本供应中断的影响，但事实上，丰田公司在日本生产的汽车的比重要高于其他日本汽车制造商，因此 3 月的灾难对其是一次沉重的打击。

为了解决这些问题，丰田公司管理层开始考虑新的计划，以建立"万无一失"的供应链，这个计划能够使公司在面对类似 3 月这样的灾难时，仅用两周的时间就可以恢复生产。这一计划包括 3 个部分：第一，丰田公司将提升汽车部件的标准化程度，使所有日本汽车制造商实现供应渠道的共享。这些部件将在不同的地点生产，以保证供应的连续性。第二，公司计划要求提供高度专用化部件或者单采购部件的上游供应商提高库存水平，同时公司也将为这些部件开发一些新的供应商，以降低对单一货源的依赖。第三，也许最困难的是，丰田公司希望其全球各区域机构在部件供应方面相互独立，使在某个地区发生的供应链中断不会危及其他区域的运营。

这些计划的实施将耗时数年。在此期间，日本汽车制造商能否顺利夺回在这段时间由于无法满足全球市场需要导致的经济损失和市场份额，人们将拭目以待。

思考：
1. 在 3 月 11 日地震和海啸发生之前，日本汽车采用的供应链有哪些优势和劣势？
2. 丰田"万无一失"的供应链计划方案是否与精益思想一致？
3. 能否想出其他方案，使丰田（以及其在日本的竞争对手）的"万无一失"供应链计划得到进一步改善？
4. 你认为丰田的计划会对其供应链关系管理的方式产生什么影响？

习题与思考题

1. 精益生产的含义是什么？
2. 精益生产的"一个目标"和"两大支柱"分别代表什么？
3. 常用的重要精益工具有哪些？
4. 传统的采购模式具有哪些缺陷？
5. 精益采购的基本含义是什么？
6. 精益采购的管理要求中，如何建立物料的分类采购体系？
7. 简述精益采购的风险来源。

第 10 章

采购绩效评估

★ 学习目标

1. 了解采购绩效评估的含义、目的和意义。
2. 掌握不同体系下采购绩效衡量的指标。
3. 了解采购绩效评估的人员组成和绩效考核内容。
4. 熟悉改善采购绩效的措施。

★ 教学要求

教学重点：不同体系下采购绩效衡量的指标。

教学难点：改善采购绩效的措施。

★ 引入案例

艾德是艾德西点连锁公司的业主。该公司从一家面包店起家，逐步发展到遍布全国的连锁企业，发展势头良好，现拥有 97 家店面和 10 个烘焙中心。鉴于公司良好的发展势头，艾德决定进驻更为高档的闹市街区，扩展业务范围，增开咖啡店和外卖服务，从而使营业额和利润稳步增长。

咖啡店配套产品的供应源搜寻与供应比较复杂，范围大大超出原有西点烘焙的采购。西点烘焙的采购主要是面粉、油脂和调味品；而咖啡店的采购范围更广，包括易腐坏物品和不易变质的物品。这些物品通常由大型厂家和批发商以大包装的形式批量供货。有些易腐品需要冷藏，且都有保质期限。咖啡店的灌装产品是用 24 听一捆的塑料薄膜包装，又笨又重。部分产品如鸡蛋和火腿从就近的小规模专业农户和其他供应商处采购。公司希望它对当地小型厂家的支持能广为人知，以提高公司在企业社会责任方面的声誉。公司总部设有一个仓库，批量货物在运往各个门店之前被运送到这个仓库进行储存。艾德西点连锁公司有两辆喷有公司标志的货车，并聘用了两名司机，在工作日期间隔日轮流送货（工作日为周一至周六）。总部同时也负责履行集中管理职能。艾德西点的部分采购由门店经理和首席烘焙师在本地进行，他们有时从自己选择的供应商中购买，有时向中央仓库订购。各门店之间通过电话和电子邮件进行联系，但是没有将各店的销售额、订单与库存数据库等信息相联结的系统。其他本地的日常采购包括管理和后勤方面需要的小商品，如纸袋、文具等。艾德巡查各个门店后发现，烘焙师们在与咖啡相关的订货和催货方面花费了太多时间，这会导致客人需要等待较长时间，并对质量和品种短缺产生不满；艾德还发现，他所知的在一些门店里很畅销的产品并非每个门店都提供；另外，同一个供应商提供的同一种货品，各个门店的采购价格却有高有低。

艾德认为公司需要一个新的采购主管，并正在积极寻找一个合格的专业人员来担任这个职务。艾德正在起草招聘广告的职位描述；他很明白，他需要这个新的采购主管能从根本上提高公司的采购绩效，从而很快为公司带来收益。

（资料来源：http://www.onnets.com/article/1001001665/1001001645/2501/1.html）

在一个高度全球化和高度竞争的环境下，想要保持企业的高效率运作，保证企业的持续经营，对企业运行的各个方面进行评价是不可缺少的。采购绩效主要是评价采购部门、采购管理人员和专业经理，并衡量目前采购运营效率和采购供应功能的绩效差异。通过建立适当的绩效评估体系，运用合适的方式对采购人员的绩效进行考核，同时采取一系列措施不断改善采购绩效，可以帮助企业将资源集中在关键领域，它是加强沟通与经营管理的基础。

10.1 采购绩效标准与指标

10.1.1 采购绩效评估概述

绩效管理程序的首要目标是通过开发有用的技能和取得相关的最新知识帮助员工提高他们的绩效。如果说管理者可以以教练或良师益友的身份与员工进行定期交流，那么绩效管理程序就是一个连续不断的过程和程序。作为一个系统化的方式，绩效管理用来评估和检查供应商和员工绩效的各个方面。

（1）采购绩效评估的含义。采购绩效评估是一种正式的评估制度，它是通过系统的方法、原理来评定和测量采购人员在采购工程中的工作行为和工作效果。绩效评估是企业管理者与员工之间的一项管理沟通活动。绩效评估的结果可以直接影响薪酬调整、奖金发放及职务升降等诸多与员工的切身利益相关的方面。

采购绩效评估一般具有以下特征：一是具有客观性，即在明确目标下，运用科学的测量、评估工具与技术，以评估标准客观地测量业绩和相关资料；二是具有广泛性，包括完成业绩的各个领域；三是一个组织过程，是由确定目标、搜集资料、形成判断、指导行动等环节构成的连续活动；四是一个价值判断的过程，用一定的价值观对业绩进行描述，进而判断评定。

（2）采购绩效评估的意义。采购绩效评估既有关于采购成本的评估，又有对采购活动价值的评估。进行采购绩效评估具有以下重要意义：

①有助于真实反映企业采购的绩效水平。
②把实际绩效与某种标准或预定目标进行比较，有助于提高绩效。
③可作为评估采购人员业绩的基本准则。
④为公司管理提供了各种必要的数据。
⑤有助于提高整个团队的士气。

（3）采购绩效评估的目的。许多企业与机构，到现在仍然把采购人员看作"行政人员"，对他们的工作绩效还是以"工作品质""工作能力""工作知识""工作量""合作"或者"勤勉"等一般性项目来考核,使采购人员的专业功能与绩效,得不到应有的尊重与公正的衡量。实际上,若能对采购工作做好绩效评估,通常可以达到下列目的:

①采购绩效的测量可以产生更好的决策。因为可以从计划实施后产生的结果中鉴别不同的差异,通过对这些差异的分析,可以判断产生差异的原因,并可以及时采取措施防止未来的突发事件。

②能够同其他部门进行良好沟通。例如,通过分析那些需要特别检查的发货单,可使付款程序得到更加合理的安排,从而增强采购部门同管理部门之间的协调。

③增强业务的透明度。定期报告制订的计划内容和实际执行的结果可以使客户能够核实他们的意见是否被采纳,可以向客户提供建设性的反馈意见,并且通过向管理部门提供个人和部门的业绩,有利于增强采购部门的认可程度。

④能够产生更好的激励效果。合理设计的评估体系可以满足个人激励的需要,可以有效地用于确定建设性的目标、个人的发展计划和奖励机制。

综上所述,这些关于采购行为的评估可以提高采购部门在公司的地位,降低运作成本和材料的采购价格,减少废品数量,产生更优的决策。

10.1.2 采购绩效的标准

必须考虑依据何种标准作为与目前实际绩效比较的基础,各种指标的评估可以用过去的指标作对照,也可以以行业平均水平为尺度,或选择一个目标企业的指标作为评估的基础。具体来说,一般常见的标准如下:

(1) 以往绩效。在公司采购部门,包括组织、职责或人员等,没有重大变故的情况下,适合使用该项标准。选择公司以往的绩效,作为评估目前绩效的基础,是自然和有效的做法。

(2) 预算或标准绩效。有些企业由于种种原因,过去的绩效难以取得,或采购业务变化很大,则可以以预算或以标准绩效作为衡量基础。标准绩效的设定有以下三种原则:

①固定的标准。标准一旦建立,则不再变动,至少在一段时期内,尤其是一个采购项目内不能轻易改动。

②理想的标准。理想的标准是指在完美的工作条件下,应有的绩效。

③可达成的标准。在企业现状下,应该选择可以达到的水平对当前绩效加以度量和设定。

(3) 同行业平均绩效。若其他同行业公司在采购组织、职责和人员等方面,均与公司相似,则可以与其绩效进行比较,以辨别彼此在采购工作成效上的优劣。若个别公司的绩效资料不可得,则可以用整个同业绩效的平均水准来比较。

(4) 目标绩效。预算或标准绩效是代表在现状下,应该可以达成的工作;而目标则是在现状下,经过一番特别努力才能完成的较高境界。目标绩效代表公司管理当局对工作人员追求最佳绩效的期望值。这一目标绩效,常以同业最佳绩效水准为标杆。

10.1.3 采购绩效的指标

采购人员应该达到"适时、适量、适质、适价及适地"的情况,故其绩效评估可以以"5R"(即"五个适")为中心,并以数量化的指标作为衡量绩效的尺度。具体来说可以把采购部门及人员的考核指标划分为以下六大类:

(1) 价格与成本指标。采购的价格与成本指标包括参考性指标和控制性指标。参考性指标主要有年采购额和采购价格等。它们一般是作为计算采购相关指标的基础,同时也是展示采购规模、了解采购人员及供应商负荷的参考依据,是进行采购过程控制的依据和出发点,常提供给公司管理层参考。而控制性指标则是展示采购改进过程及其成果的指标,如平均付款周期、采购降价、本地化比率等。

①年采购额。年采购额包括生产性原材料和零部件采购总额、非生产性采购总额、原材料采购总额占总成本比例等。其中最重要的是原材料采购总额,它可以按照不同材料进一步细分成包装材料、电子零部件等,也可以按采购付款的币种分为人民币采购额及其比例、外币采购额及其比例。

②采购价格。价格指标是企业最重视及最常见的衡量标准,包括各种各样原材料的年度基价、所有原材料的年平均采购基价、各原材料的目标价格、所有原材料的年平均目标价格、各原材料的降价幅度及平均降价幅度、降价总金额、各供应商的降价目标等。透过价格指标,可以衡量采购人员议价能力以及供需双方势力的消长情形。

③付款。付款包括付款方式、付款周期、目标付款期等。

(2) 质量指标。质量的提高有助于建立品牌和提高客户满意度,同时可以降低成本。因此,采购早期参与制定规格是很重要的。减少商品缺陷有助于提高质量保证的可信度和客户的满意度。弥补质量问题的费用比预防它们的费用高很多。

质量指标主要是指各供应商的质量水平以及供应商所提供的产品或服务的质量表现,包括来料质量水平、供应商的质量体系等方面。

①来料质量水平。来料质量包括批次质量合格率、来料抽检缺陷率、来料免检率、退货率、供应投诉率及处理时间等。

②供应商质量体系。质量体系有通过 ISO 9000 质量管理体系的供应商比例、实行来料免检的物料比例、来料免检的价值比例等。

采购的质量绩效可由验收记录及生产记录来判断。验收记录指供应商交货时,为公司所接收(或拒收)的采购项目数量或百分比;生产记录是指交货后,在生产过程发现质量不合的项目数或百分比。

(3) 企划指标。企划指标是指供应商在接受订单和交货过程中的表现及运作水平,包括交货周期、交货可靠性以及交货运作中的表现,可以分为订单与交货、企划系统两个方面。

①订单与交货。订单与交货指标包括各个供应商以及所有供应商平均的准时交货率、正常交货周期、交货频率、交货数量和准确率、订单确认时间、交货运输时间等。

②企划系统。企划系统指标包括供应商采用 MRP 或者 ERP 等企划系统的程度、实行"JIT"的供应商数目和比例、供应商数量、订单数量、原材料库存量、平均订货量、最小订货数量等。

(4) 采购效率指标。采购效率指标主要是用来衡量采购人员的工作能力和效率。采购效率可用采购金额、采购金额占销售收入的百分比、采购人员的人数、采购部门的费用、新供应商开发个数、采购完成率、错误采购次数、订单处理的时间等指标进行衡量。

由于采购活动水准上升或下降,因此不难了解采购人员工作的压力和能力,这对于改善或调整采购部门的组织和人员,将有很大的参考价值。

(5) 时间指标。迟到的配送会导致严重的生产和服务问题。时间指标主要是用来衡量采购人员处理订单的效率,以及对因供应商交货时间的延迟或提早,由此造成缺货或者库存费用增加这些情况的控制能力。延迟交货,可能形成缺货现象,缺货则会造成停工待料的现象。因缺货造成的损失有停工期间作业人员薪资损失、顾客订单损失、作业人员离职,以及恢复正常作业时对机器必需的各项调整费用等。但是提早交货,也可能导致买方不必要的存货成本或提前付款的利息费用。

（6）数量指标。大量的库存在那些要求供应有保障、需要很长前置期（从发出订货单到货物交货的时间间隔），并且认为库存是合情合理的人看来，是一种安全保证。但是很不幸，为保持库存花费的额外成本是很难弥补的。一般来说，每年库存花掉的费用大概是商品本身价值的25%~40%。而对于一些商品，尤其是那些单位价值低而体积又大的商品，这部分的费用会更高。在某些特殊情况下，还会发生采购人员为争取数量折扣，以达到降低价格的目的而大量采购，却导致存货过多，甚至发生呆料、废料的情况。理想的状态是零库存，客户需要时，供应商能及时提供。但无论从管理还是从使用的时效性来看，都需要一些库存来保证企业运转。所以，制定相应绩效指标的出发点就是，在满足运作要求和成本效益的条件下，将保有库存量降到最低。

10.2 采购绩效测评

10.2.1 采购绩效评估的影响因素

影响采购绩效评估的一个重要因素是管理人员如何看待采购业务的重要性以及它在企业中所处的地位。对工业企业的一项调查结果表明，不同企业在采购绩效的评估方面是不同的。这种状况是由各公司在管理风格、组织程度、委托采购上分配的职责不同造成的，而不是由企业的具体特征（如工业类型、生产经营类型等）不同造成的。管理层对待采购的态度不同，采购业务在组织中的地位不同，绩效评定的侧重点也就不同，见表10-1。

表10-1 管理层对待采购的态度

可替代的观点	采购业务的等级地位	绩效评定
一种管理业务	在组织中地位低	订货累计额、供应到货时间管理、程序等
一项商业活动	把采购看作一项商业活动	节约额、降价程度、ROI测量、通货膨胀报告、差异报告
综合物流的一部分	采购同其他与材料相关的业务构成统一的整体	节约额、成本节约额、货物供应的可靠程度、废品率、供应到货时间的缩短量
一项战略性经营职能	采购者进入最高管理层	成本分析、早期介入的供应商数量、自制还是购买决策、供应额的减少量

10.2.2 采购绩效评估人员构成

采购绩效评估人员可由以下五个方面组成：

（1）采购部门主管。由采购主管负责评估，注意采购人员的个别表现，并兼收监督与训练的效果。

（2）会计部门和财务部门。采购金额占公司总支出的比例很高，采购成本对公司的利润影响很大，会计和财务部门不但掌握公司销售成本数据，而且要全盘控制资金的取得与付出，故对采购部门的工作绩效可以参与评估。

（3）工程部门或生产控制部门。当采购项目的质量与数量对企业的最终产出影响很大时，可以由工程或生产控制人员评估采购部门的绩效。

（4）供应商。公司可以通过正式和非正式渠道，向供应商探寻其对于采购部门或人员的评价，以间接了解采购作业的绩效和采购人员的素质。

（5）外界的专家或管理顾问。为避免公司各部门之间的本位主义或门户之见，可以聘请外界的采购专家或管理顾问，针对全盘的采购制度、组织、人员及工作绩效，做客观的分析与建议。

10.2.3 采购绩效尺度与评估方法

1. 采购绩效尺度

因为采购职能部门的大小、结构和重要性在组织机构中可能很不相同，所以设计一个通用的评估采购绩效的尺度是不可行的。一般的原则是，所用尺度应反映一个特定企业内部采购职能部门的目标。

（1）传统的绩效尺度。

①采购供应物资成本的节约。

②库存水平。

③进货残缺、返工修理或退货。

④按时交货。

⑤从提出采购计划到进货直至生产的整个周期时间。

⑥产生采购订单的成本。

大多数传统的评估尺度现在看来是最低的绩效要求，但是它们仍是不能打折扣的，因为达到这些要求仍是采购工作的重要职责。由于采购工作的重点已从传统的削减成本的角色，转变为通过与供应商的长期合作关系来增加附加值和使供需双方都受益的角色，这些目标现在也已经发生了很大变化。

（2）战略性的绩效尺度。

①供应商管理，包括紧缩供应商基库、供应商的发展计划和长期的合作关系。

②保证供应对生产需求的及时到位。

③除个别的因素外，拥有最好的质量保障系统和质量标准的交流系统。

④实现战略性采购的系统，以减少或避免采购成本，包括电子采购、采购卡的使用和建立世界级的供应商网络。

⑤提高采购工作员工的专业化程度和发展交叉功能团队。

⑥从整个销售的角度来看金融财务工作的表现。

⑦内部客户对采购工作服务的满意程度。

这些因素的衡量方法较之传统的情况更复杂、更质量化和更少的数量化。实际上，已经很难把它们仅仅归结于采购工作了。

2. 采购绩效评估方法

此外，由于现代采购绩效尺度已经超出了传统的采购部门的工作范畴，因此需要对采购绩效采用诸如满意度调查方法或360度评估方法。通常360度评估方法是用在人力资源管理上的，其目的是从多个方面如上级、同级和下级来获得某个个别雇员的绩效评估。360度评估方法的目的是提供给个人反馈意见，即他们的绩效在同事中是如何评估的。诚然，这些方法和目的同样适用于采购的职能部门。

采购绩效评估通常有以下两种方法：

（1）由采购部门以外的人进行评估。对比经营效果和计划预算持续评价，为部门和个人设立目标；由部门或公司之外的人员进行审计。

（2）由采购部门的人员合作进行评估。这种方法主要由采购部门的采购主管和全体员工合作，内部或外部审计人员可以帮助其在以下方面做出客观的评价：一是工作负荷分配；二是采购部门同企业其他相关部门的关系和问题；三是采购部门同供应商的关系，这一点可以通过供应商对公司和采购人员的态度看出来；四是坚持采购政策指南和手册中有关原则和程序的详细内容。

这两种方法的评估程序略有不同，但是它们的目标是相同的。主要采购部门有责任确定其总目标，并将此目标与公司的总体战略目标保持一致。

10.2.4 采购绩效评估的领域

采购行为是由两个因素决定的，即采购效果与采购效率。采购效果可以定义为通过特定的活动，实现预先确定的目标和标准额的程度。采购效果与预先确定目标的实现程度有关。一项策略或活动要么有效果，要么没效果，目标实现或未实现可以用期望达到的水平表示，能够实现更高的策略或活动被认为是更有效果的。采购效率可以定义为为了实现预先确定的目标，计划耗费和实际耗费之间的关系。采购效率与实现预期目标所需要的资源以及实现这一目标的相关活动有关，因此必然涉及计划成本和实际成本之间的关系。

具体来说，测量和评估采购业务主要从以下四个领域进行：

1. 价格/成本

价格/成本领域主要是指支付材料和服务的实际价格和标准价格之间的关系。在这里，必须区别价格/成本控制与价格/成本减少两个概念。

价格/成本控制是指连续不断地监控和评估供应商分布的价格以及价格增长情况。使用的方法和参数主要有 RIO 测量、材料预算、通货膨胀报告以及差异报告等。其主要目的是监控采购价格、防止价格失控。

价格/成本减少是指通过结构化的方式，对与采购材料和服务相关的活动进行连续不断的监控，减少成本支出。其主要措施有寻找新的供应商和替代材料、价值分析、在公司之间协调采购需求等，主要目的是监控那些减少材料成本的活动。对与价格/成本领域有关的采购行为进行计划和监控，预算是一种很重要的手段。

2. 产品/质量

采购在整个质量控制中所扮演的角色是使供应商能够遵从公司的产品清单和质量要求，及时可靠地运送货物。

（1）采购活动涉及的新产品开发。它主要是指采购活动有利于产品的革新，在所有的控制活动中（包括供应和采购），根据成本目标和销售时间来开发新产品项目是很重要的。使用的测量参数主要有革新项目中采购活动耗费的劳动时间、供应商耗费的工程设计时间以及项目的生产准备时间。特殊的测量参数有技术规范的变化程度（指必须同供应商交流的工程技术变化量）和初始样本废品率（如工程项目需要供应商必须提供样品的次数）等。依据成本和销售时间对这些参数进行测量，可以了解新产品开发项目为什么会失控。

（2）采购活动对整个质量控制的贡献。根据工程设计要求发出产品清单后，采购工作就要保证订购的货物能按照公司的要求及时到达。这时使用的参数主要有即将到运货物的废品率、一线拒收率、认可的供应商数量、合格的供应商数量、处理的废品报告的数量等。这些参数可以表明企业能够从供应商处获得无缺陷物资的程度。

3. 采购物流

第三个关键性领域是采购所扮演的角色对采购的材料和服务进行有效流动所起到的作用。这一领域包括以下主要活动：

（1）对需求材料进行及时、准确处理的控制。需要使用的度量参数是采购管理的平均订货时间、订货数量、订购累计未交付额。改善这一领域绩效的主要方法是使用电子订货系统，包括对国内客户和供应商引入的电子商务解决方案和 EDI。

（2）供应商及时供货控制。这里需要使用的度量参数是供应商供货的可靠性、物资短缺数量、已交货数量或尚未交货数量、JIT 交货的数量。对这些参数进行测试可以了解物资的流动控制水平。

（3）交货数量控制。在某些情况下，采购活动对决定和控制有效的存货水平所需要的费用负责。此时使用的参数为存货周转率、已交货或未交货数量、平均订货规模、在途存货总量等。

（4）依据材料的质量和交货的可靠程度，可以使用对供应商和卖方评级的方法来监控和改善供应商活动。

4. 采购组织

这一领域包括了完成采购业务目标所要使用的重要资源，具体包括：

（1）采购人员。主要指采购人员的背景、培训、发展程度以及积极性。

（2）采购管理。其主要指采购部门的管理方式，包括采购策略的质量和有效性、行动计划、报告程序等，还涉及管理风格和交流体系。

（3）采购程序。其主要是指采购程序和采购人员、供应商的工作指令的有效性，目的是保证采购工作以最有效的方式进行。

（4）采购信息系统。它与改善信息系统绩效所付出的各种努力活动有关。这些活动应该支持采购人员和其他部门人员的日常工作，并且能够产生与采购活动和绩效有关的管理信息。

表 10-2 全面总结了采购绩效评估的关键领域，并列举了评估领域应用的一些绩效评估参数，对任何采购组织进行综合性评估，都必须单独地或全面地关注这些领域的每一个方面，因此，一个全面的采购绩效评估系统应当对采购效果和采购效率进行监控并且应当包括对每个关键行为活动的测量。

表 10-2　采购绩效实例说明

领域	评定目标	连续或附带	实例
采购物资成本和价格	采购物资的成本控制、采购成本的减少、采购物资的产品	连续	物资预算、差异报告、价格波动，采购周转在设计和工程设计中采购所花费的时间
采购物资的产品或质量	早期采购涉及产品的设计和发展	连续	初始样本废品率（%）
采购物流和供应	运送可靠性需求的监控（质量和数量）	连续或附带	采购管理的订货间隔期、订货累计未交货额（每一客户）、紧急订货、每个供应商运送可靠性索引、材料短缺量、存货周转率、准时交货量
采购人员和组织	采购人员和组织、采购人员的培训和激励机制、采购管理质量、采购管理和程序、采购调查	连续	采购部门的工作量和实践分析、采购预算、采购和供应审计

上面介绍的四个领域之间相互作用。例如，如果在较低的价格方面施加了太大的压力，这时可能会最终影响材料的质量。相反地，如果对材料有很高的质量要求，最终会导致材料价格偏高。无论怎样，结果都可能是更低的全部材料成本或所有者总成本。

最后，这四个领域中的每一种都可以在不同的总体水平上进行测量和评估。

由于评估方式是根据企业不同的要求进行的，所以采购绩效的评估体系会明显表现出不同程度的差异。

10.3 提高采购绩效的途径

提高企业采购绩效是一项复杂的工作，在理论和实践中都没有一套完整、成熟的体系和方法，这里简单介绍几个改善采购绩效的措施。

（1）建立统一的测评机制。在大多数企业中，企业的高层管理人员总有一些与所担任的职位相联系的具体目标，面对不同的事情有不同的优先考虑顺序。因此，负责采购的副总或其他高层主管，对采购业绩有自己的评价标准。在某种程度上，这属于正常现象，很多公司都要应对这种采购评价标准的不连贯状况，最好的方式就是建立统一的测评机制。这样公司 CEO 和采购主管使用同一个平衡计分卡来评价绩效，以便使每一个人都能够以大致同样的方式理解采购信息。纵贯全公司的平衡记分卡，帮助各个不同的业务部门调整其处理业务轻重缓急的顺序、制定目标和期望，鼓励有利于业务开展的行为，推动绩效不间断地改进。

（2）使用标杆法/基准化分析法。人们在采购活动中使用了很多的监控和评估方法，有时计算采购活动中的关键比率是非常有用的，如采购的支出额、销售额、订单数量、交易的数量等。人们普遍认为，如果无法评估一个变量，也就无法对改变变量进行控制。在采购活动中收到的数据，通常既可用作重要的绩效指标，也可用作重要的控制工具。因此，可以考虑在实践中使用标杆法来改善采购绩效。

标杆法/基准化分析法就是将本企业各项活动与从事该项活动最佳者进行比较，从而提出行动方法，以弥补自身的不足。标杆是将本企业经营的各方面状况和环节与竞争对手或行业内外一流的企业进行对照分析的过程，是一种企业评价自身和研究其他组织的手段，是将外部企业的持久业绩作为自身企业的内部发展目标，并将外界的最佳做法移植到本企业的经营环节中的一种方法。但是，标杆法并不是照搬其他组织的方法和系统，其重点是找出那些表示组织成功之处的因素，以便在自己的组织中赶上或超过这些绩效。

（3）实施电子采购。电子采购就是在网上进行买卖交易，极大地降低了企业的经营成本，并能使企业与合作伙伴建立更为密切的合作关系。20 世纪 80 年代，IBM 公司的采购像所有的传统采购一样，各自为政，重复采购的现象非常严重，采购流程各不相同，合同形式也是五花八门。这种采购方式不仅效率低下，而且无法获得大批量采购的价格优势。20 世纪 90 年代，IBM 公司决定通过整合信息技术和其他流程，以统一的姿态出现在供应商面前。IBM 公司开发了自己的专用交易平台，实施电子采购。此项措施有效地降低了管理成本、缩短了订单周期，更好地进行业务控制，IBM 公司的竞争优势由此得到显著提高。实践表明，电子采购具有更好的绩效。

（4）采用一些评价标准。前面介绍了评估采购绩效的常用指标体系，但是要全面地提高企业的采购绩效，还有常见指标外的一些评价标准。

①采购部门商业活动的效益。一般认为，采购主要是一种商业职能，采购部门所进行的商业

活动是评估采购绩效的重要方面。这些商业活动是评估采购效益的一个重要的评价标准。例如，要评估采购效益，需要分析采购部门是否参加了新产品从构思到生产的开发工作，以及采购部门对市场的了解程度。从战略上看，这就要求采购部门紧跟市场的发展，关注世界其他地方的市场状况，而不仅仅是了解当前的情况。

②采购部门的参与程度。产品知识也是一种用来评估采购部门在商业活动中的参与程度的指标，它包括对竞争对手的产品及产品组成部分或原料的理解情况。通常采购部门能够更好地掌握这些产品知识，这就要求采购部门要全面地参与组织生产战略的制定过程。例如，如果某种产品的生命周期在缩短，那么希望在这些产品的市场竞争中取得优势的公司就必须加快产品创新的步伐。在产品创新的过程中就需要采购部门参与相关部门生产战略的制定工作，分享采购部门的产品知识，同时有利于采购部门在采购工作中购得更加符合要求的产品。

③信息系统的开发与实施。在这个 EDI（Electronic Data Interchange，电子数据交换，也称为无纸贸易）非常重要的时代，信息系统的开发与实施也是非常重要的评价标准。例如，一家英国零售公司要求采购人员在 20 个月内和公司最重要的 20 名供应商建立 EDI 联系。

本章小结

采购绩效评估通过系统的方法、原理来评定和测量采购人员在采购过程中的工作行为和效果。采购绩效主要是评价采购部门、采购管理人员和专业经理，并衡量目前采购运营效率和采购供应功能的绩效差异。通过建立适当的绩效评估体系，运用合适的方式来对采购人员的绩效进行考核。

采购评估能够真实反映企业的绩效水平，与目标比较有助于提高绩效。影响采购绩效评估的一个重要因素是管理人员如何看待采购业务的重要性以及它在企业中所处的地位。管理层对待采购的态度不同，采购业务在组织中的地位不同，绩效评定的侧重点也就不同。

绩效考核的指标有价格与成本指标、质量指标、企业指标、采购效率指标、时间指标和数量指标等。因为采购职能部门的大小、结构和重要性在组织机构中可能很不相同，所以设计一个通用的评估采购绩效的指标是不可行的。一般的原则是，所用指标应反映一个特定企业内部采购职能部门的目标。

改善绩效的措施有建立统一的评测机制、使用标杆法、实施电子采购以及常见指标外的一些评价标准。

案例分析

宠物试验所的采购绩效提高之路

宠物试验所是治疗国内宠物和小动物的兽医外科组织。在英格兰东南部的小镇和乡村设有 39 个地方外科诊所。宠物试验所创立于 15 年前，当时一群当地兽医意识到可以通过集合他们需要的共同核心功能来做得更好，如市场和股份。该组织逐渐采用共同的名称"宠物试验所"并用于房产、市场和广告。该组织稳步发展，现为有限公司，由董事会所有和管理，其中大多数成员是兽医。

宠物试验所需要不断扩建达到现有规模。它更倾向于迁入闹市区，可以同时经营兽医诊所和宠物商店；前面的商店既可以作为后方治疗室的接待处，也可作为展示和销售宠物食品和宠物玩具的场所。多种经营使得其销售和利润稳步增长，零售方面已经被看作整体经营中的关键部分。然而，这些零售商品采购及供应却很复杂。宠物食品一般来自跨国公司和大型饲料生产商与批发商，体积大、重量大。许多宠物玩具及配件货源是通过小的专业进口商，从中国或其他低成本国家进口，而篮子、皮具用品是由当地小的生产商或是极小手工作坊供应。

宠物试验所总部（PPHQ）有一个中央仓库，在分配给各地的诊所前，散装的宠物食品都储存和运送到这里。宠物试验所有两个运货车，雇用了两个货车司机，至少每隔一个工作日他们就会轮流运送39个诊所的货物。

大部分采购是由39个诊所各自的接待员/行政人员在当地进行的。相互之间用电话和电子邮件联系。他们有当地兽医进行治疗和客户的记录，但目前还没有销售、订货、仓储或其他互联系统的当地数据库。

在兽医医疗方面，药品由各地的诊所从专业医疗批发商采购，像一些防护服，保持干净和无菌环境的产品。一些使用的药品需要特殊的储藏，如冷藏，有的保质期短。其他日常采购在当地进行，包括行政和支持所需的日用品和服务，如一般的文具、办公室设备和家具、维护和清洁。

公司办公室也设在总部，实施中央管理功能，包括融资、人力资源、大批订货、规划、征用和中央管理等。董事长 Sid 的办公室也在那。但他主张经常保持业务联系，并且至少每隔6个星期访问各地诊所。

在调查中，Sid 得知接待员在订购工作方面与零售的业务上花太多的时间。这有可能导致顾客不得不等候兽医服务及电话无人接听。Sid 已经注意到一些"销售得很好的"外科手术使用的物品，但各地的诊所并没有存货。Sid 还发现，有些地方诊所付出比别人高的价格买同一供应商的同一产品。

Sid 非常热衷于提高宠物试验所的采购绩效。他已确定了需要一个新的采购经理并且招聘具有采购技能的专业人士来担任这个职务。他起草了职务说明，他知道他不得不说服其他董事会成员，新的职位将通过不断增长的采购绩效来"自行支付"。

Sid 认为有一个地方必须立即改善绩效，那就是建立一个集中库存控制系统，并且董事会已经批准建立这样的系统。

思考：
1. 选取五个绩效指标，推荐给 Sid 列入新的采购经理职务说明中。
2. 分析所有信息的类型，希望新库存集中控制系统储存什么样的信息，并且从哪里可以获取信息。

习题与思考题

1. 简述采购绩效的含义。
2. 简述采购绩效的目的与意义。
3. 采购绩效的指标有哪些？
4. 提高采购绩效的措施有哪些？
5. 采购绩效评估的领域有哪些？

第11章

供应商开发与选择

★学习目标

1. 了解供应商管理的含义与意义；熟悉供应市场分析的方法。
2. 了解供应商开发的含义、供应商信息的来源；熟悉供应商开发的原因；掌握供应商的开发步骤。
3. 熟悉供应商选择的步骤；掌握供应商选择的指标与方法。
4. 了解主要国际认证标准以及供应商认证的意义与原则。

★教学要求

教学重点：供应商选择的指标；供应商开发的步骤。
教学难点：供应商选择的方法。

★引入案例

手机塑胶外壳的延误

临近春节，生产任务特别紧张，甚至需要从办公室抽调人员到生产线增援。然而手机塑胶外壳的供应商却不给力，承诺好的交货期一再延误，喷漆与丝印良品率跌至50%。采购总监驻厂催货都难以确保，为了赶时间从深圳交货到上海都采用空运。乍看起来很不可靠，因为这个DF据说在深圳是数得上的手机塑胶壳生产供应商，专注于供应国内知名品牌客户。但为何本公司的需求就是一再满足不了，而且其董事长出面保证也不奏效？究其原因，首先，临近春节用工紧缺，产出不足，加上其他客户占据产能而本公司需求的优先级别不高；其次，产品外发加工，导致良品率低下。另据了解，内部管理也有些问题，董事长的指令在内部得不到落实（不是因为流程化与制度化太好的缘故）。

（资料来源：http://blog.sina.com.cn/s/blog_a8283ce201019i7l.html）

随着供应链思想的发展和越来越普遍的业务外包活动，采购与供应部门在企业中的地位日益凸显。优秀的供应商管理水平已经成为企业的一项竞争优势。供应商的选择和评价工作作为企业管理和控制供应商资源的起点,其重要性更是可见一斑。现在对于很多企业而言,尤其是强调核心竞争力的大型制造企业,需要采购的物资品种繁多,相应地,供应商的数量庞大且层次不一。如果供应商选择的结果不理想,那么就可能会给采购企业的生产和日常经营活动带来不可估量的损失,如生产计划的中断或变更、存货成本的增加、采购物资交付的延迟、残次品或退换货的频频发生、产成品的出厂成本的提高等。如果采购企业建立了科学有效且适合自身供应商特点的评价与选择体系,那么就可以及时掌握供应商的生产情况和产品价格信息,获取合理的采购价格和条件、优质的配送和售后服务,并确保采购物资的质量以及及时交付,甚至可以把供应商整合到产品的生产和设计过程中,为与供应商建立长期稳定的合作伙伴和战略联盟关系奠定坚实的基础。

11.1 供应商管理的含义与意义

11.1.1 供应商管理的含义

供应商是指那些向买方提供产品或服务并相应收取货币作为报酬的实体,是可以为企业生产提供原材料、设备、工具及其他资源的企业。

供应商管理,就是对供应商了解、选择、开发、使用和控制等综合性的管理工作,并把供应商整合成为企业战略部分的重要内容。其中对供应商的了解是基础,选择、开发、控制是手段,使用是目的。供应商管理的具体目标在于以最低的成本获得符合企业质量和数量要求的产品或服务,确保供应商及时送货和提供优质的服务,发展和维持良好的供应商关系,并开发潜在的供应商。

供应商管理包括供应商开发与选择、供应商绩效评估、供应商关系管理等步骤。

11.1.2 供应商管理的意义

总的来说,供应商管理的意义有以下几个方面:

(1) 建立长期稳定的合作伙伴关系的需要。通过与制造商和供应商建立相互信任、长期合作的关系,可以大大减少解决日常问题的时间,使双方集中精力搞好长期性预测和计划工作,降低了不确定性带来的损失。

(2) 企业加强原料质量控制力的需要。采购品的质量保证是采购方生产效率提高的重要因素,来自供应商的优良产品保证了制造商产品产出的连续性、准时性,而且将采购方对质量的事后控制变成事中控制。

(3) 企业实施零库存生产的需要。在各种生产模式下,生产过程中的商品运动时间与供应商的交货时间经过了仔细的安排,对供应商要求在恰当的时间、恰当的地点以恰当的数量提供供货保证。

(4) 快速响应市场变化的需要。随着科学技术发展速度的加快和顾客的需求多样化发展,大大缩短了产品的生命周期,企业新产品开发要具备更快的速度,以适应市场的变化。制造商和供应商只有密切合作、共同反映,才能提高响应用户需求的能力。宏观经济的变化使得上游原材料和下游产品的价格发生变化,从而影响企业的利润,甚至威胁企业的生存。如何应对这一风险也是制造商和供应商需要共同面对的问题。

11.2 供应市场分析

在进行供应商管理的每一步骤前，采购人员首先必须对供应市场具备清晰且正确的认识。那么，采购人员应该掌握哪些与供应市场有关的知识呢？对此存在很多不同的观点。主流的观点是，不管采购人员需要采购的是有形产品，还是无形产品（如保险、广告设计、信息技术等），都应站在全局的角度看待采购需求，根据自己对市场的了解和对产品与服务的采购经验和知识做出具体计划，既要了解供应市场，也要了解供应市场的竞争态势。由此，采购人员便可以确定所需要掌握的有关市场知识。通常来说，采购人员应从宏观经济、行业、供应市场结构和供应商四个层面做分析。

11.2.1 宏观经济分析

宏观经济环境决定了供应市场的走势，要尽可能全面而准确地分析、判断整个世界经济和国内经济的发展趋势。联合国和世界贸易组织每年的统计数据可以作为国际经济的参考标准，而国内经济也可以通过如国内生产总值（GDP）、地区失业率、生产资料价格指数、采购经理人指数（PMI）、货币利率水平等具体指标来衡量。这些数据客观地反映了一个国家或经济区域内的发展状况。但对采购人员来说，仅了解这些是不够的，采购人员还必须关注影响宏观经济环境的有代表性的事件，这样才能对供应市场的变化做出正确的判断。

11.2.2 行业分析

采购人员必须明确自己企业在所处行业的发展态势，也必须明确怎样的举动会导致企业在所在行业的成功或失败。例如，在计算机这种高新技术行业，不断开发新产品并投入市场是成功的关键因素；相反地，创新产品不是大批量生产面粉等食品供应商考虑的重点，而如何保证质量和及时供应配送才是其最应该关心的。由于采购商在这一行业中只代表一家公司，因此必须关注其他公司的采购活动。其具体包括：①采购同种产品的公司有哪些？②它们采购商品和服务的具体用途是什么？是否存在替代商品和服务？③它们对价格的承受能力和本公司一样吗？④它们用所采购的材料或项目生产的最终产品获取的价值是否更高？

11.2.3 供应市场结构分析

市场结构是指一个行业中竞争者的数量、产品的相似程度以及行业的进出壁垒等状况。供应市场结构分析主要分析的是市场竞争的类型，针对不同的市场竞争类型要使用不同的采购方法。了解供应市场结构有助于采购人员了解供应商的成本模型，能够在谈判中明确己方的优劣势，确定利用供应商创新的可能性，及时寻求资源的替代品，并为企业制订发展计划指明方向。

市场结构问题本质上是一个市场中各个企业之间的竞争关系问题。在经济学中，通常根据一些基本标准对所有的市场进行划分。一般地，按市场中商品的买者与卖者的多寡、商品的差别程度、进入的自由程度和信息的完全程度，可以将市场结构区分为四种类型：完全竞争市场、完全垄断市场、垄断竞争市场与寡头垄断市场。图11-1反映了典型的市场结构类型。

（1）完全竞争市场（Perfect Competition Market）。完全竞争市场是指一种竞争不受任何阻碍和干扰的市场结构。完全竞争市场上的价格不是由某个企业决定的，而是由整个行业决定的。这一价格决定对企业而言，只能被动接受，所以对于在完全竞争市场中的企业来说，无论其产量增减多少，价格都不会变。

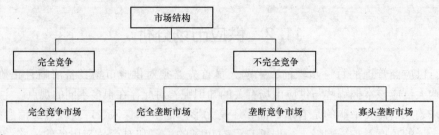

图 11-1 市场结构类型

(2) 完全垄断市场 (Monopoly Market)。完全垄断市场的近似例子是电力供应市场,基本上全国各地、各个区域均由各地区的电力公司垄断供应。一般来说,在完全垄断市场中,只有一家公司或厂商存在,并且该市场存在很大的进入障碍。

(3) 垄断竞争市场 (Monopolistic Competition Market)。这类不完全竞争市场包含了垄断和竞争的特点:市场内有多家公司或厂商和数目庞大的顾客;公司或厂商生产相似但有少许差异的商品;市场并没有进入障碍。垄断竞争市场的一大特点就是薄利也不一定能多销,所以保持产品或服务的"独特性"是最重要的,形象、品牌、广告和包装是这些卖方常用的推广方法。娱乐服务、服饰、餐饮、旅游市场属于这种类型。

(4) 寡头垄断市场 (Oligopoly Market)。寡头垄断市场的结构与垄断竞争市场相类似,其既包含垄断因素,也包含竞争因素。但相对而言,它更接近于垄断的市场结构,因为少数几个企业在市场中占有很大的份额,因此这些企业具有相当强的垄断势力。

寡头垄断市场存在明显的进入障碍,但最重要的是这些行业存在较明显的规模经济,银行、金融服务业以及各类石油产品市场皆属于寡头垄断市场。这种市场中供应商的营销策略主要有进行价格竞争、提供更佳的服务、做广告、回赠礼品等。若各供应商主要运用价格竞争,根据寡头垄断市场结构理论,通常的结果是两败俱伤,所以各卖方会尽量避免使用价格竞争。

表 11-1 给出了不同市场结构的特点比较,分析供应市场结构的主要目的是根据不同的供应市场结构,采购商需要做出不同的应对方式。

表 11-1 不同市场结构的特点比较

完全竞争市场	垄断竞争市场	寡头垄断市场	完全垄断市场
供应商数目众多	多厂商	厂商为数不多	只有一家厂商
产品同质	产品异质性,但差异很少	产品异质性	只有一种产品
进入市场容易	进入市场容易	进入市场困难	几乎无法进入市场
市场信息完全对称	市场信息不完全对称	市场信息不充分	市场资料很难获得
对价格没有控制力	对价格有少许控制力	对价格具有控制力,但担心同业的割价报复	对价格有很强的控制力
农业、农产品	服务、餐饮、娱乐	石油、汽车	公用事业、水、电

在完全竞争市场中,供应商数量多而且已经基本没有超额利润,采购商此时会表现得非常积极,充分利用选择权,分析和预测供应市场,保持供应市场的竞争性。采购商还应该明确供应商之间的价格差别不大,由于供应商之间知悉彼此的定价,因此售卖同质性的商品,价格不可能有明显的差异。

对于垄断竞争市场和寡头垄断市场,采购商主要依靠讨价还价来获得相对较好的供应服务,通过供应商和采购商彼此之间的排名选择,选择合适的供应商建立一种差异性的深入合作关系,从采购量和配合程度上争取到供应商提供有竞争力的价格和服务。对于完全垄断市场,主要是供应商对采购商的选择,此时对采购部门来讲,公司整体的实力和采购量在总采购市场中的份额是最重要的,所以集中采购和联合采购也是一种应对策略。

11.2.4　供应商分析

在一系列市场知识中,采购商最应该了解的是有关供应商的知识,否则对供应商管理无从谈起。对待具体供应商,采购人员应该做到心中有数,能随时从供应商数据库中调阅了解其相关信息,应该能了解重要供应商的具体情况。采购人员要从被动采购转为主动采购。然而,现实往往是至今还有许多采购人员坐等供应商上门,从未实地考察过供应商,更不用说进一步掌握、了解供应商的生产与运作管理。应该指出,由于采购商的管理资源有限,一般只对重要供应商进行实地考察与评估。采购人员应该从以下六个方面去了解并评估供应商:

(1) 生产能力。供应商的整体生产能力有多大,产能利用率有多高,采购商的采购量占供应商销量的比重有多少,都决定了供需双方在彼此关系中的地位。采购商应该明确本方的采购量是否有可能成为供应商的重要或关键客户。从供应商的各种具体能力中可以了解供应商潜在的生产能力。供应商的重要能力包括生产所采用的各种制造技术能力、质量保证与控制能力、供应商及与其联系密切的上游供应商的研发实力、供应商主要的财务能力及其稳健性等。这些都直接影响供应商潜在的和现有的生产能力。采购人员应该明确了解供应商的哪些资源能够产生价值,并且可以有效而经济地取得。

(2) 获利能力。这里不是指对供应商进行财务分析,而是采购人员在进行采购时,要判断供应商是否具有为采购商提供增值服务的能力,或是否具备为采购商业务增加利润的能力。如果供应商具有这类能力,那么采购商要分析供应商对本公司业务的边际利润贡献与其他公司的差异性。供应商的获利能力对长期、持续供应的能力有潜在影响,同样对采购商的产品创新有重大影响。

(3) 资金来源与财务稳健性。采购人员要了解供应商有哪些资金来源,同时应熟悉这些资金的相关成本以及使用标准政策等。资金来源很重要,因为它们直接影响供应商的运营决策,如是否需要新的制造技术,会不会支持更广泛深入的研究和开发工作。供应商的财务稳健性也很重要,这关系到供应商有无足够资金保证订单的生产完成,是否有能力对库存加大投资以满足采购商不断增长的业务需求等。

(4) 业务流程。只有关注业务流程,才能发现哪里耗费了大量成本。有些采购人员连主要原材料供应商的生产设备和生产流程都不曾实地考察过,这很可能直接导致其在价格谈判中处于劣势,因为他并不知道供应商提供的哪些要素是不符合事实的。

(5) 管理水平和所有权。对供应商管理水平的了解同样是出于对长期目标的考虑。对于上市公司,采购人员很容易收集到有关信息;而对于小公司,采购人员应考虑有关供应商的所有权问题;如果供应商是家族企业,不管其有无能力,都应该注重评估管理的潜在风险。

(6) 供应商的竞争者。采购人员应该了解供应商的竞争对手状况,这既有利于了解供应商在行业中的地位和综合实力,又有利于采购商更好地进行供应商开发。

11.3 供应商的开发

新产品、新材料、新技术的不断涌现，迫使企业必须不断寻找新的合作伙伴。同时，随着国内、国际贸易的扩大，企业采购的范围扩大，现代的供应链管理理念也不断提高对整个供应链的要求。被动地接受供应商每况愈下的产品和服务，将导致企业自身的产品和服务质量大打折扣，企业必须在供应商选择上未雨绸缪，以减少企业在供应商变更过程中的损失，因此需要及早进行供应商开发。

11.3.1 供应商开发的含义

所谓供应商开发，是指制造商为满足其长期或短期的供应要求，而对供应商的生产能力或企业绩效进行开发提高的一系列活动。开发的内容涵盖了一切影响制造商和供应商的业务能力和绩效水平的工作，主要包括生产运作、采购供应、质量监控、技术和人力开发等方面。

在传统的采购中，企业是被动的，特别是在买方市场的条件下，企业是被动地对供应商的营销策略做出反应。由于企业在选择供应商时缺乏主动性，企业无法在较大范围内寻找合适的供应商，这导致与企业交易的供应商并非是最优的。而且由于企业的被动，对供应商的基本成本结构一无所知，供应商代表却可以自由地进入企业。供应商开发就是采购方主动出击，提出采购要求，在更大范围内选择合适的供应商，并积极地了解和掌握供应商的情况。卓越有效的行动使得企业在与供应商谈判合作时占据了有利的地位。

11.3.2 供应商开发的原因

企业进行供应商开发的原因主要有以下几点：

（1）优化供应商结构。一些企业处于发展变革的时期，通常会有合作供应商数量冗余的情况。如同样一个物料，可能会从3个或者更多的供应商处进行采购。这样一来，企业因为没有采购重心导致面对供应商的谈判话语权不高，且采购价格一直居高不下，对整个运作流程是有百害而无一利的。为此，企业一般会选择新供应商的开发，对现有供应商结构进行优化，以符合公司的供应商管理战略。

（2）淘汰不合格供应商。企业发展到一定阶段，产品服务质量一定程度上受制于供应商。如果合作的供应商产品质量、服务质量、交货期、配合意愿等出现恶化，企业无法及时做出调整，很有可能会深受其害。因此，企业应在日常监控供应商的质量，淘汰不合格供应商，确保产品和服务质量。

（3）满足客户要求。有些企业在与客户签订销售合同时，往往会出现客户指定供应商的物料。客户指定的供应商若未在企业现有合格供应商名单中，则企业需要对该供应商进行开发。当然，考虑到开发的复杂性和特殊性，企业可以酌情评估客户指定供应商开发的必要性。若某一供应商同时被几个客户指定，或者企业经常从该供应商处进行采购，则有必要按照正常供应商开发流程进行开发。

（4）开发新产品或新工艺。企业在开发新产品或新工艺时，可能遇到现有供应商无法满足新要求的情况。对此，企业应寻求新供应商的开发。对于与产品重要质量特性相关程度高的物料或者工艺，企业将该供应商列为重要供应商。可以通过更加严格的产品首样验证流程，对新供应商的产品质量进行控制。

（5）降低供应商采购成本。国际上普遍把采购管理看作排在降低原料消耗、提高劳动生产率之后的"第三利润源泉"。企业在做精益生产时,降低供应商的采购成本是一个比较高效的措施,可以通过引入新供应商带来的加入竞争,降低采购成本。

(6) 增加备选供应商。当一家供应商在企业采购中比重过大时,企业会受制于该供应商。一旦该供应商出现供货延迟甚至中断时,企业将面临很大的经营风险;若该供应商不断要求提高价格,企业也只能被动接受。因此,应提前考虑开发和储备新供应商。一方面企业可以通过新供应商的供货减少对原供应商的依赖,另一方面也可以在供应商之间寻求更多的平衡。

(7) 寻求战略合作供应商。龚颖彩(2006)提出一种新的供应商分类方法,把不同供应商细化,分为重要供应商、瓶颈供应商、普通供应商和一般供应商四类。战略合作供应商可以在重要供应商和瓶颈供应商之间选择,但当现有供应商或原战略合作供应商无法满足战略要求时,企业应寻求开发新供应商。

(8) 聚焦本地市场。企业在发展过程中,有可能会涉及迁移新址、设立新厂(点)等情况,此时原供应商由于企业送货地址的调整,无法满足交货期或者响应速度要求。为此企业应及时开发本地供应商,实现供应商无缝切换,减少因变化带来的不良影响。

(9) 推进产品国产化。国产化是指引进外国产品和技术时,注意消化吸收,逐步把原来靠从国外引进的设备、产品、零部件,转化为在本国生产制造的过程。一些企业产品原始设计在国外,考虑到缩短产品交货期、降低采购成本等需求,企业应推进产品国产化战略。

(10) 降低采购风险。企业在和供应商(特别是大宗采购金额供应商)合作过程中,如果发现供应商因内部问题导致无法继续经营,应及时调整采购策略,并启动新供应商开发流程。

11.3.3 供应商的开发步骤

供应商开发根据行业、企业及供应链特性的不同而有所变化。但一般来说,大多采取以下几个步骤:

(1) 确定关键供应商。制造商决策层首先应对企业提供的产品和服务做出全面系统的评价,确定对企业采购具有战略重要性的关键供应商。根据制造商所购买的产品数量大小和附加值高低,可将供应商分为战略供应商、重要供应商、有影响力供应商和无影响力供应商。战略供应商是人们应当重点关注并予以开发的关键供应商。

(2) 分析供应商绩效。在确定了关键供应商之后,制造商必须对各供应商的工作绩效进行评价和分析。供应商的绩效表现在其产品质量、成本、交货期、技术含量等方面。企业可根据供应商的供货数据进行系统的分析,找出存在的问题,查明产生的原因,采取提高的方法。

(3) 成立联合工作小组。供需双方必须建立一个联合工作小组来实施供应商开发战略。小组成员来自采购、质量、生产、工程技术等部门,小组成员必须有团结合作的精神,具有一定的专业技能。工作小组必须同时得到制造商和供应商最高领导层的支持。

(4) 确定关键开发项目。由于影响供应商工作绩效的因素很多,需要解决和待开发的项目也就十分繁多,因此工作小组必须深入企业,根据实际情况找出制约供应商能力的主要瓶颈,确定开发的关键项目。只有解决好这一问题,才能达到事半功倍的开发效果。

(5) 明确项目的开发目标。在确定了开发的关键项目之后,工作小组应当制定取得成功所要实施的具体指标。它主要包括成本降低率、质量提高率、交货期缩短率,另外还有关键产品、服务的绩效以及整个企业的运行效果等。

(6) 制订开发计划。任何一项活动要想取得成功都应当有一个周密的计划,供应商开发更是如此。这是因为这项活动涉及面广、持续时间长、影响范围大。因此,工作小组必须制订详细的供应商开发计划,同时还需考虑如何有效地分配企业的各种资源来实施这一计划。

(7) 监控实施状态，调整开发战略。为了保证开发计划的顺利实施，工作小组必须严密监控实施状态，并且快速反馈各种信息，以此来判断计划的执行情况，若有必要可及时调整开发战略，适应新的变化。

在进行供应商开发时，会存在以下一些问题：

①供应商方面存在的问题。这主要有供应商缺乏开发意识、缺少技术或人力资源等。如果买卖双方不存在全面的合作关系，没有形成战略联盟，那么供应商就可能不会专注于对其生产能力、工作绩效的改善和提高。其可能最初允诺制造商提出的改进建议，但在执行过程中由于需要克服的困难较大，遇到的阻力较多，就会采取消极的态度，这样一来很难取得成功。另外，一个企业所能利用和控制的资源是有限的，供应商也不例外。一些供应商即使采取积极的态度进行开发，但由于缺少工程技术、设备、信息、人力等资源要素也难以达到预期的效果。

②制造商（采购方）方面存在的问题。这主要表现在制造商缺乏积极性、增加额外工作、增大投资风险等方面。由于供应商开发所需时间相当长，整个过程需要持续不断地进行。当制造商看不到潜在的利润时，就会失去开发的积极性。再者，由于供应商本身的问题，会有诸多不确定性，这使得供应商开发存在很大的风险，同样会使制造商对供应商开发的热情和力度大大降低。

③供需双方存在的问题。这主要有相互缺乏信任、组织文化的差异等。供应商开发能否取得成功，最大的挑战就是如何培养企业间的信任。供需双方的传统关系是一种对立关系，缺乏应有的信任，人们以此进行各种交往，就会造成许多不利局面，使企业成本居高不下。同样，组织文化的差异也深刻影响着各企业人员的思想和方法，在供应商开发中势必造成一些碰撞、冲突和摩擦，给开发工作带来许多不利的因素。若是在全球范围内实施供应商开发，将会面对影响更大的地区文化差异。

针对以上存在的诸多问题，应当在供应商开发中，根据实际情况，找出各种解决办法：制造商应积极与供应商建立战略合作伙伴关系，增强沟通，加强信任，共享各种资源；制造商应随时评估供应商的运作水平，在它们之中引入竞争机制，采取激励措施，并提供技术、资金、人才方面的支持和帮助；在开发过程中，先选定关键的、易见成效的薄弱环节组织实施，增强双方对开发工作的积极性，坚持循序渐进的工作方法，一步步地提高企业绩效。

11.3.4 供应商的开发调查

由于企业的供应库处在动态的变化之中，企业也需不停地对库内的供应商进行调整，努力寻求潜在的供应源，开发新的供应商，并对供应商进行调查。

1. 信息来源

一般来说，供应商的主要信息源有以下几种：

（1）现存的供应商。开发调查供应商的主要信息源来自现存的供应商。这个信息源的优势就是不需要去增加并且维持新的供应商，而且可以与已经熟悉的供应商合作，减少评价新供应商能力所用的时间等资源。但是采购的需求是不断更新的，人们对现存的供应商能满足新的采购需求的期望往往难以实现，从长远来看，这个信息源并非是最佳途径。如果没有看到其他来源的信息，采购经理可能永远不知道存在更好的供应商。因此，大多数企业选择持续地寻找新的供应源，并且将搜寻范围扩大到全世界。

（2）互联网。互联网是一个能提供大量信息的强有力的搜索工具。通过上网查询，采购方可以了解市场行情及供应商的情况。在信息时代和全球化市场来临时，对供应商信息的发现过程得到了前所未有的解放。网络平台为现代的采购部门带来了一条便捷的途径。通过搜索引擎搜索供应商，或者在电子商务平台上发布需求信息，都可以获得充分的供应商资源。

现在，很多供应商都开设了网站，提供产品和服务的详细信息。网络提供的信息费用很低甚至是免费的，而且信息量很大，对采购方和供应商来说都是低成本高效率的。要注意的是，这些信息都需要采购方仔细筛选和辨别，因为上网获得的信息毕竟是有关供应商的二手信息，有些信息准确度不高，甚至是虚假信息。采购部门应注意区别，且应及时把网上得到的资料进行归类，便于以后使用。

（3）行业杂志。行业杂志是另一个潜在供应商的重要信息源。每个行业都有该行业有价值的行业杂志，其中会包含该行业的技术进展和市场信息，而且基本每一类行业协会都会定时发布本行业内各类企业的相关情况，特别是最近一段时间业绩比较好的企业介绍，或者是有关物料、零部件、产品、工艺或服务等方面的革新发展。行业内企业也会利用这些杂志宣传本企业的产品和服务信息。因此，行业杂志往往是采购人员了解行业和供应商情况的很好途径。

行业杂志也有缺点，即时效性不强且不能全面地介绍产业内的所有供应商。采购人员可以参考这类杂志，并与其他供应商信息来源相互补充、佐证和修正。如果这类杂志比较多，采购人员还需要广泛涉猎与自己行业以及所采购物资相关的读物，同时也不能过于依赖文字表述来确定供应商，需要进行科学的选择。

（4）企业名录。企业名录也称为商业注册簿，类似企业黄页，但是内容却丰富得多。它会列出一些供应商的地址、分支机构数、从属关系、产品等，有时还会列出这些供应商的财务状况及其在本行业中所处的地位。一般企业聚集地区的管理部门会定时编制管理辖区内的商业注册簿。注册簿的分类索引主要是按商品名称分类，查找速度快，也比较直接，很多企业都以这种方式为主来联系供应商。

但商业介绍也有缺点，即由于版面的限制，很多商家只列出了简单的联系方式，至于产品性能、价格、技术参数、售后服务并没有具体写明。这就需要采购人员与其进行联系，并及时总结。另外，商业介绍在准确性与有用性方面差别很大，采购方使用时必须格外小心。

（5）产品发布会与展销会。产品发布会与展销会是与众多供应商交流、接洽的最有效率的方式。在会场中，各大供应商展示自身的优势与实力，相互交流信息。同时，也能够从中了解最新的技术发展，这是个不容错失的信息源。

（6）销售商。销售商是采购方能够接触到的重要信息源之一。其具备相关的特殊专业化知识，能为采购方提供合适供应源、产品型号、商业信息等方面的信息。通过与许多公司合作，销售商可以获知更多的产品和服务资料，这对采购方是很有价值的。

（7）其他信息源。除了以上的几个来源外，供应商的信息来源还有许多，如当地的114查号台、媒体广告、专业顾问公司、其他竞争者等都是可以获取信息的途径。此外，政府组织的各类商品订货会、各种厂商联谊会或同业工会、政府相关统计调查报告等都可以作为采购方获得供应商的相关信息的备选途径。采购部门应尽可能多地扩充信息源，以有助于寻找最佳的供应商渠道。

以上就是获取供应商信息的几种方式。当然，如果能通过较好的途径发布采购信息便可免去这么多麻烦的途径。但在特定的条件下，尤其是采购信息不方便公开发布以及所采购的产品市场上并不多见时，如何获取供应商信息还是十分重要的。另外，获取了供应商信息后，采购部门还应该及时建立供应商的分类档案，便于查用。

2. 调查内容

收集供应商信息的过程是比较长的，需要采购人员平时注意通过各种途径积累信息，以便有突发的新原料需求时能快速找到合适的供应商，保证企业的生产。收集供应商的相关信息是供应商选择的第一步,合作供应商不能依据获得的书面甚至间接信息来确定,选择过程需要进一步对供应商进行深入调查。通过分析企业的需求,对供应商进行调查的相关内容应该包括以下几个方面:

(1) 供应商的基本情况。

①企业的经营环境,主要包括企业所在国家或地区的政治、经济和法律环境的稳定性,进出口是否有限制,货币的可兑换性,近几年的通货膨胀情况、基础设施情况、有无地理限制等内容。

②企业的员工情况,主要包括员工的受教育程度、出勤率、流失率、工作时间、平均工资水平、生产工人与员工总数的比例等。

③企业近几年的财务状况,包括各种会计报表、银行报表、企业经营报告。执行这类调查需要有充分的供应商管理经历或者是专业的财务人员。对此项信息的初步调查,可以避免采购方进一步研究的耗费。财务状况和信誉等级的检查能够清楚地揭示出供应商是否有能力令人满意地履行义务。对保证供应的连续性和产品质量的可靠性及供应商财务状况的稳定性是非常关键的。

④企业在同行业中的信誉及地位,主要包括同行对企业产品质量、交货可靠性、交货周期及灵活性、客户服务及支持、成本控制能力等各个方面的评价。

⑤企业近几年的销售情况,包括销售量及趋势、人均销售量、本公司产品的市场份额。

⑥企业现有的紧密的、伙伴型的合作关系,包括与本公司的竞争对手、其他客户或供应商之间的关系。

⑦企业的地理位置,主要包括与本公司的距离和通关海关的难易程度。

(2) 供应商的设计、工程和工艺情况。

①相关机构的设立与相应职责。

②工程技术人员的能力,主要包括工程技术人员的受教育情况、工作经验、在本公司产品开发方面的水平、在公司产品生产方面的工艺水平、工程人员的流失情况等。

③开发与设计情况,主要包括技术是自行开发还是从外引进、有无与国际知名技术开发机构的合作、现有产品或者试制样品的技术评价、开发设计的实验情况、与顾客共同开发的情况、与供应商共同开发的情况、产品开发的周期及工艺开发程序、对采购商资料的保密等。

(3) 供应商的生产能力。其主要包括生产机构、生产工艺过程及生产人员情况。

①生产机构的设置情况及职能。

②生产工艺过程情况,主要有生产设备是否先进、生产能力是否充分利用、工艺布置、设备/工艺的可靠性、生产工艺的改进情况、设备利用率、工艺的灵活性、作业指导的情况、生产能力等。

③生产人员的情况,主要有职工参与生产管理的程度、生产现场管理情况、生产报表及信息的控制情况、外协加工控制情况、生产现场环境与清洁情况、厂房的空间距离以及生产作业的人力是否充足等。

(4) 供应商企业的管理制度。其主要包括生产流程是否顺畅合理、产出效率如何、物料控制是否计算机化、生产计划是否经常改变、采购作业是否对成本计算提供良好的基础。

(5) 质量控制能力。企业保证质量的能力是需要调查的重要方面,还要调查高层管理者对质量控制的认识。质量控制能力主要包括质量管理的方针、政策是否允许、质量制度是否得到落实、对安全事故的反应处理是否有预案、年度质量检验是否使用科学的统计技术、有无政府机构的评鉴等级等。

除此之外，采购方还应针对所采购物资的具体特性和要求，将调查的范围、内容、深度等适当拓宽，以适应其采购策略的需要。

3. 调查方式

常见的调查方式有问卷调查、面谈、实地考察等方式。

（1）问卷调查法。问卷调查是管理咨询中一个获取信息的常用方法。调查问卷从短小的表格到详细的说明，可以有不同的规格和多种样式。它们可以用来收集供应商的主观性数据，由于这种方式功能齐全，所以应用广泛。问卷调查法的关键在于如何设计问卷，使其能够恰当、高效地满足信息获取的目标。一般来讲，问卷内容既要简洁，又要覆盖关键信息，还要避免被调查者对敏感问题的猜疑。

（2）实地考察法。相对于问卷调查，企业对供应商进行实地调查是比较直观的方式。实地考察能够让采购团队充分获得有关供应商企业管理能力、技术能力、制造与配送能力等方面的第一手信息。企业可以只派出采购管理和工程技术代表，也可以派出财务、运营、质保、营销等方面的代表参与调查活动。例如，工程技术代表的任务就是检查和评估潜在供应商的技术能力。

11.4 供应商的选择

在得到供应商相关的信息后，采购部门要对供应商进行评价选择。其中供应商的选择是供应商管理的重中之重。供应商评估就是要对现有供应商在过去合作过程中的表现或对新开发的供应商做全面的资格认定，内容主要涉及供应商的价格、质量、服务等因素，然后据此对供应商进行分级管理。

11.4.1 供应商选择的流程

供应商选择是供应管理中的一个重要决策，目前在市场上，同一产品的供应商数目越多，供应商的选择就越复杂，这就需要有一个规范的程序来操作。一个好的供应商应拥有持续制造高质量产品的加工技术、拥有足够的生产能力以及能够在获得利润的同时提供有竞争力的产品。不同的企业在选择供应商时，所采用的选择步骤千差万别，但基本的流程应包含下列几个方面，如图11-2所示。

（1）分析市场竞争环境。若要建立基于信任、合作、开放、交流的供应链长期合作关系，采购方首先必须分析市场竞争环境。这样做的目的在于找到针对某种产品的市场来开发供应链合作关系。企业必须知道现在的产品需要什么、产品的类型和特征是什么，以此来确认客户的需求，确认是否有建立基于供应链的合作关系的必要。如果已建立供应链合作关系，采购方则需要根据需求的变化确认供应链合作关系变化的必要性，同时了解现有供应商的现状，分析、总结企业存在的问题。

（2）建立供应商选择的目标。企业必须确定供应商评价程序如何实施，而且必须建立实质性的目标。供应商评价和选择不仅是一个简单的过程，也是企业自身的一次业务流程重构过程。如果实施得好，就可以带来一系列的利益。

一般而言企业供应商评价的目标包括：

①获得符合企业总体质量和数量要求的产品和服务；

②确保供应商能够提供最优质的服务、产品及最及时的供应。

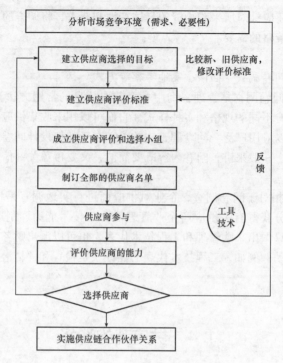

图 11-2　供应商选择的流程

③力争以最低的成本获得最优的产品和服务；

④淘汰不合格的供应商，开发有潜力的供应商，不断推陈出新；

⑤维护和发展良好的、长期稳定的供应商合作伙伴关系。

(3) 建立供应商评价标准。供应商评价指标体系是企业对供应商进行综合评价的依据和标准，是反映企业本身和环境所构成的复杂系统的不同属性的指标，是按隶属关系、层次结构有序组成的集合。一般根据三个主要的标准来评价供应商：价格、质量和服务。这三个绩效因素是影响最明显，也是最关键的方面。对那些需要对供应商的能力进行彻底分析的关键项目来说，则要进行更细致的供应商评价。

(4) 成立供应商评价和选择小组。供应商的选择绝不是采购员个人的事，而是一个集体的决策，需要企业各部门有关的人员共同参与讨论、决定，同时还应获得各个部门的认可。

供应商的选择涉及企业的生产、技术、计划、财务、物流、市场等部门。对于技术要求高、重要的采购项目来说特别需要设立跨职能部门的供应商选择工作小组。选择小组的组员应包括研究开发部、技术支持部、采购部、物流管理部、市场部和计划部，组员必须有团队合作精神，具有一定的专业技能。评价小组必须同时得到制造商企业和供应商企业最高领导层的支持。

(5) 制定全部的供应商名单。通过各项信息源收集的数据，了解市场上能提供项目所需物品的供应商，同时考虑地理位置、信誉、售后服务等因素，最终确定供选择的供应商名单。

(6) 供应商参与。一旦企业决定实施供应商评选，评选小组必须与初步选定的供应商取得联系，确认其是否愿意与企业建立供应链合作关系，是否有获得更高业绩水平的愿望。所以，企业应尽可能早地让供应商参与到评选的设计过程中。然而，企业的力量和资源毕竟是有限的，只能与少数关键的供应商保持紧密的合作关系，所以参与的供应商应该是经过精选确定的。

(7) 评价供应商的能力。为了保证评估的可靠，评价供应商的一个主要工作是调查、收集有关供应商的生产运作等各个方面的信息。在收集供应商信息的基础上，就可以利用一定的工具和技术方法进行供应商的评价。

在对供应商进行初步筛选时，首要的任务是要使用统一标准的供应商情况登记表，来管理供应商提供的信息。这些信息应包括供应商的注册地、注册资金、主要股东结构、生产场地、设备、人员、主要产品、主要客户以及生产能力等。通过分析这些信息，可以评估其工艺能力、供应的稳定性、资源的可靠性及其综合竞争力。在这些供应商中，剔除明显不适合进一步合作的供应商后，就能得出一个供应商考察名录。接着，要安排对供应商的实地考察，这一步骤至关重要。必要时在审核团队方面，可以邀请质量部门和工艺工程师一起参与，他们不仅会带来专业的知识与经验，共同审核的经历也会有助于公司内部的沟通和协调。

(8) 选择供应商。在综合考虑多方面的重要因素之后，就可以给每个供应商打出综合评分，选择出合格的供应商。

(9) 实施供应链合作伙伴关系。在实施供应链合作伙伴关系的过程中，市场需求将不断变化。企业可以根据实际情况的需要及时修改供应商评选标准，或重新开始对供应商评选。在重新选择供应商时，应给予新、旧供应商以足够的时间来适应变化。

11.4.2 供应商选择的指标

供应商的选择是一个多准则评价问题，是在对各个准则定量和定性分析的基础上对供应商给出综合量化指标，以选择最合适的供应商。通过多个行业的调查分析，对供应商的评价多集中在质量、交货期、批量柔性、交货期与价格的权衡、价格与批量的权衡、多样性等指标因素上。对于供应商来说，要想在所有的内在特性方面获得最佳是相当困难的，或者说是不可能的，一个高质量产品的供应商就不可能有最低的产品价格。因此，在实际的选择过程中必须综合考虑供应商的主要影响因素。

(1) 质量。质量是供应商选择的首要参考目标，也是采供双方合作达成的基本条件。质量指标主要是指供应商所供给的各类物资，包括原材料、初级产品或消费品组成部分的质量。通常情况下，采购方在与某个供应商合作之前，必然会考察该供应商所生产产品的质量。考察活动可能有样品质量检验、实际生产和质量监控流程的参观以及供应商质量控制体系的考评等。

采购物料项目质量包括样件物料质量和批量物料质量。如果一个企业的样件物料质量很好，但批量物料质量不高，也不能成为企业优先考虑的供应商。认证过程中的质量控制有初选供应商的质量认证、样件质量认证、小批量质量认证和批量质量认证。在样件质量认证和小批量质量认证过程中认证人员要牢记，样品的质量符合要求，并不代表小批量的质量也能符合要求。

在考察供应商的产品质量要求方面，采购方关键要看供应企业是否有一套有效执行的产品质量检验制度，即控制质量的能力。在对供应商的质量管理要求上，考察的因素包括质量管理方针、政策，质量管理制度的执行及落实情况，有无质量管理制度手册，有无质量保证的作业方案和年度质量检验的目标和改善的目标，有无权威评价机构的评鉴等级，是否通过了 ISO 9000 质量体系认证。

在关注质量认证的同时，企业还应该关注质量的定位标准。首先，要制定科学的质量标准，并不是质量越高越好，关键在于满足企业所要求的质量水平，如果质量水平过高，需要采购方支付相应的超质量成本，那么高质量可能会成为企业的负担，与企业的产品定位及竞争策略产生冲突；其次，要恰当处理质量与供应之间的关系，对于大批量和自动化不连续的供应商，要掌握质量把握的度；最后，也要关注质量和售后服务的关系，在关注质量的同时，也要考虑售后服务的质量。

（2）价格。在满足质量要求的供应商间选择时，采购方首先考虑的因素是各个供应商的报价。尤其是采用招标方式采购的标准件，价格更是决定哪几个供应商被选择的最关键指标。价格因素主要是指供应商所供给的原材料、初级产品或消费品组成部分的价格，供应商的产品价格决定了采购方或下游企业的产成品的价格以及整条供应链的投入与产出比，对生产商和销售商的利润率有相应程度的影响。在采购谈判中，价格经常是采供双方争执和博弈最激烈的一个环节。在采购中，了解供应商的成本结构和定价方法是不容易的，但这对于采购企业来说又是非常重要的。因此，企业可以用供应商提供的价格分析比较，找出性价比最高的产品。

①产品价值的评估方法。产品价值的评估方法主要有成本法、收益法、市场法三种。成本法是指计算物品的采购成本，包括物品的成本价格和采购费用。收益法不注重一项资产的取得或建造成本，而注重这项新资产带来收益的能力。对于一些存在于活跃的公开市场的、具有同类商品的可比信息的、有多家社会供应群体同时供应的产品，如服装等，通常只能采用市场法。对于这三种方法，采购者应充分考虑每项物品和资产的具体情况确定使用的评估方法，有时最佳效果的取得可能是几种方法的并用。

②影响供应商产品价格的因素。供应价格即供应商对供应商品的销售价格，其受成本因素和市场因素两个方面的影响。成本结构受生产要素成本的影响，如原材料和劳动力的价格、生产技术水平等，是影响价格的内在因素。市场因素主要受市场结构的影响，包括政治、经济、社会环境及技术发展水平等。企业常常被动地接受市场因素对价格的影响，供求关系是市场结构对供应价格影响的直接表现。

③供应商产品的定价方法。供应商制定产品价格有三种方法，即成本导向定价法、需求导向定价法和市场导向定价法。成本导向定价法是以产品的生产成本为基础确定供应价格，需求导向定价法是以市场价格作为自己的供应价格，市场导向定价法是结合市场因素及成本因素一起考虑的方法确定供应价格。其中，市场导向定价法最为常见。

（3）服务。供应商的服务包括售前服务和售后服务。售前服务包括产品说明、制造过程或材料规范、免费培训等；售后服务包括卖方提供机器设备等的安装和维修、操作和使用方法的教育培训、运送及退换产品等。如果销售过程中的相关服务跟不上，产生的相关问题会给采购企业带来诸多麻烦，轻者增加企业的物料成本和生产成本，重者影响生产的连续性和新设备的上马进度，给企业带来重大经济损失。因此，现在很多采购企业都很重视客户服务水平这一因素，它已成为供应商选择过程中的另一重要因素。

（4）交货能力。供应链管理的思想摒弃了传统企业与企业竞争的狭隘竞争理念，转为供应链与供应链之间的竞争。对于企业来说，供应链上的其他企业以及市场都是外在系统，它的变化或波动都会引起企业或供应链的变化或波动，市场的不稳定性会导致供应链各级库存的波动。而交货提前期的存在又必然造成供应链各级库存变化的滞后性和库存的逐级放大效应。交货提前期越小，库存量的波动越小，企业对市场的反应速度也越快，对市场反应的灵敏度也越高。由此可见，交货提前期是一个重要的概念。

交货能力的概念比交货提前期更为丰富。它包括交货提前期、交货准时性、对采购方变更交货数量和交货时间的反应水平等这些与准时按需交付满足采购方需求物资的所有能力。

交货准时性是指按照采购方所要求的时间和地方，供应商将指定产品准时送到指定地点。如果供应商的交货准时性较低，必定会影响生产商的生产计划和销售商的销售计划及时机。例如，沃尔玛为其供应商设定了交货时间窗，每个供应商必须在规定时间范围内（通常精确到分钟）交付沃尔玛超市所订购的商品，超过时间交付将会被拒收。这一交付条件就考验了供应商的交货准时水平。

(5) 供应商的地理位置。对于不同的物资，供应商的地理位置这一因素的重要性也不相同。如果物资的配送成本尤其是运输成本占采购方采购成本的比例越大，那么供应商相对采购商的地理位置就越重要；如果所采购的物资或设备需要采供双方频繁密切的配合，尤其是在供应商参与新产品开发的过程中，地理位置无疑也会给直接沟通的难易程度以及相应差旅成本造成直接重要的影响。另外，供应商所在的地理位置有时也决定了它获得某种原材料的稳定程度和价格水平，这可能直接影响采购商采购物资的进货成本，进而影响采购方对供应商的选择。最后，供应商的地理位置不同，各类自然灾害，如旱灾、涝灾、地震、台风等发生的风险也各不相同，如果采购物资易受这些灾害影响，那么供应商的地理位置就决定了它发生停产、减产甚至倒闭等风险的可能性，这些都应该考虑在供货伙伴尤其是长期合作伙伴的选择过程中。

(6) 供应商的信誉。供应商的信誉是供应商与本采购企业或其他买家合作过程中积累起来的声望。它可以看作是供应企业无形资产的组成部分，优秀供应商为了维护其良好信誉，按约保质保量地履行合同的愿望要远远高于那些声名狼藉的供应企业。

(7) 供应商的财务状况。采购企业的供应部门有时还会把供应商的财务状况纳入考核的指标体系中，原因在于制造企业供应部门担心本企业财务部门及时支付货款的比例不足。如果制造企业的货款支付制度是财务中心根据销售部门或其他资金进项的时间安排支付应付账款，而不是按照应付账款到达财务部门的时间去筹措相应资金，那么供应部门员工在选择供应伙伴时就不得不把对方的财务状况考虑在内。如果供应企业是其他条件优越而财务链条管理比较紧张的小型供应企业，而采购企业的份额又占供应商销售额较大比例时，采购企业财务部门拖欠货款可能给供应企业造成巨大风险，严重时甚至直接导致其停工停产以及双方的法律纠纷。而这种情况对于资金雄厚的大型供应企业来说问题就不会这么严重。

当然，上述指标的讨论还是基于传统的采供双方的供需管理模式。随着供应链管理、供应商关系管理、战略联盟等思想不断深入人心，供应商评选指标也渐渐由上述以价格和质量等为主的体系向有利于采供双方长期互利合作关系的方向转变。较之传统的指标体系和评选过程，新型供应链模式下的供应商评选指标体系更利于采供双方在动态、合作、竞争的环境中成为实现信息共享、风险共担的合作伙伴关系，实现对多变市场需求的快速反应。这时，供货柔性、供应商的技术创新能力、合作的态度、信息共享水平以及对市场的反应能力等都将成为采购方评价并选择供应链合作者的重要因素。

11.4.3 供应商选择的方法

供应商选择方法的研究大致经历了三个发展阶段：定性方法、定量方法以及两者相结合的方法。

早期的供应商选择方法采用定性方法，主观性较强，常常根据以往的经验和与供应商的关系判断。这种方法因缺少科学依据而较少被采纳。自 1915 年美国的电气工程师 Harris 首先提出经济批量 EOQ 模型后，Wilson 提出了同样的公式并分析了企业库存控制各种可能的应用，由此而扩展成各种模型。这时人们开始采用定量方法来选择供应商，目标是确定采购的经济批量以减小成本。

不久，人们发现影响供应商选择的因素不止这些，单单从库存成本的角度选择供应商是不能够满足要求的。Diskson 调查了 170 个采购代理和采购管理者的采购实践，总结出 23 个有关供应商的选择标准。Weber 等人扩展了 Diskson 的研究成果，通过对 74 篇有关供应商摘选文献做分析，发现绝大多数文献中都提到了价格、交货期、质量和能力准则，尤其在 JIT 采购中强调运输距离及准时交货的重要性，得出供应商选择问题是一个矛盾重重的多准则问题的结论。例如，较低的采购价格可能导致质量和交货可靠性的降低等，采购决策者必须衡量这些矛盾，选择最合适的供应商并合理分配采购资源。此后，供应商选择理论与方法的研究转向定量与定性相结合的方法。供应商选择的方法主要有以下几种：

1. 定性方法

（1）主观经验判别法。主观经验判别法是指通过实地调查、征询专业人士的意见，在综合分析下做出判断来选择供应商的一种方法。这种方法带有很强的主观性，缺乏系统性、针对性、科学性，因为主要是采纳有经验的采购人员的意见，或者直接由采购人员凭经验做出分析判断，所以该方法主要适用于专业性很强的产品或服务，或是非主要材料的采购，但在保证满足质量要求的条件下，一些具有较强洞察力的有经验的采购人员，通过主观经验判别法也可以选出合格的供应商。

（2）招标法。招标采购也是一种使用越来越广泛的采购方法，已经受到业界的普遍关注。所谓招标采购，就是通过招标方式寻找最好的供应商的采购方法，它是政府及企业采购中的基本方式之一。招标采购最大的特征就是其公开性，凡是符合资质规定的供应商都有权参加投标。招投标业务通常集中在建设工程、生产设备或资本品采购以及政府采购中。在政府采购过程中，强调公开、公平和公正的原则，招标采购方式具有不可替代的优势。在企业经营活动中，生产性原材料的采购或各类业务外包，也可以用招标来确定一个阶段的最佳供应商。

因为招标采购程序复杂，涉及面广，也会产生一定的人、财、物的耗费，所以并不是所有的物资采购都适合招标的方法。并且招标确定的供应商在合作过程中一般会产生短期行为，因此招标采购也会有一些缺点。

（3）协商选择法。在可选择的供应商较多、企业难以抉择时，可以采用协商选择法选供应商，即由企业先选出供应条件较好的几个供应商，同他们分别进行协商，以确定适宜的合作伙伴。协商选择法因双方能充分协商，在商品质量、交货日期和售后服务等方面较有保证，但由于选择范围有限，不一定能得到最便宜、供应条件最有利的供应商。当采购时间紧迫、供应商竞争不激烈、订购物资规格和技术条件比较复杂时，协商选择法较为合适。

2. 定量方法

（1）打分法。打分法是指根据采购方所设置的评估供应商的各项指标（如产品质量、技术服务能力、交货速度、快速反应、产品价格、供应商信誉、生产设备等）的评分标准（如很差为 0 分，差为 1 分，较好为 2 分，良好为 3 分，优秀为 4 分，并赋予各分值具体明细要求），对评估供应商的各项指标进行打分，然后根据采购方对不同指标的重要程度赋予不同的权数计算综合得分，在对未能纳入考核指标的其他各种定性因素的综合考量下依据得分选择供应商。

评分法的操作流程如下：
①针对要采购的资源和内部客户要求列出评价指标和相应的权重；
②列出所有的备选供应商；
③由相关人员对各供应商的各项指标打分；
④对各供应商的所有指标得分加权求和得到综合评分；
⑤按综合评分将供应商排序，选择得分最高，也就是综合评价结果最好的供应商。

（2）采购成本比较法。对于采购商品的质量与交付服务均满足要求的供应商，通常对其进行采购成本的比较。采购成本一般为售价、采购费用、交易费用、运输费用等各项支出的总和。采购成本比较法通过计算分析各个供应商的采购成本，选择采购成本最低的供应商。

供应商选择中，一般一种主要物料选择 2~3 家供应商同时供货，同时一家供应商承担的份额一般不超过该种物料采购总量的 40%，而且也不能超过该供应商产能的 50%，这样既可以保证供应的稳定性，又可以保持较低的管理成本和采购价格。对供应商的选择要适合企业自身近、远期发展的需求，同时在供应商销售总额中占比较大的比重。这样，作为供应商的大客户会在生产排期、售后服务、价格谈判等方面得到足够的重视。量小的辅助性材料可以打包采购以提高议价能力，目前选择系统供应商或提供一站式服务的全面供应商是供应商培育和管理的一个发展趋势。

（3）层次分析法。层次分析法（Analytic Hierarchy Process，AHP）是美国匹兹堡大学运筹学教授萨蒂（T. L. Saaty）于20世纪70年代初，在为美国国防部研究"根据各个工业部门对国家福利的贡献大小而进行电力分配"课题时，应用网络系统理论和多目标综合评价方法，提出的一种层次权重决策分析方法。这种方法的特点是在对复杂决策问题的本质、影响因素及其内在关系等进行深入分析的基础上，利用较少的定量信息使决策的思维过程数学化，从而为多目标、多准则或无结构特性的复杂决策问题提供简便的决策方法，尤其适合于对决策结果难以直接准确计量的场合。

AHP 的基本思路与人分析、判断一个复杂的决策问题的过程大体上是一样的。该方法在供应商选择领域也得到了广泛的应用，克服了打分法将各备选方案同时判断、难以给出准确的相对优劣判断结果的困难，同时，也非常便于确定准则（或指标）的相对权重。

应用 AHP 的步骤如下：
①分析系统中各因素间的关系，建立系统的层次结构；
②对同一层次各元素关于父级层次中某一重要性进行两两比较，构造两两比较矩阵；
③通过两两比较矩阵，计算被比较元素对于该准则的相对权重，并进行矩阵的一致性检验；
④计算各层次对于系统的总排序权重，并进行排序，最后得到各方案对于总目标的总排序。

（4）线性权重法。线性权重法（Linear Weighting Models）是一种被普遍使用的解决单资源问题的方法，其基本原理是给每个准则涵盖一个权重，权重的大小表明其重要性，供应商的得分为该供应商各项准则的分数与其权重乘积的综合，得分最高者为最佳供应商。这种方法人为判断因素过大且不同的准则权重相同，这在实际中很少发生，因而缺少实际的应用价值。

（5）模糊评价法。模糊评价法选择供应商具有一定的优势，充分考虑现实世界中复杂多变的中介过渡现象，便于把原始的定性指标转化为定量指标，弥补了其他方法这方面的缺陷。但是供应商的选择本来是一个流动的程序，模糊评价法既没有考虑待评供应商的参考标准变动性，也没有考虑样本选择的科学性，只是在待选供应商、评价指标已经给定的环境下的一种评价方法，还不够完善。另外，还有一些学者围绕模糊理论，提出了将模糊聚类、模糊优选技术、模糊决策法等理论应用于供应商的选择中。

（6）数据包络分析法。数据包络分析法（Data Envelopment Analysis，DEA）是在相对效率评价概念的基础上发展起来的一种新的系统分析方法。它是1978年由著名的运筹学家查恩斯、库伯以及罗兹首先提出来的。它采用数学规划法，利用观察到的样本数据，对决策单元（如合作伙伴）投入与产出的科学性，特别是多个样本间的"相对优劣性"进行评价。它适合用于具有输入、输出量相类同的有效性评价。另外，张涛等人又提出了偏好约束堆 DEA 模型。

（7）数学规划方法。数学规划方法是解决单资源和多资源优化问题的一个很有效的方法，包括多目标规划、线性规划、混合整数规划等。对于数学规划方法在供应商选择中的应用，刘晓、李海越等人对前人的研究做了综述，详细而全面。他们将数学规划方法分为单目标规划和多目标规划，在此基础上又分成线性和非线性两种，以此分类进行综述，指出了各种研究方法的优缺点、适用范围、存在的问题。

除了上面提到的方法外，还有许多学者从其他角度提出了独特的供应商选择方法，如人工神经网络算法、遗传算法、网络分析法等供应商评价模型，基于综合评估法的应用软件系统，面向顾客需求的供应链合作伙伴选择模型，运用运筹学方法选择供应商等。

通过以上方法选定合格的供应商以后，并不是马上就能批量供货，还需试用和鉴定供应商所送达的样品，检测样品是否达到企业要求的既定标准。如果是有特殊要求的样品，还要采用专业的计量和检测设备进行检测。

11.5 供应商的认证

11.5.1 国际认证标准

国际标准化组织（International Organization for Standardization，ISO）是世界上最大的国际标准化组织。它成立于1947年2月23日，现有117个成员，包括117个国家和地区。

ISO现已制定出国际标准共10 300多个，主要涉及各行各业各种产品（包括服务产品、知识产品等）的技术规范。

（1）ISO 9000族标准。2000版的ISO 9000族标准包括4个核心标准和1个其他标准（9000、9001、9002、9003、9004）。其中ISO 9000——质量体系标准：要求企业如何对产品质量进行有效控制；ISO 9001——技术体系标准：要求企业如何对生产产品的技术应用进行有效控制；ISO 9004——环境体系标准：要求企业如何对生产产品对环境包括人的影响进行有效控制。

标准最基本的八项质量管理原则如下：

①以顾客为关注焦点。组织依存于其顾客，因此组织应理解顾客当前和未来的要求，满足顾客的要求，并争取超越顾客的期望。

②领导原则。领导者即最高管理者将本组织的宗旨、方向和内部环境统一起来，并创造使员工能够充分参与实现组织目标的环境。

③全员参与。各级人员是组织之本，只有他们的充分参与，才能使其才干为组织带来最大的效益。

④过程方法。将相关的资源和活动作为过程进行管理，可以更高效地得到期望的结果。

⑤管理的系统方法。针对设定的目标，识别、理解并管理一个由相互关联的过程组成的体系，有助于提高组织的有效性和效率。

⑥持续改进。持续改进是组织的一个永恒的目标。

⑦基于事实的决策方法。对数据和信息的逻辑分析或直觉判断是有效决策的基础。

⑧互利的供方关系。通过互利的供方关系，增强组织和供方创造价值的能力。

（2）ISO 14000标准。现在各种类型的组织都越来越重视通过依照环境方针和目标来控制其活动及产品和服务对环境的影响，以实现并证实良好的环境绩效。这是由于有关的立法更趋严格，促进环境保护的经济政策和其他措施都在相继制定并实施，各方对环境问题和可持续发展的关注也在普遍提高。

许多组织已经推行了环境的评审或审核，以评价自身的环境绩效。但是，仅靠这种评审或审核本身，可能还不足以为一个组织提供保证，使之确信自己的环境绩效不仅现在满足，而且将持续满足法律和方针要求。要使评审或审核行之有效，须在一个纳入组织整体的结构化的管理体系内予以实施。ISO 14000标准就是这样一套环境管理标准。环境管理标准旨在为组织规定有效的环境管理体系要素,这些要素可与其他管理要求相结合,帮助组织实现其环境目标与经济目标。如同其他标准一样,这些标准不是用来制造非关税贸易壁垒,也不增加或改变组织的法律责任。

ISO 14000 标准规定了对环境管理体系的要求,使组织能根据法律法规要求和重要环境因素信息来制定和实施方针与目标。本标准拟适用于任何类型与规模的组织,并适用于各种地理、文化和社会条件。体系的成功实施有赖于组织中各个层次与职能的承诺,特别是最高层管理者的承诺。这样一个体系可供组织制定其环境方针,建立实现所承诺的方针的目标和过程,采取必要的措施来改进环境绩效,并证实体系符合本标准的要求。本标准的总目的是支持环境保护和污染预防,协调它们与社会和经济需求的关系。应当指出的是,其中许多要求是可以同时或重复涉及的。

ISO 14000 标准规定了对组织的环境管理体系的要求,能够用于对组织的环境管理体系进行认证(或注册)和(或)自我声明。环境管理涉及多方面内容,其中有些还具有战略与竞争意义。一个组织可以通过对 ISO 14000 标准的成功实施,使相关方确信组织已建立了适当的环境管理体系。其他一些标准,特别是 ISO/TC207 制定的关于环境管理的各种技术文件,提供了环境管理支持技术的指南。

ISO 14000 标准规定了基于策划—实施—检查—改进(PDCA)的运行模式。PDCA 包含 4 个过程:策划是建立所需的目标和过程,以实现组织的环境方针所期望的结果;实施是对过程予以实施;检查是根据环境方针、目标、指标以及法律法规和其他要求,对过程进行监测和测量,并报告其结果;改进是采取措施,以持续改进环境管理体系的绩效。

(3) ISO 9000 与 ISO 14000 比较。ISO 9000 质量体系认证标准与 ISO 14000 环境管理体系标准对组织(公司、企业)的许多要求是通用的,两套标准可以结合在一起使用。

世界各国的许多企业或公司都通过了 ISO 9000 族系列标准的认证,这些企业或公司可以把在通过 ISO 9000 体系认证时所获得的经验运用到环境管理认证中。新版的 ISO 9000 族标准更加体现了两套标准结合使用的原则,使 ISO 9000 族标准与 ISO 14000 系列标准联系更为紧密。

ISO 9000 体系与 ISO 14000 体系有相似之处,ISO 9000 体系的一些方面经过部分修改就可与 ISO 14000 体系共用。但是,ISO 14000 体系与 ISO 9000 体系又有本质的不同。其主要表现在识别环境因素,评价重要环境因素,制定环境目标、指标、方案和运行程序对重要环境因素进行控制,识别并获取适用本企业的环境法律法规并定期评价遵守情况。这些是 ISO 9000 体系没有的,也是每一个企业都不可能通用的。

11.5.2 供应商认证体系的建立

1. 供应商认证体系建立的意义

供应商认证是稳定供应商关系、提升供应商能力、规范采购业务、降低采购风险和总成本的一种手段。不仅是对现有供应商的考核,也是对潜在供应商的选择。

供应商认证的意义有很多,从公司来讲,供应商认证有助于缩短产品开发周期,提高产品质量,规范采购业务,降低采购风险,简化采购流程,塑造公司形象,更有利于公司走向国际化等。但是,最主要的是,其意义还在于供应链管理被认为是企业第三利润的来源,而供应商认证正处于供应链管理的源头,必然会为企业带来利润。下面是几个利润的来源。

(1) 交易风险成本。

①规避因供应商主体资格不合法和与供应商交易无法律效力而带来的交易风险,如虚假增值税发票给公司带来的损失;

②降低质量风险;

③降低供货能力方面的风险,减少因供应商供不上货而造成停产所带来的损失。

(2) 产品开发成本。认证合格的供应商,可以早期参与企业产品开发,这样可以充分利用供应商的技术优势,降低产品开发费用及产品制造成本。

(3) 质量成本。

①质量风险成本;

②减少企业来料检验费,主要是降低来料质量控制(Incoming Quality Control,IQC)检验频率,甚至免检。

(4) 价格成本。

①优化供应商,寻找行业中最优秀的供应商,由于规模经济效益的影响,在同等质量的条件下,价格较低;

②要求供应商提供成本分析表,发现供应商产品成本中存在的问题,帮助供应商一起解决,减少不合理成本;

③稳定供应商的合作关系,供应商通过"学习曲线"可以降低产品成本。

(5) 商务运作成本。

①优化供应商,减少供应商的数量,从而减少供应商的管理成本;

②建立稳定的供应关系,减少交易磨合成本;

③简化流程,减少因为不必要流程带来的人力资源、管理等成本。

(6) 售后服务成本。

①通过认证的供应商,在售后服务方面会有更好的保障;

②减少索赔的发生,因此也会降低因索赔带来的成本。

因此供应商认证降低的产品成本,将更好地提高企业的经济效益。在当前经济形势下,增加销售来扩大利润,由于受边际收益递减的规律影响,可能付出的代价会很大,而通过供应商认证来降低采购成本,就会事半功倍。

由采购的利润杠杆效应可知,通过供应商认证为企业节省的每1元采购成本都会转化为1元的利润,而在其他条件不变的情况下,若公司的利润率为5%,那么要依靠增加销售来获取同样的利润,则需要多销售20元的产品。

2. 建立认证体系的原则

建立供应商认证体系的原则应分析企业自身的特点而制定。供应商综合评价的指标体系是企业对供应商进行综合评价的依据和标准,不同的行业、企业、产品需求和环境下的供应商评价应是不一样的。认证体系的原则还应根据采购项目而确定。采购项目就是要采购什么东西,不同的项目可以建立不同的认证评估体系。采购项目可以分为物料采购类、生产设备类、检测设备类、后勤设备类、动力设备类和服务类等。

认证评估内容要全面,不能只集中在评估要素的某一方面,如产品质量、价格、交货准时性和批量等,应形成一个全面的评估指标体系,以便对供应商做出全面、具体、客观的评价。评估的方面可以包括供应商的业绩、设备管理、人力资源开发、质量控制、成本控制、技术开发、用户满意度和交货协议等。

认证评估应该公开、公正、公平和科学。目前许多企业在供应商评估工作中存在个人权利太大,一人说了算的现象,主观成分过多。同时还存在一些个人的影响因素,容易产生消极的结果,有时往往根据对供应商的印象来确定。建立规范的评估体系可以有效解决这个问题。

第11章 供应商开发与选择

本章小结

供应商管理,就是对供应商了解、选择、开发、使用和控制等综合性的管理工作,并把供应商整合成为企业战略部分的重要内容。其中对供应商的了解是基础,选择、开发、控制是手段,使用是目的。

采购人员应站在全局的角度看待采购需求,根据自己对市场的了解及对产品与服务的采购经验和知识做出具体计划,还要了解供应市场的竞争态势。通常来说,采购人员应从宏观经济、行业、供应市场结构和供应商四个层面做分析。

供应商开发是指制造商为满足其长期或短期的供应要求而对供应商的生产能力或企业绩效进行开发提高的一系列活动。企业进行供应商开发的原因主要有:优化供应商结构;淘汰不合格供应商;满足客户要求;开发新产品或新工艺;降低供应商采购成本;增加备选供应商;寻求战略合作供应商;聚焦本地市场;推进产品国产化;降低采购风险等。

一般来说,供应商开发大多采取以下几个步骤:确定关键供应商—分析供应商绩效—成立联合工作小组—确定关键开发项目—明确项目的开发目标—制订开发计划—监控实施状态,调整开发战略。

供应商的主要信息源有:现存的供应商;互联网;行业杂志;行业名录;产品发布会与展销会;销售商等。调查内容包括:供应商的基本情况;供应商的设计、工程和工艺情况;供应商的生产能力;供应商企业的管理制度、质量控制能力等。常见的调查方式有问卷调查、面谈、实地考察等方式。

供应商选择的步骤:分析市场竞争环境—建立供应商选择的目标—建立供应商评价标准—成立供应商评价和选择小组—制定全部的供应商名单—供应商参与—评价供应商的能力—选择供应商—实施供应链合作伙伴关系。

供应商的选择是一个多准则评价问题,是在对各个准则定量和定性分析的基础上对供应商给出综合量化指标,以选择最合适的供应商。通过多个行业的调查分析,对供应商的评价多集中在质量、交货期、批量柔性、交货期与价格的权衡、价格与批量的权衡、多样性等指标因素。供应商选择的方法主要有主观经验判别法、打分法、协商选择法和采购成本比较法等。

供应商认证是稳定供应商关系、提升供应商能力、规范采购业务、降低采购风险和总成本的一种手段,既是对现有供应商的考核,也是对潜在供应商的选择。

案例分析

多角度评价半导体供应商采购决策更专业

半导体业的快速发展带来了更多新兴厂商的出现,以及越来越丰富的产品平台和方案选择,终端厂商早已不再停留在只能依赖某家厂商的元器件来保证生产的阶段,有了更广泛的选择余地,而它们在电子物料的采购中也更加理性。

"由于各家半导体厂商的方案和芯片不完全一样,终端厂商不是仅从品牌大小出发来选择产品,而是更加注重电子元器件产品的功能和性能,根据终端产品的定义来选择合适的元器件。"中兴通信手机产品体系硬件平台部部长朱东堂这样告诉记者。这种说法很具代表性,由于激烈的市场竞争,终端厂商不得不从最上游的元器件设计和采购环节入手来提升性能或价格竞争力。

一颗小小的芯片往往会影响到产品的成败,这是因为芯片的选择不仅与产品的设计方案相关，也与产品的成本密切相关。因此，厂商在元器件采购中倾向于选"对的"，而不是一味选"贵的"。深圳爱国者嵌入式系统科技有限公司采购经理于宪明告诉记者，在价格相差不是太大的情况下，采购商会优先考虑大品牌供应商，但如果价格相差太大，出于成本的考虑，可能就会选择最合适的供应商。

实际上，随着企业供应链管理水平的进步，终端厂商对供应商品牌的认知也发生了变化，在他们眼中，品牌不再是特指厂商在某一方面的表现，如知名度、厂商规模等，而品牌大小更不再是他们选择供应商的决定因素。华恒电子科技有限责任公司副总经理范斌认为，一家优秀的供应商应该拥有很强的技术实力和切合市场的产品线，并重视产品品质和技术支持，有良好的分销渠道。而综合所有接受采访的企业，评价一个供应商则包括了技术能力、质量控制、成本控制、交货速度、物流管理、技术支持、售后服务等多个方面，这些方面综合表现优异的厂商才能被评为优秀供应商。

其实，用天宇朗通副总裁肖朝君的一句话，可以概括采购商对半导体供应商品牌认识的进步，那就是对品牌品质的要求高于品牌价值，而品牌品质则取决于上述综合表现。而如果从半导体厂商的角度来看，要达到上述要求，不在于把品牌做大，而在于把品牌做强。

下面是几位公司商品领导对按半导体供应商选择的看法。

中兴通信执行副总裁助理、手机产品体系硬件平台部部长朱东堂

产品性价比更受采购商关注。终端厂商在方案的选择上会适当考虑供应商的规模与影响力，但在某一种器件的采购上，采购商会更多参考功能、质量、成本等多种因素。我们在评价和管理供应商方面有一套完善的机制，主要从 TCDQS 五个方面来评价供应商及其产品。T 即产品技术的先进程度；C 即成本因素；D 即交货周期；Q 即质量；S 即服务支持。我们会根据不同物料的差异来确定在采购工作中要关注的重点，如我们把物料分为瓶颈材料、关键材料和一般材料等几种，对不同的材料采购策略不同。对于一般材料，因为它是充分竞争的产品，我们会优先考虑成本；对于关键材料则把质量放在第一位；而对于瓶颈材料，就必须重视交货周期，因为这种材料虽然量不一定大，却是难以替代的产品，如果不能及时交货将影响到生产进度。我们将根据这几方面综合因素来评价优秀供应商。在技术上领先、长期以来能符合我们的战略，并能在成本、交期上提供足够的支持，在缺货时能够优先支持我们，而又能长期保证质量且服务到位的企业将被评为优秀供应商。

从我们的角度来看，半导体厂商的品牌影响力首先取决于其技术创新能力，因为创新能力决定了它们在行业的影响力。在半导体行业，有时一颗芯片的诞生就代表了一种新技术、新产品的出现，如在 IT 业有影响力的半导体企业都在技术上最具创新能力。另外，也有企业靠服务打开了市场，如在手机领域中，有的半导体厂商提供的整体解决方案无疑在服务上开创了新的模式，受到了业界的欢迎。

深圳爱国者嵌入式系统科技有限公司采购经理于宪明

半导体厂商应重视及时交货能力。在采购过程中，半导体器件供应商的品牌价值会影响采购经理的采购决策。因为在行业里，大部分人都知道哪些是著名品牌，大家认为品牌就代表了质量、代表了产品性能的可靠程度，所以在采购过程中会适当考虑产品的品牌因素。

一般终端产品都会利用一些品牌优势来说服客户。例如，在整体性能及功能类似或相同的情况下，如果价格没有优势，常会以主要元器件的品牌效应作为自己的优点（主要还是从可靠性、寿命等方面来说服客户），以便用元器件的品牌优势抵消价格较高带来的弊端。有时也会被厂商作为评价高低端产品的一项指标，用来打压竞争对手，对于较注重质量的客户尤其如此。

于宪明认为，评价供应商是否优秀，主要应从以下几点考虑：

(1) 质量情况。质量和成本是两个需要综合考虑的因素,而质量更为优先。如果质量不合格,可能会影响生产及交货,或者增加以后的服务成本。

(2) 服务。在采购及生产过程中,不可避免会出现一些原材料的质量问题,供应商是否能及时解决,从而不影响生产和交货是非常重要的。还有,采购方如果出现设计方面的问题,供方如能给予一定的技术支持也是一个重要因素。

(3) 交货情况。品牌厂商在这方面的表现会较差一点,多数可能会因供不应求而使交货期较长。而市场是不等人的,时间就是金钱。因为供方不能及时交货而延误生产,对于采购方来说影响会非常大。

(4) 供应商是否能不断提高自己。这既包括产品质量的提高,也包括通过提高工艺来降低成本。此外,半导体厂商能否用自己的专业知识来帮助采购商解决设计方面的缺陷,也很关键。

天宇朗通公司副总裁肖朝君

品牌品质高于品牌价值。终端产品的影响力来自产品真正的品质和实力,而要保证终端产品有过硬的品质水准,需要通过各个严格把控的环节来实现,并不是简单的品牌影响力的叠加。

物料是产品质量保证的源头。为了保证产品的源头质量,天语手机寻找最优秀的供应商,使用最稳定通用的器件,执行最可行的方案,用很严格的标准要求供应商。基于这样的合作理念,天语手机对"品牌品质"的要求要高于"品牌价值",我们认为在品质不断提升的基础上,品牌价值是会逐渐显现的。

天语手机有非常严格的供应商选择标准:只选择行业内全球排名前5位或国内排名前3位的供应商。尤其是在电子物料供应商的选择上,综合实力排名全球前3位的电子物料供应商才符合标准。在供应商的合作策略上,天语手机也倡导"择优、长线、稳定"的原则,因为良好的品质水准与先进的工艺水平也是天语手机对品质的要求。品牌合作的真正意义是进一步保证产品质量,这是天语手机选择全球前3位供应商的最核心目标。

天语手机选择的供应商必须通过 ISO 9001:2000/ISO 14000:2004/OHSAS 18000:1999 等管理体系认证,同时也要经过天语手机内部负责采购、质量、生产、研发等部门的综合审核与评估。通过多次文件审核以及现场审核,共同评估,按照公司标准进行综合评分。所有供应商都要经过这样的审核流程,才能进入天语手机的供应链体系。在供应商的管理上,天语手机也会根据实际的质量表现,每月对供应商进行综合评分。

思考:通过以上几位高层、领导的观点,谈谈你对供应商选择的看法。

习题与思考题

1. 企业加强供应商管理的意义有哪些?
2. 采购人员应该从哪些方面对供应市场进行分析?
3. 企业为何要进行供应商开发?
4. 企业一般会对供应商的哪些方面进行调查?
5. 企业进行供应商选择时,应该主要考察哪些指标?可采取的方法有哪些?

第12章

供应商绩效与关系管理

★ 学习目标

1. 了解供应商绩效管理的目的；掌握供应商绩效评估的原则、评估指标、实施步骤；熟悉供应商绩效评估方法。
2. 掌握供应商关系管理的含义与意义；了解供应商关系管理的发展趋势；熟悉供应商关系管理基本方法。
3. 了解供应商合作伙伴关系的概念；掌握战略供应商合作伙伴关系的特点；熟悉伙伴型供应商关系的建立途径与要素。
4. 了解供应商整合的概念与意义；掌握供应商整合的策略与途径。

★ 教学要求

教学重点：供应商绩效评估的原则、评估指标；战略供应商合作伙伴关系的特点。

教学难点：供应商绩效评估方法。

★ 引入案例

波音公司与其战略关系供应商

波音是世界最大的航空航天公司，通过考察波音公司商用飞机的业务情况，可以得知供应商关系在其全盘业务中的重要性。波音公司多年来一直把重点放在性能卓越的喷气机系列上，尽管每一架飞机都是由波音公司设计和制造的，但实际上全球的供应商们都为之做出了重要的贡献。长期以来，波音公司与日本的4家飞机制造公司：三菱重工业公司、川崎重工业公司、石川岛播磨重工业公司和富士重工业公司建立了良好的供应商关系。为了解波音公司与上述日本供应商的关系，要追溯到几十年前。当时，波音公司在日本第一次试销飞机，日本要求的附加条件是波音公司必须把某些有关的零件制造业务承包给日本的公司。为了打开和占领日本市场，波音公司的管理者接受了这个条件。这就使双方开始了一个动态的策略变化过程，最终形成了二者目前重要的相互依赖关系。事实上，日本这4家公司在宽体喷气式飞机的机体中已贡献了将近40%的价值，使用的专业技术和工具在许多方面都是全球最领先的。

12.1 供应商绩效管理

传统上，采购员都只是对重要供应商的来货质量进行定期检查，但没有一套对供应商进行评估的规范和程序。随着采购管理在企业中的地位越来越重要，供应商管理水平也不断提高，需要有更完善、更科学的绩效评估制度。对供应商的绩效评估需要对供应商进行有意识的监控，掌握供应商的详细情况，然后运用一定的评估指标对供应商进行评价。

供应商绩效管理的目的只有一个，就是当与合作伙伴的关系建立后，在供应链合作的实施运作中做到互惠互利。对合作伙伴的有效激励、帮助、奖惩和淘汰都必须建立在对伙伴企业的实际表现有一个全面系统了解和客观准确的评价基础之上。只有建立了完善的、系统的供应商绩效评估体系，对合作伙伴的业绩做出全面、具体、客观的评价，才能实行科学的供应链管理，从而实现良好的经营业绩。

12.1.1 供应商绩效管理概述

1. 供应商绩效管理的目的

供应商绩效管理是指对供应商各种要求所达到的状况进行计量评价的评估，同时也综合考核供应商的品质与能力。其主要目的是确定供应商的供应是否能够按照企业的要求按时完成订单，同时进行比较，发现、保留并巩固优秀的供应商，淘汰绩效差的供应商。确保供应商供应的质量、稳定货源、迅速开发新产品、及时准确提供配套服务，并且了解供应商存在的不足之处，将不足之处反馈给供应商，可以促进供应商改善其业绩，尽可能地降低本企业的运营成本。

简而言之，供应商绩效管理的目的是跨领域找到最好的供应商、加强供应商发展的基础、通过需求整合改善谈判地位。如此，一方面，企业可以确保供货质量，免除后顾之忧；另一方面，企业能够通过绩效分析，了解到整个供应环节存在哪些不足，从而及时做出调整。提高供应商的绩效，等于提升企业自身的竞争力。

2. 供应商绩效管理的基本原则

供应商绩效管理要从供应商和企业本身的运作情况两方面来进行评估，以确立整体的运营目标。确定整体的评价指标，不能孤立地单方面设定指标衡量一个供应商的绩效，而应在整体运作效益基础上，设定企业和供应商共同认可的考核标准。

（1）持续性原则。持续性原则即供应商绩效管理必须持续进行，要定期地检查目标达成的程度。定期对供应商进行考核，有助于供应商改进质量和服务，特别是优先供应商和一般供应商，当供应商知道会定期地被评估时，自然就会致力于改善自身的绩效，从而提高供应质量。建设供应商绩效衡量体系是一个长期的、持续不断的优化过程。日本著名企业丰田汽车公司，从初步形成供应商群体到形成独特的供应商网络，至少经历了十年，直到现在，其供应商体系依旧处在不断更新和完善之中。

（2）灵活性原则。灵活性原则即供应商绩效管理必须充分考虑各种外在因素的影响，按照实际需要，灵活地进行调整。例如，针对企业的长期战略目标、短期生产目标以及各供应环节的职责目标，应制定出相应的衡量指标与衡量手段。

（3）适应性原则。适应性原则即供应商绩效评估指标的选择要同企业的总体采购水平相适应。对于采购体系不健全的单位，刚开始可以选择批次、质量、合格率、准时交货等来控制和考核供应商的供应表现,而平均降价幅度则可用于考核采购部门的成本业绩。随着供应商管理程序的逐步健全、采购管理制度的日益完善、采购人员的专业化水平以及供应商管理水平的不断提高,采购绩效指标也就可以相应地系统化、整体化,并且不断细化。

(4)明确性原则。明确性原则即供应商绩效指标的选择要明确、尽量细化,要能得到自己、顾客及相关人员的认同,要可行。确定采购绩效指标目标值时要考虑以下几个前提:一是内外顾客的需求,尤其是要满足"下游"顾客,如生产部门、品质管理等的需要。原则上供应商的平均质量、交货情况等综合表现应该高于本公司内部生产与质量,这也是"上游控制"原则的体现。二是所选择的目标以及绩效指标要同本公司的大目标保持一致。三是具体设定目标时既要实事求是、客观可行,又要具有挑战性,要以过去的表现作为参考,更重要的是与同行的佼佼者进行比较。

(5)双赢原则。供应商绩效评估是为了建设"双赢"的战略合作关系。"指出缺点"和"找出毛病"是供应商绩效评估的重要目标之一,但绝不是为了指责或者淘汰供应商,而是为了帮助供应商做得更好。

3. 供应商绩效管理的准备工作

(1)成立评价小组。供应商绩效评估是在已经认可的、现有供应商中进行的表现考核,其目的是了解供应商的表现、促进供应商改进,并为供应商奖励、供应商优化提供依据。供应商绩效评估是企业的一项常规工作,应该公正、公平、公开。通过供应商业绩考核,能够及时发现供应商存在的问题,促进供应商持续改进,并不断优化采购渠道,因此就必须成立供应商评价小组。

企业建立一个专门的小组来控制和实施供应商绩效评估管理,小组成员来自采购、质量、生产、工程等与供应商合作关系密切的部门。这些成员要有团队合作精神以及一定的专业技能。评价小组应与初步选定的供应商取得联系,来确认它们是否愿意与企业建立供应商合作关系,是否有获得更高业绩水平的愿望,企业应尽可能早地让供应商参与到评选的设计过程中。然而,企业的力量和资源毕竟是有限的,只能与少数关键的供应商保持紧密的合作关系,所有参与的供应商应该是尽量少的。评选供应商的一个主要工作是调查、收集供应商生产运作等全方位的信息。在收集供应商信息的基础上,就可以利用一定的工具和技术方法对供应商进行评选。市场需求不断变化,企业可以根据实际情况及时修改供应商评选标准或重新开始供应商评价选择。

供应商绩效评估是一个非常复杂的过程,涉及品质数据、交货数据和成本数据等各种数据的采集,并需要进行大量的计算。此外,考核项目中还涉及主观项目的评分,需要不同部门不同的人员共同打分,所以一定要明确供应商绩效评估的部门和责任人员。

供应商考评工作常由采购人员牵头组织,财务会计、工程或生产人员、供应商、企划人员以及外界专家或管理顾问等共同参与,对有关数据进行整理和分析。

(2)建立完善的信息系统。完善的信息系统可以更好地实施供应商的绩效评估。完善的信息系统主要体现在两个方面:一方面,单一企业已经拥有了良好的信息化系统,包括良好的管理行为、计算机软硬件能力、人才资源等,具体应用包括企业级 OA 系统、ERP 系统、产品设计系统等;另一方面,以供应链主体企业为核心的,涉及供应链整体的信息系统。这涉及供应链企业之间的信息横向联合,使得供应链在信息系统的支撑下更加快捷和流畅。完善的信息系统,使得供应链主体企业能够更好地了解整个供应链的运行效率,便于企业发现供应链的瓶颈节点,并依此展开效率考核,同时体现供应链的动态性特征。

12.1.2 供应商评估指标

对供应商进行绩效管理,归纳起来有以下四大类指标值得参考:

1. 质量指标

采购商品的质量是否符合采购单位的要求,是采购单位进行商品采购时首先要考虑的条件。对于质量差、价格偏低的商品,虽然采购成本低,但会导致企业的总成本增加。

采购物品的质量水平是衡量供应商的一项最基本的指标,产品质量必须好且稳定,因为它会直接影响成品的质量。每一个采购商都有自己的质量标准要求供应商去遵从,供应商必须有自己的一个良好的质量控制体系,所提供的产品质量能够持续稳定地达到采购商的要求。

相关认证评估需要根据不同行业的供应商来具体进行。目前流行的认证体系主要有 ISO 9000、QS 9000、TL 9000、ISO 14000、OHSAS 18000、SA 8000 和各种安规认证等。ISO 9000 与 ISO 14000 在本书 11.5.1 中已经阐述,这里不再赘述。QS 9000 是汽车制造行业的通行证;TL 9000 是通信行业的通行证;OHSAS 18000 是劳工安全的认证体系,也是今后政府要求的认证体系之一;SA 8000 是航空行业的通行证;安规认证是产品的安全保证体系,目前在不同的国家有不同的具体要求,如美国有 UL,我国有 GB 或 3C,加拿大有 SAG 等。

衡量质量控制的相关指标有:关键工序是否设立了质控点及记录情况,检验人员素质情况,一年内获得国家级/部级科技成果奖情况,原材料主要技术参数具备检测手段情况等。此外,许多采购者都希望潜在供应商能够采用以鲍尔德雷治国家品质奖或 ISO 9000 标准为基础的质量评估体系。这些准则的广泛分布,使得许多供应商都受到鲍尔德雷治及 ISO 对质量定义的影响。

供应商质量指标主要包括来料批次合格率、来料抽检缺陷率、来料报废率等,其相关计算方法如下:

$$来料批次合格率 = \frac{合格来料批次}{来料总批次} \times 100\%$$

$$来料抽查缺陷率 = \frac{抽查缺陷总数}{抽检样本总数} \times 100\%$$

$$来料报废率 = \frac{来料总报废数(含在线生产时发现的)}{来料总数} \times 100\%$$

其中,以来料批次合格率最为常用。

2. 供应指标

供应商的供应指标又称企业指标,是同供应商的交货表现以及供应商计划管理水平相关的考核因素,其中最主要的是准时交货率、订单变化接受率和交货周期等。

准时交货率计算公式如下:

$$准时交货率 = \frac{按时按量交货的实际批次}{订单确认的交货总批次} \times 100\%$$

订单变化接受率是衡量供应商对订单变化反应灵敏度的一个指标,是指在双方确认的交货周期中供应商可接受的订单增加或减少的比率。其计算公式如下:

$$订单变化接受率 = \frac{订单增加或减少的交货数量}{订单原定的交货数量} \times 100\%$$

交货周期是指自订单开出之日到收货之时的时间长度,一般以天为单位来计算。

值得注意的是,供应商能够接受的订单增加接受率与订单减少接受率往往并不相同。其原因在于前者取决于供应商生产能力的弹性、生产计划安排与反应快慢、库存大小与状态(原材料、半成品或成品)等,而后者则主要取决于供应商的反应、库存(包括原材料与在制品)大小以及对因可能减少订单带来的损失的承受力。

3. 经济指标

经济指标主要考虑采购价格与成本。同质量与供应指标不同的是,质量与供应指标按月进行，而经济指标则常常按季度考核。另一个和质量与供应指标不同的是，经济指标往往都是定性的，难以量化，而前者则是量化的指标。

具体的考核点有：

(1) 价格水平。企业可以将自己的采购价格同本公司所掌握的市场行情进行比较，也可以根据供应商的实际成本结构与利润等进行主观判断。

(2) 报价行为。报价单内容主要分解成原材料费用、人工费用、包装费用、运输费用、税金、利润以及相对的交货与付款条件等，报价行为中要考核供应商报价是否及时，报价单是否客观、具体、透明。

(3) 降低成本的态度与行动。供应商是否自觉自愿地配合本公司或主动地开展降低成本活动、制订成本改进计划、实施改进行动，是否定期与本公司审查价格等。

(4) 分享降价成果。供应商是否分享降低成本的利益。

(5) 付款。供应商是否积极配合、响应本公司提出的付款条件、付款要求以及付款办法，供应商开出的付款发票是否准确、及时、符合有关财税要求。

4. 支持、合作与服务指标

考核供应商在支持、合作与服务指标的表现通常也都是定性的考核，一般来说，可以每个季度一次。考核的内容主要有反应灵敏度、沟通表现、合作态度、共同改进、售后服务、参与开发、其他支持。

(1) 反应灵敏度。供应商对订单、交货、质量、投诉等反应是否及时、迅速，答复是否完整，对退货、挑选等要求是否及时处理。

(2) 沟通表现。供应商是否派出合适的人员与本公司定期进行沟通，沟通手段是否符合本公司的要求。

(3) 合作态度。供应商是否将本公司看成是重要客户，供应商高层领导或关键人物是否重视本公司的要求、是否经常走访本公司，供应商的内部沟通协作是否能整体理解并满足本公司的要求。

(4) 共同改进。供应商是否积极参与或主动提出与本公司相关的质量、供应、成本等改进项目或活动，是否经常采用新的管理方法，是否积极组织参与本公司共同召开的供应商改进会议、配合本公司开展的质量体系审核等。

(5) 售后服务。供应商是否主动征询顾客意见，是否主动走访本公司，是否主动解决或预防问题发生，是否及时安排技术人员对发生的问题进行处理。

(6) 参与开发。供应商是否主动参与本公司的各种相关开发项目，在本公司的产品或业务开发过程中表现的参与度。

(7) 其他支持。供应商是否积极接纳本公司提出的有关参观、访问、实地调查等事宜，是否积极提供本公司要求的新产品报价与送样，是否妥善保存与本公司相关的机密文件等以免泄露，是否保证不与影响本公司的切身利益的相关公司或单位进行合作等。

12.1.3 供应商绩效评估方法

有了合适的标准，还需要选择合适的评价方法。供应商考核的评价方法很多，目前采用的主要方法有模糊综合评价法、作业成本法、层次分析法、数据包络分析法、线性权重法、采购成本比较法、招标法、德尔菲法等。

供应商评价目的是对现有合格供应商各方面的实际表现，如质量、交货、服务等进行定期的检测、考核，据以做出供应商分类管理决策。合理评价、选择合格的供应商，对于保证物资供应

第 12 章 供应商绩效与关系管理

质量、降低采购成本、提高我国生产企业的整体效益具有十分重大的作用。供应商的评价与选择，可以运用一系列的定性和定量相结合的方法来辅助采购决策。下面介绍几种常用的供应商绩效评估方法。

（1）平衡计分卡（BSC）。平衡计分卡（Balance Score Card，BSC）是绩效管理中的一种新工具，适用于对一个组织或部门绩效的考核，也适用于供应商的选择和考核。BSC 是 1992 年由哈佛大学商学院教授罗伯特·S·卡普兰（Robert S. Kaplan）和复兴国际方案总裁戴维·P·诺顿（Daid P. Norton）最早提出的，与企业战略相关联的全面绩效管理体系。BSC 是一种全方位的、包括财务指标和非财务指标相结合的策略性评价指标体系。平衡计分卡最突出的特点是：将企业的远景、使命和发展战略与企业的业绩评价系统联系起来，注重将企业的使命和战略转变为具体的目标和评测指标，以实现战略和绩效的有机结合。

平衡计分卡分别从 4 个视角分析评价一个组织的绩效，如图 12-1 所示。

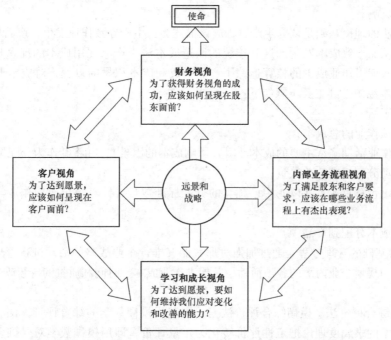

图 12-1　BSC 4 个视角和企业的愿景、战略和使命的关系

①财务视角：净资产收益率、总资产周转率、资本增值率等；
②客户视角：客户满意率、合同准时率、优质项目率、投诉降低率等；
③内部业务流程视角：技术、生产效率、设备利用率等；
④学习和成长视角：学习与创新（产品与服务的创新与员工能力提高）、员工满意度、员工保持率、创新数目、合理化建议数等。

在应用 BSC 选择和考核供应商时，可以将采购业务和企业资源战略乃至竞争战略转化为平衡计分卡。BSC 强调，选择与考核供应商不能只考虑成本因素，还应该对供应商的其他方面（如其内部运作流程的严谨性和效率、其成长潜力和学习能力、其市场声誉等）进行多个视角的考察。所有这些考察的视角以及相应指标的重要程度，都应该对应于企业的资源战略和市场竞争战略。

（2）作业成本法。作业成本法（Activity-Based Costing，ABC）是由 Robin Cooper 和 Robert

S. Kaplan 在借鉴了前人的研究成果并结合他们自己多年的研究成果后，于 1988 年首次提出的。它是一种对所有作业活动进行追踪动态反映，计量作业和对象的成本、评价作业业绩和资源利用情况的成本计算的管理方法。它以作业为中心，根据作业对资源耗费的情况将资源成本分配到作业中，然后根据产品和服务所耗费的作业量，最终将成本分配到产品与服务中。

作业成本法的提出受以下因素的影响：

①直接成本在产品成本中的比例大幅下降，而间接成本在产品成本中的比例大幅上升；

②形成间接费用的成本动因多样化；

③由于因素①和②的变化，传统作业成本法极大扭曲了企业的成本信息，扭曲的成本信息必将引起决策的失误，从而使损失增大；

④随着计算机技术、网络技术和信息技术的发展，实施 ABC 的成本大大减少，这使得 ABC 的实施成为可能。正是基于上述原因，ABC 于 20 世纪 80 年代中后期被提出后，在理论界和实务界引起了极大反响。

作业成本法的理论基础是认为生产过程应该描述为：生产导致作业发生，产品耗用作业，作业耗用资源，从而导致成本发生。这与传统的制造成本法中产品耗用成本的理念是不同的。如此，作业成本法就以作业成本的核算追踪了产品形成和成本积累的过程，对成本形成的"前因后果"进行追本溯源。其主要步骤如下：

①确定加工活动；

②预算每项作业的总成本；

③为每项作业活动确认主要的成本动因（影响成本的因素），并将其作为分配标准；

④预算每项分配标准的总数量；

⑤将②中已预算总成本除以④中已预算的分配标准数量，计算得出每项作业活动的成本分配率；

⑥把作业成本分配到产品中。

以 ABC 为基础的管理过程是通过加强对那些能够推行企业战略的活动进行管理，消除非增值的活动，统一规划企业内部的各项活动，并促进作业成本、时间和质量的持续改进，以取得更好的效益。

（3）模糊综合评价法。模糊综合评价法是一种基于模糊数学的综合评价方法。该综合评价法根据模糊数学的隶属度理论把定性评价转化为定量评价，即用模糊数学对受到多种因素制约的事物或对象做出一个总体的评价。它具有结果清晰、系统性强的特点，能较好地解决模糊的、难以量化的问题，适合各种非确定性问题的解决。

模糊综合评价主要分为两步：第一步，先按每个因素单独评判；第二步，按所有因素综合评判，其基本方法和步骤如下：

①建立因素集。因素集是以影响评判对象的各种因素为元素所组成的一个普通集合，通常用大写字母 U 表示，即

$U = [u_1, u_2, \cdots, u_i]$，各元素（$i = 1, 2, \cdots, n$），即代表各影响因素。这些因素都具有不同程度的模糊性。

②建立权重集。各因素的重要程度一般不相同，因此不可等同看待。为了反映各因素的重要程度，对各因素应赋予相应的权数 a_i（$i = 1, 2, \cdots, n$），由各权数组成权重集合 $A = [a_1, a_2, \cdots, a_i]$。

③建立备择集。备择集是对评判对象可能性做出各种评判集合的总体。模糊综合评判的目的，就是在综合考虑所有影响因素的基础上，得出最佳的评判结果。

④单因素模糊评判。单独对一个因素进行评判,求得评判矩阵 R,以确定评判对象对备择集元素的隶属程度。

⑤模糊综合评判。综合考虑所有因素的影响,即将单因素模糊评判结果和其权重组合进行综合评判。

12.1.4 供应商绩效评估的实施步骤

供应商绩效评估是对供应商工作进行全面系统的评价、对比,从而判定供应商供应水平的做法。评估考核一般依据事先制定的审核评估标准或表格,对供应商实际供应情况逐项检查打分,依据实际得分对照同行或世界最好水平找出供应商的薄弱环节,并进行相应改进。

通过对供应商的绩效评估,提高其在质量、供应、成本与交割、支持、合作与服务等指标的能力,与供应商进行信息交流。

供应商的绩效评估步骤如图 12-2 所示。

(1) 划分评估时间,明确评估目标。绩效评估时间一般为月度、季度、半年或年度,并明确不同时间的考核标准以及所涉及的供应商。绩效评估时间见表 12-1。

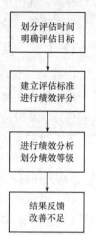

图 12-2 供应商的绩效评估步骤

表 12-1 绩效评估时间

评估时间	评估要素	评估对象
月度	质量、交货期	核心及重要供应商
季度	质量、交货期、成本	大部分供应商
半年或年度	质量、交货期、成本、服务、技术合作等	所有供应商

分时间段考核的目的在于抓重点。参照公司战略、经营计划、工作目标、上次供应商绩效评估目标、关键工作、最新工作描述、职位说明等制定目标。对核心重要的供应商进行关键指标的高频次评估,以保证能尽早发现合作过程中的问题,对大部分供应商则主要进行季度评估和年度评估。通过扩充要素进行较为全面的评估。

(2) 建立评估标准,进行绩效评分。首先,对供应商整体服务能力进行评估。先把所要采购的产品进行分类,对于不同类别的供应商建立不同类别的评估准则,给每个评估指标分配分值和相应的权重。公司根据自身性质的不同建立合适的指标体系,并在不同发展阶段制定相应的侧重点。具体指标上,要力求简单、实用、平衡。

其次,对供应商合同执行能力进行评估。通过对供应商整体能力的评估,已经基本明确了该供应商在企业供应商群中的位置,为了进一步考核供应商的服务能力,企业需对供应商的合同执行能力进行考核。此时,企业需提供一个考核指标及相应权重。

(3) 进行绩效分析,划分绩效等级。通过对供应商绩效得分的分析,来划分供应商等级,即通过计算此次考核的评分和总体排名情况;与类似供应商的评分情况进行对比分析;与供应商的历史绩效对比分析这三个层次对供应商进行分级。此外,企业根据自身业务量、供应商数量等因素可将供应商分为不同等级,根据供应商所处等级的不同可以清楚地衡量每家供应商的表现,从而采取不同的管理策略。

(4) 结果反馈,改善不足。把绩效考核的分析结果反馈给供应商,让其了解自身的优点和不足,并且提出明确的采购目标,改善目标一定要明确,让供应商将精力聚焦在需要改善的主要方面。例如,绩效评估之后,可能该供应商有 5 项指标做得不好,企业会将希望供应商改善的两项指标及企业所希望达到的水平反馈给供应商,让其在下个周期重点改善这两项指标,而不是其他三项指标,从而让供应商的努力同企业的期望达成一致。

12.1.5 供应商绩效评估后的处理

1. 供应商分级管理

根据供应商评估的结果,对供应商进行级别划分,根据供应商划分出的五个级别对供应商进行管理,及时改进企业与供应商的合作策略,解决市场变化带来的问题,避免损失及规避风险。五个级别为认证级、优秀级、合格级、准入级、不及格级。

(1) 认证级供应商:是指那些在产品质量管理控制体系等方面已经与企业的质量管理体系(在采购公司标准基础上)合为一体的供应商。

(2) 优秀级供应商:是指那些已经为企业满意地完成了试订单交货,在实践中证明了其能力和积极性,从而比"被认可的供应商"更让公司信任的供应商。这些供应商能够始终如一地按照企业在质量、交货、价格和服务等方面的要求提供供应服务,并积极地对公司的额外要求(如数量和规格方面的变化等)做出有效率的响应,甚至主动提出更好的解决方案,寻找更好的满足公司需要的方法,并就将要出现的、可能会影响产品供应的问题事先提供有关信息。

(3) 合格级供应商:是指那些已经达到企业的筛选、评价和选择标准要求的供应商。

(4) 准入级供应商:是指进入供应商管理系统的供应商。

(5) 不及格级供应商:这部分供应商可考虑淘汰掉。

2. 供应商绩效改进措施

(1) 供应商激励。对供应商实施有效的激励,有利于增强供应商之间的适度竞争。保持供应商之间的适度竞争及对供应商的动态管理,提高供应商的服务水平,可降低企业采购的风险。制定对供应商的激励标准需考虑以下几方面因素:

①企业采购物资的种类、数量、采购频率、采购政策、货款的结算政策等。

②供应商的供货能力,可以提供的物品种类、数量。

③供应商所属行业的进入壁垒。

④供应商的需求,重点是现阶段供应商最迫切的需求。

⑤竞争对手的采购策略、采购规模。

⑥是否有替代品。

考虑上述因素的目的是针对不同的供应商为其提供量身定做的激励方案,以达到良好的激励效果。

按照实施激励的手段不同,可以把激励分为两大类:正激励和负激励。所谓正激励,就是根据供应商的绩效考核结果,向供应商提供的奖励性激励。目的是使供应商收到这样的激励后,能够"百尺竿头,更进一步"。负激励是对绩效考核较差的供应商提供的惩罚性激励,目的是使其"痛定思痛"或者将该供应商清除出去。常见的正激励有延长合作期限、增加合作份额、增加合作的物品种类、提升供应商级别、书面表扬、颁发证书或锦旗、现金或实物奖励等。常见的负激励有缩短合作期限、减少合作份额、减少采购的物品种类、业务扣款、降低供应商级别、依照法定程序对供应商提起诉讼以至淘汰。

现今正处于一个复杂的商业环境中,单方面地进行正激励或负激励,可能不会收到理想的激励结果。本章列举一些常用的激励措施。

①竞争压力。竞争压力又称强制竞争,是指组织运用市场力量通过实施多元供应源来引入

竞争压力。通过运用多元供应商提供同一个部件，公司就能从容地分配业务采购量，绩效表现最好的供应商能够获得最大的采购量。这将激励其他供应商去提升质量，同时对优异的供应商继续保持压力，从而避免绩效的恶化和衰退。

②市场激励。为了激励供应商，买方组织应该经常提供激励。如果供应商获得提升，买方公司会做出承诺并且履行，包括对当前利益的许诺，如更大的业务量；对未来业务优先考虑的许诺。其包括节约成本的共享，考虑扩大业务量和未来业务关系，并通过奖励来认可供应商的进步和提升。

③评估和认证系统。买方公司和供应商关于当前和未来所期盼的绩效的感知影响整个供应链的绩效。日常的供应商评估和反馈将会确保供应商清楚地知道自身绩效和顾客组织对绩效的预期。买方公司运用正式的供应商评估系统和供应商认证项目来表明它们的期望并且激励供应商提高绩效。

④直接参与。组织采取积极进取的方式通过直接参与来发展供应商。直接参与可以通过下列几方面得到体现：采购公司在供应商运营中进行资本和设备投资，如对固定设备和金属模具的投资；制造商可能会部分购买供应商公司。这样的直接参与包括了采购方公司的大规模财务投资；买方公司也可能针对供应商绩效对人力和组织资源进行投资。

⑤实施免检措施。免检是采购方给予供应商的最高荣誉，显示出对供应商的高度信任。采购商的免检行为是对供应商的极大激励。免检措施的实施必须建立在确保产品质量的基础之上且稳妥进行，免检措施一般包括免检考核期和免检期两个阶段。

一是免检考核期。时间在3个月左右，须进行严格的全检或抽检。如全检或抽检的不合格率低，则可降低抽检的频次，直到不合格率几乎降为零，保持不合格率为零一段时间后，便可实行免检。二是免检期。免检期间应经常随机抽检，抽检的结果如果满意，则继续免检；如出现问题，则须增加抽检频次，加大抽检的强度，甚至取消免检。

⑥信任激励。建立合作伙伴关系的前提就是相互信任。因此，企业之间必须建立一种相互信任的关系，以维持企业之间的长期合作关系。信任关系主要有以下几种：

a. 合同信任关系。其主要是信守诺言，如准时交货、准时付账、保持信誉度。

b. 竞争信任关系。取决于企业执行一项职能时技术和管理方面的竞争力。

c. 良好愿望信任关系。

⑦信息共享激励。信息共享对供应链的激励实质属于一种间接的激励模式，但是它的激励作用不可低估。信息共享是供应链管理的特色之一，是激励供应商的重要手段之一。建立一种信息沟通的渠道或系统，能保证需求信息在供应商与企业之间畅通和准确地传递。要实现信息共享需应用信息共享相应技术，如条码技术、扫描技术、电子收款系统和电子数据交换集成，并且要充分利用互联网的优势，在供需双方之间建立一个畅通的信息沟通桥梁和联系纽带。

信息交流有助于减少投机行为，有助于促进重要信息的自由流动。如果供应商能够快捷地获得制造商的需求信息，就能够主动采取措施提供优质服务，满足采购企业的要求。同时，如果采购商能够及时了解供应商的信息，就能够有效解决逆向选择问题，挑选到最优秀的供应商，这对在合作双方之间建立信任有着非常重要的作用。因此，在新的信息不断产生的条件下，企业必须始终保持着对信息的了解欲望，通过信息共享达到双赢的目的。

新产品或新技术的共同开发和共同投资也是一种激励政策，它可以让供应商全面掌握新产品的开发信息，有利于新技术在供应链企业中进行推广和开拓供应商市场。

传统管理模式下，制造商独立进行产品的研究与开发，只将零部件的最后设计结果交由供应商制造，供应商没有机会参与产品的研究与开发过程，只是被动地接受来自制造商的信息。这种合作方式最理想的结果也就是供应商按期、按量、按质交货，不可能使供应商积极主动关心供应链管理。反之，供应商可能会帮助采购商提出对新产品方案有用的建议，可能会使双方达到双赢的合作目的，这就形成了一种激励策略。

这几种方法不但不是相互排斥的，而且是可以实现互补的。因此，可以针对供应商的发展采取整合途径的方式。这种做法并不是要从供应商中获取最低廉的价格，而是要在具有竞争力成本基础上将产品或服务质量的交付可靠性最大化。

激励由企业的供应商管理部门根据供应商绩效评估结果提出，由部门经理审核，报分管副总经理批准后实施。实施对供应商的激励后，要高度关注供应商的行为，尤其是受到负激励的供应商，观察其实施激励前后的变化，作为评价和改进供应商激励方案的依据，以防出现各种对企业不利的问题。对供应商激励方面的事务处理，适宜制定相关的制度来规范管理。

(2) 供应商参与产品开发设计。企业的新产品开发是企业参与市场竞争的关键。但随着市场竞争的激烈化、用户需求的多样化、市场环境变化的剧烈化，作为一种高技术含量、高风险、高度依赖团队配合的活动，新产品开发单靠企业自身力量已经远远不够，还必须充分利用外部资源。越来越多的企业已经认识到若供应商能参与到新产品开发中，能有效地借用供应商的经验与专门知识，弥补生产企业的资源或技术知识的不足，帮助企业形成缩短新产品开发周期、提高产品性能和降低费用以及改进设计等思路。

其中，需要注意的一个问题是：不可以让一个或几个供应商完全掌握一件产品的全部信息，这是为了避免随着产品销量的增加，企业的发展受制于掌握产品全部信息的供应商，甚至使其成为企业的竞争对手。例如，在汽车制造行业，离开了供应商，美国的三大汽车巨头再也没有能力独立研发、制造出一辆汽车来。因此，企业可以把不同供应商分配到产品开发设计的不同阶段，并对参与到不同阶段的供应商应承担的责任进行分配。这样，企业做到了与供应商的信息共享，也能为企业节省一部分人力、物力，多方参与一定程度上也增强了产品公认度。此时，企业应根据供应商的技术能力、企业自身的技术需求、该产品对其他零部件的影响进行分类研究，公司需讨论不同情况下供应商选择的参与时机。

(3) 与供应商信息共享。企业领导者都认识到，要管理好企业，必须处理好企业之外各方的关系。对于我国的经理人来说，有两类重要的外部合作者：一类是企业的供应商，另一类是社区。而与外部交流最主要的是信息，故与供应商信息共享变得很重要，哪些信息可以共享、哪些信息需要保密处理则成为企业决策的重要组成部分。与供应商信息共享能够高效满足消费者需求，进而可提高企业知名度。

为加强供应商与制造商的信息交流，可以从以下几个方面着手：

一是在供应商与制造商之间经常进行有关成本、作业计划、质量控制信息的交流与沟通，保持信息的一致性和准确性。

二是供应商和制造商经常互访。供应商与制造商采购部门应经常性地互访，及时发现和解决各自在合作活动过程中出现的问题和困难，建立良好的合作气氛。

三是使用电子数据交换（EDI）和网络技术进行快速的数据传输。

亚马逊网站就是一个范例。站在供应商的角度来看，它如何帮助买家？通过了解买家的要求、寻求满足要求的方法来帮助买家达到目标。这个网络巨人已经建立起内部供应链系统来管理其仓库、运输、入库和出库的货运、需求预测以及库存计划等。"它们在供应链流程的每个步骤上都实现了自动化，而且信息都是实时更新的。"迪尔纳和维格说，"这种战略优势使得它们能够在客户下单后的一分钟内选取最合适的配送中心来取货和运输。通过有效地管理库存和最优化运费支出，其就能更好地节省成本。更重要的是，这样做让客户很高兴。在下单后的一分钟内,客户就能看到他们的包裹会在何时运出、多久能运到,以及这些物品是一起运送还是会被分开运送等。"这就是与供应商信息共享的好处所在。

(4)供应商关系管理。供应商关系管理就是指采购方如何看待供应商。供应商绩效管理是供应商关系管理的基础,而供应商关系管理是为了提高供应商绩效成绩。二者是相互促进、相辅相成的关系。并不是所有的供应商都能与采购商保持战略结盟的关系,但是供应商关系的长期性的确使得投机主义逐步转变为一种双赢的利益共享。因此,作为采购人员职责的重要组成部分,供应商关系管理也应进行相应的改变。

传统供应商关系的特征有:①供应商量大且分散;②几乎不会建立特定关系;③认为供应商之间是相互竞争的,可相互替代;④没有正式的供应商行为评估;⑤以价格和质量为主要的选择标准,但还是以价格因素为主。

传统供应商关系的弊端有:①信息沟通不完整,是采购过程信息封闭的一种现象;②监控难度较高,因为供应关系没有体系化,导致监控困难;③协调不力,无法达成共识;④供应商应变能力不强,供应商对用户的需求变化反应迟钝,缺乏应付需求变化的能力。

大家总会看见这样的描述"我们与供应商的关系是双赢的合作伙伴关系"和"战略合作伙伴关系",甚至是"面向 21 世纪全天候的战略合作伙伴关系"。这样的口号有些空洞,是完全的以偏概全,企业不能和所有的供应商都成为战略合作伙伴关系。在绩效管理的基础上管理供应商关系即分类、精减、帮助、提高、淘汰。

分类:按照绩效考核结果所分出的等级对供应商关系进行管理(认证级、优秀级、合格级、准入级、不及格级)。

精减:各等级供应商数目。

帮助:有潜力的供应商(合格级、准入级)。

提高:表现较好供应商(认证级、优秀级)。

淘汰:没有开发的潜能,表现也不好的供应商(不及格级)。

目前,众多企业已经逐步认识到供应商关系管理的重要性,根据不同的采购物品和行业特点进行深入分析,积极建立供应商关系。关于供应商关系管理问题将在本章下一小节详细阐述,这里不再赘述。

3. 供应商淘汰

众所周知,劣质供应商使企业蒙受损失,而优质供应商却往往"要大牌"不肯降价,令企业在行业竞争中十分被动。按理说,企业应该与这两种供应商中断合作,然而目前的状况并非如此:很多企业一方面深受其害,另一方面却不得不勉强维持这种合作关系。这是因为,战略供应商关系到企业的存亡,还有一些供应商的更换牵涉面太广,风险较大。

许多效益不高的一级供应商之下还存在二级、三级供应商,而这些供应商在全国铺设的网络对企业的发展有所助益。如果仅仅因为其绩效考核不及格就淘汰,很容易牵动整个供应环节,同时影响到企业产品品质与销售的稳定性。因此,一个供应商是否应被淘汰不仅仅是通过绩效考核就能决定的,要经过方方面面的考量。淘汰供应商的目的不是单纯的淘汰,而是实现企业竞争力的持续优化。基于这一点,企业也不能单纯地以绩效论成败。在淘汰任何一个供应商之前,必须对企业在战略布局上的长远利益进行利与弊的权衡。

那么企业该如何淘汰使企业蒙受损失的供应商呢?

(1)供应商淘汰流程。供应商淘汰是企业的一件大事,美国《采购》杂志在 20 世纪 90 年代设立了"采购金牌"的奖项,至今已有 20 多年的历史,每年仅有一家企业获此殊荣。而每年摘得"采购金牌"的公司,都曾经历大幅度的供应商整合。不仅如此,很多大公司也经过大规模的供应商体系调整。从20世纪末到21世纪初,美国航空公司将原有的17 000多家供应商减少到2 000多家;哈雷摩托在十年内将自己的供应商减半,其中MRO供应商在1990年时,尚有3 000余家,到了2000年时竟然仅剩下3家主要供应商。那么,这些公司是如何一步步精减自己的供应商群呢?

当然,不同公司会有不同的组成部门,供应商淘汰流程如图12-3所示。公司则可根据自己的实际情况进行修改。

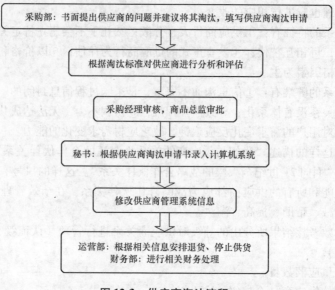

图12-3 供应商淘汰流程

(2) 供应商的淘汰标准。
①长期绩效水平在准入级和不及格级之间徘徊,且屡教不改。
②不思进取,不能提供全套服务。
③商品质量有问题、销售差。
④供应商跟采购部及门店的配合不好。
⑤与企业形象背道而驰。
⑥与企业的发展步调不能保持一致。
⑦采购额不大,存在较多的可替代供应商。

(3) 供应商淘汰注意事项。
①企业切忌盲目淘汰供应商。供应商淘汰固然是企业发展不可避免的一个环节,处理得好可能会使企业走上拨乱反正的康庄大道,但处理得不好也会使企业陷入发展困境,故切忌盲目淘汰供应商。例如,据《中国石化报》报道,管道公司建立供应商淘汰制度业绩引导订货机制,淘汰了38家不合格供应商。因此,在稳定物资供应主渠道的基础上,管道公司降低了采购成本,达到了所供货保质保量、及时入库的目的。反之,若该公司不考虑多方面因素,直接就哪一方面或哪几方面来淘汰供应商,很可能导致所需货物数量、质量、到达时间等的不确定。

②企业淘汰供应商时应雷厉风行。吉利集团曾经对其不合格又改善无效的供应商进行了一次大整顿。2006年年底,在内部的一次质量会议上,吉利集团果断宣布建立供应商淘汰机制。自2007年2月开始,吉利集团通过层层审核,最终将不合格又改善无效的供应商全部淘汰。可见,若是整个过程不够果断,不够深入彻底,则无法对绩效差的供应商予以震慑,不利于企业淘

汰供应商的最终目的。

③确保双方平稳度过非常时期。新、旧供应商的交替对于企业来讲，涉及供货的稳定性、客户的满意度以及企业的美誉度等一系列问题，供应商也是如此。所以，企业应尽量寻求一些公平、快速的措施，帮助双方尽快平稳度过"阵痛期"，将损失降至最低。确保供应商有序地退出、对客户零损失、将浪费和开支降至最低、结算记录足够清晰等。

④正确处理与被淘汰供应商的关系。正所谓"买卖不成仁义在"，企业应与供应商友好结束合作关系。一个项目的终止，并不代表今后没有其他的合作机会。企业与供应商在同一领域求发展，仅仅因为供应商曾为企业带来一些伤害而对其产生敌意或单方面采取某些强硬措施，不仅不利于企业的长期发展，也会引发来自其他供应商的信任危机。所以，在供应商触及企业底线时，企业应坦率而直接地发出警告信息。在选择结束合作关系时，应提前做出通知并从专业角度说出缘由，以示企业是为了解决问题，而非对供应商心怀怨恨。

供应商的淘汰从本质上来说，与供应商的改进一样，同属企业行为。而企业行为应当是理性的、富于建设性的，应当建立在使命感与社会责任感的基础上，故整个过程中最忌不顾大局随性而为。以个人的好恶来决定供应商的淘汰与否，势必导致所有的相关人员不得不与之共同承担不良后果。总之，淘汰供应商的整个过程讲究管理技术，同时也讲究沟通艺术。它所带来的破坏应降到最低，并应本着制造新气象的原则。因此，在当下的环境里，淘汰供应商不单纯是惩罚措施，而应成为一种符合企业发展战略的"大破大立"的战术。

12.2 供应商关系管理

选择了合适的供应商后，企业在采购过程中仍需要不断对供应商表现和相互关系进行评估和反馈。随着企业规模的扩大，传统的供应商关系管理已不再适应产品需求日新月异、充满客户定制化需求的竞争环境。企业为了实现低成本、高质量、柔性生产、快速反应，必须建立新型的供应商关系管理，并选择适合的供应商管理策略。

12.2.1 供应商关系管理的含义与意义

1. 供应商关系管理的含义

正如当今流行的 CRM 是用来改善与客户的关系一样，供应商关系管理（SRM）是用来改善与供应链上游供应商的关系的，它是一种致力于实现与供应商建立和维持长久、紧密伙伴关系的管理思想和软件技术的解决方案，旨在改善企业与供应商之间关系的新型管理机制，实施于围绕企业采购业务相关的领域，目标是通过与供应商建立长期、紧密的业务关系，并通过对双方资源和竞争优势的整合来共同开拓市场，扩大市场需求和份额，降低产品前期的高额成本，实现双赢的企业管理模式。

2. 供应商关系管理的优势

传统供应商关系管理的基本特征是供应商数目多，因此在选择供应商时往往采取招标压价的形式，其目的就是希望运用高压手段来控制、管理供应商。就算采购商与供应商建立了良好的合作关系，但应对成百上千的供应商会导致采购商精力分散以及管理费用提高，采购商与供应商最终只能维持简单的关系。

在供应商关系管理的形式下，采供双方有了共同目标。供应商成本的降低以及质量的提高都将成为采购企业需要考虑的问题。其中供应商关系管理体系的一个基本目标是将企业内部的工作流与供应商的工作流直接衔接,直接处理跨越二者的业务流程。例如,针对供应商的生产成本进行产品规格改进,针对供应商的销售成本和运输成本进行共同流程改进,针对供应商库存成本和管理费用重新设定服务水平等。所以,供应商关系正在从单纯的货物服务的提供者转变为买方的商业伙伴,采购企业更多地将从双赢的目的出发帮助供应商改进流程,降低营运成本,见表12-2。

表12-2 合作伙伴关系与传统供应关系的对比

合作伙伴关系	传统供应关系
采购总成本	最低价格
最终用户导向	产品规格导向
长期	短期,市场反应
机会最大化	避免麻烦
职能交叉小组,高层管理者参与	采购方责任
战略	战术
采购方与供应方互通长短期计划	双方信息基本不沟通

3. 供应商关系管理的意义

如何处理和供应商之间的关系,是现代企业对供应商管理中一个重要的课题。在过去的交易过程中,买卖双方的关系是短期的,并且是单独作业的,故都为自身的最大利益着想。但随着供应链观念的形成,越来越多的事实证明,那种通过压迫供应商以获得较低报价的供应商关系,不能给企业带来长远的利益,长期的、合作的、团队的、电子化的合作关系正在形成。对许多企业来说,与供应商建立战略性的关系,所带来的价值是难以估量的。许多对企业采购行为的研究报告显示,这些价值可能会包括:

(1) 提高收入。和供应商的合作可以协助企业比竞争对手更快或更早地向市场推出新产品,并有可能通过批量的缩小来实现个性化的服务,从而细分市场。

(2) 降低成本。除了从传统的价格方面,从供应商推荐的新材料的运用方面,也可以获得成本的降低。

(3) 资本扩张。与供应商的合作可以使企业更合理地使用自己的核心生产能力,也可以对企业界的库存水平做出更好的控制,从而提高企业的资本利用率。

(4) 提高客户满意度。与供应商合作,对企业提高质量、缩短交货时间、提高供货率,从而在总体上提高服务水平起着重要的作用。

(5) 降低风险。企业及时、安全地获得关键性原材料,可以降低供应链中的潜在风险和不确定性。另外,现代管理的理念对生产的柔性、企业的应变能力以及灵活性都给予极大的关注,企业逐渐把经营重点放在自身的核心业务上,这些理念都支持公司更多地借助外来的、在某个领域更专业的供应商,也就是更多地采取外包的战略。

12.2.2 供应商关系管理的方法

1. 直接判断法

在采购管理的最初阶段,直接判断法是一种较为常见的供应商管理方法。该方法根据征询和调查所得的资料,并结合人的主观分析判断,对供应商进行分析、评价和管理。显然,供应商的选择与否主要取决于原材料和零部件使用部门的经验和主观看法。这种方法的步骤主要是：首先，采购部门列出一系列重要的标准，使用部门对某个供应商根据每个标准打分，打正号、负号或是中性；在对供应商进行评判后，采购部门给供应商一个综合评分，再考虑是继续与其合作，还是另找新的合作伙伴。这种方法的缺陷主要表现为：依赖于评价人员的记忆和主观看法及经验，这往往会导致判断的偏差。

2. ABC 分类法

20 世纪 60 年代之后，随着供应商数量以及采购品种的增加，企业对供应商的管理逐步开始采用 ABC 分类法（帕累托分析法）。ABC 分类法将需要的产品或服务按其重要程度分为 A、B、C 三类。ABC 分类法实质上沿用了意大利经济学家帕累托（Pareto）的"80/20 效率法则"，即 20% 的产品或服务采购占用了 80% 的采购总支出。

运用 ABC 分类法可以识别对企业总采购成本与物流成本影响最大的产品和项目，能够使企业在确定供应战略时，优先考虑将有限的管理资源分配在投资回报潜力较大的产品上。对于 A 类产品，应建立一个长期库存管理系统，改进预测方法，详细分析和精确制定订货数量和补货时间，从而可以极大地提高库存成本管理绩效；对 C 类产品，可以分配比较少的管理资源；而对 B 类产品，则可以配置介于两者之间的管理资源。

确切地讲，ABC 分类法有助于企业将管理的重心集中于真正重要的方面，即占采购总支出（包括物流成本）较大的部分。但这种方法只根据一种标准把项目划分为 A、B、C 三类，明显忽视了其他重要的标准。同时，根据 ABC 分类法只能了解某一产品或服务对财务状况的相对重要性，而在面对复杂的市场环境和激烈竞争的供应商时，ABC 分类法将无法延伸到制定供应管理战略和战术。例如，催化剂和添加剂往往使用量不大，但是很重要，如果按 ABC 分类法管理，可能会被列入 C 类，那么一旦出现供应风险，可能会因造成生产的被迫中断而损失巨大。因此，ABC 分类法应用于供应商分类管理时有一定局限性。为此，现代战略采购管理开始使用另一种分析方法——供应细分法：这一工具在制定和实施供应战略方面得到了广泛的认可和应用。

3. 供应细分矩阵与供应商分类管理

1983 年，彼得·卡拉杰克（Peter Kraljic）创建了一个 2×2 的模型，根据供应市场的复杂性（风险）和采购品的重要性将采购产品分为四个类型，并依据采购品隶属的类型，采用不同的采购策略和相应的供应商关系管理方法。

（1）供应细分矩阵。在建立供应细分矩阵之前，企业需要分析所有采购产品或服务供应风险（或供应稳定性）与支出情况。图 12-4 所示为供应细分矩阵。

图 12-4 供应细分矩阵

图 12-4 中的 X 轴反映各项产品或服务的重要程度。值得注意的是，并非采购支出总额越大，该产品或服务就越重要。供应细分法提出的衡量指标是成本价值比，而不是支出总额或仅仅是成本或价值。采购产品或服务的成本价值比衡量了所购物品对企业产品的贡献程度，利用好该指标可以使企业更好地进行资源分配。一般衡量成本价值比的因素有采购总量、该物品采购金额占总采购金额的比例、该物品占总成本的比例、该物品对产品质量的影响程度、该物品短缺给企业带来的损失等。

Y 轴显示企业需要确定的供应品的风险程度或者不确定性。企业可以根据技术因素、供应商数目、供应商可靠性、供应商增值能力、企业自制和外包的可能性、物流系统的保障性、供应资源的可获得性、环境等多种指标综合确定风险程度。

完成了对采购产品或服务的供应稳定性和重要性分析后，将相应的采购产品或服务标注在矩形方阵的不同位置，这样就可把所采购产品或服务细分为以下四大类：

第一类是指低风险、低成本的"策略型"产品或服务。这些产品数量往往占到企业采购整体数量的 80% 左右，而采购总支出合起来一般只占支出的 20% 左右。这些大多是常规、标准化的通用型商品或部件，一般不直接增加最终产品的附加价值。这类产品或者服务可选择的供应商很多，供应商的转换成本很低。许多 MRO 产品或服务、办公用品就属于策略型产品。由于这些采购产品的价值比较低，对企业提升竞争力的作用不大，有些企业将这类采购产品分类打包集中采购，以提升采购方的议价能力并获得有竞争力的价格与服务。因此，可采取系统合同和电子商务手段，尽量精简采购流程。

第二类是指低风险、高成本的"杠杆型"项目和服务。该类产品或服务具有一定价值，需要支出较多的资金，但给企业带来的风险并不高。包装材料、基本的制造品、紧固件、涂料等都属于杠杆型产品。因为这一类型的产品或服务存在多个供应商，所以对采购商来说，很容易更换供应商。此类产品的竞争性品牌差异很小，供应商试图提供相关增值服务以获得采购者的青睐。降低成本是这类采购的管理重点，采购者应寻找对产品或者服务的边际利润贡献率高的供应商，可以考虑通过招标采购和跨区域采购，在更大范围内寻找成本尽可能低的供应源。如果供应市场安全可靠，可以合理提高风险以获得规模效益，可以考虑精减供应商数目以获得更有竞争力的价格，而供应商也能够通过大批量采购获得规模经济，从而降低生产成本和提高生产效率。

第三类是高风险、低成本的"关键型"项目和服务。这类产品对采购商来说虽然成本不大，但短缺的风险却很高。具有特殊处理技术的产品和服务都属于该类型，如特殊的热疗法、化学治疗、专利产品、催化剂等。由于这类产品的供应商很可能只此一家，同时市场上没有替代供应商，供应商处于绝对的支配地位。所以对企业而言，采购中存在这种类型产品是很危险的，它们是生产制造中的瓶颈，一旦停止或延迟供应将造成重大损失，但是最终消费者有可能并不关心其特殊性能或者根本不了解它。降低风险、保证供应、寻求替代品是这类产品采购管理的重点。

第四类是高风险、高成本的"战略型"产品和服务。提供这些商品的供应商非常有限，寻求替代商品的难度非常大。体现企业产品核心价值与竞争力的部件或原材料等都是战略型产品。由于这类产品或者服务能保证企业在市场中的竞争力和竞争优势，所以对企业而言是具有战略意义的关键产品。这类产品既带来风险，又需要花费高额成本，产品的价值通过客户满意度或对客户的增值价值而非采购价格来衡量。这类产品采购管理的重点是与供应商建立合作伙伴甚至战略联盟来获得并保持竞争优势。

与衡量采购规模和成本的 ABC 分类法相比，供应细分矩阵清晰地显示了供应市场风险和成本价值之间的相互联系与影响。通过供应细分矩阵，可以很明显地看出各种产品或服务在企业竞争力中所处的影响地位，也便于企业在各种供应市场和环境中选择相应的战略和战术，以提高企业的相对竞争优势。现在很多跨国企业都利用供应细分矩阵来制定供应商的分类管理策略,也有企业利用这一原理和方法将采购产品分为6类或9类,以期获得更细致的分类管理的效果。但是,这个方法存在的主要局限是如何确认衡量准则。至今仍没有一种普遍公认的定量方法可用来衡量并划分标准区间。但这并不意味着供应细分法就是一种主观的、缺乏依据的方法,恰恰相反,有些专家认为缺乏客观和确定的衡量标准正是供应细分矩阵的一大优势。总而言之,它的这种在实际应用中可变化和为企业量身定做的特性,反而能使企业更好地了解和把握战略问题。

(2) 供应商分类管理。企业通过运用供应细分矩阵的基本原理,对自身的采购产品进行分类之后,就能够对应四个象限确定相关的供应商类型,并且制定相关的管理策略,见表12-3。

表12-3 供应商类型与供应细分

供应细分类型	策略型	杠杆型	关键型	战略型
供应商类型	普通关系供应商	优先关系供应商	合作关系供应商	战略关系供应商

在这四种供应商关系中,采购企业与供应商的合作程度逐渐提高,关系密切程度也逐渐加强。在普通关系中,对供应商的管理主要是进行谈判,目的是降低交易成本和简化采购流程;在优先关系中,采购企业关注的是整条供应链上的物流环节,目的是减少整体供应链成本,降低采购风险,通过全球采购、招标采购以提高产品或服务的边际利润贡献率;在合作关系中,强调供应的安全性和稳定性;战略关系则重在联合开发新产品、设计重组企业流程、优化供应链系统绩效,实现企业经济价值的不断增值,创造核心竞争力。

因此,根据这四种供应商的类型,企业可以通过对供应商的分类管理,建立供应商管理的金字塔形结构,如图12-5所示。

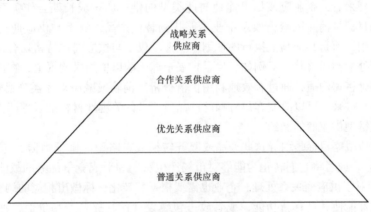

图12-5 供应商管理的金字塔型结构

① 普通关系供应商管理策略。普通关系供应商提供的是策略型产品,意味着采购风险较低,而且市场能够充分供应,供应商很多且转换供应商的成本也低。对这一类型的产品来说,尽管单位成本降低的幅度较大,但是就总支出而言,成本下降的程度仍然是有限的,所以这类产品更应该关注交易过程的简化与控制:这个过程包括采用集中购买以减少多余的活动和交易次数、标准化采购流程、减少供应商数量、简化或消除采购流程等。可以说,流程简化与交易成本控制是该类型产品采购成功的关键。

在对该类供应商的管理上,并不是说因为他们的产品价值低,对企业战略方向的贡献不大,就可忽视对其管理。显然,交易关系是该类型的主要关系,但毕竟这一类型产品占了绝大部分的采购资源，可以采用业务外包、电子采购、供应商管理库存（VMI）等方式进行管理，其目标就是节省这些项目的采购、送货、储存、支付等方面人为耗费的精力与时间。要注意的是，如果采用了业务外包，那么企业面临的就不是零散、众多的供应商了，而是只有少数几个甚至只有一个采购承包商。此时与承包商的合作关系直接影响到企业总采购成本的管理与控制，所以这时应将采购承包商的关系视为战略型供应商关系进行管理。

②优先关系供应商管理策略。这类供应商的产品主要是杠杆型产品，与策略型产品不同，它的成本价值比较高，产品的采购成本降低对企业利润的贡献较大。因此，杠杆型产品或服务可以考虑在不影响供应的基础上，以需求为导向，用各种方法有效地降低直接采购成本与相关的物流成本，提高边际利润贡献率水平，并提高企业盈利能力。

对于优先供应商的管理一般沿用传统做法，将重点放在签订短期合同，以便企业能不断地寻求、转向成本更低的资源。企业不仅要降低单位采购成本，还要通过加深对供应商的了解和努力把握全面市场信息来了解潜在供应商，并将供应范围拓展到全国甚至全世界，从低成本国家与地区中寻找新的供应商或替代产品。

由于杠杆型产品仍处在一个充分供应的买方市场，与供应商讨价还价、更新合同、给供应商施加压力等方式，都适用于此类型产品的采购。

③合作关系供应商管理策略。该类型供应商对应的产品主要是关键型产品或服务。这类产品虽然价值不高，但对企业有效经营非常重要，是采购管理中最需关注的物品。因为它的市场风险较大，进入壁垒较高，所以供应来源稀少，一旦供应中断，就会影响整个业务流程的顺利进行，所以称为关键产品，也是供应环节的瓶颈。正因为如此，对该类产品的控制管理面临一个较大的挑战，即在不增加采购成本的同时，防止供应中断对企业经营带来的风险。

从供应商管理来看，企业应该尽可能地与此类型的供应商达成长期合作关系。对关键型产品或服务管理的目标是消除风险，如果企业不能找到替代产品，那么与供应商达成战略联盟关系就不是远期规划，而是必须马上执行的计划。企业不仅要与供应商保持密切合作关系，而且要积极改善目前所处的高风险状态。例如，尽量扩展全球采购以增加采购渠道；在产品或服务的设计阶段，与工程师密切沟通，通过有效地利用价值分析来消除或减少对该类产品或服务的需求；同时，让客户参与进来，可以改变客户订购的产品所要求的关键性材料或者零部件，转而采购替代品，以摆脱关键型供应商的制约。

关键型的供应战略目标是引导这些产品或服务转换成策略型（降低风险）或杠杆型（降低风险、增加价值），或者将它们转化为能够对市场产生影响和形成竞争优势的战略型产品或服务（增加价值）。而对于供应商关系处理，企业也需要根据其转化目标做出相应的调整。

无论是改进性能使其具有新功能，或者改进包装设计使其提升产品价值，都是产品向战略型转变的迹象。企业应积极寻找替代品，加紧研发，优化产品配方，使产品回到标准策略型或杠杆型的位置；而与供应商紧密合作、解决供应紧张的问题的一种办法是将该采购品提升到战略型产品的地位。

④战略关系供应商管理策略。战略关系供应商对应的产品是战略型产品或服务，是市场中最具有竞争力的项目，也是企业最希望提供或得到的项目。由于战略型产品或服务具有价格高、风险高的特点，所以采购企业不能使用对待策略型或杠杆型的方式节约成本。而这些产品往往也无法使用规模采购来降低成本，因为规模同时也意味着风险；而且由于该类型产品价值高，含有核心技术，技术的日益革新迫使此类产品可能只能以多批次、小批量的形式供应。战略型产品或服务又不同于关键型产品或服务，其价值通常就是为客户创造的增值部分，成本和价值均很高，所以很难寻找替代品或转换成策略型或杠杆型。

这一类产品的供应商对采购企业具有重要的战略意义，因为战略型产品或服务本身就具有长期计划性和合作价值。而全球供应来源有限使得供应商与采购商地位相差悬殊，供应商的优劣在很大程度上决定了企业附加价值的大小以及企业产品和市场份额的多少。

因此，对于这一类型的产品和服务，企业应以长远发展为重，与供应商建立战略联盟关系，形成供应联盟。在相互信任的基础上，供应商帮助采购企业实现其战略计划。供应商不仅会参与企业产品或服务的设计流程中，而且会帮助他们获得新技术和新机会，以尽可能地降低成本、增加收益，最后双方都可以分享收益。战略联盟的供应商关系是复杂的，也是动态变化的，因此双方都会对潜在的风险和收益进行认真分析后再做决定。一旦形成联盟关系，即将两家企业的风险与收益捆绑在一起，轻易分开需要付出代价；但是如果取得成功，双方都能从中获得巨大收益。

对一家供应商来说，结成战略联盟的对象可能是 1~2 个。所以，企业不仅需要通过战略型产品或服务将竞争优势最大化，还应该实行持续的技术开发，迅速开拓市场，确保优良的产品质量以建立并保持核心竞争力。只有通过各种方式提高战略型产品或服务的增值能力，才会使供应商重视企业所处的客户地位，愿意与企业建立战略联盟，最终使企业从供应商处获得独特的服务，进一步扩大竞争优势。

战略联盟关系并不是 21 世纪的新产物，20 世纪末许多全球知名企业的合并也许可以看成是企业之间建立战略联盟关系的深化。但事实上即使合并，能将两家企业成功整合的案例也并不多见，而没有合并的战略联盟关系成功案例却很多。供应商关系管理还包括关系的解除，竞争激烈的公司都会淘汰一定比例的供应商。采购商应在采购合同中明确关系解除的条件，建立具体的量化指标，并在供应商的表现接近临界值时，坦率而直接地提出警告，以积极的态度协商解决问题，并将对供应商的考核绩效和改进建议及时传递给供应商。在达到规定期限后，若供应商已改正不足，可以再次提出成为合格供应商的申请；否则，就要解除供应商关系。供应商关系的解除应是友好、有次序的分离，应有清楚的结算记录，尽量使成本达到最小化。

12.2.3 供应商合作伙伴关系管理

1. 供应商伙伴关系的概念

供应商伙伴关系是企业与供应商之间达成的最高层次的合作关系，它是指在相互信任的基础上，供需双方为了实现共同的目标而采取的共担风险、共享利益的长期合作关系。

面对供应市场的变化与越来越激烈的竞争市场，传统采购的弊端越来越明显：采购过程中信息封闭，供应商和采购方做不到有效的信息共享，影响采购效率，造成采购、库存成本的大大增加；对产品质量、交货期的控制难度大；供需双方的关系未能很好地协调，竞争多于合作，造成了更多的时间浪费在解决日常问题和供应商频繁选择上，未能达到双赢的目的；供应商对用户的需求变化反应迟钝，缺乏应对需求变化的能力。

供应商伙伴关系是一种发展长期的、相互依赖的合作关系，这种关系由明确或口头的合约确定，双方共同确认并且在各个层次都有相应的沟通。双方有共同的目标，并为共同目标制订有挑战性的改进计划。双方互相信任，共担风险，共享信息，共同开发、创造；以严格的尺度来衡量合作表现，不断提高。

供应商伙伴关系中，有一个重要的概念，就是供应商的早期参与和采购方的早期介入。在采购过程的早期，影响价值的机会比后期大得多。供应商与采购方在早期的共同介入将大大改善工艺、设计、再设计、价值分析等活动；缩短循环周期、提高竞争力、降低成本等好处足以使许多企业将供应商纳入自己的职能管理团队。供应商会参与拯救企业的活动，或自愿成为继续发展的合作伙伴、联盟关系的一部分。通过与供应商建立长期合作伙伴关系,可以缩短供应商的供应周期,提高供应商的灵活性;可以降低企业的原材料、零部件的库存水平,降低管理费用、加快资金周转;提高原材料、零部件的质量;可以加强与供应商的沟通,改善订单的处理过程,提高材料需求准确度;可以共享供应商的技术与革新成果,加快产品开发速度,缩短产品开发周期;可以与供应商共享管理经验,推动企业整体管理水平的提高。

2. 战略供应商合作伙伴关系的特点

战略供应商合作伙伴关系是指企业与其几个重要供应商凭借各自的核心能力,互相吸引形成了超越一般交易的战略关系,从而有效地实现业务的系统集成及创新,以提升各自的核心竞争力,最终实现双赢的目标。它有以下几个特点:

(1) 它的主体是各自独立的法人,并没有兼并或收购。这种独立性也涵盖一定程度上的参股,但没有达到控制供应商企业实际管理权的地步,否则就是一个企业内部的事情了。

(2) 核心能力体现其有用性。供需双方都具有彼此相互吸引的独特的核心能力,这样才有深层次的吸引力,彼此的关系才能超越一般关系。

(3) 关系管理保证合作的兼容性。企业之间的战略合作不同于一般的交易,只需按合约买卖完事。战略性需求存在大量不确定性,这些需求并不能够预见得很清楚。所以供需双方的权利与义务事先并不能以合同形式明确体现,这就需要在过程中彼此交流、创新、行动、反馈以满足各自的需求。这种过程,需要双方高度的理解与支持,需要关系来润滑。

(4) 利益的长期性。在合作伙伴关系中,彼此应该考虑而且必须考虑的是比较远期的利益,而对于企业近期利润目标考虑得较少。但要注意利润及良好的现金流是企业生存的一个重要条件,这就需要企业在近期拥有一定的财务实力,保证充分的投入(项目现金流很可能为负),对项目的考核不是以利润和现金流为核心,而是要关注长期发展潜力。

(5) 战略供应商的数量应是有限几个。在企业的管理实践中,有的企业认为他们有许多战略供应商,而有的企业只有为数很少的供应商。企业总体的采购与供应链管理精力是有限的,如果在众多的供应商中进行分配,势必不能突出重点,也不会产生明显效益。

3. 供应商合作伙伴关系的建立

(1) 供应商合作伙伴关系的建立途径。与供应商建立长期合作伙伴关系首先要得到公司高层管理者的重视与支持。企业高层管理者要意识到供应商管理是整个公司业务管理中最重要的有机组成部分,要决心支持采购等部门发展供应商的长期合作伙伴关系,然后才能开展具体的工作。

建立长期供应商合作伙伴关系要经过以下几个步骤:

①采购部门要在对供应商调研的基础上,对有关部门的采购物品进行分析、分类,根据供应商分类模块,确定供应商合作伙伴对象。

②根据对供应商合作伙伴关系的要求,明确具体的目标及考核指标,制订出行动计划。这些行动计划必须在公司内部相关部门进行充分交流并达成一致,同时要完全取得供应商的参与认可,并经双方代表签字。

③通过供应商会议、供应商访问等形式对计划实施进行组织和进度跟进,内容包括对质量、交货、降低成本、新产品、新技术开发等方面的改进进行跟踪考核,定期检查进度,及时调整行动。

④在公司内部还要通过供应商月度考评、体系审核等机制跟踪供应商的综合表现,及时反馈并提出改进要求。

(2) 合作伙伴关系的评价。从采购方来看,可以根据以下几个原则来判断合作伙伴关系是否奏效：①正式的沟通程序；②利于供应商的成功；③共同获利；④关系稳定，不依赖个人；⑤始终仔细审视供应商绩效；⑥对对方具有合理的预期、期望；⑦员工有责任遵循职业道德；⑧共享有益信息；⑨指导供应商改进；⑩基于采购的总成本进行非敌意磋商，共同决策。

（3）注意事项。对合作伙伴关系的研究和经验表明，一系列关键因素将影响合作关系的成功。这些因素均十分重要，缺乏任何一个都可能阻碍合作伙伴关系的发展甚至导致其失败。

①高级管理层的承诺。高级管理层的承诺是成功建立合作伙伴关系最核心的问题。高级管理层有权力指定支持建立合作伙伴关系所需要的资源、人员、信息和预算资金。这一过程很重要，没有资源的支持，成功建立合作伙伴关系的机会将大大降低。高级管理层的承诺向每个组织传送出一种信息：合作协议是很重要的，应该得到支持。合作伙伴关系没有组织性保障是无法成功的。

②严格的供应商选择过程。由于建立和管理合作伙伴关系的工作量非常大，供应商转换成本也特别高，因此选择一个合适的合作伙伴是采购方最重要的决策。通常确定一个候选供应商要耗费大量的时间，绩效管理系统有助于采购方从现有的供应商中"剔除"绩效较差的候选者。另外，对新供应商进行实地考察或对现有的供应商进行进一步了解，也是选择过程的重要部分。

③持续努力的改进。由于种种原因，合作行为也许是伙伴关系所追寻的最关键的利益。双方为形成伙伴关系努力提供了一个公司间联合战略和协同行动的机会，这些努力也促进了双方患难与共，相互依赖，加强了相互沟通。反过来，其也极大地帮助了伙伴之间的相互理解和信任。

④目标一致。目标一致的原因有：第一，它暗示合作伙伴为建立目标花费了时间和精力，有了可操作的目标，便增加了成功的可能性；第二，它意味着双方都在努力满足对方的需求和要求。很多时候，仅仅就是因为目标不一致而导致了不可调和的矛盾，造成正在讨论中的联盟最终失败。

⑤合作伙伴关系支持体系和文件。跨职能小组经常用于帮助建立伙伴关系协议，但无论是怎样的小组，跨职能小组都必须表明其能够有效地进行小组间的相互合作。许多联盟伙伴公司，通过一个或更多正式签订的文件来指导双方关系。例如，该文件可能是一项长期采购协议。这些协议强调了各种各样的非价格问题，包括绩效改进要求、冲突解决机制、具体资产关系的指定、促使供应商进一步投资与合作伙伴关系的激励机制等。

⑥不断关注双赢机会。双赢关系的核心是认识对方的需求和期望，双方通过合作可以提高各自的价值，而不是为了分割一个固定的市场而彼此竞争。

⑦广泛沟通和分享信息。联盟与伙伴关系比传统协议强调的范围更广，因此需要进行广泛的沟通和信息共享。例如，采购方可以与供应商分享自己未来的产品计划，并确定如何将其与供应商的技术发展计划结合起来。在合作伙伴关系中，可以通过多种方式进行沟通和信息共享，包括合作伙伴关系双方的经理定期召开会议；职能部门间的点对点或平行沟通；电子邮件；电视或电话会议，以及时事报道等。频繁的沟通能直接促进相互间信任的进一步加深。

⑧建立信任。信任意味着合作伙伴关系的成功前景。加深信任的方式有很多种，包括组织间进行公开的沟通；履行做出的承诺和义务；遵循道德和诚实的办事原则；为对方考虑而不仅仅考虑自己的利益；公开发表有关成功联盟的事件，尤其是那些能够巩固联盟伙伴市场地位的事件；对于涉及双方关系的内部信息和数据严格保守秘密；定期召开组织间的会议。

⑨资源让步。公司可以通过多种方式对联盟与合作伙伴关系提供支持：差旅费和会议预算；组建制定和执行协议的小组；提供适当的信息；提供有能力的人才；保障小组对内部客户进行关系培训等。其中，高级管理层在保证支持伙伴关系能够顺利取得所需资源的方面有重要的作用。

⑩人员发生变动时，保持联盟与合作伙伴关系的能力。当最初的参与者被调离或发生了其

他人事变动时，也许联盟与合作伙伴关系将面临巨大的挑战。只有当人员变动时仍保持组织连续性的公司，才能获得成功联盟，也就是说，要求每个有可能变动的组织结构都能接受合作伙伴关系。

4. 促成供应商合作伙伴关系要素

（1）双赢的思路。双赢描述了伙伴间能够创造具体有效的成果，是双方建立伙伴关系的最根本因素。

首先，成功的伙伴关系可以提高生产力和附加价值，提高获利能力，因而双赢可以说是每一个成功伙伴关系"存在的理由"。双赢可能来自供应商与客户间创新能力的整合，专业服务公司就是将其咨询能力与客户结合而创造新价值；而在零售业，双赢则来自系统（如信息、资源、业务流程等）的整合，因而双赢可以依产业不同而呈现出不同的形式。

其次，双赢来自从未使用过的巨大的生产力宝库，借助重新思考彼此合作的形态、重新设计组织界限，就能赋予自己和合作伙伴更佳的生产力，从而打开这个取之不竭的宝库，这在传统的买卖关系中是完全不可能的。例如，在传统的买卖关系中，供应商不时被竞争者取代，这种关系充满变化且不堪一击，相反，伙伴关系提供了一种真正持久的竞争优势。

（2）亲密的关系。亲密用来描述业务伙伴关系间的紧密程度。双赢不会凭空而得，在以买卖为基础的环境下，想要改变供应商与客户间的关系基本上是行不通的。双赢需要一个培育伙伴关系生生不息的环境，激励他们彼此进行变革，以维系长期的、深层次的合作方式。成功的伙伴关系超越了交易关系而达到相当高的紧密程度，这种紧密的结合在以往的买卖模式中是难以建立的。因此，亲密超越了交易关系，亲密是极致的表现，是第二大因素。

当合作双方都愿意就提高生产力的目标来重新思考与改变现有关系时，就开发了一种新的生产力之源。伙伴关系归功于彼此间的高度信任，甚至可以超越对自己公司内部同仁的信赖。一些伙伴团队树立了积极的可达成的目标，并一致合力支持该目标，因此能够获得辉煌的成功；而有些企业则是因为能与伙伴共享价值理念，所以才能建立长久有益的关系。例如，IBM供应商的人员不仅可以佩戴IBM的员工徽章并常驻IBM办公，而且可以参阅除专利权以外的所有工程设计资料；IBM主要供应商的销售人员也会参与其内部机要的采购与产品设计会议，希望借此影响IBM的需求，同时也敦促自己提高符合这些需求的能力。又如，家乐福可以对雀巢公开自己的商业机密——每天的销售数据，使双方的供需关系更加清晰和紧密。正如NEC公司的高斯先生所说："如果没有亲密关系的存在，就无法为伙伴企业带来贡献。身为伙伴，我不再是个局外人，而是内部关系人；在达到这层亲密性之前，我无法有所贡献。"可见，亲密使得伙伴关系的高度贡献成为可能。

（3）一致的目标。一致的目标是供应链伙伴关系的导航系统，伙伴关系对于供应商与客户双方都有着强烈且深远的影响，因此绝对需要有一个清晰的指引方向，并对所追求的目标有明确的远景。在非常亲密的伙伴关系中，目标可以彻底转变伙伴双方的组织，引导出一个在普通环境下绝对无法达成的潜在机会。当英特尔公司的设计能力与应用材料公司的制造技术相结合时，就开发出了震撼全球的芯片。伙伴关系的远景通过合作直接促使组织改进效率，并增进双方利益。

通过伙伴关系达到共赢的例子很多。例如，新西兰的一个番茄酱生产商为了开发出果实大而籽少的番茄，参与了番茄种植研究，并与为它供货的番茄栽培方确定了伙伴关系，为合同栽培方提供了种苗以确保将来可产出更好的果实。由于这些合同栽培方多是一些个体的和小型的番茄种植者，为了提高他们的生产力，番茄酱生产商又进一步与一些设备供应商、化肥和其他农业化学品供应商进行谈判，并签订合同来帮助那些种植方。种植方受到了鼓舞，踊跃地使用合同折

第12章 供应商绩效与关系管理

扣价来购买农业机械和农化产品。结果在使用了优质的种苗、农业机械和农化产品的情况下，栽培出了理想的番茄，同时，各方都得到了意想不到的收益。

（4）合作的前提。通过战略合作，能创造一个更大的收益来供双方分享，或者在经济不景气时，体现为共同规避了更大的风险，这是战略合作的前提。如果1＋1的关系管理没有创造出大于2的集成的效益，战略合作就到了应该结束的时候。当然，有的战略合作是在完成了战略目标之后而退出合作，有的则是半途而废。总之，只有存在集成效益的可能，才会有战略合作。否则，还是合同关系好。

（5）严格的选择过程。由于建立和管理合作伙伴关系的意义重大，供应商转换成本也特别高，因此选择一个合适的合作伙伴是采购方最重要的决策。通常确定一个候选供应商要耗费大量时间，绩效管理系统有助于采购方从现有的供应商中剔除绩效较差的候选者。另外，对新供应商进行大量的实地考察，或对现有供应商进行深入的了解，都是选择过程的重要内容。选择是双向的，供应商也要对企业进行严格的评估。合作之前严格的评估程序，是项目成功的重要保障。

（6）必要的合同保障。虽然强调关系，但为了减少不确定性，要尽量将事先能够确定的活动、风险写入合约中，这对以后顺利地合作并减少纠纷，尤为关键。

由此可见，供应商合作伙伴关系，必须具备双赢的思路、亲密的关系和一致的目标三个要素，如此，伙伴关系的一方就能具备为另一方创造贡献的能力，使对方获得竞争优势的同时，自己也会得到应有的回报，从而使伙伴关系的各方都能具备一定的竞争优势，最终实现多赢的局面。与此同时，供应商伙伴关系还需要一定的保障措施，为合同双方提出有效的管理和监督方案，从而约束供应双方的行为。

12.2.4 供应商整合

供应商数量庞大、管理混乱、采购费用居高不下、采购谈判没有优势，这些都是供应商结构不合理、资源没有整合而导致的问题。供应商整合是指充分利用供应资源，促进供应商在质量、成本、服务和创新等方面持续改进，协调发展供应商的管理措施。

1. 供应商整合的作用

总的来说，对供应商进行资源整合有以下重要作用：

（1）降低成本与改善效率。缩减供应商的数量，将采购订单集中分配给少数供应商，有利于获得更好的价格与服务。因此，如果能成为供应商的主要客户，那么不管价格、质量还是交货都会得到供应商的优先关照。不管是让整个供应过程更为精简，还是实现联合技术开发上的规模经济，在保证产品质量的同时，供应商结构的合理化可以帮助企业不断优化供应渠道，确保所采购物资的质量和供货的及时性，降低供应的直接成本。

（2）准确预测需求。准确的需求预测是企业决胜市场的关键因素，在采购方也是如此。通过与供应商实行共同预测和补货，可以降低不必要的供应链库存，获得采购成本优势。应对关键材料或者服务的需求进行合作预测与合理计划，以减少生产运作中需求的不稳定性。对于重要的原材料或服务，在整体短缺的情况下，如果能保证供应，将是企业的一个重要的竞争优势。

（3）优化供应商关系。企业通过建立和实施科学的供应商综合评价指标体系，加强供应商的评价和选择，既可以改善与供应商之间的关系，又可以培育出有竞争力的供应商。确切地说，供应商评价能够帮助企业针对供应商的性质及其对企业的战略价值而进行分类，评出不同的优先等级，从而采取不同的对待方式，加强与重要供应商的关系，建立竞争优势。供应商关系资源与客户关系资源一样是企业重要的竞争资源，供应商关系管理的有效实施可以引导、改变和管理与供应商的合作关系与业务模式。

(4) 满足客户需求。以计算机产品为例，如果没有英特尔的芯片和微软的操作系统，那么联想可能就没有今天的品牌形象，因为客户在选购计算机品牌的同时也在选购其零部件供应商。客户所寻找的不仅是能提供产品与服务的企业，还要求企业背后紧密的供应商合作伙伴关系能够为他们提供完整的解决方案，保障产品和服务达到最优水准。

(5) 创造新市场价值。这可能是供应商关系管理带来的最高层次的贡献。与优秀的供应商合作不仅能创造更多的市场价值，而且能为整个市场创造全新的贡献。经由合作共同创造的新的市场价值，将为企业和供应商带来更加强劲有力的竞争优势。

随着经济的发展和技术的进步，加强供应商关系管理给企业带来的竞争优势会越来越明显。企业已经认识到供应商的重要作用，并把建立和发展与供应商的关系列为企业整个经营战略中的重要环节。

2. 供应商整合策略

(1) 从采购管理向供应商管理转变。传统采购管理的不足之处就是与供应商之间缺乏合作，缺乏柔性和对需求快速响应的能力。准时化思想出现以后，对企业的供应链管理提出了严峻的挑战，需要改变传统的单纯为库存而采购的管理模式，提高采购的柔性和市场响应能力，增加和供应商的信息联系和相互之间的合作，建立新的供需合作模式。一方面，在传统的采购模式中，供应商对采购部门的要求不能得到实时响应；另一方面，关于产品的质量控制也只能进行事后把关，不能进行实时控制，这些缺陷使供应链企业无法实现同步化运作。为此，供应链管理采购模式就是实施有效的外部资源管理。这是将事后把关转变为事中控制的有效途径，即供应商管理。

实施供应商管理也是实施精细化生产、零库存生产的要求。供应链管理中的一个重要思想是在生产控制中采用基于订单流的准时化生产模式，使供应链企业的业务流程朝着精细化生产努力，即实现生产过程的"零"化管理，包括零缺陷、零库存、零交货期、零故障、零纸张、零废料、零事故。

供应链管理思想就是系统性、协调性、集成性、同步性，而供应商管理是实现供应链管理上述思想的一个重要步骤。例如，参与到供应商的产品设计和产品质量控制过程中，这种同步化和集成化的运营是供应商管理的重要模式。通过同步化和集成化的供应链计划使供应商和采购方企业在响应需求方面取得一致性的行动，增加企业经营的敏捷性，降低总周期时间而快速反应，减少库存而降低运营成本和风险。

从供应商的角度来说，如果缺乏和采购方的合作，库存、交货批量就会比较大，而且在质量、需求方面都无法获得有效的控制。通过建立合作式采购策略，把采购方的生产思想扩展到供应商，加强了供需之间的联系与合作。

在开放性的动态信息交互下，面对市场需求的变化，供应商能够做出快速反应，提高了供应商的应变能力。对采购方来说，通过和供应商建立合作关系，实施协同采购，管理水平得到提高，制造过程与产品质量得到有效控制，降低了成本，增加了制造的精益性。

(2) 建立信息交流与共享机制。信息交流有助于减少投机行为，有助于促进重要生产信息的自由流动。为加强与供应商的信息交流，可以从以下几个方面着手。

①和供应商经常进行有关成本、作业计划、质量控制信息的交流与沟通，保持信息的一致性和准确性。

②实施并行工程，在产品设计阶段让供应商参与进来。这样供应商可以在原材料和零部件的性能和功能方面提供有关信息，为实施 QFD（质量功能配置）的产品开发方法创造条件，把自己的价值需求及时地转化为供应商的原材料和零部件的质量与功能要求。

③建立联合的任务小组，解决共同关心的问题。与供应商建立一种基于团队的工作小组，双方的有关人员共同解决供应过程以及制造过程中遇到的各种问题。

④经常与供应商互访，及时发现和解决各自在合作活动过程中出现的问题和困难，建立良好的合作气氛。

⑤使用电子数据交换和互联网技术进行快速的数据传输。

(3) 建立供应商的激励机制。要保持长期的"双赢"关系，对供应商的激励是非常重要的，没有有效的激励机制就不可能维持良好的供应关系。在激励机制的设计上，要体现公平、一致的原则，如通过给予供应商价格折扣和柔性合同以及赠送股权等方式，使供应商和制造商分享成功。

(4) 实现供应商评价方法和手段合理化。要实施供应商的激励机制，就必须对供应商的业绩进行评价，使供应商不断改进。对供应商的评价要抓住关键绩效指标或问题，如交货质量是否改善了、提前期是否缩短了、交货的准时率是否提高等。通过评价，把结果反馈给供应商，和供应商一起探讨问题产生的根源，并采取相应的措施予以改进。

(5) 实行企业与供应商一体化管理。企业与供应商一体化是指企业在与供应商共享库存、需求等方面的信息的基础上，根据供应情况实时调整自己的计划和执行交付的过程。同时，供应商也根据企业实时的库存、计划等信息实时调整自己的计划，从而在不牺牲服务水平的基础上降低库存。

在整个供应链的供应网络中，有很多不能够精确确定的因素，如采购提前期、供应商的生产能力等情况。如果企业不能够及时了解这些情况，会影响整个供应链的供需关系，导致不能按时满足客户的需求。而实时协同就可以使双方快速沟通，进而发现和解决问题。

现在的企业则可以充分利用基于互联网的 ERP 企业管理软件进行采购的协同。一般而言，供应商协同战略主要有以下几种形式：

①预测协同。企业把对最终产品的中长期预测和期望的客户服务水平传达给相关供应链上的供应商，供应商根据自己的能力将自己所能做的承诺反映给企业，使企业采购组织能够对自己供应链上的企业有一个非常清晰的了解。

②库存信息协同。企业将自己部分物料的库存情况和供应商形成共享，使得供应商对其上游企业有很好的可视性，提高交货的准确度和速度。

③采购计划协同。企业将自己近期的采购计划定期下达给供应链上的上游供应商，供应商可以根据该采购计划进行自己生产计划的安排和备货，从而提高交货的速度。

④采购订单的执行协同。企业通过互联网下达采购订单给供应商，供应商将采购订单的执行情况及时转达，使企业对采购订单的执行情况有明确的了解，以便及时做出调整。

⑤产品设计协同。客户或企业内部研发部门设计个性化产品时，将新产品的零部件及时与供应链上的供应商共享，供应商也可以争取在第一时间进行产品研发。

(6) 实行准时制采购。在传统的采购模式中，采购的目的很简单，就是为了补充库存，即为库存而采购。采购部门并不关心企业的生产过程，不了解生产的进度和产品需求的变化，因此采购过程缺乏主动性，采购部门制订的采购计划很难适应制造需求的变化。在供应链管理模式下，采购活动追求的"零库存"是以订单驱动方式进行的，制造订单的产生是在客户需求订单的驱动下产生的，然后制造订单驱动采购订单、采购订单再驱动供应商。这种准时化的订单驱动模式，使供应链系统得以准时响应客户的需求，从而降低了库存成本，提高了物流的速度和库存周转率。准时制采购的基本思想是：在恰当的时间、恰当的地点，以恰当的数量、恰当的质量提供恰当的物品。

（7）与供应商建立供应链战略联盟。供应链战略联盟是企业为共同利益所形成的联合体，它的出发点是利用各方协作能实现任何单独一方无法实现的目标。世界著名的第一大零售商沃尔玛在建立供应链战略联盟方面做得极为出色。沃尔玛在我国的年度销售增长率高达25%，很大程度上要归功于它同5 000多家供应商建立了伙伴关系，依靠先进的电子数据交换系统同供应商协调工作。该系统使供应商能以战略性长期合作的模式同沃尔玛一起工作，降低其生产和物流成本，并且又将节省成本获得的收益传递给沃尔玛，给沃尔玛最优惠的价格。这就真正做到了双方收益共享，沃尔玛也在此基础之上提出了著名的"天天平价"的口号。供应链战略联盟与普通的企业间关系的区别见表12-4。

表12-4 供应链战略联盟与普通的企业间关系的区别

比较项目	普通的企业间关系	供应链战略联盟
买方与卖方的关系	买卖关系	伙伴关系
合作期限	短	长
供货周期	长	短
供货方式	大批量送货	JIT配送或寄售
质量保证	需要检验	免检
订货方式	采购订单	电子数据交换（EDI）
交流频次	零星	连续
产品设计过程	先设计，再采购	共同参与，共同采购
生产数量	大批量	多品种、小批量
成本	考虑降低自身成本	考虑降低双方成本
风险	专家风险	风险共担

3. 供应商整合的途径

（1）供应商数量整合。供应商数量整合即减少供应商数量。通过集中采购，减少供应商数量，同供应商建立合作伙伴关系，有利于降低成本，更好地利用供应商资源。减少供应商数量的措施包括以下内容：

①推进产品标准化。推进产品标准化可以整合需求，减少物料品种数，有利于降低采购成本，有效控制库存，也有利于集中采购，减少供应商数量。

②实行集中统一采购。通过实行集中统一采购或招标采购方式，可以使分散采购集中化，有利于提升采购议价能力，防范采购舞弊行为。

③采用模块化采购方式。这种方式是由核心供应商将相关复杂零部件组装成更大的单元供货。这种供货方式可以降低供应商的物流成本，也有利于采购方缩短生产周期，是目前汽车行业应用最普遍的采购方式之一。

④采购外包。采购外包就是对品种多、采购批量小的零星物料集中打包委托第三方代理采购，或指定产品品牌、采购渠道，委托供应商代理采购的采购方式。通过化零为整的采购方式，有利于降低采购成本和采购风险。随着服务业的不断发展，企业采购外包将成为一种趋势。

（2）供应商资源整合。供应商资源整合就是采购方充分利用供应商技术、成本和条件等优势，降低采购或物流成本，提升核心竞争力的采购策略。其主要包括以下内容：

①供应商早期介入产品开发，缩短产品开发周期。

②利用供应商的技术优势解决质量、成本、服务问题。

③使供应商从单纯确保交货质量向产品质量与服务保障转化。

④排除双方合作接口障碍——改进包装方式，采用周转容器或专用工位器具，不仅有利于降低供应商包装成本，也有利于降低采购方转化包装、分装作业成本及减少由此产生的货损。

⑤供应商从单纯供货向提供全方位的物流服务转化。供应商的不同供货方式直接影响到采购方的物流成本和库存水平，采购方应通过加强供应商管理，促使其提高物流服务水平。不同供货方式对买卖双方利益的影响见表12-5。

表12-5 不同供货方式对买卖双方利益的影响

供货方式	适用情况	对采购方利益的影响	对供应商利益的影响
定时、定量供货	远距供货	库存风险大	批量大、成本低
准时供货（JIT）	近距供货	库存低、适应性强	运输成本高
寄售库存（VMI）	远距供货	资金占用少，占用仓库空间大	降低运输成本、合作关系密切
直送工位	体积大、笨重、易碎物料	资金占用少，占用仓库空间小，质量风险大	运输成本高、质量要求高
模糊供货	相关性强的物料	采购业务效率高，便于供应商管理	降低运输成本、增加销售收入
采用标准工位器具供货	定型、常用、量大的物料	便于计算、减少重复劳动、提高效率	降低包装成本、提高服务水平
免检供货	质量优秀的供应商	缩短供货周期	产品质量、检测要求高

本章小结

供应商绩效管理是指对供应商各种要求所达到的状况进行计量评价的评估，同时也综合考核供应商的品质与能力。其主要目的是跨领域找到最好的供应商、加强供应商发展的基础、通过需求整合改善谈判地位。一方面，企业可以确保供货质量，免除后顾之忧；另一方面，企业能够通过绩效分析，了解整个供应环节存在哪些不足，从而及时做出调整。提高供应商的绩效，等于提升企业自身的竞争力。

供应商绩效管理要遵循持续性原则、灵活性原则、适应性原则、明确性原则和双赢原则。

对供应商进行绩效管理，主要考察质量指标、供应指标、经济指标和支持、合作与服务指标等四大类指标值；供应商考核的评价方法主要有模糊综合评价法、作业成本法、层次分析法、数据包络分析法、线性权重法、采购成本比较法、招标法、德尔菲法等。

供应商的绩效评估按照如下步骤：划分评估时间，明确评估目标；建立评估标准，进行绩效评分；进行绩效分析，划分绩效等级；结果反馈，改善不足。根据供应商评估的结果，对供应商进行分级管理并采取相应的绩效改进措施。

供应商关系管理（SRM）是用来改善与供应链上游供应商的关系的，它是一种致力于实现与供应商建立和维持长久、紧密伙伴关系的管理思想和软件技术的解决方案，它旨在改善企业与供应商之间关系的新型管理机制，实施于围绕企业采购业务相关的领域，目标是通过与供应商建立长期、紧密的业务关系，并通过对双方资源和竞争优势的整合来共同开拓市场，扩大市场需求和份额，降低产品前期的高额成本，实现双赢的企业管理模式。对企业具有提高收入、降低成本、资本扩张、提高客户满意度、降低风险等重要意义。

供应商关系管理的方法有直接判断法、ABC 分类法等，利用供应细分矩阵对供应商进行分类管理。

供应商伙伴关系是企业与供应商之间达成的最高层次的合作关系，是指在相互信任的基础上，供需双方为了实现共同的目标而采取的共担风险、共享利益的长期合作关系。

战略供应商合作伙伴关系具有以下几个特点：它的主体是各自独立的法人，并没有兼并或收购；核心能力体现其有用性；关系管理保证合作的兼容性；利益的长期性；战略供应商的数量应是有限几个。

供应商整合是指充分利用供应资源，促进供应商在质量、成本、服务和创新等方面持续改进，协调发展供应商的管理措施。其具有降低成本与改善效率、准确预测需求、优化供应商关系、满足客户需求、创造新市场价值等作用。

供应商整合策略有：从采购管理向供应商管理转变；建立信息交流与共享机制；建立供应商的激励机制；实现供应商评价方法和手段合理化；实行企业与供应商一体化管理；实行准时制采购；与供应商建立供应链战略联盟等。

案例分析

克莱斯勒公司与洛克维尔公司之间的长期合作伙伴关系

克莱斯勒公司与洛克维尔公司达成一项协议，两个公司将在设计阶段进行紧密合作。洛克维尔公司负责总装厂与零部件厂的计算机控制部分的设计。如果计算机控制与汽车的设计不匹配，就会影响到汽车的质量和汽车进入市场的时间，根据协议，洛克维尔公司是为克莱斯勒公司的总装、冲件、焊接、电力设备等部门设计计算机控制的独家公司，它们之间是一种相互依赖的合作关系。它们（汽车制造商与计算机控制供应商）之间的合作是汽车行业内的首次。两个公司的工程师在汽车设计阶段的紧密合作中，洛克维尔公司的工程师设计开发相关计算机控制软件，以使能与克莱斯勒公司的工程师同时设计控制系统和整个汽车。计算机控制是汽车制造过程中的重要部分，合作双方都希望能够尽可能实现降低成本、缩短制造周期等目标。

本田公司与其供应商的合作伙伴关系

位于俄亥俄州的本田美国公司，强调与供应商之间的长期合作伙伴关系，本田公司总成本的 80% 左右都是用在向供应商的采购上，这在全球范围内是最高的。因为它选择离制造商近的供应源，所以与供应商能建立更加紧密的合作关系，能更好地保证 JIT 供货。制造厂库存的平均周转期不到 3 个小时。

1982 年，美国 27 个供应商为本田美国公司提供价值 1 400 万美元的零部件，而到了 1990 年，美国有 175 个供应商为它提供超过 22 亿美元的零部件，大多数供应商与它的总装厂距离不超过 150 英里。在俄亥俄州生产的汽车的零部件本地率达到了 90%（1997 年），只有少数的零部件来自日本。强有力的本土化供应商的支持是本田公司成功的原因之一。

本田公司与供应商之间是一种长期相互信赖的合作关系。如果供应商达到本田公司的业绩标准就可以成为它的终身供应商。本田公司也在以下几个方面提供支持与帮助，使供应商成为世界一流的供应商：

①两名员工协助供应商改善员工管理；
②40 名工程师在采购部门协助供应商提高生产和质量；
③质量控制部门配套 120 名工程师解决进厂产品和供应商的质量问题；

第12章 供应商绩效与关系管理

④在塑造技术、焊接、铸造等领域为供应商提供技术支持；

⑤成立特殊小组帮助供应商解决特定的难题；

⑥直接与供应商进行上层沟通，确保供应上的高质量；

⑦定期检查供应上的运作情况，包括财务和商业计划等；

⑧外派高层领导到供应商所在地工作，以加深本田公司与供应商相互之间的了解及沟通。

本田与 Donnelly 公司的合作关系就是一个很好的例子。本田美国公司从 1986 年开始选择 Donnelly 为其生产全部的内玻璃，当时 Donnelly 的核心能力就是生产内玻璃，随着合作的加深，相互的关系越来越密切（部分原因是相同的企业文化和价值观），本田公司开始建议 Donnelly 生产外玻璃（这不是 Donnelly 的强项）。在本田公司的帮助下，Donnelly 建立了一个新厂生产本田公司的外玻璃。它们之间的交易额在第一年为 500 万元，到 1997 年就达到 6 000 万元。

在俄亥俄州生产的汽车是本田公司在美国销量最好、品牌忠诚度最高的汽车。事实上，它在美国生产的汽车已经部分返销日本。本田公司和供应商之间的合作关系是它成功的关键因素之一。

思考：通过以上两个案例，分析与供应商之间的合作伙伴关系会给双方带来哪些利益。

习题与思考题

1. 供应商绩效管理的目的是什么？应该遵循哪些原则？
2. 进行供应商绩效管理应该做好哪些准备工作？
3. 用于供应商绩效评估的指标有哪些？
4. 如何实施供应商的绩效评估？
5. 改进供应商绩效的途径有哪些？
6. 供应商关系管理与传统的供应商管理有何区别？其意义何在？
7. 供应商关系管理的方法有哪些？
8. 战略供应商合作伙伴关系有哪些特点？怎样建立供应商合作伙伴关系？
9. 为什么要进行供应商整合？如何进行供应商整合？

参 考 文 献

[1] ［加］P·弗雷泽·约翰逊，［美］安娜·弗林. 采购与供应管理［M］. 第15版. 北京：清华大学出版社，2016.

[2] ［美］罗伯特·B·汉德菲尔德，［美］罗伯特·M·蒙茨卡，［美］拉里·C·吉尼皮尔，等. 采购与供应链管理［M］. 第5版. 王晓东，刘旭敏，熊哲，译. 北京：电子工业出版社，2014.

[3] ［美］詹姆斯·埃文斯，［美］威廉·林赛. 质量管理与卓越绩效［M］. 第9版. 岳盼想，译. 北京：中国人民大学出版社，2016.

[4] ［英］彼得·贝利，［英］大卫·法摩尔，［英］巴里·克洛克，等. 采购原理与管理［M］. 第11版. 王增东，王碧琼，译. 北京：电子工业出版社，2016.

[5] James P. Womack, Daniel T. Jones. Lean Thinking［M］. New York：Simon & Schuster，1996.

[6] ［英］肯尼斯·莱桑斯，［英］布莱恩·法林顿. 采购与供应链管理［M］. 第8版. 莫佳忆，曹煜辉，马宁，译. 北京：电子工业出版社，2014.

[7] Lee H. Lean Management［J］. The International Journal of Technology Management，2000：87-92.

[8] ［美］保罗·麦尔森. 精益供应链与物流管理［M］. 梁峥，郑诚俭，等，译. 北京：人民邮电出版社，2014.

[9] 北京建筑大学招标采购专业建设委员会. 招标采购理论基础［M］. 北京：中国建筑工业出版，2013.

[10] 蔡秉发. 采购供应商的开发与管理探究［J］. 科技风，2015（13）：276.

[11] 曾国军，吴艳芳. 酒店集团集中招标采购研究：粤海国际酒店集团的战略采购［J］. 旅游论坛，2015，8（1）：67-74.

[12] 陈川生，朱晋华. 招标代理与企业招标指南：招标采购代理规范解读［M］. 北京：中国建筑工业出版社，2016.

[13] 陈荣秋，马士华. 生产运作管理［M］. 第4版. 北京：机械工业出版社，2013.

[14] 陈月. 电信运营企业采购成本分析与控制探讨［J］. 当代会计，2016（6）：59-60.

[15] 崔国成. 采购与供应链管理［M］. 第2版. 武汉：武汉理工大学出版社，2015.

[16] 邓建华. 制造企业采购成本的有效控制［J］. 东方企业文化，2014（8S）：330-330.

[17] 丁宁. 采购与供应商管理［M］. 北京：清华大学出版社，北京交通大学出版社，2012.

[18] 杜祖起. 政府招标采购中的问题分析［J］. 招标与投标，2017（6）：35-37.

[19] 方志耕，朱建军，徐兰，等. 质量管理［M］. 北京：电子工业出版社，2015.

[20] 冯健. 多角度评价半导体供应商采购决策更专业 [N]. 中国电子报, 2010-03-16 (009).
[21] 龚国华, 吴峭山, 王国才. 采购与供应链管理 [M]. 上海: 复旦大学出版社, 2005.
[22] 龚益鸣. 现代质量管理学 [M]. 第3版. 北京: 清华大学出版社, 2012.
[23] 韩之俊, 许前, 钟晓芳. 质量管理 [M]. 第3版. 北京: 科学出版社, 2016.
[24] 贺洁. 企业采购物流成本降低的问题研究 [J]. 商情, 2014 (41): 104.
[25] 霍红, 华蕊. 采购与供应链管理 [M]. 第2版. 北京: 中国财富出版社, 2014.
[26] [英] 肯尼斯·莱桑斯, [英] 迈克尔·吉林厄姆. 采购与供应链管理 [M]. 第6版. 鞠磊, 莫忆佳, 胡克文, 译. 北京: 电子工业出版社, 2004.
[27] 李荷华. 采购与供应管理 [M]. 西安: 西安电子科技大学出版社, 2017.
[28] 李江梅. 浅谈物流成本分析与控制 [J]. 经济研究导刊, 2014 (15): 140-141.
[29] 李梅, 张冬雪. 如何做好物资成本管理工作 [J]. 黑龙江科学, 2015, 6 (16): 72-73.
[30] 李娜. 现代采购管理对提高企业竞争力的探讨 [J]. 商业文化, 2013 (19): 126.
[31] 李玉靖. 招标采购活动中两个常见案例分析 [J]. 案例分析, 2016 (2): 57-59.
[32] [英] 理查德·拉明. 精益供应 [M]. 高文海, 译. 北京: 商务印书馆, 2003.
[33] 梁国明. ISO 9000族标准常用统计技术方法43种 [M]. 北京: 中国标准出版社, 2011.
[34] 林婷樱子. 基于平衡计分卡的政府采购绩效应用研究 [J]. 中国政府采购, 2013 (10): 77-80.
[35] 刘宝红. 采购与供应链管理——一个实践者的角度 [M]. 第2版. 北京: 机械工业出版社, 2016.
[36] 刘广第. 质量管理学 [M]. 北京: 清华大学出版社, 2003.
[37] 刘建桃. 企业降低采购成本分析 [J]. 现代商贸工业, 2013, 25 (8): 119.
[38] 刘利珍. 供应链上如何降低采购成本 [J]. 价值工程, 2015, 34 (25): 78-79.
[39] 刘志超. 采购与供应管理 [M]. 广州: 广东高等教育出版社, 2011.
[40] [美] 罗希特·维尔马, [美] 肯尼斯·博耶. 运营与供应链管理——理论与实践 [M]. 霍艳芳, 李秉光, 徐刚, 译. 北京: 清华大学出版社, 2010.
[41] 骆建文. 采购供应管理讲义. 上海交通大学安泰经济与管理学院, 2006.
[42] 齐婷芳. 详细设计工作中采购供应商资料的管理及应对措施 [J]. 化工管理, 2016 (2): 42-43.
[43] 祁本彪. "臆"想招标采购活动中"两个怪现象"背后的真相 [J]. 中国新技术新产品, 2014 (22): 138-140.
[44] 秦远建. 日本汽车新产品开发策略分析 [J]. 汽车工业研究, 1995 (5): 21-24.
[45] [美] 赛西尔·博扎思, [美] 罗伯特·汉德菲尔德. 运营与供应链管理 [M]. 第3版. 北京: 中国人民大学出版社, 2014.
[46] 尚佳, 郑玉香. 供应链管理模式下采购管理分析 [J]. 物流科技, 2014 (2): 82-84.
[47] 史忠健, 杨明, 龚成洁. 物流采购与供应管理 [M]. 北京: 中国人民大学出版社, 2016.
[48] 孙长宏. 浅析企业物资采购中供应商的选择 [J]. 经济管理 (文摘版), 2016 (4): 158.

[49] 王波,刘秋平. 采购与供应管理 [M]. 北京:北京大学出版社,2008.

[50] 王丛虎,祁凡骅. 探索治理现代化的评估维度 [J]. 中国人民大学学报,2015,29(3):93-99.

[51] 王瑞军. 采购与供应管理 [M]. 北京:中国水利水电出版社,2015.

[52] 王永辉. 恒丰纸业集团供应商选择与评价成功案例分析 [J]. 黑龙江造纸,2010(4):50.

[53] 吴一峰. 浅谈新供应商开发的原因 [J]. 中国新技术新产品,2016(3):184-185.

[54] 肖国柱. 基于供应链的Z公司采购成本控制研究 [D]. 广州:广东工业大学,2015.

[55] 肖诗唐. 质量检验试验与统计技术 [M]. 北京:中国计量出版社,2001.

[56] 肖智军,党新民,刘胜军. 精益生产方式 [M]. 深圳:海天出版社,2002.

[57] 徐杰,鞠颂东. 采购管理 [M]. 北京:机械工业出版社,2014.

[58] 徐金发,卢蓉. 战略采购的过程模型及其作用模式 [J]. 中国工业经济,2016(3):112-116.

[59] 许洁. 基于绩效管理的预算会计改革要点 [J]. 经济视野,2017(7):117.

[60] 许锦泉. 丰田准时生产方式及其对我们的启示 [J]. 现代日本经济,1998(5):20-23.

[61] 游艺. 基于价值链战略联盟的企业采购成本控制策略探讨 [J]. 现代经济信息,2017(4):210-212.

[62] 于玲玲. 制造企业采购管理模式探讨 [J]. 科技经济导刊,2016(33):218-219.

[63] [美] 约瑟夫·M·朱兰,[美] A·布兰顿·戈弗雷. 朱兰质量手册 [M]. 第5版. 焦叔斌,等,译. 北京:中国人民大学出版社,2003.

[64] 岳喜平. 论企业采购成本控制的方法和策略 [J]. 财经界,2015(6):118.

[65] 翟光明. 采购与供应管理 [M]. 北京:中国物资出版社,2009.

[66] [美] 詹姆斯·P·沃麦克,[英] 丹尼尔·T·琼斯,[美] 丹尼尔·鲁斯. 改变世界的机器 [M]. 北京:商务印书馆,1999.

[67] 张旭凤,于杰. 供应商管理 [M]. 北京:中国财富出版社,2014.

[68] 张洋. 物资采购供应商管理方向初探 [J]. 科研,2015(18):123.

[69] 赵慧娟. 供应链管理中供应商选择的研究与应用 [D]. 济南:山东科技大学,2003.

[70] 赵艳俐. 采购与供应管理实务 [M]. 第2版. 北京:人民交通大学出版社,2014.

[71] 赵予新. 采购与供应管理 [M]. 北京:中国财富出版社,2017.

[72] 种美香,雷婷婷,王珊珊,等. 采购与供应管理实务 [M]. 第2版. 北京:清华大学出版社,2016.

[73] 周桃芳. 采购成本控制 [J]. 中国管理信息化,2015,18(10):32.

[74] 周延虎,何桢. 传统精益生产方式的缺陷与改进 [J]. 北京科技大学学报(社会科学版),2005(4):4.

[75] 朱晋华. 互联网+电子招标采购实务教程 [M]. 北京:电子工业出版社,2016.